Cuadernos de lógica, epistemología y lenguaje

Volumen 7

Paradojas, Paradojas y más Paradojas

Volumen 1
Gottlob Frege. Una introducción
Markus Stepanians. Traducción de Juan Redmond

Volumen 2
Razonamiento abductivo en lógica clásica
Fernando Soler Toscano

Volumen 3
Física: Estudios Filosóficos e Históricos
Roberto A. Martins, Guillermo Boido y Víctor Rodríguez, editores

Volumen 4
Ciencias de la Vida: Estudios Filosóficos e Históricos
Pablo Lorenzano, Lilian A.-C. Pereira Martíns, Anna Carolina K. P. Regner, editores

Volumen 5
Lógica dinámica epistémica para la evidencialidad negativa. Las partículas negativas lā/ ˀal en ugarítico
Cristina Barés Gómez

Volumen 6
La Lógica como Herramienta de la Razón. Razonamiento Ampliativo en la Creatividad, la Cognición y la Inferencia
Atocha Aliseda

Volumen 7
Paradojas, Paradojas y más Paradojas
Eduardo Barrio, editor

Cuadernos de Lógica, epistemología y lenguaje
Series Editors   Shahid Rahman and Juan Redmond

Paradojas, Paradojas y más Paradojas

Eduardo Barrio
Editor

© Individual author and College Publications 2014. All rights reserved.

ISBN 978-1-84890-161-2

College Publications
Scientific Director: Dov Gabbay
Managing Director: Jane Spurr http://www.collegepublications.co.uk

Cover produced by Laraine Welch
Printed by Lightning Source, Milton Keynes, UK

All rights reserved. No part of this publication may be reproduced, stored in a retrieval system or transmitted in any form, or by any means, electronic, mechanical, photocopying, recording or otherwise without prior permission, in writing, from the publisher.

Índice

Introducción: Paradojas, Paradojas y más Paradojas 1
Eduardo Barrio

Capítulo 1: LA PARADOJA DEL MENTIROSO 11
José Martínez
§ 1 Introducción 11
§ 2 La solución tarskiana 13
§ 3 La solución paracompleta de Kripke 14
§ 4 La solución paraconsistente de Priest 17
§ 5 La solución revisionista 19
§ 6 Las soluciones contextualistas 20
§ 7 La solución paracompleta de Field 22
§ 8 Las soluciones axiomáticas 23
Referencias bibliográficas: 25

Capítulo 2: LA PARADOJA DE YABLO 27
Lavinia Picollo
§ 1 Introducción 27
§ 2 Un análisis formal 29
§ 3 La existencia de la lista de Yablo en primer orden 31
§ 4 Entre la ω-inconsistencia y la llana autorreferencialidad 32
§ 5 La búsqueda de una alternativa 34
§ 6 Unwindings y otras paradojas infinitarias 38
Referencias bibliográficas: 39

Capítulo 3: LA PARADOJA DE CURRY 41
Federico Pailos
§ 1 Introducción 41
§ 2 Un condicional paracompleto 43
§ 3 Un condicional paraconsistente 46
§ 4 Un condicional no-determinista 48
Referencias bibliográficas: 52

Capítulo 4: PARADOJA DE LA VALIDEZ 53
Paula Teijeiro
§ 1 Introducción 53
§ 2 Validez es validez lógica clásica. 54
§ 3 Validez es validez lógica no clásica 60
§ 4 Validez ampliada 61
§ 5 Conclusión 63
Referencias bibliográficas: 64

Capítulo 5: LA PARADOJA DE AQUILES Y LA TORTUGA (Y LA JUSTIFICACIÓN DE LA DEDUCCIÓN) 65
Natalia Buacar

§ 1 Una nueva carrera ideal... 65
§ 2 ...que nunca termina... 66
§ 3 Moralejas y soluciones.. 67
§ 4 Aquiles, la Tortuga y la justificación de la deducción 76
Referencias bibliográficas:.. 79

Capítulo 6: LA PARADOJA DEL CONOCEDOR 81
Lucas Rosenblatt

§ 1 Introducción... 81
§ 2 La Paradoja del Conocedor y algunas de sus variantes.................... 82
§ 3 ¿Qué hacer?.. 86
§ 4 Observaciones finales.. 92
Referencias bibliográficas:.. 93

Capítulo 7: LA PARADOJA DE LA COGNOSCIBILIDAD 97
Eleonora Cresto

§ 1 Introducción... 97
§ 2 Historia e interpretaciones... 98
§ 3 De refutación del antirealismo a paradoja *sui generis*....................... 100
§ 4 Conclusiones 110
Referencias bibliográficas:.. 111

Capítulo 8: LA PARADOJA DEL PREFACIO 115
Diego Tajer

§ 1. Introducción.. 115
§ 2. Propuestas que cuestionan o modifican el planteo. 116
§ 3 Posiciones que aceptan el planteo e intentan explicarlo................ 119
§ 4 Creencia y suposición... 122
§ 5 Conclusión.. 124
Referencias bibliográficas:.. 125

Capítulo 9: LA PARADOJA DEL EXAMEN SORPRESA..................... 127
Juan Comesaña

§ 1 Introducción... 127
§ 2 La inducción retrospectiva 128
§ 3 Formalización y reglas.. 129
§ 4 Una *reductio* fallida.. 131
§ 5 Una *reductio* exitosa.. 135
§ 6 ¿Cuán paradójica es la paradoja?... 137
Referencias bibliográficas:.. 139

Capítulo 10: LA PARADOJA DEL DOGMATISTA 141
Romina Padró

§ 1 Introducción... 141
§ 2 La Paradoja del Dogmatista en la Versión Original de Kripke 142
§ 3 Las Soluciones de Harman, Nozick y Lewis..................................... 147
§ 4 Algunas Maneras Alternativas de Pensar el Dogmatismo.............. 149
Referencias bibliográficas:.. 151

Capítulo 11: LA PARADOJA DE LA LOTERÍA 153
Gustavo Bodanza
§ 1. La paradoja 153
§ 2 La regla de aceptabilidad probabilística 154
§ 3 El enfoque del razonamiento derrotable y la derrota colectiva 155
§ 4 La paradoja a la luz de la semántica de asignación de estados de derrota 156
§ 5 La paradoja de la paradoja de la lotería 158
§ 6 El principio de conjunción de creencias 160
§ 7 La paradoja de la lotería y su relación con la paradoja del prefacio 161
§ 8 Comentarios finales 162
Referencias bibliográficas: 163

Capítulo 12: LA PARADOJA DE NEWCOMB 165
Ignacio Ojea Quintana
§ 1 Introducción 165
§ 2 Newcomb: ¿Un caso irrelevante? 168
§ 3 Teorías de la Decisión Causal 171
§ 4 Objeciones y contraejemplos a TDC 176
§ 5 Conclusión 178
Referencias bibliográficas: 178

Capítulo 13: LA PARADOJA DE RUSSELL 181
Javier Castro Albano
§ 1 Introducción 181
§ 2 La presentación habitual de la Paradoja de Russell 182
§ 3. Paradojas y contradicciones 184
§ 4 Otra versión de la Paradoja de Russell 188
§ 5 Después de la Paradoja de Russell 193
Referencias bibliográficas: 196

Capítulo 14: LA PARADOJA DE CANTOR 199
Thomas Schindler
§ 1 Introducción 199
§ 2 El teorema de Cantor 200
§ 3 Russell entra en escena 202
§ 4 Soluciones posibles 204
Referencias bibliográficas: 211

Capítulo 15: LA PARADOJA DE BURALI-FORTI 213
Max Fernández
§ 1 Introducción 213
Referencias bibliográficas: 225

Capítulo 16: LA PARADOJA DE RICHARD 229
Damian Szmuc
§ 1 Contexto histórico 229
§ 2 Indefinibilidad de la definibilidad 230
§ 3 Respuestas a la paradoja 234
Referencias bibliográficas: 243

Capítulo 17: LA PARADOJA DE SKOLEM 245
   Ariel Roffé
   § 1 Introducción 245
   § 2 Solución matemática 248
   § 3 Consecuencias filosóficas 250
   § 4 Putnam y el argumento modelo-teórico en contra del realismo 255
   Referencias bibliográficas: 259
Capítulo 18: LA PARADOJA DE LA ABSOLUTA GENERALIDAD ... 261
   Ramiro Caso
   § 1 La paradoja de Orayen 261
   § 2 El argumento semántico 264
   § 3 Soluciones de orden superior 267
   § 4 Jerarquías de lenguajes y pesimismo semántico 271
   § 5 Perspectivas 272
   Referencias Bibliográficas 273
Capítulo 19: LA PARADOJA DE LA RESACA 275
   Bruno DaRé
   § 1 Introducción y formulación original de la paradoja 275
   § 2 Crítica de Cook y segunda formulación de la paradoja 277
   § 3 Dos objeciones a la paradoja de la resaca 280
   § 4 Conclusiones 284
   Referencias bibliográficas: 285
Capítulo 20: LA PARADOJA SORITES 287
   Mario Gómez-Torrente
   § 1 La paradoja sorites. 287
   § 2 Teorías clásicas sobre la paradoja. 290
   § 3 Teorías "duales" recientes. 295
   Referencias bibliográficas: 300

Introducción: Paradojas, Paradojas y más Paradojas

There is a mistake somewhere...

Lewis Carroll, *Alice's Adventures in Wonderland*

El concepto de *paradoja*, a diferencia de lo que puede parecer en una primera aproximación, no resulta fácil de analizar. Sabemos que las paradojas son enigmáticas, que usualmente involucran serias complicaciones en nuestro aparato conceptual y que a veces conducen a inesperadas contradicciones. En muchas oportunidades, ellas se presentan bajo la forma de *acertijos* o *enigmas* [*puzzles*] que nos provocan hasta el punto de tener que abandonar nuestras creencias básicas acerca de vastas áreas de nuestro conocimiento. Y en la mayoría de los casos, ellas nos hacen reflexionar sobre nuestros supuestos e intuiciones vinculados a muchas nociones centrales que creíamos claras y precisas. La lista de las nociones que han sido víctimas de tales desafíos es enorme. Encontramos, entre otros, a las de *infinito, verdad, conocimiento, justificación* y *racionalidad*. La centralidad de esos conceptos no necesita demasiada aclaración. La idea de *infinito* recorre toda la matemática contemporánea: el paraíso de Cantor tiene muy buena salud en nuestros días. Sin embargo, no nos es fácil compatibilizar nuestras intuiciones básicas acerca de inmensas colecciones con los resultados obtenibles dentro de las teorías formales contemporáneas. ¿Cómo entender que hay conjuntos infinitos más grandes que otros? ¿Hay una única manera de medir tales inmensidades? ¿Por qué es imposible reunir a todos los conjuntos en uno? De igual modo, entender *qué es la verdad*, ha sido siempre una preocupación fundamental. Usamos el predicado veritativo para expresar nuestra aprobación acerca de enormes colecciones de afirmaciones, incluso cuando esas colecciones son infinitas. Así, decimos cosas tales como *todos los teoremas de la geometría son verdaderos*, sin mencionar a cada uno de sus infinitos resultados. La verdad es un indispensable mecanismo de generalización. Y su uso abarca elementos tanto dentro de la lógica (los razonamientos correctos transfieren la verdad de premisas a conclusión), como dentro de las ciencias en general. Queremos llamar verdaderos a todos los teoremas de la aritmética. Queremos hacer lo mismo con todas nuestras teorías físicas, biológicas y sociales. No obstante, es sabido que usar esa noción implica riesgos: los conocidos casos de auto-predicación de verdad, o de secuencias infinitas de oraciones cada una de las cuales atribuyen verdad a las siguientes, nos recuerdan que no siempre estamos libres de los peligros de casos patológicos. Por otra parte, las nociones epistémicas de *conocimiento* y *justificación* también desempeñan un papel esencial en nuestras prácticas cognitivas. Incluso, parece imposible explicar nuestra conducta sin el recurso a las nociones de *racionalidad* y *creencia verdadera*. Claro que los conceptos epistémicos también están lejos de ser no problemáticos. ¿Conocemos *de hecho* todas las verdades?, ¿Podemos plausiblemente negar la omnisciencia sin aceptar que haya verdades incognoscibles? ¿Podemos realmente no saber cuándo será un examen sorpresa? ¿Cómo puedo creer que hay un billete ganador en una lotería sin trampas si la probabilidad a que un billete gane es extremadamente baja? Todos estos enigmas relacionados con campos centrales de nuestro saber indican que, evitar sorpresas, enigmas o incluso contradicciones subyacentes a estas nociones parece ser una condición indispensable para que toda nuestra empresa cognitiva esté armada a partir de nociones confiables. Evitar las paradojas, eliminarlas, o resolverlas es, entonces, una cuestión central.

No obstante, aunque abordarlas sea una cuestión crucial, definir qué es una paradoja no resulta sencillo. Esto es, aunque tenemos cierta claridad acerca de lo qué es una paradoja, no resulta claro cómo brindar un criterio preciso que identifique qué constituye una paradoja y que al mismo tiempo se aplique a todas ellas. Es decir, obtener una caracterización que sea, al menos, extensionalmente apropiada acerca de qué es una paradoja no es una tarea simple. Por supuesto, hay muchas caracterizaciones dando vueltas. Por ejemplo, Roy Sorensen afirma que "las paradojas son preguntas (pseudo-preguntas en algunos casos) que nos dejan suspendidos entre demasiadas buenas respuestas". [1] Pero, el problema con esta descripción es que a veces no tenemos ninguna buena respuesta frente a ellas. Por ejemplo, un resultado extraordinario, estrechamente ligado a la paradoja del mentiroso, es el *Teorema de Tarski*. De acuerdo a este resultado limitativo, si se acepta la lógica clásica, no es posible capturar el predicado veritativo de un lenguaje que permita autorreferencia. Pero, ¿cuál es la respuesta correcta a la paradoja del mentiroso? ¿Eliminar la autorrefencia de los lenguajes? ¿Adoptar jerarquías de lenguajes? ¿Cambiar la lógica clásica por una lógica no clásica? E incluso si siguiéramos este camino, ¿deberíamos abandonar el principio de tercer excluido o el de explosión?

---

[1] Sorensen (2003), p.13

En otra dirección, Sainsbury [2] define una paradoja como "una conclusión aparentemente inaceptable derivada por un razonamiento aparentemente aceptable a partir de premisas aparentemente aceptables. Las apariencias tienen que ser engañosas, ya que lo aceptable no puede conducir por pasos lógicos aceptables a lo inaceptable. Por eso, en general, tenemos una elección: o la conclusión no es realmente inaceptable, o bien el punto de partida, o el razonamiento, tiene algún defecto no evidente". En la misma estrategia que Sainsbury, para Quine (1966) "una paradoja es un argumento aparentemente exitoso que tiene como conclusión una afirmación o proposición que parece obviamente falsa o absurda." Por supuesto, lo paradójico es que, si el argumento es *de hecho* tan exitoso como parece ser, su conclusión debería ser verdadera. Desde la perspectiva quineana, [3] la solución a una paradoja es mostrar o bien que (y por qué) a pesar de las apariencias, la conclusión es verdadera después de todo, o que el argumento es falaz. Y si es lo primero, explicar el modo en que las apariencias son engañosas. Ambas estrategias enfatizan vínculos entre las paradojas y la argumentación. Y por supuesto, no es que esta aproximación esté mal. Pero, no es claro que todas las paradojas puedan ser abarcadas en este criterio. Paradojas como las de Newcomb, de la resaca, la de Aquiles y la tortuga y quizás la de la Validez resultan casos problemáticos. Y claro, no es que no haya argumentos involucrados en sus formulaciones. El problema es si aquello que es importante, aquello que ilumina los enigmas que ellas involucran, puede captarse en la forma de un argumento. En el caso de Newcomb, por ejemplo, la situación parece ser la de un dilema: A qué premisa o inferencia deberíamos renunciar. Es claro que debemos renunciar a algo, el problema es que no sabemos qué abandonar: En especial, la paradoja de Newcomb, nos pone ante una decisión: qué caja tomar o qué teoría de la decision abandonar. Pero lo que nos deja perplejos es esa indecisión. En el caso de la Paradoja de la Resaca, el problema parece estar en la aparente plausibilidad de alguna de las premisas. Sin embargo, varias son las opciones y todas ellas parecen ser igualmente plausibles. Y en el caso de la paradoja de Aquiles y la Tortuga, lo desconcertante es que no se puede concluir absolutamente nada en sentido estricto. No es que lo que se concluye sea falso o absurdo, sino que *nada* se puede concluir. Por eso, para autores como Rescher, [4] una paradoja es, en cambio, el producto no de un error en el razonamiento, sino un *defecto* substancial: una disonancia en nuestros fundamentos. Así, con Aquiles y la Tortuga ad-

---

[2] Sainsbury (1995), p. 1.
[3] Quine (1966), p.1.
[4] Rescher (2001)

vertimos que los fundamentos mismos de la deducción están siendo cuestionados. Situación semejante nos encontramos en la paradoja de la validez. Si el concepto mismo de validez de un argumento fuera paradójico, cómo discutir al mismo tiempo la validez de los razonamientos involucrados en la supuesta paradoja de la validez. Incluso, llevado a un extremo, podría pensarse que el concepto mismo de paradoja es enigmático: esto es así, ya que la mayoría de las teorías contemporáneas sobre las creencias implican que nadie puede creer una contradicción. Pero, ya que los casos paradigmáticos de paradojas involucrarían creencias en contradicciones, la existencia de las paradojas parece ser en sí misma una paradoja. Defectos en los fundamentos también parecen estar presentes en otros casos como los del mentiroso o la de Russell. Así, el esquema (T) vinculado a la verdad, o el axioma de comprensión relacionado con los conjuntos estarían chocando con otros resultados con los que resultan incompatibles. Los fundamentos mismos de la teoría de modelos parecen estar siendo atacados en paradojas como las de Löwenheim-Skolem y de la absoluta universalidad. En la primera, se cuestiona que podamos capturar por medio de interpretaciones conjuntistas la idea misma de *incontabilidad*. En la segunda, se cuestiona que podamos representar conjuntísticamente las interpretaciones intuitivas de nuestros lenguajes formales. En síntesis, si bien es cierto que en muchos casos, las paradojas involucran argumentos, no es claro que esta estrategia definicional permita capturar qué es una paradoja. Más aún, incluso para aquellos casos que en principio son abarcados bajo ciertas formas argumentativas, como la paradoja de Yablo, las caracterizaciones como las de Sainsbury y Quine podrían resultar problemáticas. Considerar a las paradojas como un conjunto individualmente plausible, pero colectivamente inconsistente de afirmaciones, podría dejar a la de Yablo fuera del alcance de lo paradójico: no hay ninguna contradicción involucrada en la secuencia de oraciones de Yablo, simplemente, consideradas todas juntas, ellas producen cierta perplejidad. Quizás por eso, autores como Marianne Lewis [5] describen a las paradojas como "una discrepancia en los elementos que están interconectados de manera aparentemente lógica, pero simultáneamente de un modo absurdo."

Tampoco hay consenso acerca de la necesidad evitar las inconsistencias. Podría resultar que a consecuencia de las paradojas, los conceptos de *verdad, conocimiento, creencias, conjuntos* y tantos otros sean de hecho inconsistentes. ¿Esto significaría que hay que reemplazarlos o eliminarlos? Priest [6] ha dado una respuesta negativa a esta pregunta. Su respuesta, como es conoci-

---

[5] Lewis, M. (2000), p. 760.
[6] Priest (1995)

do, involucra un cambio de lógica: la lógica de las paradojas es paraconsistente, es decir, restringe la ley de explosión aceptando contradicciones verdaderas [*dialetheias*] sin que eso implique trivialidad (es decir, que se siga cualquier cosa de una contradicción). Paradojas como las del mentiroso, las de Curry, las de Russell, muestran que hay que rechazar ciertas inferencias clásicas.

Una línea distinta ha sido sugerida por Sorensen quien ha introducido en la discusión sobre las paradojas la noción de *punto ciego* [*blindspots*].[7] Especialmente, su propuesta es utilizar esa noción para analizar paradojas como las de vaguedad, el dilema del prisionero y la paradoja del examen sorpresa. Un punto ciego es una situación donde somos incapaces de tener conocimiento aún cuando parece que deberíamos ser capaces, al menos indagando más, de adquirirlo. Un punto ciego se produce frente a una proposición consistente pero inaccesible. Por ejemplo, seguramente creemos que actualmente algunas de nuestras creencias son falsas. Pero sin embargo no podamos dar algún ejemplo de ellas, ya que si fuera posible darlo, inmediatamente dejaríamos de creerlo. Esta parece ser una situación semejante a la planteada con la paradoja del prefacio. La existencia de estos puntos sugiere que la humildad epistémica debería ser una parte importante de nuestra investigación. Y varias de las paradojas incluidas en el presente volumen parecen asumir que deberíamos ser capaces de saber absolutamente todo. Y algo semejante parece estar ocurriendo con la paradoja del dogmatista: si yo sé que la proposición p es verdadera, ¿por qué razón debería en el futuro considerar evidencia que pueda ser usada en contra de p? Desde la perspectiva del dogmatista, no hay razón alguna para tomar en cuenta dicha evidencia: si un sujeto S sabe que p, S está en perfecto derecho de adoptar la resolución racional de evitar cualquier tipo de evidencia futura que pueda ser utilizada en contra de p.

Si definirlas es complicado, clasificarlas tampoco es simple. La posibilidad de armar una taxonomía de las paradojas parece atractiva. Sin embargo, clasificar paradojas recuerda al famoso cuento de Jorge Luis Borges "El idioma analítico de John Wilkins" y su clasificación de animales de acuerdo con criterios poco estándar. Muchas veces, las clasificamos por el tipo de nociones que involucran. Así, las paradojas conjuntistas son enigmas que surgen alrededor del concepto de conjunto. Las semánticas alrededor del concepto de *verdad*. Y las epistémicas alrededor del concepto de *conocimiento*. Claro que dista de ser claro cómo clasificar ciertos enigmas ¿Dónde

---

[7] Sorensen, R. (1988)

trazar el límite preciso entre dos países? ¿Cuándo estamos frente a una persona alta? Los fenómenos vinculados a la vaguedad difícilmente puedan clasificarse sin problemas en la anterior taxonomía: ¿involucra nociones semánticas, ontológicas o epistémicas?

Quine [8] ha propuesto otra clasificación. Para él, las paradojas pueden ser agrupadas en tres grupos: Las *verídicas*: aquellas cuya conclusión es en efecto verdadera a pesar de parecer absurda. En este grupo, ubica a la famosa paradoja del barbero, que de acuerdo a su punto de vista, muestra que no puede existir tal barbero que se afeita a sí mismo. Las *falsídicas*: aquellas cuya conclusión es obviamente falsa o contradictoria, pero contiene una falacia que es responsable de la derivación de la conclusión absurda. Probablemente, podríamos ubicar a la paradoja de la Resaca en este grupo. Y, por último, las *antinomias*: que son aquellas que son intratables, es decir, frente a las cuales no podemos ver cómo resolverlas. Lycan [9] ha objetado esta clasificación señalando que la taxonomía resultante es fuertemente dependiente de nuestro estado de conocimiento y de nuestras habilidades epistémicas para tratarlas. En particular, por ejemplo, según el mencionado autor, la clasificación como verídica de una paradoja parece ser, de acuerdo con el mencionado criterio, dependiente de que se asuma un modo de resolución de la misma desde el principio. Así, asumiendo limitaciones a la circularidad, se concluye la no existencia del mencionado barbero. Pero, ¿qué nos autoriza a tal limitación?

Otra manera de clasificar paradojas podría recurrir directamente a la presencia de circularidad. Paradojas como las del mentiroso, Curry, Validez, Conocedor, la de Cantor, Richard, Buralli-Forti, absoluta generalidad y la de Russell parecen involucrar conceptos circulares mientras que otras como la de Newcomb, las de Aquiles y la Tortuga y la de la Resaca no parecen involucrar circularidad. Así, quizás las primeras podrían ser analizadas por la presencia de un argumento diagonal, mientras que las segundas no. Por ejemplo, la situación planteada en la paradoja de Richard es la siguiente: si se numeran los números reales que se pueden definir con un número finito de palabras, se puede construir, usando un argumento diagonal del estilo del argumento de Cantor, un número real fuera de esta lista. Sin embargo, este número ha sido definido con un número finito de palabras. Sin embargo, nuevamente, hay casos problemáticos como la paradoja de Yablo que desafían tal clasificación. Por otra parte, para aquellas paradojas que no resulten

---

[8] Quine (1966)
[9] Lycan (2010).

circulares, ¿por qué sería interesante clasificarlas en un único grupo? Paradojas como las de Aquiles y la tortuga o la de la Resaca son realmente muy distintas y no queda claro por qué serviría conceptualmente clasificarlas en el mismo grupo. En síntesis. algunas paradojas pueden ser naturalmente agrupadas de acuerdo con la temática. Pero otras, no. Y esos grupos pueden fácilmente armarse de distinta manera de acuerdo a dónde se desea poner el foco de nuestra atención.

Hay autores que han defendido que hay medidas para las paradojas. Así, preguntándose acerca de lo que es una paradoja, Lycan [10] sostiene que las paradojas tienen grados. A lo largo de su trabajo, Lycan sostiene incluso que esos grados son cuantificables. La misma idea es defendida en Sainsbury (2005) donde ilustra la posición a través de un ranking: la paradoja del barbero obtiene 1, la del mentiroso, en cambio, obtiene 10. Continuando este trabajo, Paseau [11] se toma en serio esta idea ofreciendo una exacta medida de las paradojas. [12] Su idea es inspirada en la teoría de la confirmación y usar la noción de *grado de creencia*s para cuantificar sobre ellas. Una típica paradoja tendrá un altamente plausible conjunto de premisas, usará un altamente plausible conjunto de inferencias, y concluirá una conclusión altamente implausible. Estas ideas vagas son modeladas usando la noción técnica de *grado de una creencia*. Sin embargo, hay diversos puntos que quedan oscuros. El análisis de Paseau parece subestimar el grado de una paradoja cuando algunos principios son consecuencias lógicas transparentes de otros principios. Por ejemplo, el propio autor menciona el caso en el cual la sumatoria de los grados individuales de desconfianza de los conjuntos es más grande que el grado de desconfianza de la conjunción que los compone. El análisis tampoco parece darle el peso necesario a otros factores como la complejidad. Hay paradojas como la de mentiroso que son realmente muy simples. Hay otras, como la de Yablo o la de Sorites, que su propia formulación parece requerir la existencia de un objeto muy complejo. ¿no debería esa complejidad estar reflejada en el grado de las creencias asociadas al analizarlas?

¿Se puede resolver una paradoja? No está claro cómo dar una respuesta a esta pregunta. Típicamente, en muchos casos hay respuestas bien acreditadas a estos enigmas o seudo-enigmas. Muchas veces, como hemos visto, una paradoja inmediatamente nos informa de una inconsistencia o al menos un error profundo acerca de las nociones involucradas en la perpleji-

---

[10] Lycan (2010)
[11] Paseau (2013)
[12] Paseau (2013)

dad. Y es evidente que desde los orígenes del pensamiento racional, las paradojas forman parte de la indagación filosófica. Ellas han sido creadas como parte de complejos argumentos y como herramientas de refutación de tesis filosóficas. Nos han permitido ir más allá o en contra del sentido común. Las nociones de *movimiento*, *el continuo*, la opción entre *unidad* y *pluralidad*. Los denominados insolubles [*insolubilia*] han sido una parte substancial de la lógica y las investigaciones filosóficas durante la Edad Media. Y más cerca de nuestros días, los fundamentos de la lógica y las matemáticas fueron afectados por descubrimientos de un número importante de dificultades que han conducido a teoremas importantísimos. En muchos casos, estos resultados han sido negativos: tales como la imposibilidad de probar algo, capturar una noción, o decidir un conjunto de verdades.

Otra dificultad surge cuando se advierte que en algunos casos dos paradojas que en principio son distintas podrían resultar ser la misma paradoja o, al menos, estar estrechamente vinculadas. Así, podría pensarse que aunque a simple vista son diferentes, la paradoja de Curry y la de la validez son en el fondo la misma paradoja. Por supuesto, el punto se vincula a los múltiples vínculos entre los condicionales y la implicación lógica. Menos evidente, también podría considerarse que la paradoja de la validez no es otra cosa que la paradoja del conocedor. Ambas paradojas son formalmente análogas: involucran predicados diádicos hablando de oraciones en el segundo lugar. Aunque por supuesto qué principios intuitivos sean plausibles para la validez no necesitan ser los mismos que para conocimiento. Hay otros vínculos directos entre distintas paradojas. Hay múltiples conexiones entre las paradojas semánticas y las conjuntistas. Hay también múltiples lazos y rasgos comunes tanto entre la paradoja del dogmatista, la del prefacio y la paradoja del examen sorpresa, como entre la de Richard y la de Burali-Forti.

También es cierto que como vimos en el caso de la lógica paraconsistente, diversos sistemas de lógica han sido motivados como respuestas a paradojas. A la ya mencionada, se suman los enfoques paracompletos desarrollados por Kripke y Field, la lógica difusa, las lógicas infinitarias y de orden superior, las lógicas modales y epistémicas. Todas a menudo, como se verá en este volumen, han sido utilizadas para intentar resolver paradojas. De igual modo, hay resultados metalógicos que están directamente vinculados a las paradojas. Así, los teoremas de incompletitud de Gödel tienen su contrapartida en la conocida paradoja de Richard. Los ejemplos de Turing de función no computable, centrales para el planteamiento del problema de la detención [*the halting problem*], están basados en la paradoja del mentiroso.

El teorema de Chaitin según el cual una computadora no puede predecir completamente su propia conducta [*performance*] está apoyado en la paradoja de Berry. Y como si fuera poco, paradojas como las de Cantor, Russell, el mentiroso y Curry contienen una poderosa técnica de razonamiento: los razonamientos diagonales se utilizan tanto para refutar resultados de completitud y de computabilidad, como para probar resultados acerca de incapacidad de capturar conceptos. Así, la aritmética de Peano, axiomatizada en primer orden, es incapaz de capturar su propio concepto de *verdad*. En el mismo sentido, las técnicas desarrollada por Kripke (1975) vinculadas a los puntos fijos, operadores salto y la monotonía son utilizadas en general en pruebas de consistencia o valuaciones estables para teorías.

Las paradojas son un fenómeno multidisciplinario. Entre otras disciplinas, afectan el desarrollo de la lógica, de la matemática, de la computación, de la epistemología, de la teoría de la decisión racional y de la teoría de juegos. Por eso, este volumen abarca problemas fundamentales presentes en todas esas áreas. Dadas las dificultades mencionadas para definirlas y clasificarlas, el volumen ha sido diseñado sin adoptar un único criterio ni en lo que respecta a la naturaleza de las paradojas ni a sus posibles agrupamientos. Por ese motivo, el volumen carece de partes. La recomendación a los autores de cada uno de los capítulos ha sido producir trabajos auto-contenidos donde se presenten las características principales de cada paradoja, incluyendo el aparato técnico que pueda ser utilizado para ensayar soluciones a las mismas.

Finalmente quiero expresar un especial agradecimiento a Juan Redmond por haber confiado en mí para llevar adelante este proyecto. Quiero enfatizar también que yo creo en la verdad de cada una de las afirmaciones que aparecen a lo largo de este volumen. Esto es así, ya que todo lo que se afirma ha sido profundamente investigado y discutido con los autores en diversos encuentros, seminarios y actividades de investigación. Es necesario mencionar que las ideas que se presentan han sido el resultado del esfuerzo y la investigación de diversos autores que en su totalidad trabajan y colaboran en centros de investigación pertenecientes a diversas universidades iberoamericanas. Un agradecimiento especial a cada uno de ellos que han participado con sus contribuciones en el presente volumen. Sé que todos nos hemos esforzado justificando cada una de las afirmaciones que aparecen es este libro. Claro que, al mismo tiempo, dada la complejidad de la temática junto con nuestra falibilidad, seguramente alguna de ellas podría estar equivocada. El lector atento, sabrá encontrar esos errores.

Bibliografía

Cargile, J. (2002): "Logical Paradoxes" en Dale Jacquette (ed) (2002) *A Companion to Philosophical Logic* Blackwell Pu. Mass, pp. 105-114.

Clark, M. (2002): *Paradoxes from A to Z*, Routledge, London.

Goldstein, L. (2004): "Paradoxes: Their Roots, Range and Resolution." *Australasian Journal of Philosophy*, 82, 4, pp. 656-658.

Kripke, S. (1975): "Outline of a Theory of Truth", *Journal of Philosophy*, 72, 19, pp. 690-716.

Lewis, M. (2000): "Exploring Paradox: Toward a More Comprehensive Guide" *The Academy of Management Review*, 25, 4, pp. 760-776.

Lukowski, P. (2011): *Paradoxes*, Springer, London.

Lycan, W (2010): "What, Exactly, is a Paradox?" *Analysis* 70, 4, pp. 615-622.

Paseau, A. (2013): "An Exact Measure of Paradox" *Analysis* 73, 1, pp. 17-26.

Priest, G. (1995): *Beyond the Limits of Thought*. Cambridge University Press, Cambridge.

Quine, W. V. (1966): *The Ways of Paradox and Other Essays* (1er Edition), Harvard University Press, Cambridge, Mass.

Rescher, N. (2001): *Paradoxes: Their Roots, Range and Resolution*, Open Court, Chicago.

Sainsbury, R. M. (1995): *Paradoxes*, Cambridge University Press, Cambridge.

Simmons, K. (2002): "Semantical and Logical Paradox" en Jacquette, D. (ed) (2002): *A Companion to Philosophical Logic* Blackwell Pu. Mass, pp. 115-130.

Sorensen, R. (1988): *Blindspots*, Clarendon, Oxford.

Sorensen, R. A (2003): *Brief History of the Paradox: Philosophy and the Labyrinths of the Mind*. Oxford University Press, Oxford.

Sorensen, R. (2002): "Philosophical Implications of Logical Paradoxes" en Jacquette, D. (ed), (2002): *A Companion to Philosophical Logic* Blackwell Pu. Mass., pp.131-142.

Eduardo Alejandro Barrio[13]

---

[13] Conicet - UBA – Buenos Aires Logic Group

Capítulo 1: LA PARADOJA DEL MENTIROSO

José Martínez [14]

§ 1 Introducción

Consideremos la siguiente oración: 'esta oración es falsa' y preguntémonos si es verdadera o falsa. Intuitivamente, si fuese verdadera, se cumpliría que la oración es falsa, pero si fuese falsa, como lo que la oración dice es que es falsa, se cumpliría que la oración es verdadera. Hemos demostrado que la oración es verdadera si, y sólo si, es falsa. Dado que, aparentemente, ha de ser verdadera o falsa, se sigue una contradicción. Esta es, de modo condensado, la llamada paradoja del mentiroso.[15]

Veamos ahora en detalle el argumento paradójico. Para simplificar la exposición, llamemos m a la oración 'm es falsa'. Veamos ahora un argumento paradójico:

1   Supongamos que m es verdadera.
2. 'm es falsa' es verdadera. (De 1, por sustitución de idénticos, porque m = 'm es falsa'.)
3   Si 'm es falsa' es verdadera, entonces m es falsa. (Principio trivial.)
4   m es falsa. (*Modus ponens* a partir de 3 y 2.)
5   Si m es verdadera, entonces m es falsa. (Prueba condicional, líneas 1-4)
6   Supongamos ahora que m es falsa.
7   Si m es falsa, entonces "m es falsa" es verdadera. (Principio trivial.)
8   'm es falsa' es verdadera. (*Modus ponens* a partir de 7 y 6.)
9   m es verdadera. (De 8, por sustitución de idénticos, dado que la oración m es 'm es falsa'.)
10 Si m es falsa, entonces m es verdadera. (Prueba condicional, líneas 6-9.)
11 m es falsa si, y sólo si, m es verdadera. (De 5 y 10, por definición del bicondicional.)

---

[14] Universidad de Barcelona - Logos

[15] Se llama así porque también puede expresarse mediante la oración 'miento' (aquí y ahora), entendiendo mentir como decir algo falso. Dado que utilizar la noción de mentira introduce una complejidad innecesaria, la versión estándar en la discusión filosófica contemporánea utiliza sólo la noción de falsedad. Para una discusión de los problemas específicos de las versiones de la paradoja que utilizan la noción de mentira, véase W. Künne (2013).

A partir de 11, mediante principios de la lógica clásica, podemos demostrar una contradicción:

12 m es verdadera o es falsa. (Principio de bivalencia.)

13 m es verdadera y falsa. (De 11 y 12, utilizando prueba por casos, *modus ponens* e introducción de la conjunción.)

Analicemos el argumento anterior. Utiliza tres tipos de supuestos. Por una parte, reglas básicas de la lógica clásica, como el *modus ponens* y la prueba condicional, que difícilmente parecen objetables. Por otro, la capacidad del lenguaje natural para construir oraciones autorreferentes, que también parece ser una característica inocua del lenguaje: 'esta oración tiene cinco palabras' es una oración con sentido y claramente verdadera. Por último, aparecen los principios 3 y 7, que se justifican porque son casos particulares de principios triviales que rigen el predicado 'verdadero'. Utilizando el ejemplo clásico, que la nieve sea blanca es lo que hace que la oración 'la nieve es blanca' sea verdadera, y al contrario, si la oración 'la nieve es blanca' es verdadera, entonces la nieve es blanca. De manera sintética, podemos afirmar que la oración 'la nieve es blanca' es verdadera si, y sólo si, la nieve es blanca. Y esto se generaliza para toda oración declarativa **A**: los bicondicionales de la forma *la oración* **x** *es verdadera si, y sólo si,* **A**, donde **x** es un nombre de la oración **A**, son trivialmente verdaderos. Los llamaremos bicondicionales-T.[16] Decimos que una definición de la verdad satisface el Esquema-T cuando de ella se deducen todos los bicondicionales-T para todas las oraciones del lenguaje. Resumiendo el diagnóstico, la autorreferencia del lenguaje, los principios básicos de la verdad (los bicondicionales-T) y la lógica clásica producen contradicciones. Algo hay que cambiar y el problema es cómo justificar de manera que no sea *ad hoc* qué es lo que hay que cambiar, ya que cada componente parece estar bien justificado independientemente. Tendríamos, por tanto, tres tipos generales de solución: o bien restringimos la autorreferencia, o bien invalidamos algunos de los bicondicionales-T, o bien modificamos la lógica clásica. El primer tipo es el que siguió Tarski, a quien se debe en esencia el análisis presentado aquí de la paradoja, y que presentamos en la sección 2. Las secciones restantes se ocuparán de las soluciones no tarskianas más importantes, caracterizadas por no restringir la autorreferencia, sino

---

[16] Nótese que la trivialidad de los bicondicionales-T no depende de defender una teoría de la verdad específica. Basta con pensar que no podríamos aceptar como una teoría de la verdad a una teoría que tuviera como consecuencia que la oración 'la nieve es verde' es verdadera, incluso aunque la nieve no es verde, o que tuviera como consecuencia que la oración 'la nieve es blanca' no es verdadera, incluso aunque la nieve es blanca. Por otra parte, los bicondicionales-T permiten una demostración muy compacta de 11: tomando como **A** a 'm es falsa' y **x** el nombre de **A**, i.e., m, tenemos directamente que m es verdadera si, y sólo si, m es falsa.

por modificar la lógica clásica o preservarla invalidando algunos bicondicionales-T. Las secciones 3 y 7 presentarán las teorías paracompletas, la 4 las paraconsistentes, la 5 la revisionista, la 6 las contextualistas y la 8 las basadas en teorías axiomáticas de la verdad.

§ 2 La solución tarskiana

En su artículo sobre la verdad de 1944, Tarski diagnostica la paradoja como producida por lo que llama el carácter semánticamente cerrado del lenguaje. Por un lenguaje "semánticamente cerrado" entiende un lenguaje que contiene todos sus conceptos semánticos, como sus propios predicados de verdad y falsedad.[17] La paradoja del mentiroso muestra que los lenguajes semánticamente cerrados son contradictorios, no pueden tener una definición de la verdad que satisfaga el Esquema-T, así que Tarski se centró en el problema de construir una definición de la verdad para un lenguaje (llamado el lenguaje objeto) en otro lenguaje (llamado el metalenguaje) que contiene el predicado verdad del lenguaje objeto. Veamos de manera intuitiva cómo su construcción da lugar a una jerarquía de lenguajes. Consideremos un lenguaje de primer orden L_0 que no contiene el predicado verdad. Añadimos al lenguaje un predicado monádico Tr_0 aplicado sólo a oraciones de L_0. Llamemos al nuevo lenguaje L_1. Tarski mostró cómo definir en L_1 el predicado Tr_0 de modo que cumpla el Esquema-T para oraciones de L_0.[18] El predicado Tr_0 no sirve para caracterizar la verdad de las oraciones de L_1, pero podemos definir un nuevo lenguaje L_2 añadiendo un predicado Tr_1 aplicado a las oraciones de L_1. Podemos convertir a Tr_1 en el predicado verdad de L_1, y seguir creando una jerarquía de predicados parciales de verdad Tr_2, Tr_3, etc. para lenguajes cada vez más amplios. Para poder construir una oración del mentiroso deberíamos tener una oración de la forma $\neg\, Tr_i\, m$, donde m es un nombre de $\neg\, Tr_i\, m$, pero como esta oración contiene el predicado Tr_i es una oración del lenguaje L_{i+1} y, por tanto, $\neg\, Tr_i\, m$ no es una fórmula bien formada. Es decir, que ninguno de estos lenguajes permite escribir oraciones autorreferentes como la del mentiroso, y esto elimina la paradoja. Tarski queda satisfecho con esta solución, dado que esas oraciones autorreferentes que eliminamos no son necesarias en el lenguaje de la ciencia, que era el que Tarski trataba de analizar semánticamente.

---

[17] Véase A. Tarski (1944), p. 68. Cf. A. Tarski (1933), p. 164s.
[18] Estrictamente hablando, en una teoría axiomática ligada al metalenguaje, que ha de ser suficiente para expresar la sintaxis del lenguaje objeto. Para detalles y variaciones sobre estas construcciones, véase V. Halbach (2011).

§ 3 La solución paracompleta de Kripke

La solución tarskiana a la paradoja fue criticada por Kripke en su famoso artículo de 1975. El problema principal que Kripke encuentra es que en muchos usos del lenguaje ordinario, las oraciones forman ciclos de referencia que no podrían expresarse en un lenguaje tarskiano. Por ejemplo, consideremos dos profesoras, Ana y María. Si Ana dice hoy en su clase 'algo de lo que María dijo ayer en clase es verdadero' y María dijo ayer en su clase 'algo de lo que dirá mañana Ana en su clase es falso', para poder expresar en un lenguaje tarskiano lo que quieren decir, el índice del predicado verdad de cada una de estas oraciones debería ser lo suficientemente alto como para aplicarse a todas las oraciones dichas por la otra profesora en la clase correspondiente, pero como cada una de ellas cuantifica (quizá sin saberlo) sobre la oración dicha por la otra, se sigue que el índice del predicado verdad de cada una de estas oraciones debería ser mayor que el otro, lo que es imposible. Como ciclos de oraciones circulares de este tipo se producen fácilmente en el lenguaje ordinario, una parte de las oraciones que utilizamos sin problemas en el lenguaje ordinario no serían expresables en un lenguaje tarskiano. Por otro lado, dependiendo de lo que María y Ana hayan dicho en clase, en la mayor parte de circunstancias esas oraciones son simplemente verdaderas o falsas, pero en el caso específico en que esas oraciones sean lo único que cada una de ellas ha dicho en clase, las dos oraciones son paradójicas. Que las oraciones sean paradójicas o no es un fenómeno contingente, que depende de las condiciones empíricas. Kripke expresa esto diciendo que utilizar el predicado verdad es arriesgado, nos exponemos a producir paradojas si los hechos nos son desfavorables. La dependencia de las condiciones empíricas muestra que un criterio meramente sintáctico para separar a las oraciones paradójicas no puede funcionar.[19] La consecuencia es que el lenguaje que analicemos debe contener un único predicado verdad y la capacidad de construir oraciones autorreferentes no debe limitarse. Para dar un modelo formal de la situación Kripke considera un lenguaje de primer orden **L**, interpretado con un modelo, llamado modelo básico. Extendemos **L** mediante un predicado monádico Tr. Llamamos al lenguaje extendido **L***. Suponiendo que **L*** está incluido en el dominio de interpretación del modelo básico y que cada oración **A** de **L*** tiene un nombre canónico <**A**> en **L***, el problema formal que Kripke se plantea resolver es encontrar una inter-

---

[19] Véase S. Kripke (1975), p. 158s.

pretación del predicado Tr que satisfaga los bicondicionales-T para todas las oraciones de **L***.

La clave de la solución kripkeana a la paradoja se basa en idea de *oración fundada*, que justifica así: "si una oración afirma que (todas, alguna de, la mayoría de, etc.) las oraciones de una cierta clase C son verdaderas, su valor de verdad puede evaluarse si el valor de verdad de las oraciones de la clase C puede evaluarse. Si algunas de estas oraciones contienen la noción de verdad, su valor de verdad debe a su vez evaluarse considerando otras oraciones y así sucesivamente. Si este proceso finaliza en último término en oraciones que no contienen el concepto de verdad, de manera que el valor de verdad del enunciado original puede establecerse, decimos que la oración original es *fundada*; de otra manera será infundada."[20] Intuitivamente una oración está fundada cuando su valor de verdad puede establecerse de modo unívoco a partir de los hechos empíricos, y es infundada en otro caso, es decir, cuando el intento de evaluarla no produce un resultado. La fuente del carácter patológico de las oraciones paradójicas la halla Kripke en el hecho de que son infundadas. Por ejemplo, para determinar si la oración del mentiroso es verdadera es preciso determinar si esa misma oración es falsa, es decir, hay que determinar si su negación es verdadera, lo que nos remite de nuevo a intentar establecer si la oración es verdadera, entrando en un proceso circular. Esta misma patología se produce en otras oraciones como 'esta oración es verdadera' (llamada oración del veraz). Aunque se le podría asignar tanto el valor verdadero como falso sin contradicción, el intento de evaluarla nos conduce a un círculo vicioso, y claramente los hechos empíricos no fuerzan que la oración del veraz tenga un valor específico de verdad. Las oraciones infundadas no llegan a comunicar ningún estado de cosas y, por tanto, tales oraciones no expresan proposiciones y carecen de valor de verdad. Dado que hay oraciones que carecen de valor de verdad, la lógica resultante es formalmente una lógica trivalente, y hay que decidir cómo evaluar las conectivas cuando alguno de sus componentes es una oración infundada. La solución más utilizada es la lógica de Kleene fuerte, que considera a las negaciones de las oraciones carentes de verdad como también carentes de verdad. Se sigue que el principio de tercio excluso no se cumple para las oraciones infundadas, y esto invalida el paso 12 de la demostración de la paradoja del mentiroso y resuelve la paradoja.[21] El rechazo del principio de

---

[20] S. Kripke (1975), p. 160.
[21] Kripke señala que su análisis se aplica también a otros esquemas, como los superevaluacionistas. Estos aceptan en general el tercio excluso, pero la contradicción se para en el paso 13, dado que la prueba por casos no es válida en general.

tercio excluso es lo que caracteriza a las soluciones paracompletas a la paradoja.

Para obtener la interpretación del predicado Tr, Kripke formaliza la experiencia idealizada de cómo podríamos enseñar a usar el concepto de verdad a alguien que no conoce su significado. El principio básico que le enseñaríamos es, por supuesto, el recogido en el Esquema-T: uno está autorizado a afirmar que una oración es verdadera cuando, y sólo cuando, está autorizado a afirmar esa misma oración. Así pues, empezaríamos por indicarle oraciones que contienen asignaciones inmediatas del término 'verdadero' a oraciones indicativas, como 'es verdad que la nieve es blanca', las cuales podría decidir directamente atendiendo a sus conocimientos acerca del mundo. Una vez aclaradas estas oraciones podríamos pasar a indicarle oraciones del tipo 'la oración 'es verdad que la nieve es blanca' es verdadera' o 'hay una oración en esta página que es verdadera', que podría decidir a partir de las asignaciones anteriores mediante los bicondicionales-T y las reglas semánticas. Conforme se van asignando valores de verdad a oraciones a partir de las determinadas directamente por hechos no semánticos, el individuo podría asignar valores de verdad a nuevas oraciones. Sin embargo, no todas las oraciones recibirán un valor en ese proceso: sólo las fundadas lo recibirán, pues sólo ellas derivan su verdad de hechos no semánticos. Para formalizar este proceso, Kripke parte del modelo básico y de una interpretación vacía para el predicado Tr, y crea una interpretación para Tr mediante un proceso transfinito de aproximación: cada paso finito incluye en la extensión de Tr a todas las oraciones verdaderas en el modelo que se obtiene cuando Tr se interpreta con la extensión anterior. En el límite se toma la unión de todas las extensiones de la sucesión. Este proceso se estabiliza en un punto fijo, que constituye una interpretación de Tr que satisface los bicondicionales-T.[22]

De las críticas a la teoría de Kripke destacamos dos, que ya fueron discutidas por el propio Kripke en su artículo. La primera es que la lógica trivalente fuerte de Kleene que utiliza Kripke para construir la interpretación del predicado Tr es demasiado débil. Por ejemplo, cuando Tr se interpreta mediante un punto fijo se cumple que, para toda oración **A**, el valor de **A** coincide con el valor de Tr<**A**>; sin embargo, la oración **A** ↔ Tr<**A**> no es válida en general en la lógica de Kleene, porque cuando **A** no es ni verdade-

---

[22] Para los detalles de esta construcción, puede consultarse A. Visser (1984) o Gupta-Belnap (1993).

ra ni falsa tampoco lo es Tr<A>, y el bicondicional de Kleene no es ni verdadero ni falso en ese caso.²³

La segunda crítica es que esta solución elimina la paradoja del mentiroso, pero permite construir otras semejantes. La teoría caracteriza a la oración del mentiroso como ni verdadera ni falsa, pero esto no puede expresarse en el lenguaje, dado que decir que el mentiroso es verdadero o falso es tan patológico como el mentiroso mismo, y por tanto también carece de valor de verdad y no es afirmable en la teoría de Kripke. Pero si añadimos al lenguaje el predicado 'carece de valor de verdad', obtenemos una nueva paradoja, la oración que dice 'esta oración es falsa o carece de valor de verdad': decir que carece de valor de verdad no va a resolver el problema en este caso, porque eso la haría verdadera. Otra versión de esta paradoja, llamada paradoja reforzada del mentiroso, es 'esta oración no es verdadera': si es verdadera obtenemos una contradicción, y si es falsa o ni verdadera ni falsa, en particular no es verdadera, por tanto obtenemos que es verdadera.

El problema de la venganza del mentiroso (como suele llamarse) es un problema que todas las teorías tienen que enfrentar. La paradoja reforzada del mentiroso muestra que la semántica de Kripke, aun cuando proporciona un lenguaje autorreferente que resuelve las críticas de inexpresividad que Kripke lanzaba contra Tarski, no construye un lenguaje semánticamente cerrado. Si se quiere evitar la nueva paradoja, el predicado '<A> es una oración patológica' ha de pertenecer a un metalenguaje, produciendo una nueva jerarquía de lenguajes. Asimismo, para poder decir que la oración del mentiroso no es verdadera sin incurrir en la paradoja reforzada hay que "cerrar" el predicado de verdad, creando un predicado clásico de verdad que coincide con Tr en la extensión de las oraciones verdaderas, pero en el que todas las oraciones patológicas se declaran falsas, por lo que no puede satisfacer íntegramente el Esquema-T.

§ 4 La solución paraconsistente de Priest

La solución propuesta por Graham Priest no trata de señalar ningún defecto al argumento paradójico que provoca la oración del mentiroso, sino que lo considera una *prima facie* buena razón para aceptar su conclusión, es decir, que la oración del mentiroso es verdadera y falsa y, por tanto, hay

---

²³ Estas críticas se aplican igualmente para las otras lógicas consideradas en el artículo de S. Kripke (1975), como las diferentes variantes superevaluacionistas.

contradicciones verdaderas (i.e., *dialetheias*, según la definición de Routley y Priest)[24]. Si se aceptan dialetheias, para evitar la trivialidad de la lógica hay que rechazar la regla clásica *ex contradictione quodlibet* o regla de explosión, según la cual de una contradicción se sigue cualquier cosa. Formalmente, Priest comienza dualizando la lógica paracompleta de Kleene fuerte para obtener la lógica LP (Lógica de la Paradoja). Los operadores de LP son los mismos que los de la lógica de Kleene fuerte, pero el valor que corresponde a las oraciones carentes de valor de verdad (oraciones infundadas) ahora se aplica a las oraciones con sobreabundancia de valor de verdad (dialetheias). Preservar la verdad implica ahora preservar tanto el valor "verdadero" como el valor "verdadero y falso". Como en la lógica de Kleene, el condicional material de LP es débil (no satisface ni siquiera el *modus ponens*), y Priest suplementa el lenguaje con un condicional que valida muchas de las leyes clásicas del condicional, aunque no cumple la regla de contracción para evitar la paradoja de Curry.[25]

Tres tipos de motivaciones juegan a favor del dialetheísmo. En primer lugar, Priest argumenta que las dialetheias aparecen en muchos otros fenómenos, lo que evita que aceptar dialetheias en el caso semántico tenga carácter *ad hoc*.[26] En segundo lugar, no sólo la paradoja del mentiroso se resuelve aceptando contradicciones, sino que toda una amplia gama de paradojas semánticas y matemáticas pueden resolverse del mismo modo. En tercer lugar, una motivación importante a favor de esta teoría es, dicho brevemente, el fracaso de todas las demás a la hora de resolver las paradojas reforzadas. Si no hay modo de resolverlas, ¿no sería mejor aceptar que algunas contradicciones pueden ser verdaderas? Parece entonces que crear una paradoja reforzada no haría sino añadir una contradicción más al sistema, que sería aceptable, al igual que la paradoja original. Aun así, la teoría de

---

[24] **A** es una dialetheia cuando **A** ∧ ¬**A** es una oración verdadera. El nombre se deriva de que las dialetheias poseen dos valores de verdad.
[25] Véase el artículo de Pailos sobre la paradoja de Curry incluido en esta colección. La semántica del condicional se da mediante una semántica de mundos posibles e imposibles. Priest sostiene que no hay oraciones carentes de valor de verdad. Si se admiten, entonces una lógica natural de partida es la lógica tetravalente de Belnap. Sobre esto, véase Visser (1984) y Woodruff (1984).
[26] Priest (2006) defiende que los sistemas legales producen dialetheias. También defiende una teoría dialetheísta del cambio, según la cual un estado de cambio es un estado en el que un objeto tiene propiedades contradictorias, y la aplica para obtener una teoría hegeliana del movimiento (un objeto se está moviendo en el instante t cuando está y no está en el mismo sitio en t) y una teoría dialetheísta del tiempo mismo. Priest (2002) analiza diversos sistemas filosóficos clásicos para demostrar que pensar los límites del pensamiento produce contradicciones.

Priest ha sido criticada por falta de expresividad, se ha discutido si la noción de ser una oración "sólo falsa" (es decir, ser una oración falsa, pero no una dialetheia) o la noción de ser una dialetheia, pueden expresarse correctamente en el lenguaje.[27] [28]

§ 5 La solución revisionista

La teoría revisionista de la verdad fue creada de modo independiente por Hans Herzberger (1982a,b) y por Anil Gupta (1982), aunque su desarrollo más completo se halla en el libro de A. Gupta y N. Belnap (1993). Esta teoría entiende los bicondicionales de Tarski como estableciendo definiciones parciales de la verdad. Por tanto, la verdad es un predicado definido circularmente, y su comportamiento ha de establecerse como caso particular de una teoría general de definiciones circulares. Para motivar esas definiciones, consideremos un predicado Gx que se introduce en el lenguaje mediante la siguiente definición Gx $=_{def.}$ (x = Sócrates ∨ (x = Platón ∧ ¬ Gx)). Dado que la definición es circular, no puede establecerse una extensión para G, sin embargo, la definición proporciona información respecto al carácter de G, al menos proporciona la información condicional de que, dada una extensión hipotética para G, esa extensión debe revisarse para que cumpla la condición expresada en el *definiens*. Es decir, la definición circular determina una regla de revisión que aplicada a una extensión hipotética de G nos da el conjunto de los individuos que satisfacen el *definiens* de G. Por ejemplo, si suponemos que la extensión de G es {Platón, Aristóteles}, entonces el único individuo que satisface el *definiens* es Sócrates, y si suponemos que es {Aristóteles}, entonces los que satisfacen el *definiens* son Sócrates y Platón. Cada hipótesis determina una secuencia de revisión al iterar la regla de revisión indefinidamente. Para determinar si un individuo es G o no, debe estudiarse el proceso completo de todas las secuencias de revisión generadas a partir de todas las hipótesis posibles. En el ejemplo que estamos considerando se ve que, sea cual sea la hipótesis inicial respecto a la extensión de G, a partir de la primera aplicación de la regla de revisión Sócrates siempre estará en la extensión revisada de G, Aristóteles nunca estará en la extensión

---

[27] La propuesta de aceptar contradicciones como verdaderas ha dado lugar a una amplia polémica. Para una discusión en profundidad, véase los artículos recogidos en Priest et al. (2004).
[28] Otra teoría dialetheísta reciente es la de JC Beall (2009). Beall considera que sólo en el ámbito semántico deben admitirse contradicciones, que surgen como subproductos necesarios del hecho de tener un predicado verdad transparente (sobre esta noción, véase §7).

revisada de G y Platón se comporta como si fuera el mentiroso: si está en la hipótesis debería excluirse y si no está debería incluirse. En general, decimos que una oración es categóricamente verdadera (falsa) cuando, sea cual sea la hipótesis inicial, si se revisa suficientemente la hipótesis llega un momento en que la oración tiene siempre el valor verdadero (falso) en el modelo obtenido cuando G se interpreta con esa extensión. En otro caso decimos que la oración es patológica. Con estas definiciones podemos ver que la oración 'Sócrates es G' es categóricamente verdadera, 'Aristóteles es G' es categóricamente falsa y 'Platón es G' es patológica.

La semántica revisionista de definiciones circulares generaliza este análisis y lo aplica al caso de la verdad.[29] Se obtiene que la oración del mentiroso es patológica, dado que oscila entre la verdad y la falsedad indefinidamente, y se invalida el argumento paradójico del mentiroso porque la oración 11 no es categóricamente verdadera.[30]

Como las otras propuestas de solución, también el revisionismo, si considera el lenguaje que analiza como conteniendo sus propios predicados de categoricidad, produce una nueva paradoja: 'esta oración no es categóricamente verdadera'. Gupta y Belnap replican que si se quiere introducir el concepto de oración categóricamente verdadera en el lenguaje objeto, ese concepto debería ser definido circularmente, y aplicársele de nuevo un análisis revisionista (creando así oraciones que podríamos llamar supercategóricas y generando una nueva jerarquía de lenguajes). Sin embargo, argumentan que han resuelto el proyecto de mostrar, dado un lenguaje y un conjunto de conceptos semánticos, cómo construir un lenguaje autorreferente que contenga esos conceptos. Este proyecto es diferente del de construir un lenguaje que posea todos sus conceptos semánticos, proyecto que, según ellos, no está claramente definido (¿qué significa incluir *todos* los conceptos semánticos?) y bien podría ser inalcanzable.[31]

§ 6 Las soluciones contextualistas

---

[29] Hay varios sistemas diferentes de definiciones circulares, según se extienda la secuencia de revisión a los ordinales transfinitos y según se precise la estabilidad requerida para ser una oración categórica. Para estos detalles, véase Gupta y Belnap (1993) y Yaqub (1993).
[30] De hecho, sea cual sea la hipótesis acerca de la extensión del predicado verdad, o bien la oración del mentiroso está en la extensión o no lo está, y en ambos casos el bicondicional 11 es falso (la lógica que utilizamos es la clásica). Por tanto, 11 es categóricamente falsa.
[31] Véase Gupta y Belnap (1993), cap. 7, secc. I.

Las teorías contextualistas se centran en el problema de la paradoja reforzada: la oración r que nombra a 'r no es verdadera'. Si declaramos que la oración reforzada tiene algún tipo de patología semántica que hace que carezca de valor de verdad, entonces expresamos el resultado de nuestro análisis diciendo: la oración reforzada no es ni verdadera ni falsa. De aquí se sigue que, en particular, no es verdadera. Es decir, r no es verdadera. Pero esto es repetir la oración reforzada del mentiroso. ¿Cómo puede ser que dos ejemplares del mismo tipo de oración tengan valores semánticos diferentes? En un caso el ejemplar no es ni verdadero ni falso, en el otro es verdadero. Esto no es ninguna sorpresa en filosofía del lenguaje ni en los estudios sobre la verdad, de hecho las oraciones sólo son portadores de la verdad en casos especiales de "oraciones eternas" en el sentido quineano. Una oración como 'tengo hambre' no es ni verdadera ni falsa, depende del valor que tengan ciertos índices (el sujeto y el momento de la afirmación) en el contexto en el que se use. Las soluciones contextualistas señalan que la diferencia de valor semántico en el caso del mentiroso reforzado se debe también a la presencia de algún índice implícito que varía contextualmente. Tyler Burge (1984) considera que ese índice está en el predicado verdad, que cambia su extensión según sea el contexto de uso: un contexto ordinario (en el que r es patológica) o un contexto reflexivo (en el que r es verdadera).[32] Hay que notar que dado que en el contexto reflexivo la oración r es verdadera, entonces, considerando lo que r dice, podemos concluir que r no es verdadera, mediante una segunda reflexión sobre el resultado de la primera, creando así una jerarquía de contextos reflexivos.

Estas ideas básicas se han desarrollado en direcciones muy diferentes, dando lugar a un interesante variedad de tratamientos del mentiroso: T. Burge (1984) sugiere varias versiones formales de la teoría de índices, unas de tipo tarskiano y otras inspiradas en Kripke. K. Simmons (1993) crea una teoría basada en intuiciones de Gödel acerca de las paradojas como singularidades del predicado verdad; J. Barwise y J. Etchemendy (1982) formalizan el mentiroso utilizando la teoría de conjuntos no bien fundados (o hiperconjuntos); H. Gaifman (1992) desarrolla una semántica de "punteros" mediante grafos semánticos. La teoría importante más reciente de tipo contextualista es la de Michael Glanzberg,[33] que encuentra la variación contextual no en el predicado verdad, sino en la extensión de los cuantificadores proposicionales. Glanzberg considera a las proposiciones como portadores de la verdad. Cuando decimos 'la oración **A** es verdadera', la oración será verdadera

---

[32] Véase también C. Parsons (1974).
[33] M. Glanzberg (2001) es una presentación filosófica de las ideas principales, el tratamiento formal se desarrolla en (2004b). El artículo (2004a) defiende la teoría de algunas críticas.

si existe una proposición **P** tal que **A** expresa **P** y **P** es verdadera. Es el cuantificador implícito en esta cuantificación sobre la proposición expresada por una oración el que cambia su dominio según el contexto de uso: como r, al ser paradójica, no expresa ninguna proposición, en el contexto original el cuantificador no incluye ninguna proposición, pero en el contexto reflexivo sí que incluye una proposición verdadera.

Estas teorías han sido criticadas porque no explican suficientemente por qué debería existir el supuesto parámetro contextual, que parece de un tipo muy diferente a los parámetros habituales. Además, estas teorías también tienen su propia versión reforzada: "esta oración no es verdadera en ningún contexto". Una estrategia estándar para intentar resolver este problema, presente ya en Burge (1984), consiste en argumentar que no se puede cuantificar sobre contextos en el lenguaje objeto, sino que para generalizar sobre contextos se utilizan oraciones esquemáticas, donde se afirma una oración cuyo parámetro contextual funcionaría como una variable abierta en una fórmula.

§ 7 La solución paracompleta de Field

Hartry Field defiende una concepción deflacionista de la verdad: el predicado verdad tiene la función lógica de permitir expresar cuantificaciones sobre conjuntos de oraciones que no se quieren o no se pueden determinar explícitamente. Para cumplir esta función es esencial que el predicado verdad sea transparente, es decir, que debe cumplir el Principio de Intersustitutividad: para cualquier oración **A**, **A** y Tr <**A**> han de poder sustituirse *salva veritate* en cualquier contexto que no sea opaco. El objetivo de H. Field (2008) es dar una solución a la paradoja que satisfaga este principio. Además ha de tener un condicional fuerte, que valide los usos indiscutidos en el razonamiento ordinario. Un tercer requisito importante es que la solución debe caracterizar correctamente a la oración del mentiroso sin producir ninguna paradoja reforzada.

La teoría propuesta por Field es una teoría paracompleta. Desde el punto de vista formal Field mezcla técnicas kripkeanas de punto fijo para obtener la interpretación del predicado verdad con técnicas revisionistas para obtener la interpretación del condicional, obteniendo una lógica más fuerte que la kripkeana.³⁴ Para clasificar correctamente a la oración del mentiroso, Field añade un operador de determinación D tal que DT<A> se interpreta como 'la oración **A** es determinadamente verdadera'.³⁵ Este operador permite decir de manera consistente en el lenguaje que las oraciones paradójicas no son ni determinadamente verdaderas ni determinadamente falsas. Por supuesto que, una vez añadimos el operador D al lenguaje, podemos mediante diagonalización construir una oración Q equivalente a ¬DT<Q>. Esta oración es patológica, pero su patología no puede caracterizarse como no siendo determinadamente verdadera, porque eso produciría otra contradicción. Field muestra que su teoría la caracteriza como ¬DDT<Q>. Ahora puede crearse otra oración Q' equivalente a ¬DDT<Q'>, que será caracterizada como siendo ¬DDDT<Q'>. Este proceso puede extenderse, y la venganza del mentiroso vuelve con la siguiente versión del mentiroso reforzado: 'esta oración no es superdeterminadamente verdadera', donde una oración **A** es superdeterminadamente verdadera cuando se cumple D…DT<A> para todas las iteraciones posibles del operador D. Field sostiene que este operador no constituye realmente una paradoja reforzada y que su solución no necesita un metalenguaje para poder ser expresada correctamente.³⁶

§ 8 Las soluciones axiomáticas

Todas las teorías expuestas en las secciones 2-6 eran teorías semánticas de la verdad, todas utilizaban como lenguaje objeto un lenguaje L_{Tr} obtenido al añadir Tr a un lenguaje de primer orden **L** interpretado sobre un modelo y definían en el metalenguaje de la teoría de conjuntos una interpretación para el predicado Tr con las propiedades deseadas. Estas construcciones estaban motivadas por intuiciones filosóficas: la idea de que la verdad ha de estar fundamentada en los hechos extrasemánticos en Kripke, la idea de que la verdad es un concepto definido circularmente en Gupta, etc. En estas soluciones es inevitable que la propia teoría sólo se pueda expresar

---

[34] Field (2014) presenta una teoría de la verdad con un condicional que satisface principios naturales de cuantificación restringida y expande las propiedades del condicional de Field (2008).
[35] Una importante solución paracompleta que utiliza un operador D para clasificar la oraciones paradójicas es la de Vann McGee (1991), quien asimila el predicado verdad a un predicado vago que no determina un valor de verdad para las oraciones patológicas.
[36] Sobre el mentiroso reforzado, véase H. Field (2007) y (2008), cap. 22. P. Welch (2014) construye una paradoja reforzada (el "mentiroso inefable") que no puede ser clasificada correctamente en la teoría de Field, pese a pertenecer a su lenguaje.

completamente en el metalenguaje: definirla en el lenguaje objeto contradiría el teorema de Tarski de indefinibilidad de la verdad.

Otros autores, como Hartry Field, Volker Halbach y Leon Horsten, objetan que lo que interesa no es el predicado 'verdadero en un modelo de L_{Tr}' sino el predicado 'verdadero en español', sin más. Y para este predicado no hay un metalenguaje en el que desarrollar su semántica. Por tanto, el análisis de la teoría de la verdad ha de darse en el mismo lenguaje objeto. Esto conduce a estudiar el lenguaje L_{Tr} desde la perspectiva interna de aquellos teoremas demostrables en la teoría de L_{Tr} antes que desde la perspectiva externa de lo que podemos demostrar acerca de la semántica de L_{Tr} en el metalenguaje.[37] El objetivo es obtener una teoría axiomática de la verdad que contenga los conceptos clave para clasificar correctamente las oraciones del lenguaje y que tenga un sistema fuerte de reglas y leyes de la verdad. Muchos de los sistemas axiomáticos estudiados son los sistemas obtenidos a partir de las teorías semánticas de las secciones anteriores. Pero para estos filósofos no son las intuiciones filosóficas que apoyan la semántica lo que justifica estos sistemas, sino la utilidad del sistema axiomático que se consigue. La semántica no es más que un medio para conseguir un buen sistema axiomático, pero es prescindible una vez alcanzado el sistema.[38]

Por supuesto, esta visión es muy coherente con concepciones del significado como uso y con concepciones deflacionistas de la verdad, pero los filósofos que sostienen concepciones no deflacionistas de la verdad no consideran cumplir el Esquema-T (o el Principio de Intersustitutividad) como exigencias irrenunciables. Por otra parte, las teorías semánticas basadas en intuiciones filosóficas acerca de la verdad ayudan a entender por qué ciertas leyes o reglas lógicas que parecen correctas fallan en lenguajes autorreferentes. El proyecto de los defensores de las teorías axiomáticas produce un abanico de teorías que evitan la paradoja con alteraciones diversas de las

---

[37] H. Field (2008) dedica la segunda parte de su libro a hacer un análisis de las teorías más importantes sobre las paradojas desde una perspectiva interna. Al hacer este análisis detallado aparecen problemas como que muchas teorías tienen teoremas que declaran que algunos de sus propios teoremas no son verdaderos, o demuestran que no todas las reglas de su teoría preservan la verdad de modo irrestricto. Por contraposición, la teoría que él defiende en las partes tercera y cuarta del libro declara como verdaderos a todos sus axiomas, y demuestra que todas sus reglas de la verdad preservan la verdad, aunque no demuestra que otras de sus reglas lógicas preservan la verdad.

[38] Algunos artículos y libros fundamentales en esta tradición son los de S. Feferman (1984), H. Friedman y M. Sheard (1987), A. Cantini (1996). Un análisis técnico y filosófico detallado de esta corriente se halla en V. Halbach (2011) y (en una presentación mucho más accesible para los no especialistas) L. Horsten (2011).

reglas de la lógica clásica. Sin intuiciones filosóficas semánticas será difícil orientarse entre las diferentes teorías propuestas.

Referencias bibliográficas:

Barwise, J. & Etchemendy, J., (1987): *The Liar. An Essay on Truth and Circularity*, Oxford U.P..
Beall, JC (ed.), (2007): *Revenge of the Liar. New Essays on the Paradox*, Oxford U.P..
Beall, JC, (2009): *Spandrels of Truth*, Oxford U.P..
Burge, T. (1979): "Semantical Paradox", *Journal of Philosophy*, vol. 76, pp. 169-198.
Cantini, A. (1996): *Logical Frameworks for Truth and Abstraction: An Axiomatic Study*, Elsevier.
Feferman, S. (1984): "Towards useful type-free theories, I" en Martin, R. (1984), pp. 237-287.
Field, H. (2007): "Solving the Paradoxes, Escaping Revenge", en Beall, JC. (2007), pp. 78-144.
Field, H. (2008): *Saving Truth from Paradox*, Oxford U.P..
Field, H. (2014): "Naïve Truth and Restricted Quantification: Saving Truth a Whole Lot Better", *The Review of Symbolic Logic*, vol. 7 (1), pp. 147-191.
Friedman, H. & Sheard, M. (1987): "An Axiomatic Approach to Self-referential Truth", *Annals of Pure and Applied Logic*, vol. 33, pp. 1-21.
Gaifman, H. (1992): "Pointers to Truth", *Journal of Philosophy*, vol. 89, pp. 223-261.
Glanzberg, M. (2001): "The Liar in Context," *Philosophical Studies*, vol. 103, pp. 217-251.
Glanzberg, M. (2004a): "Truth, Reflection, and Hierarchies," *Synthese*, vol. 142, pp. 289-315.
Glanzberg, M. (2004b): "A Contextual-Hierarchical Approach to Truth and the Liar Paradox," *Journal of Philosophical Logic*, vol. 33, pp. 27-88.
Gupta, A. (1982): "Truth and Paradox", *Journal of Philosophical Logic*, vol. 11, pp. 1-60.
Gupta, A .& Belnap, N. (1993): *The Revision Theory of Truth*, Harvard U.P..
Halbach, V. (2011): *Axiomatic Theories of Truth*, Cambridge U.P..
Herzberger, H. (1982a): "Naive Semantics and the Liar Paradox", *Journal of Philosophy*, vol. 79, pp. 479-497.
Herzberger, H. (1982b): "Notes in Naive Semantics", *Journal of Philosophical Logic*, vol. 11, pp. 61-102.

Horsten, L. (2011): *The Tarskian Turn. Deflationism and Axiomatic Truth*, MIT Press.
Kripke, S. (1975): "Outline of a theory of truth", *Journal of Philosophy*, vol. 72, pp. 690-716. Trad. cast. "Esbozo de una teoría de la verdad", en Nicolás, J. & Frápolli, M. (2012), pp. 155-187.
Künne, W. (2013): *Epimenides und andere Lügner*, Klostermann, 2013.
McGee, V. (1991): *Truth, Vagueness and Paradox. An Essay on the Logic of Truth*, Hackett.
Martin, R. (1984): *Recent Essays on Truth and the Liar Paradox*, Oxford U.P..
Nicolás, J. & Frápolli, M. (eds.), (2012): *Teorías contemporáneas de la verdad*, Tecnos, 2ª ed..
Parsons, C. (1974): "The Liar Paradox", *Journal of Philosophical Logic*, vol. 3, pp. 381-412. Reed. en Martin, R. (1984), pp 9-45.
Priest, G. (2002): *Beyond the Limits of Thought*, Oxford U.P., 2ª ed..
Priest, G., Beall, JC. & Armour-Garb, B. (eds.), (2004): *The Law of Non-Contradiction*. Oxford U.P..
Priest, G. (2006): *In Contradiction. A Study of the Transconsistent*, Oxford U.P., 2ª ed..
Simmons, K. (1993): *Universality and the Liar*, Cambridge U.P..
Tarski, A. (1933): "The concept of truth in formalized languages", en Tarski, A. (1983): *Logic, Semantics, Metamathematics*, Hackett, 2 ed..
Tarski, A. (1944): "The semantic conception of truth and the foundation of semantics", *Philosophy and Phenomenological Research*, 4, pp. 341-375. Trad. cast., "La concepción semántica de la verdad y los fundamentos de la semántica, en Nicolás, J. & Frápolli, M. (2012), pp. 57-98.
Valdés Villanueva, L. (1999): *La búsqueda del significado*, Tecnos, 3ª ed..
Visser, A. (1984): "Semantics and the Liar paradox", en Gabbay, D. & Guenthner, F. (eds.), (1984): *Handbook of Philosophical Logic*, Reidel, vol. 4, pp. 617-706.
Visser, A. (1984): "Four-Valued Semantics and the Liar", *Journal of Philosophical Logic*, vol. 13 (2), pp. 181-212.
Welch, P. (2014): "Some Observations on Truth Hierarchies", *Review of Symbolic Logic*, v81993ol. 7 (1), pp. 1-30.
Woodruff, P. (1884): "Paradox, Truth and Logic. Part I: Paradox and Truth", *Journal of Philosophical Logic*, vol. 13 (2), pp. 213-232.
Yaqub, A. (1993): *The Liar Speaks the Truth: A Defense of the Revision Theory of Truth*, Oxford U.P.

Capítulo 2: LA PARADOJA DE YABLO

Lavinia Picollo[39]

Con el objetivo de mostrar que lo que se encuentra a la base de las paradojas y otras patologías que rodean al predicado veritativo (como la paradoja del mentiroso) no es la circularidad o la autorreferencia sino la infundación, S. Yablo (1985, 1993) presenta lo que hoy se conoce como 'paradoja de Yablo', aunque él la llamó 'ω mentiroso': una lista infinita de oraciones —una secuencia de oraciones de longitud ω— cada una de las cuales afirma que ninguna de las que se encuentran después de ella en la lista es verdadera. De acuerdo con Yablo, esta secuencia constituye un ejemplo de antinomia no circular de la familia del mentiroso. No todos han concordado con Yablo y la secuencia dio lugar a un amplio debate centrado en el presunto carácter no circular de la lista, pero que también ha puesto en duda su paradojicidad e incluso su semejanza con la paradoja del mentiroso.

Este artículo comprende una presentación detallada de la antinomia, junto con un breve desarrollo del extenso debate que se ha sostenido a su alrededor durante los últimos veinte años. En §1 introducimos la paradoja en el marco de su íntima relación y diferencias con el mentiroso y otras paradojas semánticas de la misma familia. En §2 proveemos un análisis formal de la lista de Yablo y de la derivación de una contradicción a partir de ella. En §3 se pone en evidencia el elemento conflictivo involucrado en la paradoja que originará el debate: el uso de un predicado autorreferencial. §4 presenta un estudio del argumento original de Yablo que lleva a una contradicción, a partir de lo indicado en §3. Siendo que los resultados de este análisis son adversos a los propósitos de Yablo, §5 consiste en una recopilación de intentos, algunos más exitosos que otros, de sortear las dificultades. En §6 se menciona la posibilidad de obtener versiones infinitarias de antinomias no semánticas.

§ 1 Introducción

---

[39] CONICET – UBA - Buenos Aires Logic Group

Mientras que la paradoja del mentiroso está dada por una única oración que dice de sí misma que no es verdadera,[40] y otras antinomias de la familia consisten de *loops* de oraciones, como la paradoja de la postal:

(P_1) P_2 es verdadera.
(P_2) P_1 no es verdadera.

en donde las expresiones involucradas dicen de sí mismas que no son verdaderas a través de las otras, indirectamente, la paradoja de Yablo está dada por una secuencia infinita de oraciones, ninguna de las cuales refiere a sí misma o a expresiones que se encuentran por encima de ella, sino que todas afirman sólo que aquellas que están por debajo en la lista no son verdaderas. Como indica R. Sorensen (1998, p. 139, mi traducción), "La técnica sustituye la estrecha circularidad propia de la autorreferencia por la exuberante linealidad de una serie infinita":

(S_0) Para todo $x>0$, S_x no es verdadera.
(S_1) Para todo $x>1$, S_x no es verdadera.
(S_2) Para todo $x>2$, S_x no es verdadera.
...

Prima facie, no es posible asignar valores de verdad *clásicos* (verdadero o falso) consistentemente a las oraciones de esta lista. Supongamos que alguna de ellas, S_n, es verdadera. Luego, ninguna cuyo subíndice sea mayor a n lo es, *i.e.*, S_{n+1} no es verdadera y tampoco lo son aquellas que se encuentran por debajo de S_{n+1}. Pero esto último es precisamente lo que S_{n+1} afirma, razón por la cual ésta debería ser verdadera después de todo. Dado que suponer que una oración cualquiera es verdadera nos ha llevado a una contradicción, debemos concluir que ninguna lo es. Pero si ninguna oración debajo de S_0 es verdadera, S_0 debe ser a la vez verdadera, lo cual es imposible.

De acuerdo con S. Yablo (1993, p. 251, mi traducción), la lista da lugar a una paradoja "en total ausencia de autorreferencia", contradiciendo la opinión generalizada hasta el momento, según la cual la autorreferencia[41] es esencial a toda antinomia semántica. Sobre esta premisa estaban fundadas

---

[40] Estrictamente hablando, la oración original del mentiroso predica falsedad de sí misma. La oración a la cual hacemos referencia aquí suele llamarse 'mentiroso reforzado'.
[41] Las paradojas no semánticas pueden exhibir otros tipos de circularidad, v.g., la paradoja de Russell, en donde conjuntos circulares —en lugar de expresiones autorreferenciales— juegan un rol central.

teorías de conjuntos como la de B. Russell & N. Whitehead (1910) y teorías de la verdad como la de A. Tarski (1944), que es quizás la más afectada aquí.

Tarski propone sortear las paradojas semánticas mediante una distinción entre lenguaje y metalenguaje, donde 'verdad' es siempre 'verdad en el lenguaje objeto' y sólo puede ser aplicada desde un metalenguaje esencialmente más rico. En lugar de un único predicado veritativo para un único lenguaje, obtenemos una jerarquía de predicados y lenguajes tales que el predicado de verdad de cada lenguaje se encuentra en los lenguajes que están por encima en la jerarquía. Esto bloquea la paradoja del mentiroso y otros *loops* pero no es suficiente para bloquear la paradoja de Yablo, pues, como afirma S. Kripke (1975, p. 697, mi traducción), "no es en ningún sentido evidente que el abordaje ortodoxo garantice buena fundación [...] los teoremas usuales nos permiten fácilmente construir una cadena descendiente de lenguajes de primer orden L_0, L_1, L_2, ... tales que L_n contiene un predicado de verdad para L_{n+1}". Siendo esta jerarquía acumulativa — $L_0 \supseteq L_1 \supseteq L_2$ ... — siguiendo a T. Forster (2004) podemos formular una lista semejante a la de Yablo: en cada L_n hay una oración S_n que afirma que ninguna oración S_m donde m>n es verdadera, y es posible obtener una contradicción por un argumento análogo al anterior. En palabras de S. Yablo (2004, p. 141, mi traducción), "el modo tarskiano de evitar paradojas yace en algo más que en una distinction rígida entre lenguaje objeto y metalenguaje. Es preciso también que la secuencia de lenguajes esté eventualmente fundada en un lenguaje objeto base".

§ 2 Un análisis formal

Dada la importancia de las consecuencias de una paradoja semántica no circular, poco tiempo después de su aparición la paradoja de Yablo fue puesta bajo un minucioso escudriño. El primer paso fue su formalización en una extensión del lenguaje de la aritmética de primer orden, como es usual en el caso de antinomias semánticas y más aún en el caso de la secuencia de Yablo, donde hay vocabulario aritmético involucrado. Sea L el lenguaje de la aritmética con los símbolos de función que necesitaremos luego y sea L_T el resultado de incorporar a L un predicado monádico Tr para la verdad.[42] La

---

[42] Si n es un número natural, $\underline{n}$ es su numeral. Dada una expresión **A** de L_T, $\langle$**A**$\rangle$ es el numeral del número de Gödel de **A**. El símbolo ternario de función x(y/z) representa la función que sustituye en la fórmula cuyo código es **x** el término codificado por **z** por aquel codificado por y, mientras que num(x) representa la función que asigna a cada número el código de su nu-

lista de Yablo puede ser formalizada en L_T mediante las siguientes expresiones:

$s(0) = \langle \forall x>0 \; \neg Tr(s(x)) \rangle$
$s(\underline{1}) = \langle \forall x>\underline{1} \; \neg Tr(s(x)) \rangle$
$s(\underline{2}) = \langle \forall x>\underline{2} \; \neg Tr(s(x)) \rangle$
...

donde $s(x)$ representa la 'función de Yablo', como lo hace S_x en el lenguaje semi-formal de la presentación original. ¿Cómo lograr que cada oración en la secuencia afirme que las *infinitas* expresiones que le siguen no son verdaderas en lenguajes finitarios como el español y L_T, donde las conjunciones infinitas como 'S_1 no es verdadera y S_2 no es verdadera y ...' no forman parte del lenguaje? La respuesta obvia es mediante el cuantificador universal, como hace Yablo. Ahora bien, para poder cuantificar sobre los subíndices, precisamos de un término S_x con una variable libre x tal que, para cada n, S_n (el resultado de reemplazar x por n en S_x) sea un nombre de 'Para todo x>n, S_x no es verdadera'. En L_T un término con una variable libre es un símbolo de función, en nuestro caso $s(x)$. *Via* códigos de Gödel, cada $s(\underline{n})$ funciona como un nombre para la n-ésima oración de la lista. Como señala G. Priest (1997), los subíndices en la presentación original encubren la presencia de esta función.

Dada esta formalización, el argumento de Yablo en un sistema de deducción natural resulta ser el siguiente:

1. $Tr(s(n))$ supuesto
2. $\forall x>n \; \neg Tr(s(x))$ 1
3. $\neg Tr(s(n+1))$ 2
4. $\forall x>n+1 \; \neg Tr(s(x))$ 2
5. $Tr(s(n+1))$ 4
6. $\bot$ 3, 5

---

meral. Ambas funciones son recursivas primitivas. Si y es la única variable libre en **A**, escribimos $\langle \mathbf{A}(num(x)) \rangle$ en lugar de $\langle \mathbf{A}(x) \rangle \langle num(x)/ \langle y \rangle$ cuando no dé lugar a confusión.

7.	$\neg Tr(s(n))$	1-6
8.	$\forall x \, \neg Tr(s(x))$	7
9.	$\forall x > 0 \, \neg Tr(s(x))$	8
10.	$Tr(s(0))$	9
11.	$\neg Tr(s(0))$	8

Si bien todo parece estar en orden a primera vista, una mirada más de cerca muestra ciertas dificultades.

§ 3 La existencia de la lista de Yablo en primer orden

> [Yablo] nos pide que imaginemos cierta secuencia. ¿Cómo se puede estar segura de que existe una secuencia tal? (Podemos imaginar todo tipo de cosas que no existen.) (G. Priest (1997, p. 238, mi traducción))

¿Cómo fijar la referencia de 'la secuencia de Yablo'? Siendo infinita, no podemos escribir una a una todas las expresiones que la conforman. ¿Cómo sabemos cuáles son? Los puntos suspensivos en la presentación original apuntan, como indica Priest, a que podemos identificar las oraciones y aprehender la lista porque contamos con una *descripción* finita. Todas comparten la misma forma, son todas instancias de un mismo predicado, *i.e.*, "Para todo x>y, S_x es falsa" o, en el plano formal, $\forall x > y \, \neg Tr(s(x))$, que llamamos 'predicado de Yablo'. Ahora bien, éste no es cualquier predicado sino que está definido en términos de la función representada por s, la cual debe satisfacer las identidades $s(\underline{n}) = \langle \forall x > \underline{n} \, \neg Tr(s(x)) \rangle$ para cada n ∈ ω, esto es, debe a la vez de alguna manera denotar el predicado de Yablo. ¿Cómo sabemos de la existencia de tal función y, por tanto, de tal predicado? De acuerdo con Priest, el predicado de Yablo en el lenguaje natural es "ningún número mayor a x satisface *este* predicado", y su existencia queda garantizada por el pronombre demostrativo italizado. En L_T su existencia está dada por el lema de diagonalización (fuerte).[43] Lo que J. Ketland (2004) ha llamado

---

[43] Mientras que el lema de diagonalización a secas implica la existencia de una fórmula $\mathbf{A}(x_1,\ldots,x_{n-1})$ para cada fórmula $\mathbf{B}(x_1,\ldots,x_n)$ tal que $\mathbf{A}(x_1,\ldots,x_{n-1})$ y $\mathbf{B}(x_1,\ldots,x_{n-1},\mathbf{A}(x_1,\ldots,x_{n-1}))$ son equivalentes, el lema de diagonalización fuerte implica la existencia de un término t para cada fórmula $\mathbf{B}(x_1,\ldots,x_n)$ tal que lo que t denota y el código de $\mathbf{B}(x_1,\ldots,x_{n-1},t)$ son idénticos. A fines matemáticos, podríamos utilizar cualquiera de las dos versiones del lema para obtener la lista de Yablo. Sin embargo, se evitan diversos inconvenientes en la discusión filosófica en torno a la circularidad de la lista si en lugar de equivalencias obtenemos identidades. Para detalles sobre este punto, véase L. Picollo (2012).

'Principio Uniforme de Punto Fijo de Yablo' (PUPFY) es una consecuencia directa de este lema en PAT, la aritmética de Peano formulada en L_T:[44]

(PUPFY) $\forall y(s(y) = \langle \forall x > \text{num}(y) \neg Tr(s(x))\rangle)$

La analogía entre el predicado de Yablo y el mentiroso (*Esta* oración no es verdadera) es inmediata. En el lenguaje natural ambos refieren a sí mismos mediante un pronombre demostrativo 'esta' o 'este', mientras que en L_T ambos se obtienen mediate el lema de diagonalización: el mentiroso está dado por t = $\langle \neg Tr(t)\rangle$ y el predicado de Yablo por el PUPFY. En los dos casos, el predicado de Yablo (denotado por *s*) y la oración del mentiroso (denotada por t) aparecen a ambos lados del símbolo de identidad (del lado izquierdo, siendo utilizados, del derecho mencionado) y son, por ende, puntos fijos. Esto es lo que aquí codifica la *autorreferencia*.

¿Significa esto que la paradoja de Yablo es circular? Naturalmente, si como en el caso del mentiroso recurrimos a una instancia de diagonalización como el PUPFY para obtener una contradicción, la antinomia sería tan circular como aquella. Ahora bien, el PUPFY sólo sirve *prima facie* para garantizar la existencia de la lista; no juega ningún rol en la inferencia. Sin embargo, una mirada cautelosa podría revelar lo contrario.

§ 4 Entre la ω-inconsistencia y la llana autorreferencialidad

Atendiendo al paso 1 de la derivación, ¿es n una variable libre o un término cerrado que denota un número en particular? Siendo que en 8 hemos introducido un cuantificador universal sobre ella, debería ser una variable libre, como afirman G. Priest (1997) y J. Ketland (2004, 2005). Pero en este caso, ¿cómo justificamos los pasajes de 1 a 2 y de 4 a 5? Ninguno de ellos se sigue de ninguna de las identidades que conforman la lista —junto con el esquema T—. Lo que está operando allí no es ninguna instancia particular sino un principio general, una combinación del PUPFY con el 'Principio Uniforme Desentrecomillador de Yablo', el Esquema-T en su versión uniforme sólo para el predicado de Yablo:[45]

---

[44] Diagonalizando sobre el predicado binario $\forall x > y \neg Tr(z(\text{num}(x)/\langle y\rangle))$, obtenemos un término t tal que t = $\langle \forall x > y \neg Tr(t(\text{num}(x)/\langle y\rangle))\rangle$. Luego, aplicando sustitución a ambos lados de la identidad tenemos que $t(\text{num}(y)/\langle y\rangle) = \langle \forall x > y \neg Tr(t(\text{num}(x)/\langle y\rangle))\rangle(\text{num}(y)/\langle y\rangle)$. Si z es una variable de individuo cualquiera, sea s(z) = $t(\text{num}(z)/\langle y\rangle)$. Luego, s(y) = $\langle \forall x > \text{num}(y) \neg Tr(s(y))\rangle$.

[45] Para más detalles sobre este punto véase J. Ketland (2005).

(PUDY) $\forall y(Tr\langle \forall x > \text{num}(y) \ \neg Tr(s(x))\rangle \equiv \forall x > y \ \neg Tr(s(x)))$

La paradoja de Yablo es autorreferencial después de todo, prácticamente en el mismo sentido en el cual el mentiroso lo es, al menos bajo esta interpretación de n.

¿Qué sucedería si en el primer paso de la derivación n fuera un término cerrado que denota un número particular en lugar de una variable libre? Las inferencias de 1 a 2 y de 4 a 5 quedarían justificadas meramente por las identidades que conforman la lista junto con el Esquema-T para oraciones de Yablo, bautizado por J. Ketland (2004) como 'Principio Desentrecomillador Local de Yablo':

(PDLY) $Tr\langle \forall x > \underline{n} \ \neg Tr(s(x))\rangle \equiv \forall x > \underline{n} \ \neg Tr(s(x))$

para cada n ∈ ω. No habría necesidad de recurrir al PUPFY ni a una versión uniforme del Esquema-T. No obstante, la lógica de primer orden no permitiría la inferencia al paso 8, la introducción del cuantificador universal. En efecto, J. Hardy (1996) y J. Ketland (2005) han probado que la teoría dada por PAT + PDLY es *consistente*. Ésta es una consecuencia inmediata de la compacidad de la lógica de primer orden. Dado que ningún subconjunto finito de oraciones de Yablo es inconsistente por sí mismo, la secuencia completa tampoco lo es.[46]

Si bien PAT + PDLY no es inconsistente, Hardy notó que es ω-inconsistente.[47] Los pasos 1 a 7 de la derivación original constituyen un esquema de prueba de $\neg Tr(s(\underline{n}))$ para cada n ∈ ω (aunque a partir de ello no podemos concluir que $\forall x \ \neg Tr(s(x))$). Luego, sabemos que $\neg Tr(s(0))$, y dado el PDLY y la primera identidad de la lista de Yablo, que $\neg \forall x > 0 \ \neg Tr(s(x))$, y por tanto, $\neg \forall x \neg Tr(s(x))$. Esto establece la ω-inconsistencia de PAT +

---

[46] En lugar de recurrir a compacidad, J. Ketland (2005) prueba la consistencia de PAT + PDLY mostrando que todo modelo no estándar de PA es extensible a un modelo de PAT + PDLY. En otras palabras, Ketland prueba la conservatividad semántica de PAT + PDLY sobre PA.

[47] Una teoría Th de primer orden formulada en una extensión de L es ω-inconsistente si existe una fórmula **A**(x) con una variable libre x tal que Th ⊢ $\neg \forall x \mathbf{A}(x)$ y, a la vez, Th ⊢ **A**($\underline{n}$) para todo n ∈ ω.

PDLY, *i.e.*, de la lista de Yablo (sin el PUPFY).[48] Bajo esta interpretación de n en la derivación, J. Ketland (2004, p. 165, mi traducción) concluye que "La paradoja de Yablo no es una paradoja genuina. Es más bien una 'ω-paradoja'".

§ 5 La búsqueda de una alternativa

Parece que el objetivo de Yablo es imposible. Si optamos por interpretar a n en la derivación como una variable libre la paradoja resulta circular, mientras que si consideramos a n como un término que denota un número dado la lista no es paradójica. G. Priest (1997, §3) considera la posibilidad de que lo que esté operando detrás de la justificación del paso 8 de la derivación sea la regla ω.[49] Cerrando PAT + PDLY bajo esta regla obtendríamos una contradicción (pues tendríamos tanto $\neg \forall x \neg Tr(s(x))$ como $\forall x \neg Tr(s(x)))$[50] y, de ser la regla lo suficientemente plausible, una paradoja *genuina* aparentemente no circular. No obstante, Priest descarta rápidamente esta posibilidad. En sus propias palabras:

> Ningún razonador finito aplica jamás realmente la regla ω. El único modo que tienen de saber que hay una prueba de cada **A**($\underline{n}$) es porque tienen un método uniforme de construir estas pruebas. Y es esta información finita la que fundamenta la conclusión $\forall x \mathbf{A}(x)$. (G. Priest (1997, p. 239, mi traducción))

Concediendo que los seres humanos somos razonadores finitos,[51] ¿qué sucedería con un razonador infinito como Zeus, por ejemplo? De saber que la lista de Yablo es paradójica para este ser infinito, sabemos que es paradójica *simpliciter*. Otro modo de verlo sin recurrir a razonadores infinitos es optar por una noción semántica de paradojicidad —la imposibilidad de

---

[48] De acuerdo con Hardy (1996), que la lista de Yablo sea sólo ω-inconsistente (y no inconsistente) la aleja de la familia del mentiroso. R. Sorensen (1998) responde con un ejemplo 'puente', una lista de oraciones $M_0, M_1, M_2, \ldots$ ω-inconsistente y esencialmente autorreferencial: M_0 afirma que alguna de las oraciones de la lista es falsa, mientras que todas las M_n donde n>0 afirman que n es igual a n. Ésta es en cualquier caso una discusión nominal sobre qué significa pertenecer a la familia del mentiroso.

[49] Esto es, una regla de inferencia infinitaria que, dada una fórmula **A**(x) con x libre, permite derivar $\forall x \mathbf{A}(x)$ a partir de todas sus instancias numéricas **A**($\underline{n}$) para cada n ∈ ω.

[50] Para más detalles véase H. Leitgeb (2001).

[51] Para una discusión específica sobre este punto, véase S. Bringsjord & B. van Heuveln (2003).

asignar valores de verdad clásicos consistentemente a las oraciones de la lista— como hemos hecho ya en la introducción, en lugar de la proveniente de la teoría de la prueba —la derivación de una inconsistencia— . Mientras que en la lógica de primer orden ambas nociones coinciden, en segundo orden (con semántica estándar)[52] divergen: en la aritmética de segundo orden —PA$_2$— la regla ω es semánticamente válida pero no forma parte del cálculo. Esto se debe a la categoricidad de PA$_2$, esto es, a que no tiene modelos no estándar. Formulada en una versión de segundo orden de L_T, la lista de Yablo resulta paradójica en términos semánticos, sin necesidad de *aplicar* la regla ω.[53] Muchos han puesto en duda que la lógica de segundo orden con semántica estándar sea realmente una lógica y el debate, demasiado extenso para exponerlo aquí, no ha concluido aún.

No obstante, de acuerdo con G. Priest (1997), aún si fuera posible aplicar una regla infinitaria (o recurrir a su validez semántica), la paradoja que obtendríamos seguiría siendo circular, pues "la circularidad no tiene nada que ver con el *argumento* en sí mismo; surge en la *estructura* de la situación" (G. Priest (1997, p. 239, sus itálicas, mi traducción)). Basta que las expresiones *sean* instancias de un predicado autorreferencial —$\forall x{>}y \ \neg Tr(s(x))$— y, por tanto, que también lo *mencionen*, para que la lista que conforman lo sea.

Algunos autores como T. Jongeling, T. Koetsier & E. Wattel (2002), H. Leitgeb (2005a), R. Urbaniak (2009), L. Picollo (2012) y T. Beringer & T. Schindler (201+) rechazan este criterio de Priest para la autorreferencia. En su lugar, proponen nociones más intuitivas, según las cuales una oración es autorreferencial si refiere a sí misma de alguna manera, ya sea directa o indirectamente. Y si ninguna de las expresiones que conforman la lista de Yablo es autorreferencial, no hay razones para pensar que la lista lo es.[54] Otros adhieren al criterio de Priest y emprenden la búsqueda de una secuencia alternativa cuyas oraciones no sean instancias de un predicado autorreferencial. En cualquier caso, es innegable que, contrario a lo que quería S. Yablo (1993), en la lista hay algún tipo de autorreferencia involu-

---

[52] Para una exposición detallada de la lógica de segundo orden véase S. Shapiro (1991, cap. 4).
[53] Para más detalles sobre este punto véase L. Picollo (2013).
[54] H. Leitgeb (2002) fue el primero en advertir la diversidad de nociones en juego en el debate sobre la autorrerefencia de la lista de Yablo. Además, señaló serios obstáculos que toda noción de autorreferencia debe sortear. No es claro que ninguna de las definiciones hasta ahora propuestas, incluyendo la de Priest, sea enteramente satisfactoria para responder la pregunta por la circularidad de la lista de Yablo y poner fin a la discusión.

crada. La cuestión de fondo, no resuelta aún, es si este tipo de circularidad es la *causa* de la paradojicidad u ω-paradojicidad de la secuencia.

El primero en dar con una formulación alternativa de la lista compuesta por expresiones que no son instancias de un predicado circular fue quizás T. Forster (2004), sin proponérselo. Forster formaliza la secuencia en el fragmento proposicional del lenguaje infinitario $L_{\omega_1\omega_1}$ del siguiente modo:

$$\wedge_{n\in\omega} (p_n \equiv \wedge_{m>n} \neg p_m)$$

donde $\wedge_{n\in\omega}$ es una conjunción infinitaria y p_n son variables proposicionales. Al no haber predicados, no hay autorreferencia siquiera en el sentido de Priest. Sin embargo, el mismo Forster rechaza este ejemplo por evitar el uso del predicado veritativo en la versión original.[55]

R. Sorensen (1998), en cambio, busca listas *yablescas* alternativas en el mismo L_T. Nos pide que consideremos primeramente una secuencia R_0, R_1, R_2, … en la cual las oraciones impares, las 'trabajadoras', dicen de sus sucesoras impares que no son verdaderas, mientras que las restantes, 'relleno', son instancias arbitrarias de $\underline{n} = \underline{n}$, con $n \in \omega$. En esta lista no todas las oraciones son instancias de un mismo predicado autorreferencial. Aún más, no hay descripción posible para esta secuencia. Ahora bien, ¿cómo hacen referencia las trabajadoras a infinitas expresiones en lenguajes finitarios como L_T? Del mismo modo que las oraciones de Yablo, mediante un cuantificador universal. Cada R_n en donde n es impar denota la oración 'Para todo impar x>n, R_x no es verdadera'. En términos formales, recurrimos a una función $r(x)$ tal que, para todo $n \in \omega$ que sea impar, $r(\underline{n}) = \langle \forall x > \underline{n} \, (\exists y \, x = \underline{2}y + \underline{1} \supset \neg Tr(r(x)))\rangle$. Ahora *algunas* (pero no *todas*) las expresiones de la lista son instancias de un predicado autorreferencial: las trabajadoras. Aquí parece estar presente la misma circularidad que en la lista original. De ser el caso, el criterio de Priest debería reformularse de algún modo, por ejemplo: "basta que algunas oraciones sean instancias de un predicado circular para que la lista lo sea".

R. Sorensen (1998) da un segundo ejemplo en el que *prima facie ninguna* oración es instancia de un predicado autorreferencial. Sea Q_0, Q_1, Q_2,… una secuencia de oraciones en todo como la anterior excepto que las trabajadoras no están en lugares impares sino distribuías arbitrariamente, de mo-

---

[55] H. Leitgeb (2005b) da una versión similar de la secuencia de Yablo.

do tal que el conjunto *I* de los índices de las trabajadoras no es describible. Las trabajadoras no pueden hacer referencia a las otras trabajadoras que le siguen en la secuencia por medio de sus índices, sino que deben encontrar otro modo. Sorensen no da más detalles al respecto. H. Leitgeb (2002), sin embargo, ofrece una versión formal de la lista de Yablo en la que cada oración refiere a las que se encuentran debajo mediante predicados cuya extensión está dada precisamente por aquellas:

$\forall x(F_0(x) \supset \neg Tr(x))$
$\forall x(F_1(x) \supset \neg Tr(x))$
$\forall x(F_2(x) \supset \neg Tr(x))$
...

Para obtener esta lista, primero expandimos el lenguaje con una secuencia infinita de predicados monádicos $F_0, F_1, F_2...$, luego formulamos las oraciones y finalmente estipulamos las extensiones de los nuevos predicados de modo tal que F_n reciba el conjunto de códigos de las oraciones por debajo de la n-ésima oración como su interpretación. Ya no es necesario asignar nombres a estas oraciones (como $s(n)$ con $n \in \omega$ en la lista original), pues cada una refiere a otras ya no mediante sus nombres sino cuantificando directamente sobre ellas. Si bien no hay oraciones relleno y, por ende, el conjunto de ordinales que contienen trabajadoras —simplemente ω— es describible, recurrir a predicados de este modo para formular una lista yablesca es suficiente para que ninguna de las expresiones que la conforman sea una instancia de un predicado autorreferencial. Pues realmente no hay aquí ningún predicado, ninguna de las oraciones de la lista contiene término cerrado alguno. Naturalmente, este patrón de referencia no se obtiene en la aritmética sino que es preciso postularlo. Tendremos una ω-inconsistencia o una inconsistencia a secas (si empleamos la regla ω o trabajamos en lenguajes de segundo orden con semántica estándar) en tanto y en cuanto razonemos bajo la hipótesis de que este patrón es verdadero.

R. Cook (2006), quien adhiere explícitamente al criterio de Priest, propone otra versión de la secuencia en un lenguaje infinitario L_P cuyo vocabulario está dado por un conjunto numerable de nombres de oración *SN*, un predicado *Tr* para la verdad, ¬, ∧ y ⊥. Si a ∈ *SN*, *Tr*(a) y ¬*Tr*(a) son fórmulas de L_P. Si P ⊆ ω y, para cada n ∈ P, $\mathbf{A}_n$ es una fórmula de la forma *Tr*(a) ó ¬*Tr*(a) para algún a ∈ *SN*, $\wedge_{n \in P} \mathbf{A}_n$ es una fórmula de L_P. Las reglas para las conectivas son las usuales, excepto que la conjunción puede ser infinitaria, al igual que su correspondiente regla de introducción. Dada una función de denotación δ que asigna fórmulas de L_P a cada elemento a de SN, las reglas de introducción y eliminación del predicado de verdad están dadas por:

(T-Intro) $\qquad\qquad$ $\delta(a) \vdash Tr(a)$
(T-Elim) $\qquad\qquad$ $Tr(a) \vdash \delta(a)$

Si $s_0, s_1, s_2,\ldots \in SN$, para obtener una lista yablesca precisamos una función de denotación δ_Y tal que, para cada $n \in \omega$, $\delta_Y(s_n) = \bigwedge_{n \in \omega > n} \neg Tr(s_n)$. Aquí tampoco hay predicado alguno, los cuantificadores universales han sido reemplazado por conjunciones infinitas. Los subíndices en cada s_n no encubren una variable libre sino una enumeración de miembros de SN. En efecto, esos nombres no son creados junto con la lista sino que están disponibles previamente a cualquier función de denotación. La especificación de la secuencia no es sólo no circular sino bien fundada. Y es posible obtener una contradicción como la que obtuvimos §2 pero en un número infinito de pasos. Sin embargo, el uso de reglas infinitarias no es esencial. Cook también ofrece una semántica para este lenguaje, bajo la cual no es posible asignar valores de verdad consistentemente a las oraciones que conforman la secuencia de Yablo. Al igual que en el ejemplo de H. Leitgeb (2002), la paradojicidad de esta versión de la lista de Yablo depende de la aceptación de un patrón de referencia dado, en este caso, por δ_Y. No obstante, todo patrón de referencia parece ser legítimo, siendo que la asignación de signos a objetos como sus nombres, ya sean predicados a conjuntos o nombres de oraciones a oraciones, es siempre arbitraria.[56]

§ 6 Unwindings y otras paradojas infinitarias

Para finalizar, mencionamos una cuestión en alguna medida secundaria que ha formado parte de la literatura alrededor de la paradoja de Yablo. Fue tematizada originalmente por R. Sorensen (1998, p. 150), quien conjetura que la técnica de Yablo para 'desenrollar' —como lo llama R. Cook (2004)— [57] el mentiroso obteniendo una versión infinitaria como es la lista de Yablo podría aplicarse a cualquier paradoja autorreferencial. Sorensen ofrece versiones infinitarias la paradoja de Prior y la paradoja de la validez de Pseudo Escoto. Asimismo, G. Uzquiano (2004) presenta una versión infinitaria de la paradoja de la denotación de Berry y S. Yablo (2004) una de

---

[56] Para una discusión véanse S. Yablo (2004, p. 142), P. Teijeiro (2012) y R. Cook (2012, §3).
[57] En inglés, unwind.

la paradoja de conjuntos infundados de Mirimanoff.[58] R. Cook (2004, en prensa) ha desarrollado métodos para desenrollar paradojas autorreferenciales expresables en L_P y en extensiones de L. Si alguno de estos lenguajes es capaz de sortear la autorreferencia —lo cual como hemos visto es plausible bajo diferentes modos de entender el término 'autorreferencial'—, habremos avanzado un paso hacia la conjetura de Sorensen y la tesis original de Yablo sería verdadera: la autorreferencia no es la (única) raíz de las paradojas.

Referencias bibliográficas:

Beringer, T. & Schindler, T. (inédito): "Reference-graphs, Truth-games and Paradox".
Bringsjord, S. & van Heuveln, B. (2003): "The 'mental eye' defence of an infinitized version of Yablo's paradox", *Analysis*, 63, 1, pp. 61-70.
Cook, R. (2004): "Patterns of Paradox", *Journal of Symbolic Logic*, 69, 3, pp. 767-774.
Cook, R. (2006): "There *Are* Non-circular Paradoxes (But Yablo's Isn't One of Them!)", *The Monist*, 89, 1, pp. 118-149.
Cook, R. (2012): "Response to my Critics", *Análisis Filosófico*, 32, 1, pp. 69-97.
Cook, R. (2014): *The Yablo Paradox. An Essay on Circularity*, Oxford University Press, Oxford.
Forster, T. (2004): "The Significance of Yablo's paradox without self-reference", *Logique et Analyse*, 47, 185-188, pp. 461-462.
Hardy, J. (1995): "Is Yablo's Paradox Liar-Like?", *Analysis*, 55, 3, pp. 197-198.
Jongeling, T.B, Koetsier T. & Wattel, E. (2002): "Self-reference in Finite and Infinite Paradoxes", *Logique et Analyse*, 45, 177-178, pp. 15-30.
Ketland, J. (2004): "Bueno and Colyvan on Yablo's paradox", *Analysis*, 64, 2, pp. 166-172.
Ketland, J. (2005): "Yablo's paradox and ω-inconsistency", *Synthese*, 145, 3, pp. 295-302.
Kripke, S. (1975): "Outline of a Theory of Truth", *Journal of Philosophy*, 72, 19, pp. 690-716.
Leitgeb, H. (2001): "Theories of Truth which have no Standard Models", *Studia Logica*, 68, 1, pp. 69-87

---

[58] Estas paradojas son introducidas por A. Prior (1961), S. Read (1979), B. Russell & N. Whitehead (1910, p. 61) y D. Mirimanoff (1917), respectivamente.

Leitgeb, H. (2002): "What is a Self-Referential Sentence? Critical Remarks on the Alleged (Non-) Circularity of Yablo's Paradox", *Logique et Analyse*, 45, 177-178, pp. 3-14.
Leitgeb, H. (2005a): "What Truth Depends On", *Journal of Philosophical Logic*, 34, 2, pp. 155-192.
Leitgeb, H. (2005b): "Paradox by (non-wellfounded) definition", *Analysis*, 65, 4, pp. 275-278.
Mirimanoff, D. (1917): "Les antinomies de Russell et de Burali-Forti et le problème fondamentale de la théorie des ensembles", *L'Enseignement Mathématique*, 19, 1, pp. 37-52.
Picollo, L. (2012): "The Old-Fashioned Yablo Paradox", *Análisis Filosófico*, 32, 1, pp. 21-29.
Picollo, L. (2013): "Yablo's Paradox in Second-Order Languages: Consistency and Unsatisfiability", *Studia Logica*, 101, 3, pp. 601-617.
Priest, G. (1997): "Yablo's paradox", *Analysis*, 57, 4, pp. 236-242.
Prior, A. (1961): "On a Family of Paradoxes", *Notre Dame Journal of Formal Logic*, 2, 1, pp. 16-32.
Read, S. (1979): "Self-reference and Validity", *Synthese*, 42, 2, pp. 265-274.
Russell, B. & Whitehead, A. N. (1927): *Principia Mathematica*, Cambridge University Press, Cambridge, segunda edición.
Shapiro, S. (1991): *Fundations without Fundationalism. A Case for Second-order Logic*, Oxford University Press, Oxford.
Sorensen, R. (1998): "Yablo's Paradox and Kindred Infinite Liars", *Mind*, 107, 425, pp. 137-155.
Tarski, A. (1944): "The Semantic Conception of Truth and the Foundations of Semantics", *Philosophy and Phenomenological Research*, 4, 3, pp. 341–376.
Teijeiro, P. (2012): "Circularity is Still Scary", *Análisis Filosófico*, 32, 1, pp. 31-35.
Urbaniak, R. (2009): "Leitgeb, "About", Yablo", *Logique et Analyse*, 52, 207, pp. 239-254.
Uzquiano, G. (2004): "An infinitary paradox of denotation", *Analysis*, 64, 2, pp. 128-131.
Yablo, S. (1985): "Truth and Reflexion", *Journal of Philosophical Logic*, 14, 3, pp. 297-349.
Yablo, S. (1993): "Paradox without Self-Reference", *Analysis*, 53, 4, pp. 251-252.
Yablo, S. (2004): "Circularity and Paradox", en Bolander, T. Hendricks, V. F. & Pedersen S. A. (eds.), *Self-Reference*, CSLI Publications, Stanford.

Capítulo 3: LA PARADOJA DE CURRY

Federico Pailos[59]

§ 1 Introducción

La paradoja de Curry es un tipo de paradoja semántica, en la que el condicional, y no la negación, juega un papel principal. Como la más conocida de las paradojas semánticas –la del Mentiroso-, la paradoja de Curry desafía la teoría ingenua de la verdad, en la que el Esquema-T (Tr ⟨A⟩ si y solo si A –para cualquier oración A) tiene validez irrestricta.

Intuitivamente, la paradoja surge de considerar una oración A que diga que si ella misma es verdadera, entonces B -donde debe reemplazarse "B" por cualquier oración, en particular, cualquier oración falsa, por ejemplo, "Papá Noel existe". Supongamos, que el antecedente es verdadero. Si lo es, podremos inferir que Papá Noel existe por *modus ponens*, y por tanto, por "conditional proof", que si A es verdadera, entonces Papá Noel existe. Pero esta oración equivale a A, y por tanto podremos concluir que A, y de aquí, por el esquema-T, que A es verdadera. Pero de aquí, por *modus ponens*, podremos inferir que Papá Noel existe –pero "Papá Noel existe" es una oración falsa. Si dispusiéramos de alguna lógica que invalidara el principio de explosión,[60] podríamos evitar la trivialización del sistema. Pero, como se señala en Beall, J. C. (2001), "B" puede ser la oración "toda oración es verdadera". Y si dispusiéramos de algún tipo de principio de instanciación, podríamos probar toda oración.

La versión formal de la paradoja requiere pocas cosas: que el lenguaje permita autorreferencia –por diagonalización o de modo más directo-, la validez del esquema-T, y la validez de alguna versión del principio conocido como "Pseudo Modus Ponens" –(A∧(A→B))→B- o el principio de "Contracción" –(A→(A→B))→(A→B). Dado que el lenguaje permite oraciones autorreferenciales, obtendremos: que C = Tr ⟨C⟩ → ⊥.[61] Entonces razonamos de la siguiente manera:

---

[59] Conicet – UBA - Buenos Aires Logic Group

[60] Es decir, ⊥ ⊢ A

[61] Se opta por usar como consecuente el signo "⊥" porque así es como habitualmente se presenta la paradoja. En Beall, J. C. (2001) se elige como consecuente una oración que impli-

1- $Tr \langle C \rangle \leftrightarrow (Tr \langle C \rangle \rightarrow \bot)$ (Esquema-T)
2- $Tr \langle C \rangle \rightarrow (Tr \langle C \rangle \rightarrow \bot)$ (De 1, es el condicional de izquierda a derecha)
3- $Tr \langle C \rangle \rightarrow \bot$ (De 2, por Contracción)
4- C (De 3, por Sustitución de Fórmulas Equivalentes)
5- $Tr \langle C \rangle$ (De 4, por Esquema-T)
6- $\bot$ (de 3 y 5, por Modus Ponens)

En Beall, J. C. (2001), se llega a un resultado análogo usando Pseudo Modus Ponens en lugar de Contracción. Allí también se muestra cómo obtener una versión de la paradoja para conjuntos (usando el Esquema de Abstracción Ingenuo en lugar del Esquema-T) y para propiedades (usando un principio análogo al Esquema de Abstracción Ingenuo para propiedades). Sin embargo, como las soluciones habituales a esta paradoja suponen la introducción de algún nuevo tipo de condicional y/o el abandono de alguno de los principios problemáticos —Pseudo Modus Ponens o Contracción-, y por tanto servirán también para solucionar las versiones conjuntística y la de propiedades de la paradoja de Curry, me concentraré en lo que sigue en la versión semántica habitual, la más frecuentada en la bibliografía.

La paradoja de Curry, entonces, resulta particularmente apremiante porque puede formularse con presupuestos similares a los que permiten generar la paradoja del Mentiroso, pero el problema está en que una buena solución a esta última no necesariamente será una buena solución a la primera. Pero suele decirse que esta paradoja representa un problema particular para las teorías semánticas no clásicas, porque su solución constituye, en cierta medida, una victoria pírrica para ambas. En el caso de las teorías paracompletas, el costo va a ser no validar Identidad -$\not\vDash A \rightarrow B$-, y por tanto no validar irrestrictamente el esquema-T, formulado con el condicional material —en particular, en el caso de la oración de Curry, en el cuál el bicondicional —necesariamente- no tendrá un valor designado. En el caso de las teorías paraconsistentes, el costo será no validar el Modus Ponens. Esto es porque, en ambos casos, el condicional no es más que una disyunción del consecuente con la negación del antecedente. Así, toda instancia de Identidad será una instancia de tercero excluido —$\neg A \vee A$-, principio inválido en un sistema

que el resto de las oraciones del lenguaje, trivializando al sistema. Pero aunque el sistema bloquee la trivialidad, si prueba alguna oración (únicamente) falsa (es decir, no una 'dialeteia'), ya parece conllevar un resultado suficientemente indeseable.

paracompleto. El Modus Ponens, por su parte, tiene esta forma: A, A→B ⊨ B. Pero dada la mencionada equivalencia, otra forma de expresa el Modus Ponens es la siguiente: A, ¬A ∨ B ⊨ B. Basta sustituir a B por una oración únicamente falsa, y a A por una oración verdadera y falsa, para tener un contraejemplo al Modus Ponens en un sistema paraconsistente. El condicional material, por tanto, resulta particularmente insatisfactorio, dado que, o no validará el Modus Ponens, en el caso de las propuestas paraconsistentes, o no validará el principio de Identidad, en el caso de las teorías paracompletas. Los teóricos no-clásicos parecen verse en la necesidad de suplir a la teoría de un condicional apropiado. Pero, ¿qué condiciones debe cumplir un condicional para ser apropiado? Para Beall, J. C. (2001), un condicional de este tipo debe satisfacer los siguientes tres requisitos: (1) Validar Identidad; (2) Validar Modus Ponens (3) Evitar la paradoja de Curry.

Para satisfacer el punto 3, el condicional en cuestión –al menos en una teoría semántica no-clásica-[62] deberá invalidar toda versión de los principios de Pseudo Modus Ponens y Contracción. Esto basta para descartar algunos candidatos tradicionales a condicional apropiado, incluidos algunos condicionales relevantes. Pero hay otros que parecen cumplir este objetivo. Presentaré solo dos, uno en un marco paracompleto, formulado por Field, H. (2008) y otro presentado por Priest, G. (2006ª) para una propuesta paraconsistente.

§ 2 Un condicional paracompleto

El condicional que presenta Field utiliza secuencias de revisión, como se hace en Gupta, A., and Belnap, N., (1993) para interpretar el predicado veritativo Tr, pero aplicadas a construcción de un condicional que sea razonable. Las secuencias de revisión para los condicionales se construyen sobre la base de una semántica con tres valores de verdad (1, ½, 0). La idea consiste en construir dos secuencias, una secuencia de valuaciones para condicionales y una secuencia de puntos fijos para las demás expresiones del lenguaje. La primera secuencia parte de la valuación que le asigna ½ a todos los condicionales. La segunda parte del punto fijo mínimo presentado en Kripke, S. (1975). Para obtener los restantes miembros de la secuencia de valuaciones para condicionales aplicamos una regla de revisión que le asigna el valor 1 al

---

[62] Si la teoría renunciara a ciertos principios estructurales de la relación de consecuencia, como Corte o Contracción, el propio condicional material podría satisfacer el punto 3. En Ripley, D., (2013), se analiza una propuesta que renuncia a Corte, mientras que en Beall, J. C., y Murzi, J. (inédito), se presenta una propuesta que rechaza el principio de Contracción.

condicional A → B si a partir de algún punto de la secuencia *de puntos fijos* el valor de A es menor o igual al valor de B. Por otra parte, para obtener cada miembro de la secuencia de puntos fijos aplicamos las cláusulas de K3 junto con el hecho de que Tr es transparente. El *valor último* de una fórmula A del lenguaje L, que se interpreta, esto es, el valor semántico que finalmente adquiere la fórmula en la semántica que estamos presentando, está dado por los puntos fijos kripkeanos. Para determinar el valor último de A es necesario indicar en qué valor se estabiliza (si es que en alguno). Utilizaremos la letra P para designar las valuaciones que son puntos fijos y la letra S para designar las valuaciones para los nuevos condicionales. Estipulamos que en la valuación S_0 el valor de A → B es ½ para cualquier A y cualquier B de L, y que P_0 es el punto fijo mínimo de Kripke. Esta combinación de revisión y puntos fijos involucra tres procedimientos distintos. El primero es el que nos permite pasar de cada S_α a P_α. El segundo es el que nos permite construir cada S_α a partir de P_α previos. Tendremos instrucciones distintas para ordinales sucesores y ordinales límite. Por último, es necesario establecer cómo este proceso determina los valores semánticos de las oraciones, lo que antes llamé *valor último*.

Con respecto a lo primero, Las valuaciones (tanto S_α y P_α) son funciones que le asignan un valor semántico a las fórmulas del lenguaje. Las valuaciones de la forma $P_\square$ satisfacen las condiciones dadas por K3 y por el hecho de que es posible agregar consistentemente un predicado veritativo transparente a K3. Para ellas se cumple que $P_\alpha (\neg A) = 1 - P_\alpha (A)$, $P_\alpha (A \vee_\alpha B) = max(P_\alpha (A), P_\alpha (B))$,[63] y $P (Tr \langle A \rangle) = P_\alpha (A)$.

Para pasar de S_α a P_α calculamos los valores de las fórmulas utilizando las cláusulas de arriba. En cuanto a la construcción de cada S_α a partir de P_αs previos, la idea es tener distintas cláusulas para distintos tipos de ordinales. La definición del condicional ya no involucra una cuantificación sobre todas las valuaciones que extienden a una cierta valuación S y todos los puntos fijos sobre esas valuaciones, como en la versión primitiva, sino solamente una cuantificación sobre los puntos fijos sobre la valuación S.[64] Para ordinales sucesores α+1,

---

[63] Donde max(x, y) es una función que da el máximo entre x e y.
[64] Tanto esta nueva versión de la teoría de Field como la anterior pueden presentarse algebraicamente y en términos de semántica de vecindad. Un esbozo puede encontrarse en Field, H. (2008), p. 274.

$S_{\alpha}+1(A \rightarrow B) = 1$ si $(\forall P_{\alpha})$(si P_{α} es un punto fijo kripkeano sobre S_{α}, entonces $P_{\alpha}(A) \leq P_{\alpha}(B)$)

$\qquad$ 0 si $P_{\alpha}^0(A) > P_{\alpha}^0(B)$[65]

$\qquad$ ½ en cualquier otro caso.

Para ordinales límite λ,

$S_{\lambda}(A \rightarrow B) = \quad$ 1 si $(\exists \beta<\lambda)(\forall \gamma \in [\beta, \lambda))(\forall P_{\lambda})$ (si P_{λ} es un punto fijo kripkeano sobre S_{λ}, entonces $P_{\lambda}(A) \leq P_{\lambda}(B)$)

$\qquad$ 0 si $(\exists \beta<\lambda)(\forall \gamma \in [\beta, \lambda))(\forall P_{\lambda})(P_{\lambda}^0(A) > P_{\lambda}^0(B))$

$\qquad$ ½ en cualquier otro caso.

Este es el tratamiento que recibe la oración de Curry, formulada con este condicional: sea C la oración Tr $\langle C \rangle \rightarrow 2 \neq 2$. Por estipulación, al ser C un condicional, $S_0(C) = $ ½. Dado que P_0 es un punto fijo, se sigue que $P_0(C) = P_0(\text{Tr} \langle C \rangle") = $ ½. Además, dado que P_0 es el punto fijo mínimo kripkeano, sabemos que $P_0(2 \neq 2) = 0$. En virtud de que $P_0(\text{Tr} \langle C \rangle) > P_0(2 \neq 2)$, por la cláusula del condicional para ordinales sucesores, $S_1(\text{Tr} \langle C \rangle \rightarrow 2 \neq 2) = 0$. Esta valuación pasa a P_1, donde tenemos $P_1(C) = P_1(\text{Tr} \langle C \rangle) = 0 = P_1(2 \neq 2)$. Por lo tanto, $S2(\text{Tr} \langle C \rangle) > P_0(2 \neq 2) = 1$. En P2, tenemos $P2(C) = P2(\text{Tr} \langle C \rangle) = 1$, pero $P2(2 \neq 2) = 0$, con lo cual $S3(\text{Tr} \langle C \rangle) > P_0(2 \neq 2) = 0$. La evaluación continúa de manera similar en el resto de la secuencia de ordinales. La fórmula C varía entre 1 y 0 en todos los ordinales sucesores y adquiere valor ½ en todos los ordinales límite. Aun no hemos indicado de qué modo esta construcción nos da valores semánticos para las oraciones del lenguaje. No estamos en condiciones de utilizar un argumento "tipo-Kripke" donde se apela a la idea de que la cardinalidad del lenguaje es menor que la cardinalidad del conjunto de todos los ordinales para mostrar que la extensión del predicado veritativo eventualmente se estabiliza. Esto se debe a que los puntos fijos generados por la secuencia de revisión no son monótonos. El caso de la oración de Curry, que se alterna entre 1 y 0 en los ordinales sucesores y adopta el valor ½ en todos los ordinales límite, es suficiente para hacer patente la falta de monotonía. En consecuencia, en lugar de apelar a la idea de punto fijo para definir el valor último de una fórmula, Field apela a otra noción proveniente de la teoría de la revisión, la noción de *estabilidad*. Intuitivamente, si el valor de de una fórmula A en los puntos fijos

---

[65] Aquí P_{α}^0 es el punto fijo mínimo kripkeano sobre la valuación S_{α}. Es decir obtenemos P_{α}^0 aplicando las cláusulas de Kleene-Kripke sobre S_{α} y no hacemos ninguna asignación extra de valores semánticos.

kripkeanos es eventualmente siempre 1, es decir, si se estabiliza en 1, entonces el valor último de A es 1. Si, por otra parte, el valor de A se estabiliza en 0, el valor último de A es 0. Y si se estabiliza en ½ o si fluctúa entre dos o tres de los anteriores valores, es decir, si es inestable, entonces su valor último es ½. En términos más formales definimos el valor último de una oración A, que denotaremos $|A|$, de la siguiente forma:

$|A|$ = Limite$_\alpha$ P$_\alpha$ (A) si el límite existe
½ en cualquier otro caso

La noción de validez queda definida a partir del concepto de valor último. Una fórmula A es válida si y sólo si su valor último es un valor designado, donde el único valor designado es 1. A su vez, una inferencia es válida si y sólo si preserva el valor designado. Ya hemos visto que la oración de Curry C varía entre 1 y 0 en todos los ordinales sucesores (más precisamente tiene 0 en ordinales sucesores impares y 1 en ordinales sucesores pares) y adquiere valor ½ en todos los ordinales límite. De esto se sigue que $|C|$ = ½. Este es el diagnóstico correcto para la oración de Curry, ya que intuitivamente no es ni verdadera ni falsa. La oración del Mentiroso M y la oración del Honesto H adquieren el valor ½ en el punto fijo mínimo kripkeano P$_0$ y mantienen ese valor a lo largo de toda la secuencia de revisión. Por lo tanto, tenemos $|C|$ = $|M|$ = $|H|$ = ½.

§ 3 Un condicional paraconsistente

La solución paraconsistente a la paradoja de Curry pasa por introducir un condicional cuya semántica apela no solo a mundos posibles, sino también a mundos imposibles. Asimismo, se modifica la relación de accesibilidad, que ya no será binaria —entre un mundo y aquellos a los que este "accede"-, sino ternaria. Un mundo, ahora, no "accede" a otro, sino a pares ordenados de mundos. Los paraconsistentes, desde ya, deben justificar de alguna manera esta relación, aunque no ahondaremos en el tema.[66]

Sea "R" la relación de accesibilidad mencionada, entendida como un conjunto de pares ordenados conformados por mundos —como primer término- y pares de mundos —como segundo elemento del par-,[67] y sea W el

---

[66] En Mares, E., (2004), por ejemplo, lo hace en términos de teoría de la información-, aunque en Beall, J. C. (2001), se opta por una justificación meramente instrumental.
[67] Aunque tal como se la presenta, la relación es binaria (con un par ordenado de mundos como segundo miembro del par), puede darse una presentación en términos de una relación

conjunto de mundos. El condicional relevantista usado por algunos filósofos paraconsistentes se define así:

v(A→B, w)=1 si y solo si para todo par de mundos <w', w"> tal que wR<w', w">, es cierto que v(A, w')=0 o v(B, w")=1.

Sin embargo, con este condicional perdemos Identidad, con lo que el condicional no sería apropiado. Para recuperarla hay que emprender algunas modificaciones. Básicamente, especificar de modo separado lo que debe pasar para que un condicional sea verdadero en un mundo normal, de lo que debe pasar para que lo sea en un mundo anormal. Veremos cómo lo hace Priest.[68]

Para mundos normales, tenemos que:

$1 \in v(A→B, w)$ si y solo si para todo mundo w' ∈ W, si $1 \in v(A, w')$, entonces $1 \in v(B, w')$
$0 \in v(A→B, w)$ si y solo si para todo mundo w' ∈ W, si $1 \in v(A, w')$, y $0 \in v(B, w')$[69]

La relación de accesibilidad usada en estos casos es binaria. Y se agrega una restricción adicional: para toda letra proposicional p, $1 \in v(p, w)$ o $0 \in v(p, w)$. Es decir, no puede haber vacíos de valor de verdad en mundos normales. Como validez se define como preservación de verdad en mundos normales, esta restricción garantiza que se cumple con tercero excluido para fórmulas construidas solo con conectivas veritativo-funcionales.

La cláusula para mundos anormales es la siguiente:

$1 \in v(A→B, w)$ si y solo si para todo par de mundos <w', w"> tal que wR<w', w">, si $1 \in v(A, w')$, entonces $1 \in v(B, w")$.
$0 \in v(A→B, w)$ si y solo si para algún par de mundos <w', w"> tal que wR<w', w">, $1 \in v(A, w')$ y $0 \in v(B, w")$.

---

ternaria. En cualquier caso, la nueva relación de accesibilidad va a involucrar tres mundos, no necesariamente diferentes. Por simplicidad, sin embargo, optamos por la presentación en términos de una relación binaria.
[68] El condicional que define en Beall, J. C. (2009) es ligeramente diferente. Por cuestiones de espacio, solo me ocuparé del que presenta Priest.
[69] En ambos casos se usa la relación de pertenencia, y no la de igualdad, para dar lugar a fórmulas que puedan ser, a la vez, verdaderas y falsas, que es algo con lo que las posiciones paraconsistentes están comprometidas.

§ 4 Un condicional no-determinista

Beall considera que un condicional es apropiado cuando valida algunos principios y reglas particulares, como Identidad, Modus Ponens, y evita la paradoja de Curry. Aunque los enfoques no sean excluyentes, puede pensarse que un condicional es apropiado si satisface condiciones más generales. En particular, podría pasar que la satisfacción de esas condiciones conlleve la validación de aquellas reglas y principios. Si se trabaja con una semántica con valores de verdad ordenados linealmente, parece sensato sostener que un condicional es apropiado si, además de evitar la paradoja de Curry, satisface las siguientes restricciones:

1. Si $v(A) \leq v(B)$, entonces $v(A \rightarrow B) \in D$
2. Si $v(A) > v(B)$, entonces $v(A \rightarrow B) \in V - D$

Es posible contar con un condicional apropiado formulado en una semántica no-determinista, en una matriz con más que dos valores de verdad. En Pailos, F. y Rosenblatt, L. (inédito) se estudian algunos posibles desarrollos de esta idea. Por desgracia, ahí también se prueba que si la matriz es finita y los valores están linealmente ordenados, la matriz es inconsistente. Hay dos caminos, entonces: optar por un orden no-lineal de valores (lo que no es tan fácil de justificar, y conlleva ciertas complicaciones a la hora de calcular los valores de verdad de fórmulas complejas), o por una matriz con infinitos valores de verdad. Los autores exploran esta última posibilidad.

La teoría Ł∞ de Łukasiewicz es una cuya matriz tiene infinitos valores de verdad. Allí se presenta un condicional apropiado, en el sentido especificado más arriba. El condicional de Łukasiewicz funciona así:

$v(A \rightarrow B) = $ 1, si $v(A) \leq v(B)$
                     $1 - (v(A) - v(B))$, en cualquier otro caso.

Pero, lamentablemente, esta teoría adolece de un defecto que algunos consideran importante (aunque el propio Beall, en Beall, J. C. (2001), no lo considere así), porque es ω-inconsistente.[70] [71] Pero es posible formular subteorías en términos no-deterministas de Ł∞ que, en principio, escapen de este problema.

---

[70] Una teoría T es ω-inconsistente si y solo si para alguna fórmula A y cada número n, T, se da ⊨ A[n=x] pero no T⊨∃x¬A(x).
[71] Hay pruebas de este hecho en Restall, G. (1993) y en Bacon, A. (2013).

Las matrices no-deterministas son aquellas tales que hay al menos una constante lógica tal, que el valor de verdad de fórmulas complejas que la tienen como constante principal no está determinado, aunque sí lo estén los valores de todas las fórmulas atómicas. El valor que la fórmula compleja adquiera variará con las distintas valuaciones, dentro de un rango fijo. La idea es similar a la que caracteriza a las Máquinas de Turing no-deterministas, en donde hay más de una opción disponible de "output" ante a un mismo "input". Frente a este tipo de casos, se debe efectuar una elección no-determinista entre distintas instrucciones, que fijarán el curso futuro del cómputo. Más formalmente, podemos definir una matriz no-determinista de la siguiente manera:

Matriz No-Determinista. Una matriz no determinista para un lenguaje L es una tupla M = <V, D, O>, donde V es un conjunto no-vacío de valores de verdad (no necesariamente finito, no necesariamente numerable), D es un subconjunto propio no-vacío de V, y O es un conjunto de funciones tal que para cada constante n-aria de L, hay una correspondiente función $\lozenge^M$ en O tal que $\lozenge^M: V^n \to 2^V - \emptyset$.[72]

La diferencia con una matriz determinista (i.e., las usuales) está dada por el conjunto O de función asociadas a las constantes no-deterministas. En las matrices deterministas hay, para cada constante $\lozenge$ de L, una función $\lozenge^M$ correspondiente tal que función $\lozenge^M: V^n \to V$. Es decir, la función toma como argumento n-tuplas, y da como "output" un valor de verdad. En el caso de las matrices no-deterministas, el "output" es un conjunto de valores (del que cada evaluación elegirá, no-deterministamente, uno).[73]

Las matrices determinísticas son, de hecho, casos especiales de las matrices no-deterministas, donde el codominio de las funciones correspon-

---

[72] La razón para excluir al conjunto vacío está dada por la dificultad para computar el valor de una fórmula compleja cuando en alguno de los pasos de la computación, el "input" es el conjunto vacío. Este problema no es insalvable, de todas formas. Para más detalles, ver Avron, A., y Zamansky, A. (2008).
[73] Es posible dividir a las matrices no-deterministas entre 'estáticas' y 'dinámicas'. Las 'dinámicas' son aquellas tales que para alguna constante n-aria $\lozenge$ y cualquier n-tupla $A_1, \ldots, A_n$, el valor de $\lozenge(A_1, \ldots, A_n)$ es determinado de forma independiente. Las matrices 'estáticas', por su parte, son aquellas en las que la elección de estos valores es determinada de forma 'global' antes de computar los valores de la n-tupla. Es decir, es aquella tal que para cualesquiera dos n-tuplas distintas $A_1, \ldots, A_n$ y $B_1, \ldots, B_n$, si para todo $i_{1 \leq i \leq n}$, $A_i = B_i$, entonces $\lozenge(A_1, \ldots, A_n) = \lozenge(B_1, \ldots, B_n)$. (Lo que no necesariamente es el caso para una matriz dinámica.)

dientes a cada constante está integrado solamente por los conjuntos unitarios de cada elemento de V.

Las nociones de valuación, satisfacción y validez se pueden caracterizar del modo esperable:

Valuación. Sea $Form_L$ el conjunto de fórmulas de L. Una valuación en M es una función v: $Form_L \to$ V tal que para cada constante n-aria $\Diamond$ de L, y para toda serie de fórmulas $A_1, ..., A_n \in Form_L$: $v(\Diamond(A_1, ..., A_n)) \in \Diamond^M(v(A_1), ..., v(A_n)))$

Satisfacción. Una valuación v en M satisface una fórmula ϕ si y solo si $v(\phi) \in D$. Una valuación v en M satisface un conjunto Γ de fórmulas si y solo si $v(C) \in D$, para cada $C \in \Gamma$.

Validez. Un conjunto Γ de fórmulas implica una fórmula A si y solo si toda valuación v que satisface cada $C \in \Gamma$, también satisface a A.

Es posible construir una teoría no-determinista basada en la semántica de Łukasiewicz, con un número no-contable de valores de verdad, a la que llamaremos NDŁ∞. Ella se construye sobre la teoría Ł∞ de Łukasiewicz, sobre un lenguaje con cuantificadores, un predicado de verdad y caracterizada por la siguiente matriz (determinista) <VŁ∞, DŁ∞, OŁ∞>, donde VŁ∞ = [1, 0], DŁ∞ = {1}, y OŁ∞ está definido de la siguiente forma:

- $v(\neg A) = 1 - v(A)$
- $v(A \lor B) = \max(v(A), v(B))$
- $v(Tr(A)) = v(A)$
- $v(\exists xA) = \sup(\{v'(A): v'$ es una x-variante de v$\})$
- $v(A \to B) = \quad$ 1, si $v(A) \leq v(B)$
  $\qquad\qquad\qquad 1-(v(A)-v(B))$, en cualquier otro caso

Como quedó señalado, un problema importante de Ł∞ es que es una teoría ω-inconsistente –i.e., hay alguna fórmula A tal que para cada número natural n, Ł$\infty \vDash A[n/x]$, pero también Ł$\infty \vDash \exists x \neg A(x)$. NDŁ$\infty$ se construye sobre el modelo de Ł∞, pero modificando la cláusula para el condicional por un propiamente no-determinista:

$v(A \to B) = \quad$ 1, si $v(A) \leq v(B)$
$\qquad\qquad\quad$ V$_{NDŁ\infty}$ - D$_{NDŁ\infty}$, en cualquier otro caso.

Aunque no es seguro que la teoría sea ω-consistente, el condicional no determinista de $NDŁ_\infty$ no permite aplicar las pruebas de ω-inconsistentencia de Restall y Bacon.[74]

Sin embargo, un defecto de la teoría es que el condicional es muy débil, dado que hay principios intuitivos que el condicional no rescata, como:

$(A \wedge B) \rightarrow C \models A \rightarrow (B \rightarrow C)$

o

$A, \neg B \models \neg(A \rightarrow B)$.

Sin embargo, es posible recuperarlos introduciendo algunas restricciones razonables para las valuaciones admisibles.[75]

Una ventaja importante de este condicional con infinitos valores de verdad sobre los presentados más arriba es que es posible explicar la diferencia entre las distintas "oraciones de Curry", es decir, a los distintos elementos de una serie de oraciones de Curry. Como quedó dicho en la Introducción, por "serie de oraciones de Curry" se entenderá a una secuencia de oraciones tal que la primera oración de la serie tenga la forma de una oración tradicional de Curry, es decir, $C_0 = Tr \langle C_0 \rangle \rightarrow \bot$. Cada una de las oraciones siguientes de la serie —y habrá infinitas fórmulas con esta estructura— tendrá como subíndice un número natural n, y tendrá la siguiente estructura: $C_n = Tr \langle C_n \rangle \rightarrow Tr \langle C_{n-1} \rangle$. Si partimos de una semántica con finita con valores linealmente ordenados, va a haber uno que sea el último. Sea ese, v_n. Asumamos, además de 0, hay n valores no designados –v_0, ..., v_n- que $v(C_0) = v_0$ (si tiene cualquier otro valor no-designado, la prueba es más directa). En ese caso, $v(C_0) = v_1$ (no puede valor 0 ni 1 ni v_0 sin caer en contradicción, y si tiene cualquier otro valor no-designado, la prueba es más directa). El proceso continúa de este modo hasta C_{n+1}. Pero esta fórmula, como puede comprobarse de modo directo, no tiene asignación estable de valor de verdad.

---

[74] En Restall, G. (1993) y Bacon, A. (2013). La prueba de Restall se basa en la posibilidad de definir un operador de fusión en términos del condicional, lo que no puede hacerse en $NDŁ_\infty$. La de Bacon supone que la teoría valida el siguiente principio:

$A \rightarrow \exists x B \vdash \exists x (A \rightarrow B)$

Pero este principio no es válido en $NDŁ_\infty$.

[75] Para una prueba de esto, ver Pailos, F. & Rosenblatt, L. (inédito).

Los condicionales presentados de Field y de Priest son condicionales de este estilo, y por tanto adolecerán del defecto de no poder explicar las diferencias que intuitivamente existen entre estas distintas "oraciones de Curry". Sin embargo, Field presenta otra versión de su condicional. Ese condicional, así como el condicional no-determinista presentado, podrán explicar las diferencias entre estas diferentes "oraciones de Curry" asignándoles un valor distinto a cada elemento de la secuencia.

Referencias bibliográficas:

Avron, A., y Zamansky, A., (2008): "Non-Deterministic Semantics For Logical Systems", en Gabbay, D., y Guenthner, F. (eds.), Handbook of Philosophical Logic, pp. 1–73.
Bacon, A., (2013): "A new conditional for naive truth theory", Notre Dame Journal of Formal Logic 54 (1), pp. 87-104.
Beall, JC, (2001), "Curry's Paradox", en www.plato.stanford.edu/entries/curry-paradox/
Beall, JC, (2009): *Spandrels of Truth*, Oxford University Press, Oxford.
Beall, J., y Murzi, J., (inédito), "Two flavors of Curry's paradox", de próxima aparición en *Journal of Philosophy* 110 (3), pp. 143-165.
Field, H., (2008): *Saving truth from paradox*. Oxford University Press, New York.
Gupta, A., and Belnap, N., *(1993):* The Revision Theory of Truth, *MIT Press, Cambridge, MA.*
Kripke, S., (1975): "Outine of a Theory of Truth", *Journal of Philosophy* 72.
Mares, E., (2004): "Four-Valued" Semantics for the Relevant Logic R", *Journal of Philosophical Logic* 33, pp 327-341.
Pailos, F. & Rosenblatt, L., inédito, "Non-deterministic conditionals and transparente truth".
Priest, G., (2006a): *Doubt truth to be a liar*, Oxford University Press, Oxford.
Priest, G., (2006b): *In contradiction*, Oxford University Press, Oxford-
Restall, G., (1993): "How to be really contraction free", *Studia Logica* 52(3), pp. 381-391.
Ripley, D., (2013): "Paradoxes and failures of cut", *Australasian Journal of Philosophy*, pp. 139-164.
Zardini, E.,(2011), "Truth without contra(di)ction", *The Review of Symbolic Logic*, 4, 4, pp. 489-535.

Capítulo 4: PARADOJA DE LA VALIDEZ

Paula Teijeiro [76]

§ 1 Introducción

La lógica clásica tiene la pretensión de ser una herramienta útil de análisis y regimentación del discurso en general. En particular, su objetivo es ofrecernos una teoría acerca de las relaciones de consecuencia que se establecen entre oraciones, independientemente de cuál sea su tópico. Cualquier teoría debería entonces poder ser formalizada, de modo que de los principios que regulen su vocabulario propio puedan deducirse de modo riguroso las conclusiones correspondientes.

Para ciertos fragmentos de nuestro lenguaje natural, este enfoque resulta muy exitoso, como es el caso del discurso matemático, mientras que otros fragmentos ofrecen resistencia bajo la forma de paradojas. El predicado de verdad es un ejemplo paradigmático de ello. Otras nociones semánticas generan problemas similares. Recientemente, una serie de autores han defendido la idea de que una (¿nueva?) paradoja amenaza el concepto de validez.

Para poder construir una teoría de la validez, es necesario en primer lugar incorporar al lenguaje de la teoría de base algún símbolo que vaya a representar el concepto en cuestión. Las posibilidades son

(a) Incorporar un operador $A \Rightarrow B$
(b) Incorporar un predicado $Val(\langle A \rangle, \langle B \rangle)$ [77]

Dado que en el segundo caso la relación de validez se predica de nombres de oraciones, necesitamos partir de una teoría con recursos suficientes para expresar verdades acerca del lenguaje, que en principio será la

---

[76] Conicet – UBA - Buenos Aires Logic Group

[77] Parte de la literatura sobre el tema se centra en un predicado monádico de validez lógica en lugar de uno diádico de implicación. Los resultados son esencialmente los mismos.

aritmética de Robinson (Q). Por otro lado, puesto que las paradojas suelen surgir por medio de oraciones circulares, si elegimos la primera vía deberíamos incorporar también un predicado veritativo que permita la autorreferencia, pues de lo contrario quedaría abierta la posibilidad de que la teoría resultante sólo fuera consistente por ser expresivamente muy pobre. Al mismo tiempo, es necesario tomar las precauciones adecuadas para evitar adscribir una paradoja a la validez, cuando en realidad es la verdad la que está generando problemas.

La siguiente decisión a tomar se refiere a los principios propios de la teoría de la validez que vamos a agregar a Q. Una de las fortalezas de la paradoja del mentiroso radica en que los principios que regulan el predicado Tr y de los cuales ella se deriva son requisitos mínimos, a saber, todas las instancias del Esquema-T:

(T) $Tr(\langle A \rangle) \leftrightarrow A$

El Esquema-T no requiere que tomemos decisiones que conciernan a la naturaleza de la verdad. En relación a la validez, sin embargo, no hay acuerdo en la literatura respecto del concepto que se está tratando de rescatar y que puede ser sensible a paradojas. Vamos a considerar tres posibilidades: que se trate del concepto de consecuencia lógica clásica, que se trate de un concepto no clásico de consecuencia, o que se trate de un sentido más amplio de consecuencia que el puramente lógico.

§ 2 Validez es validez lógica clásica.

La respuesta más inmediata es que lo que se busca es un predicado $Val(\langle A \rangle, \langle B \rangle)$ o un operador $A \Rightarrow B$ tales que dichas fórmulas resulten verdaderas sii $A \vdash_L B$, en donde el subíndice del símbolo $\vdash$ -perteneciente al metalenguaje- indica que la derivación sólo utiliza axiomas o reglas de inferencia pertenecientes a la lógica pura de primer orden.

2.1.1 Validez como predicado

Como es usual, vamos a obtener la teoría QV incorporando a Q axiomas o reglas que funcionen para introducir y eliminar el nuevo predicado del lenguaje:

(VP) Si $A \vdash_L B$ entonces $\vdash_{QV} Val(\langle A \rangle, \langle B \rangle)$
(VD) $A, Val(\langle A \rangle, \langle B \rangle) \vdash_{QV} B$

Beall y Murzi (2013) y Priest (2013) sostienen que de la aceptación de estos principios surge una paradoja análoga a la paradoja de Curry. Mediante el lema de diagonalización, podemos obtener una oración K que dice de ella misma que implica una contradicción. La prueba de $\bot$ sería entonces la siguiente:

1. $\vdash_{QV} K \leftrightarrow Val(\langle K \rangle, \langle \bot \rangle)$ Diagonalización
2. K Sup
3. $Val(\langle K \rangle, \langle \bot \rangle)$ MP (1) y (2)
4. $\bot$ VD (2) y (3)
5. $\vdash_{QV} Val(\langle K \rangle, \langle \bot \rangle)$ VP (2)-(4)
6. $\vdash_{QV} K$ MP (1) y (5)
7. $\vdash_{QV} \bot$ VD (5) y (6)

El problema, sin embargo, radica en que la aplicación de VP es ilegítima. En primer lugar, la derivación de $\bot$ a partir de K supone el lema de diagonalización, con lo cual no se trata de una derivación en lógica pura, sino que implica principios aritméticos.

Esta cuestión puede no obstante subsanarse, y ello es gracias al hecho de que Q es finitamente axiomatizable. Esto permite que el supuesto pueda, mediante un truco técnico, "ser descargado" antes de la aplicación de VP, como muestra Cook (2014). Sea *conj(x,y)* la función (primitiva recursiva) que arroja el código de Gödel de la conjunción entre las oraciones que codifican *x* e *y*. Sea *q* la conjunción de todos los axiomas de Q. Tomamos entonces el predicado $Val(\langle conj(x, \langle q \rangle) \rangle, \langle \bot \rangle)$ y aplicamos el lema de diagonalización. El resultado es $K_2 \leftrightarrow Val(\langle conj(\langle K_2 \rangle, \langle q \rangle) \rangle, \langle \bot \rangle)$, lo cual es equivalente a

$$\vdash_{QV} K_2 \leftrightarrow Val(\langle K_2 \wedge q \rangle, \langle \bot \rangle)$$

La oración K_2 obtenida de ese modo dice que de ella y la aritmética se sigue una contradicción. Podemos ahora reformular la presunta paradoja utilizando la nueva oración de Curry K_2:

1.		$\vdash_{QV} K_2 \leftrightarrow Val(\langle K_2 \wedge q\rangle, \langle \bot \rangle)$	Diagonalización
2.		$K_2 \wedge q$	Sup
3.		K_2	E∧ (2)
4.		q	E∧ (2)
5.		$K_2 \leftrightarrow Val(\langle K_2 \wedge q\rangle, \langle \bot \rangle)$	de (4) (Diagonalización)
6.		$Val(\langle K_2 \wedge q\rangle, \langle \bot \rangle)$	MP (3) y (5)
7.		$\bot$	VD (2) y (6)
8.		$\vdash_{QV} Val(\langle K_2 \wedge q\rangle, \langle \bot \rangle)$	VP (2)-(7)
9.		$\vdash_{QV} K_2$	MP (8) y (1)
10.		$\vdash_{QV} K_2 \wedge q$	I∧ (9)
11.		$\vdash_{QV} \bot$	VD (8) y (10)

La prueba ha mejorado, pero sigue sin ser correcta, como notan Ketland (2012) y Cook (2014). La estrategia para mostrarlo es la siguiente: la aritmética ya contiene un predicado que representa débilmente la relación de validez, con lo cual si logramos mostrar que dicho predicado obedece reglas análogas a VP y VD, habremos probado que la teoría QV es consistente - bajo el supuesto de que Q también lo sea.

El predicado $Prf_\emptyset(\langle C\rangle, \langle B\rangle)$ significa que $\langle C\rangle$ es el número de Gödel de una prueba de la fórmula B. Esta relación es primitiva recursiva (ya que siempre podemos decidir si una secuencia es prueba de una fórmula), con lo cual es capturada por la aritmética. A partir de ese predicado podemos definir otro predicado $Bew_\emptyset(\langle A\rangle, \langle B\rangle)$ que signifique validez del siguiente modo: $\exists z Prf_\emptyset(z, cond(\langle A\rangle, \langle B\rangle))$, donde "*cond*" es una función análoga a "*conj*", pero para el condicional. La fórmula expresa la idea de que hay alguna secuencia que prueba el condicional A→B, lo cual es equivalente, teorema de la deducción mediante, a decir que el argumento de A a B es válido.

$Bew_\emptyset$ es una fórmula Σ_1, y Q es una teoría Σ_1-completa, es decir, que prueba todas las fórmulas verdaderas de esa clase. Por ende, sabemos que Q valida BP:

(BP) Si A $\vdash_L$ B entonces $\vdash_Q Bew_\emptyset(\langle A\rangle, \langle B\rangle)$

En segundo lugar, también podemos probar que Q es consistente con BD (análoga a VD). Para ello, necesitamos apelar a una teoría más poderosa (en particular, no finitamente axiomatizable), que extienda a Q. Consideremos entonces a PA. Se llama "Principio de reflexión" a las oraciones que expresan la corrección de una teoría, es decir, que todas las cosas que la teoría prueba son ciertas. Utilizando el predicado diádico con el que venimos trabajando, esto equivale a decir que los argumentos que prueba una teoría preservan verdad:

$Bew_T(\langle A \rangle, \langle B \rangle) \rightarrow (A \rightarrow B)$

Nótese que estos principios equivalen (teorema de la deducción mediante) a la regla BD. PA prueba todos los principios de reflexión para sus subteorías finitamente axiomatizables (ver Ketland (2012)), con lo cual prueba los principios de reflexión para la lógica:

$\vdash_{PA} Bew_{\emptyset}(\langle A \rangle, \langle B \rangle) \rightarrow (A \rightarrow B)$

Esto implica que si agregamos dichos principios a Q, la teoría resultante va a tener modelo (bajo el supuesto de que PA lo tiene). Y por ende, QV es una teoría consistente[78].

¿Dónde está entonces el error en la supuesta derivación de la paradoja? El problema es que si bien la aplicación de VP ya no implica recursos aritméticos, sigue sin ser una derivación lógica –que es lo que la regla requiere- puesto que para obtener $\bot$ en el paso (7) utilizamos VD, que es una regla propia de la teoría de la validez y no de la lógica de primer orden.

El lector atento podría preguntarse si no será posible repetir el truco de incluir a la aritmética en la elaboración de la oración de Curry. La idea sería generar una oración que dijera de sí misma que de ella, la aritmética y cierta instancia de VD se sigue una contradicción. Después de todo, no es la regla general la que necesitamos, sino sólo el caso que se aplique a la oración en cuestión. No obstante, esta vez el truco no puede funcionar.

El motivo es que debemos seleccionar la instancia relevante para armar el predicado *antes* de aplicar el lema de diagonalización. Por ejemplo, supongamos que tomamos como instancia de VD la siguiente oración, asumiendo que K_3 será nuestra oración paradójica:

(V) $Val(\langle K_3 \rangle, \langle \bot \rangle) \rightarrow (K_3 \rightarrow \bot)$

---

[78] Por el mismo motivo, formular la teoría de la validez con PA como teoría base no cambia el resultado de consistencia.

El predicado sobre el cual vamos a diagonalizar sería entonces $Val(\text{conj}((\text{conj}(x,\langle q\rangle)\langle V\rangle)),\langle\bot\rangle)$, lo cual es equivalente a $Val(\langle q\wedge x\wedge V\rangle,\langle\bot\rangle)$, Pero el lema de diagonalización nos indica que existe *alguna* oración K_4 tal que:

$$\vdash_{QV} K_4 \leftrightarrow Val(\langle q\wedge K_4\wedge V\rangle,\langle\bot\rangle)$$

Y esa oración K_4 no será K_3, con lo cual la instancia que incluimos en la construcción de la oración no es la que necesitábamos.

2.1.2 ¿Son VD y VP válidas?

Lo dicho en la sección precedente descansa sobre un supuesto implícito, que es que VD y VP no pueden ser reglas de la lógica pura. Podríamos preguntarnos, cómo hace Cook (2014), cuál es el fundamento de dicho supuesto, y si es de hecho correcto. Su respuesta es que sí lo es, y el motivo radica en la idea de que la consecuencia lógica no es meramente preservación de verdad, sino preservación de verdad *en virtud de la forma*. Esto quiere decir que una regla o axioma, para ser válidos, deben tolerar cierta permutación de sus términos no lógicos. De modo un poco más riguroso:

Principio de sustitutividad: Dada una expresión primitiva no lógica b y una –posiblemente compleja- expresión c del mismo tipo que b, si $A_1\vdash A_2$ entonces $A_1[b/c]\vdash A_2[b/c]$, donde $[b/c]$ es el resultado de reemplazar cada aparición de b por c.

A partir del principio y VD y VP puede probarse el siguiente resultado absurdo. Sea s la función sucesor y s^n la aplicación de esa función n veces:

1. $A_1 \vdash_{QV} A_2$ Supuesto
2. $\vdash_{QV} Val(\langle A_1\rangle,\langle A_2\rangle)$ VP
3. $\vdash_{QV} Val(s^n 0, s^m 0)$
4. $\vdash_{QV} Val(s^n r, s^m r)$ Sustitutividad
5. $\vdash_{QV} Val(\langle A_1\rangle+r,\langle A_2\rangle+r)$
6. $B_1 \vdash_{QV} B_2$

Esto es, a partir de un caso de validez probamos otro caso de validez que no tiene por qué darse. La moraleja, según Cook, no es que *Val* no pueda ser un predicado lógico -como lo es la identidad- sino que VD y VP en particular no son reglas válidas, puesto que dependen de las características particulares del sistema de codificación de oraciones.

2.2 Validez como operador

Algunos autores consideran que la validez genera paradojas cuando se incorpora a L_Q un operador $\Rightarrow$ y se extiende Q a una teoría $Q_\Rightarrow$ incorporando reglas análogas a las que presentamos para el predicado Val:

(VP$_{op}$)   Si $A \vdash_{Q_\Rightarrow} B$ entonces $\vdash_{Q_\Rightarrow} A \Rightarrow B$
(VD$_{op}$) $A, A \Rightarrow B \vdash_{Q_\Rightarrow} B$

Como indica Cook (2014), si se considera que S5 es la lógica modal que captura el concepto de necesidad lógica, entonces las reglas para el operador de validez son a su vez válidas (es por eso que el subíndice $Q_\Rightarrow$ ahora se encuentra en ambos martillos en VP$_{OP}$). Sin embargo, sigue sin producirse una paradoja, puesto que para obtener autoreferencia es necesario aumentar $L_{Q_\Rightarrow}$ con un predicado veritativo. La presunta paradoja que encontramos en Whittle (2004), Shapiro (2010) y Weber (2013) sólo se obtiene si consideramos que ese predicado obedece el Esquema-T. Sea $Q_\Rightarrow TR$ la teoría resultante de extender $Q_\Rightarrow$ con el Esquema-T:

1. $\vdash_{Q_\Rightarrow TR} K_6 \leftrightarrow (Tr(\langle K_6 \rangle) \Rightarrow \bot)$ Diag
2. $Tr(\langle K_6 \rangle)$ Sup
3. $Tr(\langle K_6 \rangle) \Rightarrow \bot$ Esquema-T
4. $\bot$ VD$_{OP}$ (2) y (3)
5. $\vdash_{Q_\Rightarrow TR} Tr(\langle K_6 \rangle) \Rightarrow \bot$ VP$_{OP}$ (2)-(4)
6. $\vdash_{Q_\Rightarrow TR} Tr(\langle K_6 \rangle)$ Esquema-T
7. $\vdash_{Q_\Rightarrow TR} \bot$ VD$_{OP}$

La aplicación de VP$_{OP}$ en (5) supone una derivación que incluye al Esquema-T, y por ende, es ilegítima. Vale la pena aclarar que el artículo de Whittle está específicamente dirigido en contra del dialeteísmo, y Priest sí sostiene que el Esquema-T es lógicamente válido, con lo cual la paradoja se produce en ese contexto. Asimismo, un argumento análogo al que ofrecimos en contra de la validez de las reglas para *Val* puede ofrecerse para los axiomas de la verdad (ver Cook (2012)).

§ 3 Validez es validez lógica no clásica

Uno de los motivos para desafiar la lógica clásica nace del hecho de que, a causa del Mentiroso, ella es incompatible con el Esquema-T. Ciertas lógicas tienen por objetivo evitar esto, es decir, preservar el Esquema-T de modo irrestricto y al mismo tiempo validar MP, como es el caso de la teoría paracompleta de Field (2008) o la paraconsistente de Priest (1987). Estos sistemas eluden la paradoja de Curry invalidando el teorema de la deducción, de modo que a partir de MP no pueda probarse PMP (ver capítulo *** de este volumen). La inclusión del predicado de validez vuelve a reinstaurar este problema.

Para verlo, extendemos el lenguaje L_Q con un predicado monádico Tr y uno diádico Val. Obtenemos la teoría QV* agregando a Q el Esquema-T, VP y la versión axiomática de VD:

(VD$_{AX}$) $Val(\langle A \rangle, \langle B \rangle) \to (A \to B)$

Puesto que, como dijimos, ya no vale el teorema de la deducción, VD como regla y como axioma no resultan equivalentes, y de hecho VD no es suficiente para probar la contradicción. Sin embargo, el segundo parece igual de plausible que la primera, en tanto expresa, como ya dijimos, la idea de que la validez es preservación de verdad. La lógica subyacente a QV* puede ser cualquiera de las mencionadas. La paradoja resultante no se deriva a partir de la oración que dice que la inferencia de una contradicción a ella es válida, sino vía la tradicional oración de Curry, que dice de sí misma que si es verdadera, implica una contradicción:

1. $\vdash_{QV^*} K_5 \leftrightarrow (Tr(\langle K_5 \rangle) \to \bot)$ Diagonalización
2. $\vdash_{QV^*} Val(\langle (K_5 \to \bot) \wedge K_5 \rangle, \langle \bot \rangle) \to (((K_5 \to \bot) \wedge K_5) \to \bot)$ VD$_{AX}$
3. $(K_5 \to \bot) \wedge K_5 \vdash_{QV^*} \bot$ la teoría valida MP
4. $\vdash_{QV^*} Val(\langle (K_5 \to \bot) \wedge K_5 \rangle, \langle \bot \rangle)$ VP en (3)
5. $\vdash_{QV^*} ((K_5 \to \bot) \wedge K_5) \to \bot$ MP en (2) y (4)

Nótese que (5) es PMP, con lo cual puede derivarse $\bot$ del modo usual para la paradoja de Curry (ver capítulo 3 de este volumen). No hay aquí ninguna aplicación ilegítima de las reglas, y por lo tanto nos encontramos con que la validez sí genera paradojas cuando es entendida dentro de alguna de estas teorías y combinada con un predicado de verdad. Esto ha llevado a ciertos autores (como Priest (2013)) a defender lógicas que carecen de la propiedad estructural de contracción -lo cual implica que la premisas no pueden usarse más de una vez en una inferencia- y a otros, como Field (2008), a rechazar VD$_{AX}$, y defender una concepción de la validez que no suponga entenderla como preservación de verdad.

¿Por qué no defenderse agregando VD como regla en lugar de como axioma? La motivación de estas teorías es justamente que las reglas para la verdad no son suficientes y es preciso rescatar el Esquema-T como bicondicional. Si se vieran obligados a dar una respuesta distinta en el caso de la validez, parece entonces injustificado abandonar una teoría como la de Kripke, que sí considera suficientes a las reglas para verdad, y que resulta consistente al extenderla tanto con VD como con VD$_{AX}$.

§ 4 Validez ampliada

Varios autores (Murzi y Shapiro (2013), Shapiro (2013)) hacen referencia a la paradoja de validez como una antinomia que afecta a un concepto más amplio de validez que el lógico. Shapiro caracteriza a ese nuevo concepto de Validez* como aplicándose a aquellos argumentos que se obtienen por lógica, principios para la verdad, o principios para la validez*. Esta caracterización es claramente circular e inadecuada ¿Cómo sabemos que las reglas de validez* preservan validez*? Podría pensarse que se trata de un problema análogo a la circularidad de la justificación de la deducción, pero ello no es así. La caracterización semántica de validez lógica como preservación de verdad en todo modelo es independiente de las reglas particulares. Es por eso que podemos preguntarnos de modo no trivial si determinada regla posee esa característica o no.

En Murzi y Shapiro (2013) obtenemos una mejor definición del concepto en cuestión, a saber, la idea de preservación de verdad en toda circunstancia posible. Sin embargo, esto todavía no es suficiente. Por ejemplo ¿debemos considerar como una circunstancia posible aquella en la cual *Val* significa, por ejemplo, "ser más fácil de entender que"? Claramente VD y VP no preservan verdad si consideramos esas circunstancias (del hecho de que A sea verdadera y sea más fácil de entender que B no se sigue que B sea verdadera). Al menos el significado de *Val* debe quedar fijo. También deberían mantenerse fijas las interpretaciones de los nombres de las oraciones, o de lo contrario, caeríamos en la objeción de Cook. Parecería entonces que el concepto de Validez* se identifica con el de analiticidad.

En este caso, la presunta paradoja de validez no es nada nuevo: se trata del teorema probado por Montague en *Syntactical treatments of Modality, with Corollaries on Reflexion Principles and Finite Axiomatizability*. Murzi y Shapiro argumentan que no debe tomarse a la paradoja de validez* como indicando que el concepto debe ser rechazado por incoherente, dado que forma parte de nuestra teoría *naïve* de la validez. No es tampoco eso lo que Montague concluye en su artículo, sino que en su lugar presenta la antinomia como argumento en contra de la posibilidad de representar el operador de necesidad como predicado. No hay entonces una imposibilidad de conservar las reglas intuitivas para la validez*, sino una imposibilidad de conservarlas para ella entendida como predicado. Sabemos que las reglas son lógicamente válidas (si la validez lógica es caracterizada por el sistema modal S5), y por ende también sabemos que son válidas*, independientemente de qué contemos como circunstancia posible.

Frente a esto, uno podría preguntarse por qué no es entonces esa la conclusión que extraemos del Mentiroso. Las razones son que si se trata a la verdad como operador (i) se pierde una de sus principales funciones, a saber, expresar generalizaciones y (ii) la paradoja se evita sólo por una limitación expresiva: carecemos de los medios de generar la autoreferencia necesaria para siquiera formular la oración del mentiroso. En el caso de la validez, si contamos con un predicado veritativo, la posibilidad de autoreferencia sigue presente, y la de la generalización también.

¿Surge la paradoja de la Validez* si agregamos a los operadores el predicado veritativo? Bueno, ello depende de qué principios lo regulen, y cuál sea el estatus de esos principios. Una teoría de la Validez* debería contar sólo con axiomas analíticos. La intuición de que el Esquema-T es analítico proviene de la idea de que constituye la definición del predicado. Esto es lo que Gupta y Belnap (1993) llaman "tesis de la significación". Sin embargo, el Esquema-T original, formulado en términos de un bicondicional, genera los conocidos problemas. Es por ello que surgen propuestas que disocian la tesis de la significación de la idea de que una teoría de la verdad deba implicar los bicondicionales T (la "tesis de la implicación"). En el caso de Gupta y Belnap (1993), lo que es analítico es la definición de verdad que establece una regla de revisión. En el caso de Kripke (1975), el significado de T está caracterizado inferencialmente por las correspondientes reglas de introducción y eliminación. Para que la paradoja de la Validez* surja, entonces, necesitamos que VD_{OP} y VP_{OP} se apliquen a instancias de los bicondicionales T, y ello no será legítimo si no los consideramos analíticos.

§ 5 Conclusión

Hemos mostrado, en primer lugar, no hay una paradoja de la validez si el concepto que quiere rescatarse es el de la lógica clásica. La única postura que sería víctima de tal antinomia sería una que sostuviera que VD y VP son lógicamente válidas, para la versión con el predicado, o que el Esquema-T lo es, para la versión con el operador. Nadie hasta el momento parece haber defendido lo primero, y si bien Priest ha defendido lo segundo, la lógica que considera correcta no es la clásica. No obstante, puesto que su teoría –en la versión no sub estructural- cumple con las condiciones necesarias para ser víctima de esta versión de la paradoja, tenemos un caso de paradoja de la validez en sentido propio.

En segundo lugar, hemos mostrado respecto de la validez no clásica que la combinación de verdad y validez reinstaura la paradoja de Curry tradicional para aquellas teorías que prueben toda instancia del Esquema-T y validen Modus Ponens. A pesar de ello, no es a lo que la literatura suele referirse cuando se menciona "la paradoja de validez", dado que la verdad juega un rol crucial en ella.

Por último, la noción ampliada de validez sí se enfrenta con limitaciones a la hora de ser representada como predicado, aunque este resultado ya se conocía desde antes del resurgimiento de la discusión, como Teorema de Montague. Que su respuesta de optar por un operador no sea una solución suficiente depende de considerar al Esquema-T como una verdad analítica, lo cual, si bien no es implausible, tampoco es evidente. Puesto que la alternativa defendida por quienes toman este camino suele consistir en abandonar reglas estructurales que la mayoría considera constitutivas del concepto de consecuencia, revisar la analiticidad del Esquema-T parece ser el camino más conservador.

En síntesis, la existencia de genuinas paradojas de validez es dudosa, y depende de compromisos fuertes relativos al estatus de la lógica y la verdad. En este sentido, no parece ser -como defienden Beall y Shapiro o Weber- algo que aqueja a nuestra teoría *naïve* de la validez, como sí sucede con otras paradojas, como el mentiroso o la paradoja de Russell.

Referencias bibliográficas:

Beall, JC & Murzi J (2013): "Two flavors of curry's paradox", *Journal of Philosophy*, 110, 3, pp 143–165.
Cook R., (2013): "There is no paradox of logical validity!" a publicarse en *Logica Universalis*, DOI 10.1007/s11787-014-0094-4.
(2012): "The T-schema is not a Logical Truth", *Analysis*, 72, 2, pp 231-239.
Deutsch, H. (2010): "Diagonalization and truth functional operators", *Analysis*, 70, 2, pp 215–217.
Field, H. (2008):, *Saving Truth From Paradox*, Oxford University Press, Oxford.
Gupta A. & Belnap, N.D. (1993): *The revision theory of truth*, MIT Press, Cambridge.
Ketland, J. (2012): "Validity as a primitive", *Analysis*, 72, 3, pp 421–430
Kripke, S. (1975): "Outline of a theory of truth", *Journal of Philosophy*, 72, 19, pp 690–716.
Montague, R. (1974): "Syntactical Treatments of Modality, with Corollaries on Reflexion Principles and Finite Axiomatizability", en *Formal Philosophy, Selected Papers of Richard Montague*, pp 286-302, Yale University Press, New Haven and London, ,
Murzi, J. y Shapiro, L. (2013): "Validity and truth-preservation" a publicarse en *Unifying the Philosophy of Truth*, ed. T. Achourioti, F. Fujimoto et al., Springer,
Priest, G. (1987): *In contradiction*. Oxford University Press, Oxford
(2014) "Fusion and confusion". *Topoi*, DOI 10.1007/s11245-014-9235-x.
Shapiro, L. (2011): "Deflating logical consequence", *The Philosophical Quarterly* 61, 320–42.
(2013) "Validity Curry Strengthened", *Thought*, 2, pp 100–107.
(2014) "Naive Structure, Contraction and Paradox", a publicarse en *Topoi*, DOI 10.1007/s11245-014-9235-x.
Weber, Z. (2014): "Naive validity", *The Philosophical Quarterly*, 64, 264, pp 99-114.
Whittle, B. (2004): "Dialetheism, logical consequence and hierarchy", *Analysis* 64, 4, pp 318.

Capítulo 5: LA PARADOJA DE AQUILES Y LA TORTUGA (Y LA JUSTIFICACIÓN DE LA DEDUCCIÓN)

Natalia Buacar [79]

§ 1 Una nueva carrera ideal...

En su célebre y breve nota titulada "Lo que la tortuga le dijo a Aquiles" Charles Dougson (más conocido como Lewis Carroll) nos maravilla con un diálogo entre –los ya compañeros de ruta- Aquiles y la Tortuga. Habiendo alcanzado Aquiles a la tortuga (si ello fuera posible) se sienta cómodamente en su caparazón y ella le propone "una carrera en la que la mayoría de la gente cree poder llegar con dos o tres pasos al final y que realmente consiste en un número infinito de distancias, cada una más larga que la distancia anterior".[80]

En esta ocasión la tortuga propone someter a consideración parte del Primer Teorema de Euclides, para ello pide a Aquiles que anote los siguientes enunciados:

(A) Dos cosas que son iguales a una tercera son iguales entre sí.
(B) Los dos lados de este triángulo son iguales a un tercero.
(Z) Los dos lados de este triángulo son iguales entre sí.

La tortuga imagina que los (buenos) lectores de Euclides concederán que Z *se sigue lógicamente* de A y B, de modo que, quien acepte A y B como verdaderas *debe* aceptar Z como verdadera. Sin embargo, existen otros posibles lectores. En primer lugar, aquel que *aún* no habiendo aceptado la verdad de A y B podría aceptar la secuencia como válida, esto es, acepta como verdadera la *Proposición Hipotética* de que si A y B son verdaderas, Z debe ser verdadera (en adelante nos referiremos a esta proposición como 'C'). Otro tipo de lector será aquel que acepta la verdad de A y B, pero no la

---

[79] UBA.
[80] Un primer encuentro entre ambos personajes es aquel plasmado en la Paradoja de Zenón también estudiada por Carroll. Como nota J. L. Borges (1957), si allí el problema surgía de distancias cada vez más cortas, aquí en cambio, las distancias a cubrir por Aquiles son cada vez más largas. El lector puede consultar el texto de Borges para una exposición de la paradoja de Zenón en relación con la aquí tematizada.

del hipotético C. Ninguno de estos lectores "está *aún* bajo necesidad lógica alguna de aceptar Z como verdadera". Habiendo preparado el terreno, la tortuga plantea su desafío. Ella se ubica como una lectora del segundo tipo - aceptó A y B, pero no el hipotético- y pide que se la *"fuerce, lógicamente, a aceptar Z como verdadera."* Entonces, Aquiles *asume* que debe pedirle que acepte C. Y la tortuga concede, tan pronto como Aquiles lo haya registrado en su libreta de apuntes, y la lista se extiende para incluir a:

(C) Si A y B son verdaderas, Z debe ser verdadera.

Ahora la tortuga debe aceptar Z porque se sigue lógicamente de las tres proposiciones, si A, B y C son verdaderas, Z debe serlo. Pero eso mismo, advierte la tortuga, constituye un nuevo hipotético D:

(D) Si A y B y C son verdaderas, Z *debe ser verdadera.*

Hipotético cuya verdad podría negarse a aceptar y, nuevamente, podría aceptar A y B y C como verdaderas pero no Z. "¡En ese caso la lógica lo cogería a usted por el cuello y le obligaría a hacerlo!" La lógica le diría a la tortuga que no tiene opción y que debe aceptar Z, pues ya ha aceptado A, B y C. "Todo lo que la lógica tenga a bien decirme merece ser anotado", la tortuga insiste, lo *aceptará* siempre y cuando él tome nota. Y como podrá imaginar el lector, el proceso se prolonga indefinidamente.

§ 2 ...que nunca termina

Siguiendo a J. F. Thomson (1960) podemos representar la situación del siguiente modo. El punto de partida es al argumento que tiene a A y B como premisas y a Z como conclusión. Consideremos las dos premisas en conjunción y llamemos a esa nueva proposición C_0. A partir de allí obtenemos una secuencia de enunciados condicionales (hipotéticos) $C_1, C_2...C_n$:

$C_0 = (A \wedge B)$
$C_1 = (C_0 \to Z)$
$C_2 = (C_0 \wedge C_1 \to Z)$
$C_n = (C_0 \wedge ... \wedge C_{n-1} \to Z)$

Cada uno de los hipotéticos surge de combinar en un enunciado condicional las líneas anteriores de la secuencia en el antecedente -mediante conjunciones- y a Z como su consecuente. La tortuga acepta el primer término C_0 (la verdad de las premisas) pero se niega a aceptar Z, sobre la base de que no acepta C_1. De allí en adelante, aceptará $C_1...C_n$ (a condición de que se las agregue en la lista) pero se negará a aceptar Z, sobre la base de que aun no ha aceptado C_{n+1}.

Podemos observar entonces que si comparamos la situación aquí descripta con una definición de "paradoja" tal como la que ofrece R.M. Sainsbury: "una conclusión aparentemente inaceptable obtenida mediante un razonamiento aparentemente aceptable a partir de premisas aparentemente aceptables"[81], la identificación no resulta inmediata. Lo desconcertante aquí no es la derivación de una conclusión inaceptable, por ejemplo, de alguna contradicción, sino la imposibilidad de mover a la tortuga hacia conclusión alguna. Lo que resulta inaceptable es la regresión al infinito que se origina a partir de la incorporación de nuevas premisas que, por más numerosas que sean, nunca resultan ser suficientes. Regreso que surge al intentar convencer a la tortuga de que acepte la conclusión de una inferencia –aparentemente- aceptable y sencilla.[82] Ahora bien, si no hemos de lograr esto ¿qué esperar de inferencias más complicadas? Más aun ¿qué decir de todas aquellas creencias que se apoyan en tales inferencias?

Por otra parte resulta difícil hablar de "la" paradoja pues son muchísimas las interpretaciones que se han ofrecido de este relato y las moralejas que se han extraído de él. Las soluciones que se plantean están emparentadas precisamente con cuál se cree que es el problema que ilustra y la moraleja que de él se desprende. La confianza radica en que una vez apuntada la enseñanza correspondiente, es posible frenar el regreso, dar con una solución a la(s) paradoja(s). Cabe destacarse que el artículo de Carroll ha sido retomado para su discusión en muy diversos ámbitos de la filosofía, desde la lógica, la epistemología y la ética, entre otros. Dada la extensión del trabajo, sólo consideraré algunas propuestas, particularmente aquellas que se basan en consideraciones lógicas. La primera respuesta a la paradoja será considerada más extensamente por tratarse de la más aceptada, las otras sólo serán brevemente mencionadas. Hacia el final propondré una nueva moraleja que creo podemos aprender de la incisiva tortuga.

§ 3 Moralejas y soluciones
3.1 El hipotético no es una premisa más

La gran mayoría de los autores[83] han extraído la siguiente lección: no se ha de tratar al hipotético como una premisa más. Esta parece haber

---

[81] R. M. Sainsbury (2009) p. 1
[82] En efecto, no todos los autores que mencionan el problema planteado por Carroll se refieren a él como una "paradoja", algunos se inclinan por denominarlo un "enigma" (en inglés puzzle).
[83] B. Russell (1903), J.F. Thomson (1960), D.G. Brown (1954), W.A. Wisdom (1974), W.J. Rees (1951)

sido la lectura que el mismo Carroll habría privilegiado y se refleja en su carta al editor de *Mind* -quien originalmente había rechazado el artículo para su publicación- donde, a los efectos de aclarar a qué apunta su artículo declara "Mi paradoja... se centra en el hecho de que, en un hipotético, la *verdad* de la prótasis, la *verdad* de la apódosis, y la *validez de la secuencia*, son tres proposiciones distintas."[84]

La discrepancia entre los autores radica en qué entienden que es este hipotético y, consecuentemente, en cómo se diferencia de las premisas. Pero ellos coinciden en no cuestionar la estrategia de Aquiles de asumir que ha de convencer a la tortuga para que acepte C, el modo de justificar el paso de premisas a conclusión es apelar a C. Pero, como señala D.G. Brown (1954), si la aceptación de la verdad del hipotético es una condición para la aceptación de la conclusión, tal aceptación no es equiparable a la aceptación de la verdad de las premisas. W.J. Rees (1951) confirma que el regreso es el resultado de no considerar esta diferencia, de ponerlos en pie de igualdad. Así, se concede el ingreso de C en escena, pero no como una premisa más. A su vez, el reconocimiento de que C corresponde a otro nivel permite bloquear el ingreso de D.

El hipotético no debe ser tratado como una premisa más porque es un enunciado de orden superior, para algunos porque expresa (o es) un principio de inferencia, para otros, porque es un juicio sobre la validez de un argumento. En cualquier caso, no puede ser afirmado *junto* con los otros enunciados que se afirman en dicho argumento como una premisa más. Si se lo incluye en el argumento, el resultado es un nuevo argumento, de diferente orden y con un hipotético y, tal vez, un principio de inferencia diferente.

Mas aún, la adición de los sucesivos hipotéticos como premisas, señala J.F. Thomson (1960), resulta trivial o fútil. Si el argumento original era válido, por monotonía, el nuevo argumento enriquecido con el hipotético C seguirá siéndolo. De ser inválido, el nuevo argumento acompañado por el hipotético no será sólido pues, si bien válido, sus premisas serán falsas, lo será al menos el hipotético —ahora incluido como premisa- que afirma que las premisas del argumento original implicaban a la conclusión.

La paradoja, así concebida, es el resultado de suponer que la tarea de Aquiles es la de proveer premisas suficientes; nunca lo serán y de nada sirve la incorporación sucesiva de hipotéticos. Pero ello sólo indica que el tratamiento de los hipotéticos es incorrecto y la estrategia defectuosa.

---

[84] C. Dogson (1977) p. 472.

"Cualquier intento por parte de Carroll de hacer frente a la cuestión de la inferencia estaba obligado a comenzar en confusión y terminar en constipación -todas esas premisas acumulándose, pero sin movimiento."[85] De acuerdo con la primera interpretación de los hipotéticos mencionada, estos coinciden con el principio de inferencia. Ahora bien, si este el caso, C no ha de ser tratado como una premisa. Como señala R. Hanna "los principios de la inferencia deductiva válida *para* una prueba no son como las premisas condicionales verdaderas o lógicamente verdaderas *en* una prueba."[86] Atender esta distinción permite detener el regreso. Aceptar una premisa hipotética es simplemente asertar su verdad. Por el contrario, los principio de inferencia son "tickets"[87], permisos, licencias que permiten extraer conclusiones. Su aceptación legitima y permite el movimiento hacia la conclusión. Tal vez resulte más claro plantearlo en términos de reglas de inferencia y no de principios. Lo que se pone en evidencia en el diálogo es que no se trata de incrementar el número de verdades (incluso lógicas), lo que se necesitan son reglas, reglas de transformación de fórmulas que habiliten el tránsito de premisas a conclusión.[88] De modo que la elucidación de la naturaleza del hipotético C impide que se lo trate como una premisa más y su aceptación, si bien necesaria, ahora frena el ingreso de nuevos hipotéticos.

En contra de este intento de solución es posible enfatizar al menos dos puntos. En primer lugar, si bien la advertencia respecto de la función de los principios de inferencia (y las reglas) es pertinente, se ha remarcado que el hipotético C aquí mencionado no es el principio de inferencia del argumento que va de A y B a Z[89]. En segundo lugar, aun si se aceptara la identificación del hipotético con el principio de inferencia, el regreso no desaparece sino que se reproduce ahora entre diferentes niveles. Desarrollaremos este punto más adelante.

---

[85] T. Smiley p. 727
[86] R. Hanna (2006) p. 57
[87] Esta noción fue introducida por G. Ryle (1950), pero vale aclarar que él niega que C sea necesario para inferir Z. Desarrollaremos este punto en la siguiente sección.
[88] Sugerido en B. Russell (1903)
[89] D.G. Brown (1954) aclara este punto señalando que cuando se parte de una inferencia particular formulada en lenguaje natural, el hipotético asociado es uno solo. Pero, no es posible identificar un único principio de inferencia: "Es interesante para otros propósitos preguntar (…) cuál es el principio. Una respuesta corta es que se determina el principio en la elección del terreno sobre el cual defender o atacar la validez de la inferencia. Preguntar "¿Es el caso que si p entonces q?" es plantear la cuestión de su validez; avanzar hacia un principio es examinar el asunto." p 172. Esto no es más que un recordatorio de las dudas wittgenstenianas ilustradas por S. Kripke (1981).

W.A. Wisdom (1974), -siguiendo a J.F. Thomson (1960)- ofrece una interpretación alternativa del enunciado hipotético y sostiene no se trata del principio que rige la inferencia, sino simplemente de la afirmación de que tal inferencia es válida, i.e., de que A y B implican a Z. Nuevamente, C es un enunciado de orden superior. Y, nuevamente, si se atiende a su verdadera naturaleza, Aquiles y la tortuga no deberían nunca pasar de él. Esto es, habiendo la Tortuga aceptado A y B (la verdad de las premisas), tras aceptar C (la validez de la inferencia), entonces ha de aceptar Z. De acuerdo con J.F. Thompson, asertar la verdad de un hipotético es equivalente a asertar la validez de un argumento con el cual el hipotético está asociado. Se sigue que aceptar el hipotético es comprometerse a aceptar la validez del argumento. Llegados al punto en que la tortuga ha aceptado C, Aquiles simplemente debería volver al argumento inicial y *aplicar* el logro obtenido. En la misma dirección D.G. Brown (1954) concede que la legitimidad de la inferencia requiere (además de la verdad de A y B) la verdad de Z (pues "la validez de la inferencia es la verdad del hipotético"). Pero mientras que la verdad de la premisa deja abierta la validez de la inferencia, la verdad del hipotético establece la validez de la inferencia (aunque deja abierta la verdad de las premisas). No notar esto último es lo que abre el regreso.

Ahora bien, es posible albergar dudas respecto de la eficacia de estas respuestas a la hora de frenar los embates quelonios. Ya sea que se interprete el hipotético C como un principio de inferencia o como un juicio sobre la validez del argumento, habrá que convencer a la tortuga de su aceptación. Sabemos ahora que si *efectiva y honestamente* lo acepta, el problema estaría resuelto; pero la aceptación de la tortuga estaba condicionada a la incorporación del hipotético entre las premisas. Y es una condición que Aquiles, asesorado por los lógicos, no estaría dispuesto a satisfacer. ¿Cómo convencer entonces a la tortuga de que acepte C? En un caso habrá que convencerla de la aceptación de un principio o regla de inferencia, en el otro de la validez del argumento. Si bien ambos casos están obviamente relacionados, el primero será abordado en el último apartado del trabajo. En cuanto al segundo, W.A. Wisdom sugiere una versión de cómo podría proseguir el relato. Aquiles tendrá que hablar sobre la transitividad de "iguales", sobre la relación entre un enunciado universal y sus instancias, o tal vez, sobre las condiciones de verdad de un enunciado condicional. Este discurrir será de segundo orden respecto de los enunciados de primer orden A, B y Z; y será *razonado*, involucrará argumentos. Además deberá satisfacer a la tortuga y, nuevamente no hay garantías, podría no lograr hacerlo, entre otras cosas, porque ella bien podría dudar de la corrección del argumento de segundo orden. Lo cual demandaría un argumento de tercer orden que justifique el de segundo... "El razonamiento no puede justificarse en todos estos órdenes simultáneamente, ya que todos los órdenes del discurso no pueden ser colapsados en una solo. (Esto significa, por ejemplo, que hay un *Modus Ponens* (en adelante 'MP') para los condicionales de primer orden, otro para los condicionales de segundo orden, y así sucesivamente. Y sólo pueden ser justificados de a uno a la vez, desde el orden superior siguiente)."[90] Pero, de acuerdo con el autor, esta regresión al infinito es sólo potencial: quedará bloqueada en cuanto quien duda es convencido, en algún orden, de que el nivel precedente de razonamiento era correcto.

3.2. Saber inferir no involucra hipotético alguno

Una línea de análisis inaugurada por G. Ryle (1945) y retomada posteriormente[91], pone coto al regreso aún antes, destacando que Aquiles bien podría haberse negado a anotar C. Así no sólo se evita que C se incorpore a las premisas, se niega que su aceptación sea necesaria para la aceptación de Z. Quien concluye (correctamente) Z tras haber aceptado las premisas no tiene por qué comprometerse con condicional alguno, no tiene por qué siquiera pensar en términos lógicos, poder identificar principios lógicos subyacentes a su práctica de razonar, conocer el concepto de validez, etc. En términos generales, el regreso al infinito resulta de suponer que para que una práctica sea inteligente debe ir acompañada del acto de considerar inteligentemente proposiciones regulativas. Sin embargo, hacer algo inteligentemente no es hacer dos cosas, una en nuestras cabezas y otra en el mundo, sino que más bien es hacer algo de una determinada manera. El tipo de conocimiento involucrado no puede expresarse por medio de una proposición tal como C, el conocimiento involucrado en nuestra práctica inferencial no es una forma de *saber qué*, sino de *saber cómo*. La paradoja surge precisamente cuando se malinterpreta qué quiere decir saber inferir. Si hay principios involucrados, no hay fin. De modo que los principios han de ser excluidos.[92]

Por otra parte, no sólo C no es necesario, más aun, su incorporación resulta inútil a los efectos de la comprensión. Imaginemos que la tortuga efectivamente entiende las premisas y conclusión (y las concede), pero no

---

[90] W.A. Wisdom (1974) p. 573. Esta afirmación dista de ser obvia (y no creo que sea verdadera). Pero omitiremos esta discusión. Sólo la retomamos porque hemos procurado tomar nota de las diferentes revanchas de la Tortuga que han sido sugeridas.
[91] P. Boghossian (2002) y T. Smiley (1995) por ejemplo.
[92] A las dificultades mencionadas, Ryle suma el potencial regreso que –a la manera de W.V.O. Quine (1936)- surge de la aplicación de los principios, la cual podría demandar un nuevo principio y así sucesivamente.

logra ver que la conclusión se sigue de las premisas. No logra inferir Z a partir de A y B. Si quisiéramos ayudarla, enseñarle, de nada servirá que le ofrezcamos para su consideración enunciados como C que afirmen que si las premisas son verdaderas, la conclusión también lo es. De nada sirve coleccionar hipotéticos D, E, etc. De acuerdo con Ryle, nuestro alumno imaginario bien podría entenderlos -e incluso recitarlos junto con las premisas-, pero seguir fracasando a la hora de ver que la conclusión se sigue de las premisas.[93] La razón nuevamente: saber cómo inferir no puede ser reducido o analizado como saber ciertas proposiciones. Es un *saber cómo* no reductible a un *saber que*. Saber inferir supone saber ciertas reglas, lo cual se traduce en realizar inferencias válidas; es en esta performance que se evidencia el conocimiento. Nuestro presunto alumno no es ignorante sino ineficiente.

Ryle tiene un punto, inferíamos y lo hacíamos bien antes de Aristóteles. Pero si bien puede ser cierto que para inferir correctamente no se requiere aceptar C, lo que aquí está en juego no es eso sino la *justificación* de una inferencia. Pero entonces —como el mismo Ryle reconoce en (1950)[94]- exhibir nuestras credenciales se vuelve necesario. Y, nuevamente, la respuesta de Aquiles ha de convencer a una tortuga con ciertas inquietudes filosóficas que lo que pone (o puede poner) en cuestión es precisamente la legitimidad de tales credenciales. Y nos encontramos entonces donde concluimos en el parágrafo anterior.

3.3. El argumento original no es un entimema

Siguiendo a Ryle, T. Smiley (1995) reconoce que "Es un hecho acerca de la inferencia que puedo-que la gente razonable y legítimamente lo hace- inferir Z, y sentir todas las obligaciones que ello conlleva, sin jamás considerar C. Antes de conceder Z, todo lo que necesito hacer es conceder

---

[93] En G. Ryle (1945), el autor afirma "Él acepta las reglas, en teoría, pero esto no lo fuerza a aplicarlas en la práctica. Considera razones pero falla al razonar." p.6 y, como podrá observar el lector, ello va de la mano con la interpretación de los principios como "tickets" presentada en (1950).

[94] Saber "si p, entonces q" es, entonces, algo así como estar en posesión de un boleto de tren. Es tener una licencia o autorización para hacer un viaje desde Londres hasta Oxford. (...) La pregunta "¿Cuál es el punto de conseguir o conservar un boleto de tren?" es bastante diferente a la pregunta "¿Cuál es el punto de mostrar o entregar un boleto?" Obtenemos y guardamos los boletos con el fin de estar preparados para viajar de Londres a Oxford (en ocasiones en que estamos en Londres y deseamos viajar a Oxford). Pero mostramos boletos para convencer a los oficiales de que tenemos el derecho de viajar, y entregamos boletos a otras personas con el fin de darles tanto el derecho de viajar como la oportunidad de convencer a los oficiales de que tienen ese derecho." Ryle (1950) p. 250.

A y B e inferir Z. Una vez más, no hay regreso."[95] Y lleva las cosas un poco más allá. Bien podríamos pensar que nosotros -en nuestra vida cotidiana- omitimos C, y no hay nada malo en ello, no lo hay porque el lógico está allí, pala en mano, listo para llenar nuestros baches. Desde una nueva perspectiva, la paradoja se resuelve cuando se advierte que no hay bache que llenar. Que la inferencia original está bien tal cual está. Nuevamente la estrategia es bloquear el ingreso de C, pero ahora reformulando la noción misma de validez, la cual se sustituye por una noción validez relativizada.[96]

Hasta ahora se le ha concedido a la tortuga que para aceptar Z es necesario y suficiente que el argumento en cuestión sea sólido (i.e. válido y con premisas verdaderas). Smiley objeta en contra de ambos requisitos. En primer lugar, la solidez no es suficiente. Además, las premisas del argumento deben ser tales que no requieran justificación adicional (lo cual dependerá de las circunstancias); de lo contrario el argumento deberá de ser ampliado para establecer su verdad. Asimismo, la solidez no es necesaria para los argumentos deductivos, en particular, la validez -entendida como la imposibilidad de que las premisas sean verdaderas y la conclusión falsa- no lo es: "sólo requiere que no debe ser *de hecho* el caso de que las premisas sean verdaderas y la conclusión falsa". Las deducciones no son pruebas. Si lo fueran, entonces deberíamos demandar su validez (en el sentido usual, como una cadena absolutamente infalible de inferencias) como así también la verdad necesaria de sus premisas. Lo segundo no se requiere para la legitimidad de un argumento, lo primero, tampoco ha de requerirse.

Bajo esta perspectiva se ofrece una nueva respuesta a la paradoja. Cuando la gente argumenta, normalmente -y razonablemente- dan mucho por sentado. Al decidir si logran o no establecer la conclusión habremos de referir a aquello asumido tácitamente. Hay dos aproximaciones posibles. La de Aquiles, o de la "premisa suprimida", que consiste en ir en busca de una premisa P que sea verdadera y que sea tal que, al ser agregada al argumento, tenga chance de ser válido. Obviamente, este modo de proceder no garantiza el fortalecimiento del argumento. Si se reduce a introducir un hipotético ello puede sólo trasladar la discusión sobre el paso inferencial a la discusión sobre la nueva premisa agregada. Así, la advertencia de que las premisas que se agreguen no han de requerir justificación ulterior resulta atinada. Este modo de encarar el problema, ir en busca de premisas suprimidas -aun don-

---

[95] Smiley (1995) p. 726.
[96] Para una caracterización de tal noción ver T. Smiley (1995). Una estrategia similar ya había sido anticipada por G. Ryle (1950) y D.G. Brown (1954).

de no las había- ha llevado a los lógicos a forzar argumentos en formas ajenas a las propias, por ejemplo, a transformarlos en casos de MP.

Existe un abordaje alternativo, el de "la regla suprimida" que – frente a aquello asumido- busca una regla R que sea preservadora de verdad, que no requiera justificación adicional en esas circunstancias (lo cual asegura que no se elija como regla la trivial "de A inferir B" como regla frente al argumento "A, por lo tanto B") y que le dé al argumento chance de ser válido de acuerdo con R. Ahora bien, los candidatos a R exceden en mucho a las reglas usuales de inferencia y habrían de incluir reglas tales como "Él está casado con ella, por lo tanto, ella está casada con él".

La segunda opción es preferible, entre otras cosas, porque no altera la estructura del argumento original. De modo que, cabría esperar, el regreso se frena una vez que notamos que no sólo nosotros no necesitamos premisas adicionales para estar autorizados a inferir, sino que además, ello no se requiere para la validez del argumento. El secreto es ampliar nuestros horizontes respecto de la noción de regla de inferencia y de sus posibles candidatos.[97] Ahora bien ¿cuál es la regla –de entre las muchas que podríamos citar-[98] a la que debería apelar Aquiles para calmar las inquietudes de la tortuga? Más aun ¿cómo convencerla de que acepte dicha regla?

3.4. La tortuga no *entiende*

Como hemos indicado, la tortuga propone el desafío encarnando aquel lector que acepta (tras comprender) las premisas A y B, y acepta (tras comprender) el enunciado condicional C, pero se niega a aceptar Z (su consecuente). El estudiante imaginario de Ryle ejemplifica también a este lector, y recordemos, su situación no mejora tras *aprender* el hipotético C. Sin embargo, D. G. Brown (1954) nota que tal tipo de lector no existe. Pues comprender un enunciado condicional es, precisamente, ser capaz de inferir el consecuente cuando se acepta el antecedente. "En todo caso, la presunción es que por ignorancia, error o excentricidad no está haciendo un uso normal de sus palabras."[99] La Tortuga no acepta honestamente o no comprende algo de lo que declara aceptar, o simplemente utiliza los términos de modo no estándar.[100] Si ello no fuera el caso, no se negaría a aceptar Z.

---

[97] Ejemplo de ello puede ser la noción de "inferencia material" desarrollada por Wilfrid Sellars y retomada por Robert Brandom y Jarloslav Peregrin.
[98] Nuevamente S. Kripke (1981)
[99] D.G. Brown (1954) p. 175
[100] J. Woods (1965) agrega: o no es consistente.

Desde una concepción inferencialista del significado[101], el significado de las expresiones está dado por los vínculos inferenciales de las oraciones (o de algunas de ellas) de las cuales esas expresiones forman parte. En términos generales, lo que vuelve significativas las expresiones de nuestro lenguaje son reglas que gobiernan su empleo y que están implícitas en la práctica lingüística. El inferencialismo es la posición que destaca la importancia de las reglas (o patrones) de inferencia en la constitución del significado. Entender una expresión es saber en qué condiciones ha de ser inferida y cuáles consecuencias se siguen de ella. De modo que quien no logra detectar estas consecuencias –aun cuando le son aclaradas-, puede ser descripto como un caso de no comprensión de la oración y/o de alguna de las expresiones allí involucradas. Así, entender un enunciado condicional como C es precisamente adherir a ciertas reglas (al menos implícitamente[102]), por ejemplo el MP, y estar dispuesto a inferir el consecuente del condicional ante la creencia en el condicional y en su antecedente.

Parece entonces que no sólo el regreso, el diálogo mismo no tiene lugar. Ahora bien, supongamos que efectivamente existe tal vínculo entre el significado de las oraciones y expresiones y las inferencias. Estos enfoques deben responder al desafío –nada sencillo- de dar con aquellas reglas que son efectivamente constitutivas del significado. Y resta aún una cuestión ¿Aun cuando la tortuga reconozca, acepte y entienda auténticamente todo, no podría negarse a aceptar Z? Esta es la pregunta por la fuerza normativa de la lógica y será considerada brevemente a continuación.

3.5 Normatividad

La tortuga efectivamente dice aceptar que A y B implican lógicamente Z y que A y B son verdaderas, sin embargo, se niega a aceptar Z. P. Engel (2007) se centra en esta aceptación e interpreta la situación como poniendo en evidencia la falta de fuerza normativa de la lógica. Aun aceptando la corrección de una inferencia y, más aun, la corrección de la(s) regla(s) lógica(s) involucradas y concediendo que la misma está justificada, la tortuga bien podría negarse a concluir Z. La razón: la lógica no tiene autoridad para obligarnos a nada, ni la posibilidad de llevarnos por el cuello a ningún lado.

---

[101] El término "inferencialismo" ha sido acuñado por Robert Brandom (1994) en el esfuerzo por nombrar una teoría del lenguaje alternativa a la teoría referencialista

[102] Porque de lo contrario el regreso regresa "Este no es el fin del asunto, sin embargo, la mayoría de los argumentos no están explícitamente gobernados por reglas; suponer lo contrario sería invitar a un regreso a la Lewis Carroll." (T. Smiley 1975, p. 733). P. Boghossian (2000) destaca el mismo punto.

Las razones lógicas no son del tipo de cosas que nos mueven a actuar, a creer, no poseen esta fuerza. Que esta es la moraleja del relato se evidencia en que la aceptación de la autoridad de la lógica por parte de la Tortuga se reduce a anotar en una libreta lo que la lógica dice, pero se niega a actuar de acuerdo con sus dictados. Podemos aceptarla como canon normativo para evaluar argumentos. La lógica puede dictaminar qué es correcto hacer, pero no puede obligarnos a nada, no está entre sus prerrogativas hacer tal cosa.[103]

§ 4 Aquiles, la Tortuga y la justificación de la deducción

Hemos examinado el relato de Carroll desde distintas perspectivas, en todos ellas, las dificultades surgen al tratar de convencer a quien pone en duda una inferencia particular, aquella que conduce a concluir "Los dos lados de este triángulo son iguales entre sí" sobre la base de (la verdad) las premisas A y B. Pero también hemos notado (en 3.1, 3.2 y 3.3) que los intentos de frenar el regreso apelan finalmente a principios o reglas, y la revancha sigue en pie para una Tortuga dispuesta a cuestionarlos y a desafiarnos a convencerla de su aceptación (aunque concediera no ponerlos junto con las otras premisas). Así el problema se planteaba no ya respecto de una inferencia sino de principios y reglas en general. Este problema suele conocerse como el de la justificación de la deducción y, si bien suele reconocerse su íntima conexión con la nota de Carroll, se ha sugerido las dificultades que surgen a la hora de ofrecer una respuesta son de otra índole.[104] Cuando de la justificación reglas (o principios) de inferencias trata el problema no es el regreso al infinito sino la circularidad.

El argumento que ilustra las dificultades para quien se embarca en responder a una Tortuga que cuestiona las reglas de inferencia deductiva, por ejemplo el MP, suele tomar la forma siguiente:

(i) Si 'p' es V y 'p→q' es V, entonces 'q' es V (por conocimiento de la tabla de verdad)

---

[103] Este tipo de críticas han sido desarrollada por G. Harman, por ejemplo, en (1986). Para una exposición detallada de la opciones respecto de la dimensión normativa de la lógica véase J. McFarlane (inédito). Cabe destacarse que está lectura de la nota se ha extendido al ámbito del razonamiento práctico en general, originando allí también una intensa discusión.

[104] S. Haack (1976) declara "lo que he dicho en este trabajo debería, tal vez, ser ya familiar, está prefigurado en Carroll (1895)" p.118. P. Engel (2007) presenta el problema de la justificación de reglas y principios lógicos como una "extrapolación" del argumento original e ilustra esta extrapolación con el uso que hace W.V.O. Quine (1936) del texto de Carroll para poner en problemas el intento de justificación convencionalista de tales reglas y principios.

(ii) 'p' es V y 'p→q' es V (supuesto)
Luego,
(iii) 'q' es V (por MP)[105]

La circularidad mencionada radica en que el paso de i y ii a iii está signado por el "empleo", "utilización" de aquella regla que se pretendía justificar. M. Dummett (1978) nos ha advertido[106], sin embargo, que la circularidad aquí presente no es tan grave como podría parecer a primera vista. Él introduce la distinción entre argumentos groseramente - circulares y regla-circulares. En los primeros se incluye explícitamente en sus premisas lo que pretenden demostrar, mientras que los segundos son circulares sólo en el sentido de que, para establecer la validez de una regla lógica, utilizan esa misma regla en uno de sus pasos argumentativos. El argumento ofrecido a favor del MP no sería groseramente circular sino regla - circular.

Al evaluar este tipo de argumentos se ha centrado la atención en el paso inferencial y la supuesta circularidad aquí involucrada. Sin embargo, es posible formular al menos dos objeciones a dicho diagnóstico. En primer término, respecto de la acusación de regla – circularidad, tal noción parece fundarse en una confusión respecto de la relación entre los argumentos del lenguaje natural y las reglas lógicas. En efecto, el argumento no "usa", "emplea" ninguna regla. El único sentido plausible que cabe dar a ello es que el paso inferencial resulta ser *conforme a* dicha regla y, lejos de constituir algún modo de vicio, es lo que cabría esperar de alguien que quiere defender la deducción, que sus argumentos se ajusten a lo que ella o él entienden que es inferir correctamente. Pero para que el argumento funcione ha de pasar también los test de su interlocutor. Basta con que este último acepte cada inferencia particular, pero podría no hacerlo. Y, obviamente, de nada servirá justificar tal inferencia apelando a la regla, dado que ella está en cuestión.

Por otra parte, si ahora prestamos atención a (i), veremos que el argumento resulta groseramente circular y, además, que (i) es sospechosamente parecido a C. Llegados a este punto parece claro que una de las lecciones a aprender de la estrategia de Aquiles es que de nada sirve apelar a un principio para convencer a quien duda de lo que podría ser una instancia del mismo. Este modo de proceder común en el contexto de pruebas *dentro* de sistemas formales, no parece ser adecuado cuando lo que están en cuestión es el sistema mismo. Tal apelación sólo funciona allí precisamente porque se parte de un aparato inferencial (especificado por reglas y/o principios) ya

---

[105] P. Boghossian (2012) p. 222 en una versión casi idéntica a la de S. Haack (1976).
[106] P. Boghossian (2000) retoma los argumentos de Dummett.

aceptado previamente. Pero esto, como hemos comprobado, no podía darse por sentado en el caso de la Tortuga de Carroll (ella bien podía no haber tomado un curso introductorio de lógica) y mucho menos en el caso de esta versión actualizada de la Tortuga (ella es declaradamente escéptica sobre la deducción). Se ha insistido así en el paso inferencial y no se ha advertido el parecido de familia entre i y el hipotético C. Nuevamente la estrategia es la misma que la de Aquiles, repetir lo que debía justificar, peor aún, un enunciado aun más fuerte. Pues quien se niega a aceptar el MP, difícilmente acepte (i) que, en cierto sentido, afirma más que aquel[107]. Frente a alguien no convencido de aceptar la conclusión de una regla de inferencia, la respuesta se reduce a la introducción del hipotético correspondiente (ahora encarnado en (i)), el cual obviamente requerirá de justificación ulterior. *Pace* Dummett, el argumento es groseramente circular y, por otra parte, poco se diferencia de la paradoja original.

Si hay entonces una nueva enseñanza que extraer de esta paradoja es que el problema de justificar las reglas e inferencias deductivas no se responde explicitando reglas o principios, como aprende dolorosamente Aquiles. El problema es más profundo, de naturaleza filosófica. La situación paradójica surge de intentar el camino fácil. Lo que nos enseña es que el camino es duro y que probablemente nunca termine, pero no tenía que hacerlo, en tanto problema filosófico difícilmente encuentre una respuesta definitiva. Y obviamente la respuesta que se ofrezca será de naturaleza filosófica. No podría ser de otro modo. No podemos pretender justificar un sistema de lógica con otro. La situación repetiría las dificultades advertidas por Carroll. Ni siquiera podrá tener la forma de resultados meta teóricos (que, vale aclarar, no son otra cosa que lenguaje natural reconstruible o sistematizable bajo distintas lógicas). La respuesta que se ofrezca, al menos en principio, no está sistematizada en ninguna lógica en particular. Responder a un problema de este tipo conlleva dar razones, formuladas en lenguaje natural. Esas razones habrán de ajustarse a nuestras propias exigencias pero también serán buenas o malas, suficientes o insuficientes de acuerdo con los criterios que formule un (posible) interlocutor. Si no resultan, la única alternativa es averiguar cuáles son tales criterios y dialogar. Hay algo de excéntrico en el comportamiento de los personajes, como bien advierte Thomson, en un guerrero que lo único que hace es insistir en que la Tortuga acepte aquello que ella explícitamente se niega a aceptar y una Tortuga que accede a aceptarlo sin que se le dé razón alguna. Ante la negativa de la Tortuga, "lo esperable" era que el diálogo continuara pero en otros términos que los narrados por Carroll, que

---

[107] Puede pensarse que el MP se refiere sólo a dos líneas de la tabla de verdad.

Aquiles la interpelara para saber *por qué* ella se negaba a aceptar C, al menos si su negativa era tomada seriamente.

Referencias bibliográficas:

Boghossian, P. (2012): "Inferentialism and the Epistemology of Logic: Reflections on Casalegno and Williamson", Dialectica, Vol. 66, N°2, pp. 221- 236.
Boghossian, P. (2000): "Knowledge of Logic" en P. Boghossian & C. Peackoke (eds.) New Essays on The A Priori, Oxford University Press, Oxford, pp. 229-254.
Borges, J. L. (1957): "Avatares de la Tortuga", Discusión, Emece, Buenos Aires, pp. 129-136.
Brown, D.G. (1954): "What the tortoise taught us", Mind, New Series, Vol. 63, N° 250, pp.170-179.
Carroll, L. (1977): Lewis Carroll's Symbolic Logic, W. W. Bartley III. (ed.), Clarkson Potter, New York.
Carroll, L. (1895): "What the Tortoise said to Achilles", Mind, Vol. 4, N° 14, pp. 278-280.
Clark, M. (2000): Paradoxes, from A to Z, Routledge, London.
Dummett, M. (1978) "The Justification of Deduction" en Truth and Other Enigmas, Harvard University Press, Cambridge, pp. 290–318.
Dummett, M. (1991): The Logical Basis of Metaphysics, Duckworth, London.
Engel, P. (2007): "Dummett, Achilles and the Tortoise" en R. Auxier & L. Hahn (eds.) The Philosophy of Michael Dummett, The Library of Living Philosophers Vol. XXI, Open Court, Illinois, pp. 725-746.
Haack, S. (1976): "The Justification of Deduction", Mind, Vol. 85, N° 337, pp. 112-119.
Hanna, R. (2006): Rationality and Logic, MIT Press, Cambridge.
Harman, G. (1986): Change in View, MIT Press, Cambridge.
Kripke, S. (1982): Wittgenstein on rules and Private language, Blackwell Publishing Ltd., Oxford.
MacFarlane, J. (inédito) "In What Sense (If Any) Is Logic Normative for Thought?", disponible en http://johnmacfarlane.net/normativity_of_logic.pdf.
Quine, W.V.O. (1936): "Truth by convention" en O. H. Lee (ed.) Philosophical Essays for A. N. Whitehead, Longmans, New York, pp. 90-124.
Rees, W.J. (1951): "What Achilles Said to the Tortoise" Mind, New Series, Vol. 60, N° 238, pp. 241-246.

Russell, B. (1903): The Principles of Mathematics, Cambridge University Press, Cambridge § 38.

Ryle, G. (1950): "'If', 'So', and 'Because'" en M. Black (ed.) Philosophical Analysis, Cornell University Press, Ithaca. Las referencias corresponden a la redición Collected Papers, vol. 2, 2009, pp. 244-260.

Ryle, G. (1945): "Knowing How and Knowing That: The Presidential Adress", Proceedings of the Aristotelian Society, New Series, Vol. 46, pp. 1-16.

Sainsbury, R.M. (2009): Paradoxes, Cambridge University Press, New York.

Smiley, T (1995): "A Tale of two tortoises" Mind, Vol. 104, N° 416, pp. 725-736.

Tennant, N. (2005): "Rule-Circularity and the justification of deduction", The Philosophical Quarterly, Vol. 55, N° 221, pp. 625-648.

Thomson, J. F. (1960): "What Achilles should have said to the Tortoise", Ratio, Vol. 3, pp. 95-105

Wisdom, W.A. (1974): "Lewis Carroll's infinite regress", Mind, New Series, Vol. 83, N° 332, pp. 571-573.

Wood, J. (1965): "Was Achilles' "Achilles' heel" Achilles' heel?", Analysis, Vol. 25, N° 4, 1965, pp. 142-146.

Capítulo 6: LA PARADOJA DEL CONOCEDOR

Lucas Rosenblatt [108]

§ 1 Introducción

En este artículo discutiré una paradoja epistémica que suele recibir el nombre de 'Paradoja del Conocedor'. Pensemos en una oración F que expresa que su propia negación es conocida por algún agente en algún momento. Si consideramos una noción de conocimiento mínimamente idealizada, podemos afirmar con seguridad que esta noción satisface los siguientes tres principios:

$\mathcal{K}1$ Todo lo conocido es verdadero.
$\mathcal{K}2$ $\mathcal{K}1$ es conocido.
$\mathcal{K}3$ Todo lo que se sigue de algo conocido es conocido.

David Kaplan y Richard Montague (1960), los creadores de esta paradoja, mostraron que cualquier teoría que contenga una oración como F y que satisfaga $\mathcal{K}1$, $\mathcal{K}2$ y $\mathcal{K}3$ es inconsistente. Esto es en efecto extraño: estos principios parecen muy plausibles para cualquier noción de conocimiento mínimamente idealizada.

Por supuesto, hay varios modos en que esta paradoja puede evitarse, pero ninguno de ellos resulta *prima facie* particularmente atractivo. Entre las ideas que han sido propuestas en la bibliografía podemos encontrar tratamientos jerárquicos de la noción de conocimiento, lógicas no clásicas que rechazan la Ley de Tercero Excluido o la regla *Ex Contradictione Quodlibet*, y teorías acerca de una noción de conocimiento no idealizada donde no se asume que los agentes conocen todas las consecuencias de las cosas que conocen. La lista es ciertamente incompleta.

En la sección siguiente presentaré la Paradoja del Conocedor de manera más rigurosa. Después de eso, mencionaré las principales soluciones que se han ofrecido para lidiar con ella.

---

[108] Conicet – UBA - Buenos Aires Logic Group

§ 2 La Paradoja del Conocedor y algunas de sus variantes.

§ 2.1 La Paradoja del Conocedor.

Para presentar la Paradoja del Conocedor en su versión original introduciré un poco de maquinaria formal. Sea $\mathcal{L}$ el lenguaje de la aritmética de Robinson Q (el lector no familiarizado puede consultar Smith (2013)) y sea $\mathcal{L}_K$ el resultado de añadir un predicado de conocimiento $K(x)$ a $\mathcal{L}$. Dado que Q es una teoría capaz de expresar su propia sintaxis, $\mathcal{L}$ contiene nombres para cada una de sus expresiones. Aquí seguiré la práctica habitual de utilizar $\langle A \rangle$ como el nombre de la oración A. El predicado de conocimiento suele caracterizarse como una relación ternaria entre un agente, un tiempo y una proposición, de modo que $K\langle A \rangle$ debe entenderse como 'alguien conoce A en algún momento'. Para los propósitos de este artículo, asumiré que el agente y el momento están fijos, así que omitiré esos parámetros al aplicar el predicado de conocimiento. Un hecho que necesitamos en lo que sigue es que la siguiente versión del Lema Diagonal puede probarse en Q y, por ende, en cualquier teoría $\mathcal{T}$ más fuerte que Q:

El Lema Diagonal

Para cualquier predicado $C(x)$ de $\mathcal{L}_K$, existe una oración A de $\mathcal{L}_K$ tal que $\vdash_\mathcal{T} A \leftrightarrow C\langle A \rangle$.

Con esto ya tenemos todo los requisitos necesario para presentar el resultado de Kaplan y Montague:

La Paradoja del Conocedor

Sea $\mathcal{T}$ *cualquier teoría más fuerte que* Q, *sea* $K(x)$ *un predicado monádico del lenguaje de* $\mathcal{T}$, *y sea* $I(x,y)$ *un predicado de prueba para* $\mathcal{T}$. *Si* $\mathcal{T}$ *satisface las siguientes condiciones,* $\mathcal{T}$ *es inconsistente:*

$\mathcal{K}1$ $\vdash_\mathcal{T} K\langle A \rangle \to A$.
$\mathcal{K}2$ $\vdash_\mathcal{T} K\langle K\langle A \rangle \to A \rangle$.
$\mathcal{K}3$ Si $\vdash_\mathcal{T} K\langle A \rangle$ y $\vdash_\mathcal{T} I(\langle A \rangle \langle C \rangle)$, entonces $\vdash_\mathcal{T} K\langle C \rangle$.

Prueba: En virtud del Lema Diagonal, que puede probarse en $\mathcal{T}$, existe una oración F tal que $\vdash_\mathcal{T} F \leftrightarrow K(\neg F)$[109]. Una instancia de $\mathcal{K}1$ es $\vdash_\mathcal{T} K(\neg F) \rightarrow \neg F$. A partir de los dos teoremas previos podemos obtener $\vdash_\mathcal{T} \neg F$, y como $I(x,y)$ es un predicado de prueba para $\mathcal{T}$, se sigue que $\vdash_\mathcal{T} I(\langle K(\neg F) \rightarrow \neg F\rangle,\langle\neg F\rangle)$. Una instancia de $\mathcal{K}2$ es $\vdash_\mathcal{T} K(K(\neg F) \rightarrow \neg F)$. Luego, usando $\mathcal{K}3$ podemos inferir que $\vdash_\mathcal{T} K(\neg F)$. Por principios lógicos arribamos a $\vdash_\mathcal{T} F$, y tenemos una contradicción. ∎

Hay numerosas variantes de este teorema. Por ejemplo, la combinación de $\mathcal{K}1$ con la regla de *Necesitación* ya produce una inconsistencia. Esto es lo que se conoce usualmente como la Paradoja de Montague (véase Montague (1963)):

La Paradoja de Montague
Sea $\mathcal{T}$ lo mismo que antes y sea $P(x)$ cualquier predicado monádico del lenguaje de $\mathcal{T}$. Si $\mathcal{T}$ satisface las siguientes condiciones, entonces $\mathcal{T}$ es inconsistente:
$\mathcal{P}1$ $\vdash_\mathcal{T} P(A) \rightarrow A$.
$\mathcal{P}2$ Si $\vdash_\mathcal{T} A$, entonces $\vdash_\mathcal{T} P(A)$.

Prueba: Véase Montague (1963). ∎

$\mathcal{P}2$ parece un principio razonable para modalidades aléticas, como la necesidad. Para modalidades epistémicas, sin embargo, puede decirse que demanda demasiado del agente. Una versión un poco más complicada del Conocedor, que no requiere la regla de Necesitación ni el uso de un predicado de prueba, puede formularse del modo siguiente:

La Paradoja del Conocedor, segunda versión
Sean $\mathcal{T}$ y $K(x)$ lo mismo que antes, y sea D una oración que expresa la conjunción de todos los axiomas de $\mathcal{Q}$. Si $\mathcal{T}$ satisface las siguientes condiciones, entonces $\mathcal{T}$ es inconsistente:
$\mathcal{K}1$ $\vdash_\mathcal{T} K(A) \rightarrow A$.
$\mathcal{K}2$ $\vdash_\mathcal{T} K(K(A) \rightarrow A)$.
$\mathcal{K}3.1$ Si $\vdash_\mathcal{T} K(A)$ y $\vdash_\mathcal{T} K(A \rightarrow C)$, entonces $\vdash_\mathcal{T} K(C)$.
$\mathcal{K}4$ $\vdash_\mathcal{T} K(A)$, si $\vdash A$ (i.e. si A *es un teorema* lógico).

---

[109] A lo largo del artículo seré un poco desprolijo con la notación por razones de simplicidad. Aquí, por ejemplo, el símbolo de negación que ocurre dentro del alcance del predicado K(x) es en realidad una función que recibe como input el código de la oración F y devuelve como output el código de su negación.

Prueba: Véase Egré (2005) o Montague (1963). ∎

La razón por la que presento esta versión del Conocedor es que existe una paradoja similar que se aplica al concepto de creencia. Más específicamente, algunos autores han enfatizado que $\mathcal{K}1$ no es necesario para obtener una paradoja. Esto es conceptualmente importante porque $\mathcal{K}1$ es lo que separa el concepto de conocimiento de conceptos como el de creencia. En particular, Thomason (1980) generaliza la paradoja del siguiente modo:

La Paradoja del Creyente
Sean $\mathcal{T}$ y D como antes, y sea B(x) cualquier predicado monádico del lenguaje de $\mathcal{T}$. Si $\mathcal{T}$ satisface las siguientes condiciones, entonces para cualquier fórmula A se cumple que $\vdash_{\mathcal{T}} B(D) \to B(A)$:

$\mathcal{B}1$ $\vdash_{\mathcal{T}} B(A) \to B(B(A))$.
$\mathcal{B}2$ $\vdash_{\mathcal{T}} B(B(A) \to A)$.
$\mathcal{B}3$ $\vdash_{\mathcal{T}} B(A \to C) \to (B(A) \to B(C))$.
$\mathcal{B}4$ $\vdash_{\mathcal{T}} B(A)$, *si A es un teorema* lógico.

Prueba: Por el Lema Diagonal existe una oración F tal que $\vdash_Q F \leftrightarrow (D \to B(\neg F))$. Por el Teorema de la Deducción, se sigue que $\vdash D \to (F \leftrightarrow (D \to B(\neg F)))$. Usando lógica proposicional podemos inferir $\vdash (B(\neg F) \to \neg F) \to (D \to \neg F)$ y $\vdash (B(\neg F) \to \neg F) \to (D \to \neg B(\neg F))$. Usando $\mathcal{B}4$ podemos obtener $\vdash_{\mathcal{T}} B((B(\neg F) \to \neg F) \to (D \to \neg F))$ y $\vdash_{\mathcal{T}} B((B(\neg F) \to \neg F) \to (D \to \neg B(\neg F)))$. Si aplicamos $\mathcal{B}2$ y $\mathcal{B}3$ a estos teoremas, obtenemos $\vdash_{\mathcal{T}} B(D \to \neg F)$ y $\vdash_{\mathcal{T}} B(D \to \neg B(\neg F))$. Con una nueva aplicación de $\mathcal{B}3$ inferimos $\vdash_{\mathcal{T}} B(D) \to B(\neg F)$ y $\vdash_{\mathcal{T}} B(D) \to B(\neg B(\neg F))$. Usando el primero de estos teoremas junto con $\mathcal{B}1$, obtenemos $\vdash_{\mathcal{T}} B(D) \to B(B(\neg F))$. Por lógica proposicional obtenemos $\vdash_{\mathcal{T}} B(D) \to (B(B(\neg F)) \land B(\neg B(\neg F))$ a partir de los últimos dos teoremas. De esto inferimos $\vdash_{\mathcal{T}} B(D) \to B(B(\neg F) \land \neg B(\neg F))$[110]. Luego, tenemos $\vdash_{\mathcal{T}} B(D) \to B(A)$, para cualquier fórmula A. ∎

Aunque este último teorema no es una prueba de la inconsistencia de $\mathcal{T}$, es una prueba de una oración que expresa que si alguien cree en las verdades de la aritmética, entonces cree en cualquier oración. Toda teoría que pruebe eso debería rechazarse.

---

[110] Esto depende del siguiente hecho: $B(A) \land B(C) \vdash_{\mathcal{T}} B(A \land C)$.

Existen otras variantes de la Paradoja del Creyente. La mayoría utilizan principios que establecen la semifactividad del predicado de creencia, como $\vdash_T B(\neg B(A)) \to \neg B(A)$, pero no las consideraré aquí (los interesados pueden consultar Egré (2005), Koons (1992) y Turner (1990)).

§ 2.2 Digresión: Paradojas con operadores.

Por algún tiempo la comunidad filosófica tomó estos resultados como evidencia a favor de la idea de que las modalidades no deben tratarse como predicados sino como operadores. De hecho, el mismo Montague (1963, p.294) afirma que "(...) si la necesidad se trata sintácticamente, esto es, como un predicado aplicable a oraciones (...) entonces toda la lógica modal (...) debe sacrificarse". Sin embargo, numerosos autores han sugerido que las paradojas también afectan al enfoque que representa a las modalidades como operadores. En ciertos sistemas con más recursos expresivos que los habituales, existen versiones de la Paradoja del Conocedor para operadores. Hay varios modos de argumentar a favor de esta idea. Aquí sólo mencionaré algunos.

Por ejemplo, Asher & Kamp (1989) muestran que en un lenguaje capaz de representar la relación que existe entre las oraciones y las proposiciones que éstas expresan, podemos construir una paradoja una vez más. Una estrategia algo diferente es empleada por Grim (1993), quien muestra cómo construir paradojas epistémicas en un lenguaje enriquecido con cuantificadores sobre proposiciones. Un argumento menos técnico se presenta en Koons (1993), donde se afirma que todo lo que necesitamos para obtener paradojas epistémicas con operadores es mostrar que existen contextos donde los principios problemáticos que llevan a esas paradojas también valen para operadores epistémicos y proposiciones, en lugar de predicados y (nombres de) oraciones.

Por último, dedicaré algunas líneas al enfoque empleado por Smoryński (2004), quien defiende la tesis de que podemos construir expresiones autorreferenciales en una lógica modal con operadores de punto fijo. La idea es utilizar una teoría modal proposicional $\mathcal{T}$ sobre un lenguaje $\mathcal{L}$. Decimos que $\mathcal{T}^*$ es la extensión diagonal de $\mathcal{T}$ sobre un lenguaje $\mathcal{L}^*$ que extiende $\mathcal{L}$ si para cada fórmula $A(p, q_1,...,q_n)$ de $\mathcal{L}$ en la cual todas las ocurrencias de p están dentro del alcance del operador modal, hay un operador n-ario Δ que satisface:

$$\Delta_A(q_1,\ldots q_n) \leftrightarrow A(\Delta_A(q_1,\ldots q_n),q_1,\ldots,q_n)$$

El operador $\Delta_A(q_1,\ldots q_n)$ es el 'punto fijo' de la fórmula $A(p, q_1,\ldots,q_n)$. Por ejemplo, si tomamos la fórmula $\neg Kp$ del lenguaje $\mathcal{L}$, entonces la fórmula $\Delta_{\neg Kp} \leftrightarrow \neg K\Delta_{\neg Kp}$ de $\mathcal{L}^*$ es un axioma de $\mathcal{T}^*$.

Recientemente, la lógica modal diagonal ha sido utilizada específicamente para el estudio de paradojas multimodales (véase Fischer & Stern (2013) y Stern (2012)). Las paradojas multimodales son paradojas que involucran más de una modalidad (un ejemplo puede encontrarse en Horsten & Leitgeb (2001)). Aunque este enfoque no es tan expresivo como la aritmética[111], el estudio de estas paradojas multimodales en el marco de la aritmética resulta problemático (véase Halbach (2006) y Halbach (2008)). La lógica modal diagonal nos ofrece una alternativa atractiva.

§ 3 ¿Qué hacer?

En virtud de estas consideraciones, el asunto de si las modalidades deben representarse como predicados u operadores parece ser tangencial al debate acerca de cómo resolver la Paradoja del Conocedor. Parafraseando a Grim (1993), el enfoque de predicados no nos lleva necesariamente a una paradoja, y el enfoque de operadores no es automáticamente inmune a las paradojas. Como el enfoque estándar cuando se trata de paradojas es aquél donde la noción de conocimiento se representa como un predicado, aquí seguiré esa práctica. En las próximas subsecciones consideraré algunas propuestas para bloquear la Paradoja del Conocedor que se han ofrecido en la bibliografía. Por razones de espacio, dejaré al lector la tarea de escoger cuál le parece la más atractiva[112].

§ 3.1 Jerarquías

Una estrategia habitual para evitar las paradojas semánticas es la introducción de niveles de lenguaje, una idea defendida por Tarski para la noción de verdad. La Paradoja del Conocedor y sus variantes pueden evitarse de forma similar. Esta vez, en lugar de tener diferentes predicados veritativos, podemos introducir distintos predicados de conocimiento.

---

[111] En particular, no hay expresiones autorreferenciales que involucren cuantificadores.
[112] También por razones de espacio me es imposible considerar todas las diferentes formas de bloquear la Paradoja del Conocedor, así que omitiré Lee (2000), Dean & Kurokawa (2014), y Priest (2008), por nombrar algunas.

C. A. Anderson (1983), uno de los defensores de este enfoque, razona del siguiente modo. Sea Q' el resultado de añadir el conjunto de proposiciones conocidas por un agente a, a la teoría Q, y sea G la oración de Gödel de Q'. El agente a puede decir que Q' es consistente (aunque no puede probar eso dentro de Q'). Por el primer teorema de Gödel, a sabe que $\nvdash_{Q'} G$ y que $\nvdash_{Q'} \neg G$. De modo que a no sabe que G. Luego, a acaba de mostrar que no hay una prueba de G en Q', lo cual quiere decir que a sabe que G, lo cual contradice lo que acabamos de expresar. Lo que este argumento muestra, según Anderson, es que debemos distinguir entre lo que a sabe en cierta etapa, y lo que sabe en una etapa posterior, luego de reflexionar acerca del argumento de Gödel.

Ahora bien, si estamos de acuerdo con esta línea de razonamiento, parece claro que debemos abandonar $\mathcal{K}2$, pues es el único principio que itera el predicado de conocimiento. De modo que, aunque estamos en condiciones de inferir A a partir de $K(A)$ en una cierta etapa, solamente en una etapa posterior tenemos conocimiento de que esto se cumple. En otros términos, si bien $\mathcal{K}2$ debe abandonarse, el siguiente principio sigue siendo válido para cada subíndice i: $K_{i+1}(K_i(A) \rightarrow A)$. Siguiendo esta idea, Anderson construye una jerarquía de predicados de conocimiento (no entraré en los detalles aquí) y sugiere que pensemos en los subíndices de los predicados epistémicos como determinaciones contextuales de la extensión de esos predicados.

Una explicación similar de los niveles de lenguaje ha sido propuesta recientemente por Alexander Paseau (2009; 2008) y Bernard Linsky (2009). En esta explicación los niveles de lenguaje representan el modo en que una proposición particular llega a ser conocida por un agente. En palabras de Paseau (2008, p. 163): "el tipeo es uno de acceso epistémico en lugar de (sólo) contenido epistémico". Por ejemplo, si A es una oración de nivel 0, decimos que un agente tiene conocimiento de nivel 1 de A, esto es, la oración $K_1(A)$ es verdadera, si el estado de cosas representado por A es conocido por un agente por medios perceptuales. Sin embargo, no todo estado de cosas representado por una oración de nivel 0 puede conocerse de este modo. Podemos pensar en una oración C tal que no tenemos (ni podemos tener) conocimiento perceptual del estado de cosas representado por C, y tal que C sólo puede conocerse indirectamente a través de nuestro conocimiento de otros estados de cosas. En este caso, $K_1(C)$ será falsa pero quizás $K_2(C)$ será verdadera.

La justificación contextualista de los niveles de conocimiento se enfrenta a los habituales desafíos que suelen planteársele a otras propuestas contextualistas. Estos desafíos son más o menos conocidos, de modo que no los consideraré. La propuesta más reciente también ha recibido algunas objeciones (véase Carrara & Fassio (2011) y Pailos & Rosenblatt (en prensa)).

§ 3.2 Lógicas no clásicas

Existe una forma de mantener $\mathcal{K}1$, $\mathcal{K}2$ y $\mathcal{K}3$ intactos y, al mismo tiempo, bloquear la Paradoja del Conocedor. En ciertos pasos, la prueba del Conocedor se apoya en ciertas reglas lógicas cuya validez puede discutirse por razones independientes. Esto ocurre en dos momentos de la prueba. Primero, al derivar $\neg F$ de $F \leftrightarrow K(\neg F)$ y $K(\neg F) \rightarrow \neg F$, estamos utilizando implícitamente una versión de la regla *Reductio ad Absurdum*. Ahora bien, si la verdad y la falsedad no son las únicas categorías semánticas disponibles, no es inmediato que si una oración implica algo falso, entonces su negación tenga que ser verdadera. La oración podría no ser verdadera ni falsa. A veces se dice que una oración como F tiene esta característica.

Segundo, algunos filósofos han sostenido que el problema con tener pruebas de F y de $\neg F$ es que esto nos conduce a la trivialización de cualquier teoría. Por supuesto, esto último se apoya en la presencia de la regla *Ex Contradictione Quodlibet*. Pero como con *Reductio*, la validez de esta regla puede ser disputada por razones independientes. La oración F tiene la siguiente propiedad: si asumimos que es verdadera, podemos inferir que es falsa, y si asumimos que es falsa, podemos inferir que es verdadera. Luego, en cierto sentido, F es verdadera y falsa. Sin embargo, no debemos inferir cualquier cosa a partir de eso. Así, la trivialización se evita.

Los enfoques del primer tipo usualmente reciben el nombre de 'paracompletos', y los del segundo tipo suelen llamarse 'paraconsistentes'. Lo que ambos enfoques tienen en común es que bloquean la Paradoja del Conocedor alterando las reglas que gobiernan la negación. Los problemas que habitualmente se le atribuyen a estos enfoques son conocidos. En primer lugar, existen versiones del Conocedor que utilizan un condicional, en lugar de una negación. En general, los enfoques paracompletos y paraconsistentes carecen de un condicional adecuado. Ha habido intentos por remediar esta situación (véase Beall (2009) y Field (2008)), pero aún no hay consenso en relación al éxito de estos intentos. En segundo lugar, estos enfoques están sujetos al problema de la revancha. Es posible construir versiones reforzadas de la Paradoja del Conocedor. La situación es similar a la que encontrarnos en soluciones no clásicas a la Paradoja del Mentiroso.

Antes de pasar a terrenos más familiares, quisiera mencionar un enfoque distinto pero relacionado. Este enfoque proviene del campo de las lógicas subestructurales. Éstas son lógicas en las que la relación de consecuencia carece de una (o más) de las habituales propiedades estructurales. Más específicamente, hay dos reglas estructurales que se utilizan implícitamente en la prueba de la Paradoja del Conocedor: Corte y Contracción. Es relativamente sencillo mostrar que si cualquiera de estas dos reglas se rechaza, la paradoja se bloquea.

3.3 Abandonar el concepto ingenuo de conocimiento

3.3.1 Abandonar la clausura epistémica

Si mantenemos intacta la lógica clásica, deberemos abandonar al menos uno de $\mathcal{K}1$, $\mathcal{K}2$ o $\mathcal{K}3$. Stephen Maitzen (1998) argumenta que la Paradoja del Conocedor simplemente refuta el principio de clausura epistémica $\mathcal{K}3$. Algunos contraejemplos a $\mathcal{K}3$ involucran un agente que sabe que A y que A implica C, pero por alguna razón no sabe que C. Los defensores de $\mathcal{K}3$ tienen una respuesta a su disposición. Pueden decir que $\mathcal{K}3$ es un principio que se aplica a agentes cognitivamente ideales, de modo que si un agente no sabe que C aún sabiendo que A, eso es porque no sabe que A implica C. La réplica de Maitzen es que aunque esta explicación pueda ser razonable para otros contraejemplos a $\mathcal{K}3$, no lo es ante el contraejemplo generado por la Paradoja del Conocedor. El uso que se hace de $\mathcal{K}3$ allí es mínimo, ya que sólo se utiliza una instancia de dicho principio. Esto quiere decir que la distinción entre agentes ideales y no ideales es ineficaz como réplica. La Paradoja del Conocedor se aplica también a agentes no ideales.

Quien crea que este argumento es convincente puede pensar en debilitar $\mathcal{K}3$. Esto puede hacerse de diversas formas. Por ejemplo, $\mathcal{K}3.2$ puede ofrecerse en su lugar:
$\mathcal{K}3.2$ Si $\vdash_T K(A)$, $\vdash_T K(A \rightarrow C)$ y $\vdash_T B(A)$, entonces $\vdash_T K(C)$.
En este caso, la clausura epistémica sólo afecta a aquellas cosas en las que el agente ya cree. Desafortunadamente, como Maitzen observa, del mismo modo en que la Paradoja del Conocedor refuta $\mathcal{K}3$, habrá una paradoja similar que refuta $\mathcal{K}3.2$. Lo mismo puede decirse de otras versiones del principio de clausura epistémica propuestos en la bibliografía (sugiero al lector darle una mirada a Maitzen (1998) para más detalles).

3.3.2 La Paradoja del Conocedor sin clausura epistémica

Charles Cross (2001) ofrece un sofisticado argumento en contra de la idea de echarle la culpa de la paradoja a $\mathcal{K}3$. La idea es que independientemente de si nuestro conocimiento actual está epistémicamente cerrado o no, hay un conjunto de oraciones que está cerrado en el sentido requerido por $\mathcal{K}3$, y hay un predicado de 'conocimiento$^+$' en $\mathcal{L}_K$ que puede definirse así:

$K^+(x) =_{df} \exists y(K(y) \wedge I(y,x))$

Intuitivamente, $K^+(A)$ quiere decir que A se sigue de cosas conocidas. Para probar la nueva paradoja primero necesitamos el siguiente lema:

El Lema del Conocedor$^+$

Sea $\mathcal{T}$ cualquier teoría que extiende la aritmética de Peano, sea $K(x)$ cualquier predicado monádico del lenguaje de $\mathcal{T}$, sea $I(x,y)$ un predicado de prueba para $\mathcal{T}$ y sea $K^+(x)$ el predicado definido más arriba. Si $\mathcal{T}$ satisface las siguientes condiciones, entonces $\mathcal{T}$ es inconsistente:

$\mathcal{K}^+1 \quad \vdash_{\mathcal{T}} K^+(A) \rightarrow A.$
$\mathcal{K}^+2 \quad \vdash_{\mathcal{T}} K^+(K^+(A) \rightarrow A).$

Prueba: Por el Lema Diagonal existe una oración H tal que $\vdash_{\mathcal{T}} H \leftrightarrow K^+(\neg H)$. Sabemos también que la transitividad de $I(x,y)$ es probable en $\mathcal{T}$, esto es, $\vdash_{\mathcal{T}} \forall x \forall y \forall z(I(x,y) \wedge I(y,z) \rightarrow I(x,z))$. Esto último nos proporciona un análogo de $\mathcal{K}3$, que llamaré $\mathcal{K}^+3$, como *teorema* $\vdash_{\mathcal{T}} I((A),(C)) \wedge K^+(A) \rightarrow K^+(C)$. Por un razonamiento análogo al empleado en la Paradoja del Conocedor, una inconsistencia es derivable de $\vdash_{\mathcal{T}} K^+(\neg H) \rightarrow \neg H$ (instancia de $\mathcal{K}^+1$), $\vdash_{\mathcal{T}} K^+(K^+(\neg H) \rightarrow \neg H)$ (instancia de $\mathcal{K}^+2$), y $(I((K^+(\neg H) \rightarrow \neg H),(\neg H)) \wedge K^+(K^+(\neg H) \rightarrow \neg H)) \rightarrow K^+(\neg H)$ (instancia de $\mathcal{K}^+3$). ∎

La razón para usar una teoría que extiende la aritmética de Peano, en lugar de $\mathcal{Q}$, es que, como señala Uzquiano (2004), $\mathcal{Q}$ es una teoría muy débil, y por ende no podemos suponer que puede probar la transitividad de I[113]. Utilizando el Lema previo podemos mostrar:

---

[113] Una alternativa es continuar utilizando $\mathcal{Q}$ y agregar la transitividad de I como un axioma. En esta línea Cross (2012) prueba que la transitividad de I es verdadera en el modelo estándar de $\mathcal{Q}$, de modo que su adición como axioma no es problemática.

La Paradoja del Conocedor⁺

Sean $\mathcal{T}$, $K(x)$, $I(x,y)$ y $K^+(x)$ *lo mismo que antes. Si $\mathcal{T}$ satisface las siguientes condiciones, entonces $\mathcal{T}$ es inconsistente:*

$\mathcal{K}^+1 \quad \vdash_\mathcal{T} K^+(A) \to A.$

$\mathcal{K}^{++}2 \quad \vdash_\mathcal{T} K(K^+(A) \to A).$

Prueba: Es sencillo ver que $\mathcal{K}^{++}2$ implica $\mathcal{K}^+2$. ∎

¿Qué conclusiones podemos extraer de la Paradoja del Conocedor⁺? De acuerdo con Cross, dado que no hay razones plausibles para poner en duda la verdad de $\mathcal{K}^+1$, esta paradoja puede utilizarse para argumentar en contra de $\mathcal{K}^{++}2$[114].

§ 3.3.3 El Conocedor⁺ y la clausura epistémica

Uzquiano (2004) sugiere que hay varios motivos por los cuales el paralelismo entre el Conocedor y el Conocedor⁺ puede ponerse en duda. En primer lugar, si asumimos que el conjunto de oraciones conocidas de $\mathcal{L}_K$ es recursivamente enumerable, lo cual es plausible si el agente epistémico del cual hablamos es un ser finito, $K(x)$ puede representarse en cualquier teoría apropiada $\mathcal{T}$ por medio de una fórmula de $\mathcal{L}$. Como consecuencia, $K^+(x)$ también puede representarse en $\mathcal{L}$[115]. Es interesante notar que el predicado $K^+(x)$ satisface una versión formalizada del Teorema de Löb (véase Uzquiano (2004) para la prueba), esto es: $\vdash_\mathcal{T} K^+(K^+(A) \to A) \to K^+(A)$. Si combinamos esto con $\vdash_\mathcal{T} K(K^+(A) \to A) \to K^+(K^+(A) \to A)$, podemos inferir $\vdash_\mathcal{T} K(K^+(A) \to A) \to K^+(A)$. Pero esto implica que $\mathcal{K}^{++}2$ falla de manera masiva. Si todas las instancias de $\mathcal{K}^{++}2$ fueran verdaderas, el teorema previo junto con la regla *Modus Ponens* nos proporcionarían $\vdash_\mathcal{T} K^+(A)$, para toda fórmula A. Podemos concluir, entonces, que $\mathcal{K}^{++}2$ falla para toda oración A tal que $K^+(A)$ es falsa, y no solamente para algunos casos aislados.

La segunda observación de Uzquiano es que no hay ningún resultado análogo que se aplique a $\mathcal{K}2$ a menos que $K(x)$ satisfaga $\mathcal{K}3$. Esto quiere decir que las fallas relevantes de $\mathcal{K}2$ no son independientes de la propiedad de clausura epistémica. Pues si $\mathcal{K}3$ se cumple para $K(x)$, $K(x)$ y $K^+(x)$ se vuelven coextensivos. Por lo tanto, el resultado previo se aplicaría a $K(x)$, y

---

[114] Cross (2001b) también desarrolla 'la Paradoja del Creyente⁺', una versión de la Paradoja del Creyente sin ℬ3.

[115] Esto se debe a que al definir K⁺(x) utilizamos una fórmula Σ_1. El lector no familiarizado puede ver Smith (2013).

$\mathcal{K}2$ también fallaría masivamente. Ahora bien, dado que no tenemos razones para pensar que $\mathcal{K}2$ falla masivamente, esto puede usarse como un argumento en contra de la plausibilidad de $\mathcal{K}3$.

Cross (2004) intenta dar una respuesta a estas consideraciones. En primer lugar, argumenta que es sumamente implausible aceptar $\mathcal{K}^{++}2$ y simultáneamente rechazar $\mathcal{K}2$. Una vez que sabemos que $\mathcal{K}^{++}2$ falla masivamente, debemos esperar que $\mathcal{K}2$ falle masivamente también. De modo que la presunta plausibilidad de $\mathcal{K}2$ no puede utilizarse para argumentar en contra de $\mathcal{K}3$. La actitud de aceptar $\mathcal{K}^{++}2$ y rechazar $\mathcal{K}2$ puede interpretarse como una especie de escepticismo acerca de la aritmética de Peano (junto con un predicado de conocimiento), en el sentido de que el agente sabe que lo que sabe es verdadero, pero tiene dudas acerca de la verdad de ciertas cosas que se siguen (en la aritmética de Peano más el predicado de conocimiento) de las cosas que sabe. Este tipo de escepticismo es altamente implausible según Cross, al menos si se lo compara con la alternativa ofrecida, que consiste en rechazar tanto $\mathcal{K}^{++}2$ como $\mathcal{K}2$[116].

§ 4 Observaciones finales

He analizado en este artículo varias versiones de la Paradoja del Conocedor y he considerado algunas formas de evitarla. Por razones de espacio, la discusión no considera ciertas cuestiones de crucial importancia. Me gustaría finalizar mencionando por lo menos algunas.

En primer lugar, muchos filósofos consideran que la Paradoja del Conocedor no es más que una variante de la Paradoja del Mentiroso. Otros afirman que, al ser una paradoja epistémica, pertenece a la misma familia que la Paradoja del Examen Sorpresa, la Paradoja de la Cognoscibilidad, y la Paradoja de la Lotería, entre otras. De hecho, en su clásico artículo, Kaplan y Montague sugieren que la Paradoja del Conocedor es un caso límite de la Paradoja del Examen Sorpresa, en el sentido de que es lo que queda de esta última una vez que uno elimina cada uno de los días de la semana. Cualquier análisis serio de la Paradoja del Conocedor debe tener en cuenta este asunto, ya que el tipo de solución que se ofrezca al Conocedor debería presunta-

---

[116] Una tercera observación presentada por Uzquiano es que, contrariamente a lo que ocurre con $\mathcal{K}1$, las instancias de $\mathcal{K}^{+1}$ no son verdades conceptuales. Véase Cross (2004) para una réplica.

mente ser de utilidad para lidiar con otras paradojas pertenecientes a su misma familia.

En segundo lugar, algunos autores han utilizado las paradojas epistémicas para argumentar en contra de ciertas teorías acerca de las actitudes mentales. Por ejemplo, Thomason (1980) utiliza la Paradoja del Conocedor para refutar la tesis de que los objetos primarios de nuestras actitudes doxásticas son oraciones o entidades similares. Se ha sugerido, sin embargo, que es un error identificar el hecho de representar la noción de conocimiento por medio de un predicado con la tesis de que los objetos primarios de conocimiento son oraciones. El siguiente paralelismo puede ser iluminador. Habitualmente nadie duda de que el concepto de verdad deba ser representado por medio de un predicado, pero de la misma forma nadie da por sentado que por eso los portadores primarios de verdad sean oraciones. De modo que, aunque no me he concentrado demasiado en este asunto aquí, algo más debe decirse sobre la relación entre representar la noción de conocimiento de cierta forma (a saber, como un predicado o como un operador) y comprometerse con que cierto tipo de entidades (oraciones, proposiciones, etc.) son los objetos primarios de conocimiento.

Por último, tampoco he dicho demasiado acerca de la relación entre el predicado de prueba y los predicados epistémicos. En particular, es interesante notar que el Teorema de Löb impone límites precisos en cuanto al tipo de inconsistencias que podemos generar. Este asunto se estudia con cuidado en Halbach et. al. (2003), donde se muestra de qué forma es posible dar una semántica de mundos posibles para las nociones modales en tanto predicados.

Referencias bibliográficas:

Anderson, C.A., (1983): "The Paradox of the Knower", The Journal of Philosophy, Vol. 80, pp. 338-355.
Asher, N. & Kamp., H., (1989): "Self-reference, attitudes and paradox", en Chierchia, G., Partee, B. y Turner, R., (eds.), Properties, Types and Meaning, Kluwer Academic Publisher, Dordrecht, pp. 85-158.
Beall, J.C. (2009): Spandrels of Truth, Oxford University Press, New York.
Carrara, M. & Fassio, D. (2011): "Why Knowledge Should Not Be Typed: An Argument against the Type Solution to the Knowability Paradox", Theoria, Vol. 77, pp. 180-193.

Cross, C. (2001) "The Paradox of the Knower without epistemic closure", Mind, Vol. 110, pp. 319-333.
--------- (2001): "A theorem concerning syntactical treatments of non-idealized Belief", Synthese, Vol. 129, pp. 335-341.
--------- (2004): "More on the Paradox of the Knower without epistemic closure", Mind, Vol. 113, pp. 109-114.
--------- (2012): "The Paradox of the Knower without epistemic closure – corrected", Mind, Vol. 121, pp. 457-466.
Dean, W. & Kurokawa, H. (2014): "The Paradox of the Knower Revisited", Annals of Pure and Applied Logic, Vol. 165, pp. 199-224.
Egré, P. (2005): "The Knower Paradox in the Light of Provability Interpretations of Modal Logic", Journal of Logic, Language and Information, Vol. 14, pp. 13-48.
Field, H. (2008): Saving Truth from Paradox, Oxford University Press, Oxford.
Fischer, M. & Stern, J. (2013): "Paradoxes of Interaction?", manuscrito.
Grim, P. (1993): "Operators in the Paradox of the Knower", Synthese, Vol. 94, pp. 409-428.
Halbach, V.(2008): "On a side effect of solving Fitch's paradox by typing knowledge", Analysis, Vol. 68, pp. 114-120.
--------- (2006): "How not to state T-sentences", Analysis, Vol. 66, pp. 276-280.
Halbach, V., Leitgeb, H. & Welch, P. (2003): "Possible-worlds semantics for modal notions conceived as predicates", Journal of Philosophical Logic, Vol. 32, pp. 179-223.
Horsten, L. & Leitgeb, H. (2001): "No Future", Journal of Philosophical Logic, Vol. 30, pp. 259-265.
Kaplan, D. and Montague, R. (1960): "A paradox regained", Notre Dame Journal of Formal Logic, Vol. 1, pp. 79-90.
Koons, R. (1992): Paradoxes of Belief and Strategic Rationality, Cambridge University Press, New York.
Lee, B. (2000): "The Knower Paradox Revisited", Philosophical Studies, Vol. 98, pp. 221-231.
Linsky, L. (2009): "Logical Types in some Arguments about Knowability and Belief", en Salerno, J. (ed.) New Essays on the Knowability Paradox, Oxford University Press, New York, pp. 163-179.
Maitzen, S. (1998): "The Knower Paradox and Epistemic Closure", Synthese, Vol. 114, pp. 337-354.
Montague, R. (1963): "Syntactical treatments of modality with corollaries on reflection principles and finite axiomatizability", Acta Philosophica Fennica, Vol. 16, 1963. 153-167. Reimpreso en (1974) Formal Philoso-

phy: Selected Papers of Richard Montague, Yale University Press, New Haven and London.

Pailos, F. & Rosenblatt, L. "Solving Multimodal Paradoxes", Theoria, en prensa.

Paseau, A. (2009): "How to type: reply to Halbach", Analysis, Vol. 69, pp. 280-286.

--------- (2008): "Fitch's argument and typing knowledge", Notre Dame Journal of Formal Logic, Vol. 49, pp. 155-176.

Priest, G. (2009): "Beyond the Limits of Knowledge", en Salerno, J. (ed.) New Essays on the Knowability Paradox, Oxford University Press, New York, pp. 93-104.

Smoryski, C. (2004): "Modal Logic and Self-reference", en D. Gabbay & F. Guethner (eds.), (2004): Handbook of Philosophical Logic, 2da edición, Vol. 11, Kluwer Academic Publishers, Dordrecht, pp. 1-55.

Smith, P. (2013): An Introduction to Gödel's Theorems, 2da edición, Cambridge University Press, Cambridge.

Stern, J. (2012): Toward Predicate Approaches to Modality, Tesis doctoral, University of Geneva.

Thomason, R. (1980): "A note on syntactical treatments of modality", Synthese, Vol. 44, pp. 391-395.

Turner, R. (1990): Truth and Modality for Knowledge Representation, MIT Press, Cambridge, MA..

Uzquiano, G. (2004): "The Knower Paradox Without Epistemic Closure?", Mind, Vol.113, pp.95-107.

Capítulo 7: LA PARADOJA DE LA COGNOSCIBILIDAD

Eleonora Cresto [117]

§ 1 Introducción

La paradoja de la cognoscibilidad, o paradoja de Fitch, es un argumento que prueba, en caso de que se lo acepte como correcto, que si todas las verdades son cognoscibles, entonces todas las verdades son de hecho conocidas. Dicho de otro modo, la cognoscibilidad colapsa con la omnisciencia:

(F) $\quad \vdash \forall p \, (p \supset \Diamond Kp) \supset \forall p \, (p \supset Kp)$

donde 'p' es una oración declarativa cualquiera, '$\Diamond$' es el operador modal de posibilidad, y 'K' es el operador de conocimiento; en el contexto de la presente discusión 'Kp' debe leerse como 'es sabido por alguien en algún tiempo que p'. El resultado mencionado es paradójico si suponemos, como parece natural hacer, que hay efectivamente verdades que nadie conoce, y si pensamos además que el antecedente, es decir el Principio de Cognoscibilidad ('toda verdad es cognoscible en principio') es una tesis substantiva cuya verdad o falsedad no debería dirimirse *a priori*.

La prueba de Fitch es extremadamente sencilla, y, al menos a primera vista, sólo se apoya en principios ampliamente aceptados; en particular, presupone la factividad del conocimiento (saber que p implica que 'p' es verdadero), y presupone la distributividad de 'K' sobre la conjunción (saber que una conjunción es verdadera implica saber que son verdaderos sus conyuntos). He aquí una breve reconstrucción del argumento:

1) $K \, (p \wedge \neg Kp)$ \qquad Supuesto
2) $Kp \wedge K \neg Kp$ \qquad Distrib. de 'K' sobre la conj.
3) $\neg Kp$ \qquad De 2, por la factividad de 'K'
4) $\bot$ \qquad De 2 y 3, por lógica proposicional
5) $\vdash \neg K \, (p \wedge \neg Kp)$ \qquad De 1-4
6) $\vdash \Box \neg K \, (p \wedge \neg Kp)$ \qquad De 5, porque los teoremas son necesarios
7) $\vdash \forall q \, (q \supset \Diamond Kq)$ \qquad Principio de Cognoscibilidad.

---

[117] Conicet

8) ⊢ $(p \wedge \neg Kp) \supset \Diamond K (p \wedge \neg Kp)$ Instancia de 7
9) ⊢ $\neg \Diamond K (p \wedge \neg Kp)$ De 6, por def. de modalidades
10) ⊢ $\neg (p \wedge \neg Kp)$ De 8 y 9
11) ⊢ $\forall q (q \supset Kq)$ Generalización de 10
12) $\forall q (q \supset \Diamond Kq) \vdash \forall q (q \supset Kq)$ De 7-11

Si suponemos además que verdad implica posibilidad (lo cual en general tampoco resulta problemático), la conversa vale también:
13) $\forall q (q \supset Kq) \vdash \forall q (q \supset \Diamond Kq)$,

de modo que podemos reforzar nuestra concusión anterior con un bicondicional:
14) ⊢ $\forall q (q \supset \Diamond Kq) \leftrightarrow \forall q (q \supset Kq)$ De 12 y 13

Adviértase además que, si el Principio de Cognoscibilidad es *aceptado* (por ejemplo como un axioma de nuestro sistema epistémico) obtenemos una conclusión aún más fuerte:
15) ⊢ $\forall q (q \supset \Diamond Kq) \wedge \forall q (q \supset Kq)$ De 7 y 11
16) ⊢ $\forall q (q \supset (\Diamond Kq \supset Kq))$ De 15, por lógica de primer orden
17) ⊢ $\forall q (q \supset (\Diamond Kq \leftrightarrow Kq))$ De 16, porque verdad implica posibilidad

Esto es, la diferencia entre conocimiento posible y actual se disuelve, para toda proposición verdadera. Finalmente, si agregamos el dato de que hay verdades desconocidas, llegamos a una contradicción:
18) $\exists q (q \wedge \neg Kq)$ Premisa empírica
19) ⊥   De 15 y 18

Dicho de otra manera, obtenemos la siguiente aporía: o bien hay verdades incognoscibles, o bien todas las verdades son de hecho conocidas.
20) ⊢ $\exists q (q \wedge \Box \neg Kq) \vee \forall q (q \supset Kq)$ De 19

§ 2 Historia e interpretaciones

El argumento de la cognoscibilidad apareció publicado por primera vez en un artículo de Frederic Benton Fitch (1908-1987) en 1963. En dicho artículo Fitch propuso un análisis del concepto de *valor* en términos de la información y los deseos del agente: un agente valora que *p* si y sólo si existen '*q*' y '*r*' tales que '*q*' es verdadero, y saber que '*q*' causa [implica necesariamente] que el agente procurará conseguir que p y r. Previamente a su definición, Fitch demostró (siguiendo la sugerencia de un árbitro sobre una versión anterior de su trabajo) que si hay alguna verdad desconocida, entonces hay alguna verdad incognoscible:

(F') $\exists p \, (p \land \neg Kp) \vdash \exists p \, (p \land \neg \Diamond Kp)$

(*i.e.*, la conversa de lo que hoy se conoce como 'el resultado de Fitch', recogida en (F) más arriba). Debido a (F'), su definición de valor debía restringirse a proposiciones cognoscibles; en caso contrario el antecedente de su análisis condicional resultaría imposible, y el análisis ofrecido se trivializaría. (Para un estudio del artículo original de Fitch a la luz de las discusiones actuales sobre la paradoja, véase Salerno (2009b)). En Salerno (2009a) se hicieron públicos por primera vez los referatos a la primera versión, hoy perdida, del artículo de Fitch, que data de 1945; el primero de dichos referatos contiene ya el germen de la paradoja. El réferi resultó ser Alonzo Church; podríamos hablar pues, con mayor propiedad, de 'la paradoja Church-Fitch'.

Ahora bien, hay maneras muy diferentes de interpretar (F); a su vez, la clasificación de dichas interpretaciones podría tener en cuenta diferentes dimensiones. Una posibilidad es preguntarnos hasta qué punto, y en qué sentido, tenemos aquí una *paradoja* propiamente dicha, y no simplemente una reducción al absurdo del Principio de Cognoscibilidad. Dado que al menos algunas versiones de antirrealismo semántico podrían querer comprometerse con dicho principio, el argumento de Fitch a veces se ha interpretado como una refutación de ciertos tipos de antirrealismo. Algunos antirrealistas, por su parte, podrían alegar que, bien entendida, la conclusión de Fitch no es problemática en absoluto. Finalmente, otros autores han replicado que el resultado de Fitch es difícil de digerir aún para quienes no tienen ningún interés en el antirrealismo semántico. Teniendo en cuenta estas reacciones, podemos intentar ordenar las respuestas al argumento de Fitch en orden creciente de percepción de paradojicidad (si se me permite la expresión), considerando la medida en que los intérpretes entienden que, o bien no se trata de una paradoja en absoluto, o se trata de una paradoja para el antirrealista, o de una paradoja para cualquiera, entre otras opciones.

Por otro lado, podríamos organizar las interpretaciones teniendo en cuenta el tipo de estrategia que se utiliza para bloquear la conclusión. Las opciones estándar aquí consisten o bien en debilitar la lógica (por ejemplo, recurriendo a una lógica intuicionista), o bien en usar alguna estrategia de restricción del Principio de Cognoscibilidad, basada en consideraciones que pueden ser tanto sintácticas como semánticas.

Ambas clasificaciones son ortogonales. La exposición de los apartados siguientes tendrá como eje conductor la primera clasificación, aunque, desde luego, no debemos esperar aquí un orden estricto de posiciones; para una presentación diferente, centrada en los modos de bloquear la argumentación de Fitch, véase Brogaard y Salerno (2013). Es imposible revisar en estas pocas páginas todas las contribuciones que se han hecho a la bibliografía sobre el tema, de modo que me ocuparé únicamente de las posiciones más influyentes u originales. Cabe destacar que no hay aún consenso acerca de cuál es el diagnóstico correcto sobre 'el problema de Fitch'.

Por otra parte, puede resultar de especial interés para los lectores de este volumen examinar la relación de la paradoja de Fitch con otras paradojas epistémicas y semánticas. Aquí también las aguas están divididas: mientras algunos autores entienden que el argumento de Fitch es un ejemplo particular de un problema más general, otros entienden que se trata de un fenómeno *sui generis* relacionado con el operador de conocimiento. Una de las propuestas más habituales consiste en relacionar a la paradoja de la cognoscibilidad con la llamada 'paradoja de Moore', bautizada de este modo por Wittgenstein en sus *Investigaciones Filosóficas* (1953). El primer bosquejo del problema, que Moore presenta oficialmente recién en 1942, aparece originalmente en un pasaje de *Principia Ethica* (en 1903), en el contexto de una polémica contra una variedad de formas de antirrealismo (*cf.* Moore (1993)). Aserciones como 'aquí hay un conejo, pero no lo creo', parecen claramente ilegítimas, a pesar de que *lo afirmado* no constituye en principio una contradicción formal (aunque tal vez sí se pueda mostrar cómo *obtener* una contradicción a partir de ello). Podría pensarse que lo que 'pone en marcha' al argumento de Fitch, en las líneas 1) a 6) del razonamiento ofrecido en la **Sección 1**, es algún tipo de versión epistémica de la paradoja de Moore. También encontramos diversos intentos por establecer conexiones iluminadoras entre el problema de Fitch y la paradoja del Examen Sorpresa o del Conocedor, entre otros. En las secciones siguientes revisaremos dichas conexiones en el contexto de diferentes respuestas al argumento de Fitch, y luego retomaremos brevemente el tema en las **Conclusiones.**

§ 3 De refutación del antirrealismo a paradoja *sui generis*

§ 3.1. Una posible *reductio* para el antirrealismo

La paradoja fue redescubierta por Hart y McGinn en (1976) (véase también Hart (1979)). Estos autores no la conciben como una paradoja, sino simplemente como una refutación del verificacionismo. Pocos años después, la interpretación que hace Timothy Williamson del problema de Fitch también se ubica en el marco de un diálogo con el antirrealismo semántico, aunque su conclusión es bien diferente de la de Hart y McGinn. Williamson ha argumentado sistemáticamente, al menos desde su (1982), que la interpretación del resultado de Fitch como una *reductio* del antirrealismo está equivocada; el antirrealismo bien puede ser una posición insostenible, pero probar que lo es mediante un artilugio lógico no es serio. Más bien lo que prueba el argumento de Fitch es que el antirrealista *debe abrazar la lógica intuicionista*. Dado que en lógica intuicionista no contamos con la eliminación de la doble negación, el paso de

1) $\neg (p \wedge \neg Kp)$ a
2) $p \supset Kp$
    se bloquea; lo más que podemos obtener es
3) $p \supset \neg\neg Kp$

En este punto la pregunta crucial es cuán problemático es este resultado para el propio antirrealista. Autores como Dummett (2009), por ejemplo, lo encuentran satisfactorio, desde el momento en que '$\neg\neg Kp$' debe leerse como 'hay un obstáculo en principio para ser capaces de negar que p será alguna vez conocido', y dado que 'verdad' no es sino verificación idealizada; para algunas objeciones interesantes véase Percival (1990).

§ 3.2. Una paradoja para el antirrealista: Edgington y Tennant

Edgington (1985), por su parte, entiende que el argumento de Fitch supone una paradoja para todos aquellos que aceptan el Principio de Cognoscibilidad tal como fuera formulado en la línea 7) de la **Sección 1**. Pero dicha formulación es simplemente inadecuada; una versión razonable de dicho principio debería hacer referencia a verdades *actuales* (*actual truths*):

(E) $\forall p \, (Ap \supset \Diamond KAp)$

donde 'A' es un operador de actualidad. De modo que (E) debe entenderse como: para toda oración p, si 'p' es verdadera en alguna situación actual, entonces hay alguna situación posible en la que se sabe que 'p' es verdadera en la situación actual. Las 'situaciones' de las que nos habla (E) pueden entenderse como mundos posibles incompletos, en los que la información relevante está determinada (y limitada) por el contexto. La idea central consiste pues en distinguir entre saber algo *en* una situación dada, y saber algo *sobre* una situación dada. Supongamos que '$p \wedge \neg Kp$' es actualmente verdadero; el nuevo principio (E) nos pide entonces que haya alguna situación en la que este hecho se conozca. Pero dicho conocimiento no puede ser él mismo *actual*. Si alguien sabe en una situación *s'* que '*p* ∧ ¬*Kp*' es verdadero en *s*, entonces hay un individuo en *s'* que sabe que *p* es verdadero en *s*, y tal individuo sabe a su vez que *en s* nadie más lo sabe. Ninguna contradicción se sigue de esto. Esta solución es interpretada como una estrategia de restricción sintáctica en Kvanvig (2006), de restricción semántica en Brogaard y Salerno (2013); y como una estrategia más general de reconstrucción del Principio de Cognoscibilidad en Tennant (1997).

La propuesta de Edgington ha recibido dos objeciones fundamentales. Una de ellas manifiesta escepticismo sobre la inteligibilidad del concepto de cognoscibilidad transmundana (*transworld knowability*): cómo es posible que un pensador no-actual tenga el concepto de una situación actual (Williamson 1987). Otro problema es que el operador de actualidad parece designar de manera rígida situaciones actuales, con lo cual el valor de verdad de '*Ap*' no varía con las situaciones posibles; dicho de otro modo, '*Ap*', si verdadero, es necesariamente verdadero, de modo que el Principio de Ccognoscibilidad resulta excesivamente restrictivo (Williamson 1987). Pueden encontrarse algunas respuestas en Rabinowicz y Segerber (1994) y Edginton (2010), entre otros.

Por su parte, Tennant (1997) presenta el argumento de Fitch como una paradoja *para el antirrealista moderado*. El antirrealista duro, nos dice Tennant, tiene razones independientes para suscribir que toda verdad es conocida de hecho: 'verdad' no es sino asertabilidad garantizada; así pues, decir que '*p*' es verdadera equivale a decir que tenemos garantías para afirmar que *p* ('*p*' *is warrantedly assertible*); si tenemos tales garantías, eso significa que alguien ha sido suficientemente ingenioso como para encontrar un método efectivo para determinar una prueba canónica para '*p*', de modo que '*Kp*' estará garantizada también. Esto también funciona para contextos hipotéticos: independientemente de cuál sea nuestro conocimiento efectivo, si suponemos que *p*, debe suponerse también que uno tiene una prueba de que *p* en el contexto de la suposición, de modo que, nuevamente, '*p*' es conocida en dicho contexto. Ahora bien, a diferencia del antirrealista duro, el antirrealista blando no desea comprometerse con semejante versión actualista de la verdad, pero sí con el Principio de Cognoscibilidad. La propuesta de Tennant consiste en restringir la aplicación de dicho principio a proposiciones que él llama 'cartesianas'.

La argumentación de Tennant procede en dos etapas. En un primer momento motiva la discusión explorando otros operadores, diferentes del operador 'K'. Parte del sentido de este *excursus* es mostrar que el problema que aparece en el contexto de la prueba de Fitch obedece a un fenómeno más general: hay análogos del Principio de Cognoscibilidad para otros operadores, que nos llevan también a resultados paradójicos. Dado que en tales casos la plausibilidad de tales principios *es independiente de la polémica entre realistas y antirrealistas*, simplemente rechazar el Principio de Cognoscibilidad no parece una buena idea. En un segundo momento, Tennant se ocupa de motivar el tipo de restricción sugerida. Para ello apela a una amplia clase de proposiciones de las cuales, al menos desde Descartes, sabemos que no tiene sentido predicar conocimiento; nuevamente, entonces, la necesidad de restringir el alcance del Principio de Cognoscibilidad no se debe a un intento desesperado por evitar la paradoja de Fitch. Veamos estas dos etapas en orden.

Tennant comienza analizando el comportamiento del operador de aserción sincera y de creencia ('S' y 'B', respectivamente). Entre otras cosas, Tennant sostiene que si un pensador racional sincero realiza la aserción de una oración declarativa 'p' (*i.e.*, 'Sp'), entonces está racionalmente comprometido con las consecuencias que se siguen de que los oyentes pensemos que el hablante *cree* que p. A partir de esta idea, Tennant explica cómo resolver la paradoja de Moore, en un estilo similar al explorado por Hintikka (1963). Esto es, explica por qué 'p, pero no creo que p' lleva a una contradicción:

1) $S\,(p \land \neg Bp)$ Supuesto
2) $B\,(p \land \neg Bp)$ Por relación conceptual entre 'A' y 'B', i.e., la idea de que las aserciones sinceras prefiguran la creencia
3) Bp Por clausura deductiva de 'B' para los agentes racionales, *i.e.*, la idea de que si un agente racional cree las premisas de un razonamiento, también cree su conclusión.
4) $\bot$ Porque, para todo q, 'Bq' debe ser consistente con 'q' ('Regla de la Credibilidad').

Nótese que esta prueba no hace uso de ningún principio de transparencia para creencia ('$Bp \supset BBp$') ni tampoco utiliza explícitamente una regla de factividad moderada para $\langle B \rangle$ (como podría ser '$B\neg Bp \supset \neg Bp$'), aunque el resultado es equivalente. Como vemos, entonces, tenemos un análogo de la reducción al absurdo de '$K\,(p \land \neg Kp)$' para actitudes que no implican la verdad. De manera más drástica aún, Tennant piensa que fenómenos similares también ocurren con actitudes que ni siquiera apuntan a *representar* la verdad, como la actitud de 'dudar si p' ('Wp', *wondering whether p*). En la lectura de Tennant, 'dudar si p' es *incompatible* con 'creer que p'. En lo que sigue simplemente anotaré en cada línea los principios relevantes que regulan al operador 'W' en la medida en que sean necesarios para llevar la prueba adelante, ya que una justificación adecuada de cada uno nos llevaría demasiado espacio:

1) $W(p \land \neg Wp)$ Para *reductio*
2) Bp Supuesto
3) $\neg Wp$ Porque para todo q, 'Wq' es inconsistente con 'Bq'.
4) $B\neg Wp$ Por transparencia de la creencia respecto de otras actitudes mentales, en los agentes racionales.
5) $B(p \land \neg Wp)$ Por clausura deduc. de 'B' en los agentes racionales.
6) $\neg Bp$ Porque '$B(p \land \neg Wp)$' es incon. con '$W(p \land \neg Wp)$'.
7) Wp Porque si un agente racional duda la verdad de una $\land$ cualquiera '$p \land q$', y no cree que p, entonces duda si p.
8) BWp Por transparencia de la creencia.
9) $\bot$ Porque para cualesquiera 'p' y 'q', creer que p es incompatible con dudar si $\neg p \land q$.

La prueba no hace uso del principio de distribución de 'B' en conjunción, aunque sí de su conversa; tampoco usa factividad moderada. Ahora bien, el principio:

    (W) $p \vdash \Diamond Wp$ para una 'p' contingente

pareciera que tiene que ser correcto por razones semánticas, independientemente de nuestra posición en la discusión entre realismo y antirrealismo. Pero, dada la *reductio* obtenida previamente, es sencillo ver que por un procedimiento análogo al de Fitch deberíamos concluir que, para toda proposición contingente 'p', si 'p' es verdadera, entonces de hecho dudamos si 'p' es verdadera. Como las actitudes de creencia y de duda son incompatibles, sólo nos resultaría posible creer verdades lógicas. La moraleja es que debemos restringir el alcance del Principio (W) a casos en los que 'Wp' es consistente:

    (W') $p \vdash \Diamond Wp$ para una 'p' contingente, y 'Wp' consistente.

Esta moraleja puede luego extenderse al operador de conocimiento. Tennant llama *anticartesiana* a cualquier 'p' tal que la proposición de que 'p' es conocida es inconsistente. Esto puede ocurrir cuando: (i) la propia proposición 'p' es inconsistente; (ii) 'p' es consistente pero el propio acto de considerar o juzgar que p requiere la falsedad de 'p' (un ejemplo, inspirado en Descartes, podría ser la proposición 'no existen pensadores'); o, finalmente, (iii) la estructura lógica de 'p', que involucra iteraciones de 'K' o de otras actitudes, hace que sea imposible saber que p (como ocurre con '$p \wedge \neg Kp$'). Por el contrario, definamos

(C)   'p' es *cartesiana* =$_{df.}$ no ($Kp \vdash \bot$)

Sobre esta base, el Principio de Cognoscibilidad que defiende el antirrealista débil debe formularse en estos términos

(T) $p \vdash \Diamond Kp$ donde 'p' es cartesiana.

Aún con esta restricción, (T) constituye una tesis sustantiva; la prueba de ello es que el realista no estaría dispuesto a aceptarla.

La propuesta de Tennant ha recibido diversas críticas, sobre todo por parte de Williamson. En Williamson (2000, cap. 12) se ofrece como ejemplo una oración sofisticada (que incluye el uso de designadores rígidos) que a decir del autor es cartesiana, a pesar de lo cual permite 'recuperar' la paradoja. Si el ejemplo en cuestión es efectivamente cartesiano es asunto de controversia; para mayores detalles véanse Williamson (2000, 2009) y Tennant (2001, 2009, 2010), entre otros. Kvanvig (2006), por su parte, objeta la idea de que la paradoja de Fitch pueda generalizarse a operadores no factivos, como Tennant sugiere; a la posición de Kvanvig la revisaremos con cierto detalle más abajo, en la **Sección 3.4**.

§ 3.3. La paradoja de Fitch como síntoma de un problema más general

En Linsky (1986, 2009) se discuten diferentes argumentos que muestran límites a lo que se puede conocer o creer; aquí se pone explícitamente en el centro de la escena la conexión del resultado de Fitch con otras paradojas. La paradoja del Examen Sorpresa, por ejemplo, puede verse como una elaboración de una misma idea que aparece ya en Moore y en Fitch; bien puede ser cierto que haya un examen el jueves y que nadie lo sepa, pero *esta* proposición no puede a su vez saberse [véase Comesaña, J., en el presente volumen]. En ninguna de estas paradojas hay en verdad auto-referencia, según Linsky. Son, en cambio, siguiendo a Sorensen (1988), argumentos 'de puntos ciegos'. *Ése* es pues el problema general con el que debemos lidiar. El diagnóstico, también general, es que dichas paradojas surgen como resultado de una confusión entre los niveles lógicos de las actitudes correspondientes. Todas ellos se solucionan cuando recurrimos a tipos lógicos o jerarquías de operadores; la violación de niveles lógicos que ocurre en estos casos, por otra parte, es diferente de la que ocurre en las paradojas de auto-referencia. Así,

1) $K^2\,(p^1 \wedge \neg K^1 p^1)$ Supuesto
2) $K^2\,(p^1 \wedge \neg K^1 p^1) \supset K^2 p^1 \wedge K^2 K^1 p^1$ Distribución de 'K^2' en conjunción
3) $K^2 p^1 \wedge K^2 \neg K^1 p^1$ Lógica proposicional
4) $K^2 \neg K^1 p^1 \supset \neg K^1 p^1$ Factividad de 'K^2'
5) $K^2 p^1 \wedge \neg K^1 p^1$ Lógica proposicional
6) ⊥   ¿?

En el paso 5) no tenemos en verdad una contradicción, de modo que se evita la primera *reductio* del argumento de Fitch.

Consideremos ahora la posición de van Benthem (2004, 2009). Nuevamente, van Benthem entiende que la imposibilidad de '$K\,(p \wedge \neg Kp)$' remarcada por Fitch constituye, siguiendo a Hintikka (1963), un caso particular de oración mooreana, con 'K' en lugar de 'B'. En este sentido, aunque dudemos de la plausibilidad del verificacionismo, el análisis de paradojas como la de Fitch es importante, en tanto amplía nuestra comprensión sobre la estructura lógica de nuestro conocimiento. En particular, los problemas de 'tipo Fitch' reaparecen de manera crucial a la hora de actualizar información, y son por tanto de interés expreso para las lógicas epistémicas dinámicas. En el marco de las lógicas epistémicas dinámicas podemos preguntarnos cómo *llegar a saber* la verdad de diferentes proposiciones a partir de ciertas acciones epistémicas, por ejemplo, a partir de determinados anuncios públicos. Advertimos entonces que algunas oraciones, como '$p \wedge \neg Kp$', cambian su propio valor de verdad cuando son anunciadas, con lo cual se falsifica la idea intuitiva de que cualquier anuncio público se transforma automáticamente en conocimiento común. Aunque van Benthem no lo dice explícitamente en estos términos, lo que tenemos aquí nuevamente es un fenómeno de punto ciego. Nuevamente, encontramos una conexión directa entre la idea de que una aserción mooreana ya no puede ser verdadera *una vez anunciada* y la Paradoja del Examen Sorpresa; véase para esto la interpretación de Gerbrandy (2007) de esta última paradoja en términos dinámicos.

Dada esta situación, van Benthem entiende que las restricciones cartesianas *à la* Tennant son sensatas, pero no suficientemente generales. Más bien debemos restringir el Principio de Cognoscibilidad a:

(D) Lo que es verdad en el modelo actual puede pasar a ser conocido en el propio modelo;

oraciones como '$p \land \neg Kp$' claramente no pueden usarse como instancias de (D).

Hay otra línea de análisis del argumento de Fitch que lo relaciona explícitamente la Paradoja del Conocedor [véase Rosenblatt, L, en este volumen]. En Beall (2000, 2009), por ejemplo, se argumenta que un examen atento de la Paradoja del Conocedor nos obliga a concluir que una descripción acabada de nuestro conocimiento debe incluir expresiones como '$K(k)$' y '$\neg K(k)$', donde 'k' es la expresión problemática (y auto-referente) 'k es desconocida'. Esto nos da evidencia independiente de que hay al menos algún 'p' para el cual '$Kp \land \neg Kp$' describe adecuadamente la situación epistémica real; en otras palabras, el conocimiento humano es inconsistente. Puesto que oraciones como '$Kp \land \neg Kp$' no son entonces *imposibles*, la paradoja de Fitch se bloquea. Una lógica paraconsistente puede venir en nuestra ayuda en este punto para explicar por qué este rasgo de nuestra vida epistémica no provoca que nuestro sistema de conocimiento se trivialice.[118]

§ 3.4. La paradoja de Fitch como colapso modal

Kvanvig (2006) constituye hasta el momento el único libro monográfico dedicado íntegramente a la Paradoja de la Cognoscibilidad; ya se había ocupado previamente del tema en Kvanvig (1995). Teniendo en cuenta el hilo conductor que motivó la organización de autores en estas páginas, su propuesta se ubica en un extremo del espectro: Kvanvig sostiene que pensar a la paradoja de Fitch en términos de un problema *para el antirrealismo* constituye una profunda equivocación filosófica. El problema central, en cambio, es que el razonamiento de Fitch nos enfrenta con una distinción lógica perdida entre lo que es el caso y lo que puede ser el caso, entre la actualidad y la posibilidad. Considérese la diferencia entre

(i) $\vdash \forall p\, (p \land \Diamond Kp) \leftrightarrow \forall p\, (p \land Kp)$,   y
(ii) $\vdash \forall p\, (p \supset \Diamond Kp) \leftrightarrow \forall p\, (p \supset Kp)$

---

[118] Otras conexiones posibles con la paradoja del Conocedor pueden encontrarse en Cook (2013).

La afirmación (i) requiere suponer la verdad del Principio de Cognoscibilidad; bien podríamos rechazarla diciendo que se supuso una afirmación falsa. Pero aún si no aceptáramos el Principio de Cognoscibilidad, (ii) todavía puede probarse y es problemática, ya que nos dice que no hay distinción lógica entre verdades universalmente cognoscibles y verdades universalmente conocidas. Dicho de otra manera, tenemos que explicar por qué (ii) afirma un bicondicional, a pesar de que el principio de omnisciencia y el principio de cognoscibilidad tienen diferente estatus modal. Los antirrealistas bien pueden encontrar importante restringir el Principio de Cognoscibilidad por razones independientes, *pero ello no soluciona la paradoja*.

Según Kvanvig, en la paradoja de Fitch se comete una falacia modal. Las frases nominales cuantificadas a veces constituyen expresiones indéxicas, ya que expresan diferentes proposiciones en diferentes contextos extensionales (por ejemplo, 'todas las hojas están amarillas'). Así, los cuantificadores, aún los que parecen irrestrictos, pueden ser entendidos como indexicales. Pero además encontramos indexicales *modales*, en los cuales el dominio de individuos cambia con el mundo: 'todos los cuervos son negros', en un mundo diferente, expresa una proposición diferente. Entonces, la sustitución de 'p' en contextos modales puede hacerse sólo si nos aseguramos que las ocurrencias de 'p' expresen la misma proposición. Ahora bien, recuérdese que 'Kp' es en realidad una abreviatura de 'alguien en algún tiempo sabe que p'. Entonces, a la conjunción problemática que nos ocupa hay que entenderla como:

1) $p \wedge \neg \exists x \, \exists t \, K_{(x,t)} p$

Pero '$\neg \exists x \, \exists t \, K_{(x,t)} p$' depende de los individuos y tiempos de un mundo dado; expresa pues diferentes proposiciones en diferentes mundos. Consideremos ahora la sustitución de 'p' en

2) $\forall p \, (p \supset \Diamond Kp)$

Esta sustitución sólo es legítima si el antecedente expresa la misma proposición en todo mundo. De modo que '$p \wedge \neg \exists x \, \exists t \, K_{(x,t)} p$' no es una sustitución válida, ya que esta última expresión es una oración indexical. La paradoja de Fitch se bloquea una vez que nos tomamos en serio la indexicalidad de las oraciones cuantificadas.

La posición de Kvanvig respecto de la relación de la paradoja de Fitch con otras paradojas también es radical, en el sentido de que niega toda conexión interesante. Por ejemplo, la paradoja de Moore involucraría algún tipo de defecto pragmático o epistémico, pero no semántico, y, a diferencia del argumento de Fitch, no implicaría una falsedad necesaria: el autoengaño o confusión mooreano es, de hecho, posible.[119] Por otro lado, operadores como los considerados por Tennant sólo nos llevan a paradojas si incorporamos, o bien principios altamente cuestionables, o bien principios que involucran algún tipo de factividad moderada. Pero en este último caso no estaríamos en sentido estricto *generalizando* la paradoja de Fitch.

Algunas críticas a Kvanvig señalan que su énfasis en la existencia de un 'colapso modal' no es del todo comprensible; véase por ejemplo Jenkins (2009). Desde otra perspectiva, Williamson (2000, cap. 12) ha objetado la interpretación que Kvanvig hace de la indexicalidad de los cuantificadores. Kvanvig confundiría indexicalidad con no rigidez. En los indexicales (por ejemplo, 'yo') la designación varía con el contexto; en el caso de la no rigidez, la designación varía con la circunstancia de evaluación. Así, tenemos expresiones rígidas y no indéxicas (como los nombres propios); expresiones no-rígidas y no-indéxicas (como las descripciones), rígidas e indéxicas ('yo', 'aquí'), y no rígidas e indéxicas (como 'la llave que encontré ayer'). Desde luego, es correcto decir que en '$p \supset \Diamond Kp$' sólo podríamos reemplazar 'p' por '$q \land \neg Kq$' si esta conjunción fuera un designador rígido, pero Williamson afirma que este es efectivamente el caso: la expresión en cuestión varía en valor de verdad porque es contingente, pero de todos modos es rígida. Encontramos algunas respuestas a esta objeción en Kvanvig (2006). Para una crítica diferente, en Brogaard y Salerno (2008) se señala que, si bien es cierto, como afirma Kvanvig, que el dominio de cuantificación es parte de la proposición, justa-

---

[119] Este argumento me parece desencaminado. Kvanvig podría tener razón en que, por ejemplo, podría existir un individuo severamente trastornado que de hecho crea que no existe ningún ser pensante en el universo (ni siquiera él mismo). Pero esto es irrelevante si aceptamos el supuesto de mínima de que un agente no puede creer racionalmente una imposibilidad conceptual o una contradicción formal. En tal caso, cualquiera sea nuestro análisis de creencia racional, debe poder dar cuenta de que es conceptualmente imposible para un individuo creer racionalmente que no hay ningún individuo con creencias; de manera análoga, debe poder dar cuenta de que es conceptualmente imposible para un individuo creer racionalmente que p y creer racionalmente que él mismo no cree racionalmente que p. Desde luego, podríamos impugnar nuestro 'supuesto de mínima': un lógico paraconsistente bien podría adoptar esta vía. Pero esta salida no está abierta a Kvanvig, porque en este escenario tampoco deberíamos tener problemas en conocer contradicciones, con lo cual si deja de ser problemático el caso doxástico, también deja de serlo el caso epistémico.

mente por ello el dominio se fija *antes* de la sustitución, en contra de lo que Kvanvig piensa.

§ 4 Conclusiones

Quiero terminar este capítulo sistematizando algunas observaciones sobre la relación del argumento de Fitch con otras paradojas, preocupación que aparece muy tempranamente en la bibliografía sobre el tema. Ya en el referato de Church al artículo hoy perdido de Fitch en 1945, el propio Church establece una conexión fugaz entre el problema de la cognoscibilidad y la paradoja de Russell; por otra parte, el propio artículo de Fitch de 1963 explora el comportamiento de distintos operadores, y deja claro que sus conclusiones se aplican a cualquier operador que satisfaga factividad y distribución en conjunción. Una pregunta inmediata entonces es si dichas conclusiones pueden extenderse además a otros operadores para los cuales algunas de estas dos propiedades falla, como el operador de creencia. En general, como hemos visto, la respuesta a esta última pregunta se ha respondido afirmativamente, y la mayoría de los autores ven una conexión clara entre el problema de Fitch y la paradoja de Moore. La conexión con la paradoja de Moore resulta inmediata sobre todo a partir del tratamiento que ofrece de ella Hintikka (1963), en la cual se argumenta que tanto '$B\ (p \land \neg Bp)$' como '$K\ (p \land \neg Kp)$' son formalmente contradictorias en un sistema modal que capture los principios de un razonador ideal. Es esta misma línea la que continúan autores como Tennant, Linsky o van Benthem.

Estas consideraciones han permitido en muchos casos interpretar que la prueba de Fitch reposa en la existencia de *puntos ciegos* en el estado doxástico o epistémico de los agentes. Recíprocamente, el resultado de Fitch y sus casos análogos nos alertan sobre algunas de las posibles consecuencias que trae la existencia de puntos ciegos. Es en este sentido que puede verse al argumento de Fitch como parte de un mismo grupo de paradojas al cual pertenece también la paradoja del Examen Sorpresa; se trata de paradojas que explotan las consecuencias de una u otra forma de enunciado mooreano, esto es, un enunciado de la forma '$\alpha\ (p \land \neg \alpha p)$', para algún operador α epistémico o doxástico. Evaluar la Paradoja de la Cognoscibilidad en estos términos permite explorar además conexiones con *otros* tipos de puntos ciegos, como puntos ciegos grupales (idea anticipada en van Benthem (2009)), o puntos ciegos probabilísticos, entre otros.[120] En este espíritu, en Cresto (2014) se proponen versiones probabilísticas de la paradoja de Fitch, y se sugiere una solución en términos de jerarquías de funciones de probabilidad.

Adviértase, finalmente, que una interpretación en términos de puntos ciegos es en gran medida neutral respecto de qué opción técnica específica se adopte para bloquear la paradoja, si es que se adopta alguna. Por ejemplo, es compatible con la idea de que reemplazar una oración mooreana en el Principio de Cognoscibilidad equivale a cometer una falacia modal, o a violar niveles lógicos de operadores. También es compatible con la demanda de restricciones al Principio de Cognoscibilidad. Como excepción, las interpretaciones que reivindican el uso de lógicas paraconsistentes no parecen conciliables con la aplicación del concepto de punto ciego, al menos en su versión estándar.

Referencias bibliográficas:

Beall, J. C. (2000): "Fitch's Proof, Verificationism, and the Knower's Paradox". Australasian Journal of Philosophy, 78, pp. 241-247.
Beall, J. C (2009): "Knowability and Possible Epistemic Oddities". En Salerno (2009a), pp. 105-125.
Brogaard, B. y Salerno, J. (2008): "Knowability, Possibility and Paradox". En Hendricks y Pritchard (2008), cap. 11.
Brogaard, B. y Salerno, J. (2013): "Fitch's Paradox of Knowability". The Stanford Encyclopedia of Philosophy (Winter 2013 Edition), Edward N. Zalta (ed.), URL = <http://plato.stanford.edu/archives/win2013/entries/fitch-paradox/>.
Church, A. (2009): "Referee Reports on Fitch's "A Definition of Value"." En Salerno (2009a): pp. 13-20.
Cook, R. (2013): Paradoxes. Cambridge (UK) – Maiden, MA (US): Polity Press.
Cresto, E. (2014): "Lost in Translation: Unknowable Propositions in Probabilistic Frameworks". Enviado a publicación.
Dummett. M (2009): "Fitch's paradox of knowability". En Salerno (2009a), cap. 4
Edgington, D. (1985):. "The Paradox of Knowability". Mind, 94, pp. 557-568.
Edgington, D. (2010): "Possible Knowledge of Unknown Truth". Synthese, 173, pp. 41-52.

---

[120] Schick (2003), por ejemplo, establece un vínculo interesante entre los argumentos de puntos ciegos como los de Moore o del Examen Sorpresa con otros fenómenos de ceguera de la primera persona en Teoría de la Decisión, en particular la idea de que un agente no puede predecir sus propias elecciones, en el momento mismo en que está eligiendo.

Fitch, F. (1963): "A logical analysis of some value concepts". *The Journal of Symbolic Logic*, 28, pp. 135-142. Reimpreso en Salerno (2009a), pp. 21-28.
Gerbrandy, J. (2007): "The Paradox of the Surprise Examination in Dynamic Epistemic Logic". *Synthese*, 155. pp 21-33.
Hart, W. D. (1979): "The Epistemolgy of Abstract Objects: Access and Inference". *Proceedings of the Aristotelian Society*, 53 (Suplemento), pp. 153-165.
Hart, W. D., y McGinn, C. (1976): "Knowledge and Necessity". *Journal of Philosophical Logic*, 5, pp. 205-208.
Hendricks, V. y Pritchard, D. (2008): *New Waves in Epistemology*. Hampshire & New York: Palgrave Macmillan.
Hintikka, J. (2005): *Knowledge and Belief*. London: King's College Publications. [Edición original: 1962]
Jenkins, C. (2009): "The Mystery of the Dissapearing Diamond". En Salerno (2009a), pp. 302-319.
Kvanvig, K. (1995): "The Knowability Paradox and the Prospects for Anti-Realism". *Noûs*, 29, pp. 481-499.
Kvanvig, K. (2006): *The Knowability Paradox*. Oxford: Oxford University Press.
Linsky, B. (1986): "Factives, Blindspots and Some Paradoxes". *Analysis*, 64, pp. 10-15.
Linsky, B. (2009): "Logical Types in Some Arguments about Knowability and Belief". En Salerno (2009a), pp. 163-179.
Moore, G. E. (1942): "A Reply to my Critics". En Schilpp, Paul Arthur (Ed.). *The philosophy of G. E. Moore*. LaSalle: Illinois: Open Court, pp. 535-687
Moore, G. E. (1993): "Moore's Paradox". En Thomas Baldwin (ed.), *G. E. Moore: Selected Writings*. London: Routledge, pp. 207-212
Percival, P. (1990): "Fitch and Intuitionistic Knowability". *Analysis*, 50, pp 182-187.
Rabinowicz, W. y Segerberg, K. (1994): "Actual Truth, Possible Knowledge". *Topoi*, 13, pp. 101-115.
Salerno, J. (ed.) (2009a): *New Essays on the Knowability Paradox*. Oxford: Oxford University Press.
Salerno, J. (2009b): "Knowability Noir: 1945-1963". En Salerno (2009a), pp. 29-48.
Schick, F. (2003): *Ambiguity and Logic*. Cambridge: Cambridge University Press.
Sorensen, R. A. (1988): *Blindspots*. Oxford: Clarendon Press.
Tennant, N. (1997): *The Tamning of the True*. Oxford: Clarendon Press.
Tennant, N. (2001): "Is Every Truth Knowable? Reply to Williamson". *Ratio*, XIV, pp. 263-280.
Tennant, N. (2009): "Revamping the restriction strategy". En Salerno (2009a), pp. 223-238.
Williamson, T. (1982): "Intuitionism Disproved?" *Analysis*, 47, pp. 154-8.
Williamson, T.(2000a): "Tennant on Knowable Truth". *Ratio* XIII, pp 99-114.

Williamson, T. (2000b): *Knowledge and its Limits*. Oxford: Oxford University Press.
Williamson, T. (2009): "Tennant's Troubles". En Salerno (2009a), pp. 183-204.
Wittgenstein, L. (1953): *Philosophical Investigations*. Traducción al inglés de Anscombe, G.E.M. (1973). Pearson ed.
Van Benthem, J. (2004): "What One May Come to Know". *Analysis*, 64. Pp. 95-105.
Van Benthem (2009): "Actions that Makes us Know". En Salerno (2009a), pp. 129-146.
van Fraassen, B. (1995). "Belief and the problem of Ulysses and the Sirens." *Philosophical Studies*, 77, pp. 7-37.

Capítulo 8: LA PARADOJA DEL PREFACIO

Diego Tajer [121]

§ 1. Introducción.

Una prestigiosa profesora escribe un largo libro de historia egipcia. Investiga arduamente la temática. Sin embargo, en el prefacio, la profesora advierte: "La historia es una disciplina falible y no del todo precisa, por lo cual el libro (sin contar este prefacio) contiene errores, que espero sean descubiertos y corregidos en el futuro". Para el propósito de la discusión, basta con que la profesora acepte la siguiente afirmación en el prefacio:

(Falibilidad)   Este libro (sin contar el prefacio) contiene errores.

El escenario descrito no es demasiado exigente para nuestra imaginación. Prólogos como esos se escriben a menudo en libros de ciencias empíricas. Sin embargo, la actitud de la profesora, que parece totalmente racional, genera un cuerpo de creencias inconsistente. Ella cree cada una de las afirmaciones del libro, y asimismo considera que el libro contiene errores; pero todo ello no puede ser verdadero al mismo tiempo.

Esta es la paradoja del prefacio, formulada originalmente por Makinson (1965). Como es usual, la llamamos "paradoja" porque, a partir de supuestos aceptables (el experimento mental de la profesora), contradice afirmaciones que suelen aceptarse. Esta paradoja desafía algunos principios que usualmente consideramos correctos respecto a la racionalidad de nuestras creencias. En términos generales, ataca la idea de que tener un cuerpo de creencias inconsistente es siempre irracional. Pues en el escenario descrito, la posición de la profesora parece totalmente racional. En términos más precisos, el planteo de la paradoja es incompatible con la aceptación de estos dos principios:

(Conjunción)   Si S cree A y S cree B, entonces es racional que crea A∧B.

---

[121] Conicet – UBA - Buenos Aires Logic Group

(No-Contradicción)   No es racional que S crea A y ¬A.

Pues la profesora cree A_1, A_2,... y A_n (siendo éstas todas las afirmaciones del libro) y también cree $¬(A_1 \wedge A_2 \wedge \ldots \wedge A_n)$. Por Conjunción, ella racionalmente debe creer $(A_1 \wedge A_2 \wedge \ldots \wedge A_n)$. Pero de este modo, por No-Contradicción, la actitud epistémica de la profesora no es racional, lo cual contradice las intuitiones iniciales sobre el caso.

En este capítulo, analizaremos distintas respuestas que se han dado a la paradoja. Podríamos separar estas respuestas en cuatro tipos. Las del primer tipo aducen que de alguna u otra manera, Conjunción y No-Contradicción deben conservarse. Las respuestas del segundo tipo apuntan en contra de No-Contradicción. Las del tercer tipo consideran que Conjunción no es un principio aceptable. Finalmente, las del cuarto tipo intentan aceptar Conjunción y No-Contradicción a partir de una concepción fragmentaria de la mente.

§ 2. Propuestas que cuestionan o modifican el planteo.

En términos generales, una posible estrategia para responder a la paradoja del prefacio consiste en afirmar que la actitud de la profesora es irracional. Esta postura cuenta con la desventaja de ser a primera vista antiintuitiva, pero tiene la ventaja de que permite preservar Conjunción y No-Contradicción. Por supuesto, la preservación de estos principios no es razón suficiente para descartar nuestras intuiciones respecto al caso. Los planteos de este tipo no son tan sencillos, y en ocasiones involucran nociones paralelas a la de creencia racional como aceptación o creencia justificada. En esta sección revisaremos algunas de estas propuestas.

§ 2.1. *Posiciones que distinguen aceptación y creencia (Stalnaker)*

Un argumento para preservar Conjunción y No-Contradicción consiste en afirmar que no podemos entender la mente ajena si no le atribuimos creencias consistentes. Por ejemplo, Stalnaker (1984) afirma que un cuerpo de creencias racional debe delimitar un conjunto de mundos posibles. Dado que no hay mundos posibles contradictorios, un conjunto de creencias propiamente dicho no puede ser inconsistente.

Pero algo debe decirse para explicar nuestras intuiciones en la paradoja del prefacio. Stalnaker (1984, pp. 92-99) apela a una distinción entre aceptar y creer. Un agente puede aceptar una proposición que no cree, y en ocasiones eso le permite avanzar de manera más sencilla y ordenada en una investigación. La aceptación es un acto más consciente que la creencia, e implica una disposición consciente a actuar como si cierta proposición fuera cierta. Un caso claro serían las idealizaciones en ciencia empírica, donde se aceptan ciertas proposiciones falsas (p.ej. que cierta esfera real es una esfera perfecta) para hacer predicciones de manera más sencilla (p. 93). En otros casos, aceptamos una proposición porque si bien no la creemos, nos parece "esencialmente verdadera, o cercana a la verdad" (p. 93). En el caso de la paradoja del prefacio, según Stalnaker, la profesora no puede tener creencias inconsistentes, y esto puede explicarse de distintas maneras; lo más razonable es afirmar que la profesora no cree cada una de las proposiciones por separado. Pero ciertamente, dice Stalnaker, la profesora *acepta* cada una de las proposiciones por separado, y también acepta la existencia de errores en el libro. Para evitar una posición extrema respecto a la aceptación, Stalnaker afirma que Conjunción se aplica para creencia pero falla para aceptación, por lo cual la profesora acepta un conjunto de oraciones inconsistente pero no acepta proposiciones directamente contradictorias (como A y ¬A).

La posición de Stalnaker es cuestionable, pues la división entre aceptación y creencia no necesariamente refleja una división intuitiva. En la paradoja que nos concierne, es razonable argumentar que la profesora no sólo acepta $A_1, A_2,\ldots$ y A_n, sino que también lo cree. Y también acepta (y cree) el enunciado "el libro contiene algunos errores". Separar aquí la dimensión de la aceptación y la dimensión de la creencia obedece a una estrategia del teórico pero no a las intuiciones sobre el caso.

En términos generales, tampoco es claro que debamos tomarnos con liviandad la posibilidad de aceptar un conjunto inconsistente de creencias. No veo por qué aceptar un conjunto inconsistente es mejor que creer un conjunto inconsistente; en cualquier caso podría ser peor, porque la aceptación involucra mayor conciencia del hecho.

§ 2.2. *Posiciones que distinguen creencia racional y creencia justificada (Ryan)*

Una estrategia similar a la de Stalnaker es adoptada por Ryan (1991). Ella plantea una paradoja del prefacio muy similar a la original, pero que involucra el concepto de justificación: según la versión que Ryan propone de la paradoja del prefacio, la profesora está justificada en creer cada afirmación del libro (dada la investigación realizada) y asimismo está justificada en creer (dada la naturaleza de las ciencias empíricas) que el libro contiene errores.

Ryan observa que, una vez que introducimos el concepto de justificación, el planteo se vuelve inaceptable. Pues, si la profesora estuviera realmente justificada en creer cada afirmación del libro, entonces estaría justificada en creer la conjunción de esas afirmaciones. Esto sucedería de manera más patente si la profesora no hubiera escrito un libro de historia egipcia, sino un libro de aritmética para estudiantes de primer grado (Ryan 1991, 301). Por otro lado, si la profesora está justificada en creer que el libro contiene errores, entonces no está justificada en creer algunas de las afirmaciones del libro.

La observación de Ryan no ayuda demasiado en la discusión sobre la paradoja del prefacio, porque lo que está en debate no es el concepto de justificación sino el de creencia racional. Y es plausible afirmar que muchas de las creencias que tenemos racionalmente no están justificadas; especialmente si nuestro concepto de justificación es tan fuerte como el que plantea Ryan, que toma como paradigma de proposiciones justificadas a afirmaciones auto-evidentes como las que constituyen la aritmética escolar. Por otro lado, como afirma Jacquette (2008), la evidencia disponible para justificar las afirmaciones del libro es distinta que la evidencia disponible para justificar Falibilidad. En el primer caso, la evidencia se basa en documentos históricos y material de investigación sobre el antiguo Egipto. En el segundo caso, la evidencia se basa en la inducción respecto a los libros previos de historia (que siempre contuvieron algunos errores). Por eso, intuitivamente, tanto los enunciados del libro como Falibilidad podrían estar justificados. No es evidente que la justificación de Falibilidad implique de manera directa la in-justificación de alguna de las afirmaciones del libro.

§ 2.3. *Posiciones que apelan a una "vasta mayoría" (Leitgeb)*

En un reciente artículo, Leitgeb (2014) sostiene que la profesora, al publicar el libro, no está comprometida con la totalidad de las afirmaciones contenidas en él. La profesora sólo está comprometida con la afirmación de que una vasta mayoría de las afirmaciones contenidas en el libro son verdaderas. Por eso, su creencia en Falibilidad no transforma a su sistema de creencias en inconsistente.

La idea de Leitgeb tiene como desventaja que no refleja la idea de que la profesora realmente *cree* cada una de las proposiciones afirmadas en el libro (en esto se parece a Stalnaker y Ryan). Sin embargo, tiene como ventaja que no sólo puede preservar Conjunción y No-Contradicción (como las propuestas antes mencionadas en esta sección), sino que también establece algunas restricciones respecto a qué puede creer la profesora y qué no. Por ejemplo, si bien puede creer Falibilidad, no puede creer que la mayoría de las afirmaciones del libro son falsas, porque en ese caso su cuerpo de creencias sí sería inconsistente. En resumen, podemos decir que la posición de Leitgeb es una evolución respecto al planteo de Ryan o Stalnaker, porque además de rechazar la idea de que la profesora cree cada afirmación del libro por separado y la gran conjunción, explica qué es lo que la profesora realmente cree.

Sin embargo, Leitgeb rechaza un aspecto muy intuitivo del planteo, que es el hecho de que la profesora realmente cree cada afirmación por separado. Las posiciones que describiremos ahora aceptan ese aspecto del planteo, y en general introducen consideraciones probabilísticas que resultan bastante apropiadas para el caso.

§ 3 Posiciones que aceptan el planteo e intentan explicarlo

La segunda familia de posiciones que mencionaré son aquellas que aceptan que la profesora cree cada proposición del libro y al mismo tiempo cree Falibilidad (a esto llamo "aceptar el planteo").

§ 3.1. *Posiciones que rechazan No-contradicción (Priest)*

Priest (2006, p. 105) acepta Conjunción pero rechaza No-Contradicción en el análisis de esta paradoja. Otros filósofos sostienen que la profesora tiene creencias inconsistentes (es decir, creencias que no pueden ser verdaderas tomadas en conjunto); pero Priest, dado que acepta Conjunción, afirma que la profesora cree una proposición del tipo "$A \land \neg A$".

Su posición tiene la elegancia de adoptar un principio tan intuitivo como Conjunción (a diferencia de las posiciones que veremos después). Pero si bien la posición de Priest es coherente con su visión global, no creo que respete nuestras intuiciones sobre el caso. Porque la profesora no afirmaría algo como "creo que el libro contiene errores y que no contiene errores". Sin pronunciarse sobre la posibilidad de creer o afirmar contradicciones, no parece que sea eso lo que sucede en la paradoja del prefacio.

§ 3.2. *Posiciones que rechazan Conjunción (Lacey, Kyburg, Moser, Williams).*

La posición predominante respecto a la paradoja del prefacio apela a consideraciones probabilísticas. En la teoría clásica de la probabilidad, la probabilidad de una conjunción entre A&B es menor o igual a la probabilidad de A y menor o igual a la probabilidad de B. Cuando A y B son proposiciones independientes, la probabilidad de A&B es la probabilidad de A multiplicada por la probabilidad de B. Por ejemplo, la probabilidad de que una carta de póker sea un as es 1/13, mientras que la probabilidad de que sea diamante es ¼. Por lo tanto, la probabilidad de que sea un as de diamante es 1/52.

En la paradoja del prefacio es claro que, según la perspectiva de la profesora, la probabilidad de una oración cualquiera del libro es menor a 1, dado que la investigación empírica no arroja certezas. De este modo, si el número de proposiciones en el libro fuera suficiente largo (y suponiendo por simplicidad que las proposiciones fueran independientes), la conjunción entre todas ellas tendría una probabilidad muy baja. Esto explica de manera bastante sencilla por qué la profesora acepta todas las proposiciones del libro pero también considera que el libro contiene errores. En la literatura sobre el tema, este argumento fue planteado en distintas formas.

La primera propuesta en este sentido fue la de Lacey (1970). Este autor intenta compatibilizar una posición probabilística con Conjunción. Según Lacey, cuando tenemos una creencia en nivel inferior a la certeza pero superior a cierto límite (supongamos, 0.5), estrictamente no deberíamos aseverar la proposición sino decir "probablemente, S". En este caso, por las razones probabilísticas antes mencionadas, la profesora considera que *probablemente*, S es verdadera (para cada proposición S contenida en el libro); y que *probablemente*, la conjunción de todas las proposiciones del libro no es verdadera. Pero esto no alcanza para desafiar Conjunción, porque la profesora no cree cada proposición del libro *simpliciter*, y por ende Conjunción no se aplica.

Sin embargo, esta idea de Lacey parece otra vez forzar nuestras intuiciones. Si uno acepta la idea de una creencia simple, entonces esta noción no debería aplicarse solo a certezas (como "yo existo"), sino también a otras proposiciones sobre las cuales uno realizó suficiente investigación como para creerlas.

Las propuestas de Kyburg (1970), Mosey y Tlumak (1985) y Williams (1987) se basan en la consideración probabilística antes mencionada, pero van más lejos que Lacey, pues rechazan Conjunción.

Mosey y Tulmak adoptan una noción contrastiva de aceptación. La idea es que uno debe aceptar una proposición p cuando p es más probable que $\neg p$ y que cualquier proposición incompatible con p. Esta noción contrastiva de aceptación nos permite ver por qué en la paradoja del prefacio la actitud de la profesora es racional: ella acepta cada proposición del libro porque la probabilidad de cada una de ellas es más alta que la probabilidad de cualquier otra proposición incompatible; después de todo, la profesora ha realizado una investigación que le permite afirmar cada una de esas proposiciones y rechazar posibles alternativas. Pero también acepta Falibilidad porque, por un razonamiento inductivo a partir de los libros de historia publicados previamente, la probabilidad de que haya errores en el libro es mayor que la probabilidad de que no los haya (o de cualquier otra proposición incompatible con que haya errores).

Similar a esta posición es la de Williams (1987). Este autor afirma que la posibilidad de aceptar cada una de las proposiciones del libro pero rechazar su conjunción se basa en el distinto grado de evidencia que tenemos en ambos casos. Esto no significa que la creencia en cada proposición del libro sea "gradual", sino por el contrario, es una creencia simple que está justificada por el apoyo que la evidencia le da.

Podemos considerar que el rechazo de Conjunción es la solución paradigmática de la la paradoja del prefacio. Christensen (2004) realizó la defensa más elaborada y detallada de una posición similar a esta, aunque con elementos más contextualistas y sin insistir en normas probabilísticas. El principal problema de este tipo de posiciones es que justamente insisten en rechazar el requisito de consistencia en nuestras creencias, que es comúnmente aceptado en teorías de lógica epistémica y revisión de creencias. Sin embargo, da la impresión de que, si bien este requisito es un principio razonable en algunos casos (como explicaré en el apartado 4), en este caso hay buenas razones para desconfiar de él.

§ 3.4. *Posiciones que aceptan Conjunción y No-Contradicción (Evnine)*

Una respuesta muy particular a la paradoja del prefacio fue dada por Evnine (1999). Distintos filósofos notaron que a veces las personas tienen creencias inconsistentes. Por ejemplo, uno puede creer que todos los perros merecen ser tratados con amor, pero también creer que el ruidoso perro de nuestro vecino merece una paliza. En estos casos, nuestras creencias no son racionales a primera vista, pero aún así puede tener sentido elaborar esquemas para entender estas situaciones epistémicas.

Uno de los enfoques para explicar este fenómeno es la fragmentación. Para explicar el ejemplo mencionado, podría postularse que nuestras creencias de transfondo incluyen que todos los perros deben ser tratados con amor, pero en el contexto de sufrir los ladridos del perro del vecino, adquirimos la creencia de que ese perro merece una paliza. Si analizamos por separado nuestras creencias de transfondo y nuestras creencias surgidas en el momento en que estamos padeciendo el ruido, ambos cuerpos de creencias pueden ser consistentes internamente, aunque obviamente un cuerpo de creencias no es consistente con el otro. La adopción de esta estrategia nos permite utilizar los aparatos clásicos, que son más cómodos y tratables, para estudiar nuestros *sub*sistemas de creencias.

Evnine aplica este enfoque a la paradoja del prefacio. Por un lado, en el subsistema A, la profesora cree cada una de las proposiciones del libro y la conjunción entre ellas. Por otro lado, en el subsistema B, la profesora cree que el libro contiene errores. De este modo, Evnine acepta Conjunción y una versión moderada de No-Contradicción:

(No- Contradicción en subsistemas) Un agente no puede tener dos creencias contradictorias en un mismo subsistema de creencias.

Sin embargo, no parece que en este caso tenga sentido la fragmentación. En primer lugar, porque la fragmentación suele explicar alguna clase de irracionalidad. Por ejemplo, si yo afirmo que todos los perros merecen ser tratados con amor pero el perro del vecino merece una paliza, estoy afirmando una simple contradicción cuya irracionalidad es clara. La estrategia de fragmentación explica de qué manera puedo entrar en este error epistémico sin caer en un cuerpo de creencias trivial. Casos similares citados por Evnine son individuos con personalidades múltiples, o individuos que adoptan distintos principios para distintas disciplinas o áreas de investigación, como en el caso de un científico religioso que no tolera contradicciones en ciencia pero sí en religión. El individuo que tiene personalidades múltiples es claramente irracional. Y respecto al científico religioso, si bien puede ser racional, no parece que su cuerpo de creencias sea necesariamente inconsistente. Después de todo, el agente podría no adoptar principios generales como "no hay contradicciones verdaderas" sino particularizados como "no hay contradicciones verdaderas en ciencia". Por eso, no queda claro que su cuerpo de creencias deba necesariamente ser fragmentado.

La paradoja del prefacio nos plantea un escenario distinto que los cuerpos inconsistentes de creencias antes mencionados, pues las creencias de la profesora son, al menos a primera vista, racionales. La fragmentación viene a explicar algún tipo de error racional, pero no es obvio que haya un error en la actitud de la profesora. Por ende, si bien la estrategia de Evnine es original, parece ignorar la particularidad de esta paradoja y propone un tratamiento que la asemeja a otro fenómeno distinto, que es la adopción *errónea* de creencias inconsistentes.

§ 4 Creencia y suposición

En este último apartado haré una breve propuesta respecto a la paradoja del prefacio. Como hemos visto, la paradoja nos plantea una situación donde es posible tener creencias inconsistentes racionalmente. Esto desafía el concepto de que nuestras creencias deben ser consistentes, o cerradas bajo consecuencia lógica.

La paradoja es efectiva en refutar la clausura deductiva de nuestras creencias. Sin embargo, esto podría afectar a la idea misma de razonamiento:

si es posible creer las premisas y no la conclusión de un razonamiento válido, entonces no es claro por qué damos argumentos en general (este punto es similar al de Pollock 1983). Es esencial responder a este punto si queremos moderar el efecto destructivo de la paradoja del prefacio.

En primer lugar, vale la pena destacar que la paradoja del prefacio no cuestiona una versión moderada de la clausura deductiva:

(Clausura deductiva con una premisa) Si S cree A y A implica B, entonces S debe creer B.

La paradoja sólo afecta la clausura deductiva cuando se trata de razonamientos de más de una premisa. Esto fue observado por Kyburg (1970).

En segundo lugar, podemos cuestionar que el propósito de dar razonamientos sea mostrar que un individuo con ciertas creencias debería creer otras. Hay otro propósito de dar un razonamiento que merece ser considerado: los razonamientos sirven para mostrar que, si ciertas proposiciones fueran verdaderas, otras también lo serían. Es decir, que bajo cierta suposición, otras proposiciones serían verdaderas. Lo llamativo es que si bien podemos tener creencias inconsistentes racionalmente no parece posible suponer un cuerpo inconsistente de creencias racionalmente. El caso del prefacio lo ilustra: podemos creer cada proposición del libro y al mismo tiempo que el libro contiene errores, pero no podemos *suponer* cada proposición del libro y *suponer* que el libro contiene errores. Esto es particularmente relevante en el contexto de la discusión de teorías científicas.

En este sentido, la teoría propuesta por un autor debe ser lógicamente consistente, porque debe ser posible suponerla racionalmente. Otros autores pueden querer extender esta teoría, analizar sus implicaciones, etc. En el caso en cuestión, por ejemplo, imaginemos que el libro dijera (por ejemplo) que hubo 50 sacerdotes supremos en Alejandría, llamados Loxo 1, Loxo 2, ... Loxo 50; sería razonable concluir de la teoría sostenida en el libro que todos los sacerdotes supremos de Alejandría se llamaron Loxo. Una teoría consistente nos permite realizar algunas inferencias y también (a diferencia de una teoría inconsistente) prohibir otras. Por esa razón, me parece adecuado postular el siguiente principio:

(Clausura de teorías) Un agente racional debe proponer teorías consistentes.

Lo cual implica el siguiente principio:

(Conjunción en teorías) Si un agente racional propone A y B en su teoría, entonces no debe rechazar A&B en su teoría.

Estos principios con compatibles con el planteo de la paradoja del prefacio. Observemos primero que Falibilidad no es parte de la *teoría* propuesta por la profesora. Si descubriéramos que lo que dice el libro (salvo el prólogo) es cierto, diríamos que la teoría es correcta y Falibilidad era falso. Esto no es un error de la profesora como teórica; por el contrario, aunque Falibilidad fuera falso, para la profesora habría sido razonable afirmarlo, porque significa que reconoce los límites de su metodología científica.

En resumen, es importante que un autor proponga teorías consistentes, pero no es tan relevante que las *creencias* mantenidas por el autor sean consistentes, pues para propósitos científicos no nos importa lo que el autor cree sino aquello que propone. Todos hemos presenciado alguna charla donde el autor, haciendo gala de su modestia, dice "Mi trabajo está en elaboración. Estoy seguro que contiene errores y pido disculpas por eso". Para los propósitos científicos, el pronunciamiento de esa suerte de prefacio es irrelevante; los asistentes sólo desean que el autor vaya directo al punto y expliqué cuál es su idea.

No intento decir que las soluciones probabilistas a la paradoja sean incorrectas. Por el contrario, el razonamiento probabilístico puede mostrarnos por que las creencias de la autora son racionales. Sin embargo, intento que las conclusiones que se extraigan de la paradoja del prefacio no sean extremas: si bien la paradoja nos enseña que las creencias de los individuos pueden ser inconsistentes y racionales, el requisito de consistencia sigue valiendo para las teorías propuestas por estos individuos, pues debe ser posible *suponer* estas teorías para analizar qué se deriva de ellas.

§ 5 Conclusión

En este breve artículo, he recorrido las principales respuestas que se han dado a la paradoja del prefacio. Este es un caso bastante particular entre las paradojas, pues todas las propuestas tienen cierta plausibilidad, e incluso algunas son compatibles entre sí.

Las posiciones que rechazan el planteo inicial de la paradoja permiten conservar principios importantes para nuestras teorías sobre la creencia racional como Conjunción y No-Contradicción, e introducen distinciones interesantes como la de creencia/aceptación o la de creencia racional/creencia justificada. Sin embargo, tienen el problema de no respetar nuestras intuiciones sobre el caso.

Las posiciones que apelan a consideraciones probabilísticas involucran una modificación sustantiva de las teorías sobre la creencia racional, pero tienen el mérito de explicar de manera razonable por qué se da la paradoja del prefacio. Es posible afirmar que, en términos generales, estas posiciones dan una respuesta satisfactoria a la paradoja.

Por último, las posiciones que apelan a la fragmentación de nuestro cuerpo de creencias también pueden ser útiles para analizar ciertos fenómenos epistémicos, aunque en este caso no resultan demasiado justificadas.

Hacia el final del artículo, señalé que, si bien la paradoja nos hace cuestionar el principio de Conjunción (y en general, la clausura deductiva) para nuestros cuerpos de creencias, este principio y otros similares tienen su relevancia en otros planos epistémicos. En particular, las teorías que los agentes proponen deben ser consistentes, porque debe ser posible suponerlas y analizar qué se sigue de ellas. El razonamiento clásico puede no tener la fuerza que se le suele atribuir como regulador de nuestros estados mentales, pero sí tiene fuerza como regulador de teorías.

Referencias bibliográficas:

Christensen, D. (2004): *Putting Logic in Its Place*, Oxford University Press, Oxford.

Evnine, S. (1999): "Believing Conjunctions", *Synthese*, 118, 2, pp. 201-227.

Kyburg, H. (1970): "Conjunctivitis", en Swain, M. (ed.) (1970): *Induction, Acceptance and Rational belief*, Reidel, Dordrecht.

Lacey, A.R. (1970): "The paradox of the preface", *Mind*, 79, 316, pp. 614-615.

Leitgeb, H. (2014): "A way out of the preface paradox?", *Analysis*, 71, 1, pp. 11-15.

Lewis, D. (1982): "Logic for equivocators", en Lewis, D. (1998): *Papers in Philosophical Logic*, Cambridge University Press, Cambridge.

Makinson, D. (1965): "The paradox of the preface", *The Philosophical Quarterly*, 25, 6, pp. 205-207.

Moser P.L. & Tlumak, J. (1985): "Two paradoxes of Rational Acceptance", *Erkenntnis*, 23, 2, pp. 117-142.

Pollock, J. (1986): "The paradox of the preface", *Philosophy of Science*, 53, 2, pp. 246-258.

Priest, G. (2006): *Doubt truth to be a liar*, Oxford University Press, Oxford.

Ryan, S. (1991): "The Preface Paradox", *Philosophical Studies*, 64, 3, pp. 293-307.

Williams, J.N. (1987): "The Preface Paradox Dissolved", *Theoria*, 53, 2-3, pp. 121-140.

Capítulo 9: LA PARADOJA DEL EXAMEN SORPRESA

Juan Comesaña [122]

§ 1 Introducción

El primer día de clase, el maestro hace el siguiente anuncio: "La semana que viene voy a tomar un examen, y ustedes no sabrán en qué día será". Los alumnos comienzan a quejarse tímidamente, pero uno de ellos levanta la mano: "Maestro, lo que usted dijo no puede ser cierto. Pues supongamos que el examen no ha tenido lugar desde el lunes hasta el jueves. En ese caso, nosotros ya sabremos que el examen ocurrirá el viernes, y entonces no será sorpresa. Podemos entonces descartar al viernes como día de examinación posible. Pero entonces, si el examen no ha tenido lugar desde el lunes hasta el miércoles, sabremos entonces que será el jueves, con lo cual podemos también descartar al jueves como día de examinación posible. Razonamientos paralelos establecen que el examen no puede tener lugar ni el miércoles, ni el martes, ni el lunes. Por lo tanto, no es cierto que usted pueda tomar un examen sorpresa". El maestro calla, y los alumnos se relajan un poco. El martes de la semana siguiente, el maestro entra a la clase y anuncia: "Hoy hay examen". Los alumnos no entienden qué ha sucedido.

Una paradoja se define usualmente como un razonamiento aparentemente bueno que, partiendo de premisas aparentemente verdaderas, arriba a una conclusión aparentemente falsa. Una de las apariencias, por supuesto, tiene que ser engañosa. La paradoja del examen sorpresa encaja bien en esa definición. El razonamiento del alumno concluye que un examen sorpresa es imposible. El problema es que el maestro demuestra que no sólo es posible, sino real. Todo tratamiento de esta paradoja acepta esta idea de que el anuncio del maestro es cierto. De lo que se trata, entonces, es de diagnosticar en dónde falla el razonamiento del alumno. A pesar de haber tenido una recepción a veces tibia (Quine (1953) titula su artículo dedicado al problema "Sobre una así llamada paradoja"), el tratamiento de esta paradoja depara importantes enseñanzas sobre el conocimiento.

---

[122] University of Arizona

La primera aparición de esta paradoja en prensa parece ser en D. J. O'Connor (1948), donde se discute un ejercicio militar sorpresa y se la clasifica como una paradoja "pragmática" (no hay ninguna contradicción lógica, O'Connor sostiene, pero sí hay autorefutación pragmática). Sorensen (1988) traza la historia de la paradoja a un ejercicio militar real que ocurrió en Suecia durante la segunda guerra mundial, en 1943 o 1944. Aparentemente, un matemático suizo, Lennard Ekbom, detectó el problema. Un enfoque similar al de O'Connor es el de Kaplan y Montague (1960), quienes sostienen que el anuncio del maestro es auto-referencial. La mayoría de los comentadores contemporáneos, sin embargo, disienten tanto con O'Connor como con Kaplan y Montague, y sostienen, con Quine (1953), que la resolución de la paradoja reside en el análisis de los presupuestos sobre el conocimiento que encierra. Ése es el enfoque del presente artículo también. Para un estudio detallado de la paradoja puede leerse el capítulo 7 de Sorensen (1988). Priest (2000) es una presentación técnica de la inducción restrospectiva, con aplicación a nuestra paradoja.

§ 2 La inducción retrospectiva

El razonamiento del alumno puede presentarse como la aplicación de un esquema de razonamiento bien conocido en la teoría de juegos: en inglés se le llama "backwards induction", y puede traducirse como "inducción retrospectiva". La inducción retrospectiva puede explicarse como la siguiente regla: si de la proposición **A** se sigue que un número natural **n** tiene la propiedad **F**, y si de **A** y la proposición de que $x+1$ tiene la propiedad **F** se sigue que x tiene la propiedad **F**, entonces se sigue que el número uno también tiene la propiedad **F** (en general se usa cero, pero es más fácil para nuestros propósitos contar a partir de uno). En símbolos ("**A, B ⊢ C**" significa que **C** se sigue lógicamente de **A** y **B**, y "**A ∴ B**" representa la regla que permite derivar **B** sobre la base de **A**):

$$A \vdash F(n)$$
$$A, F(x+1) \vdash F(x)$$
$$\therefore A \vdash F(1)$$

La inducción retrospectiva comparte con la inducción matemática (una regla más ambiciosa, ya que se aplica al caso infinito) el problema de tener un nombre engañoso: ninguno de los dos tipos de razonamiento es inductivo – en los dos casos, la verdad de las premisas garantiza la verdad de la conclusión. Por ejemplo, la inducción retrospectiva nos permite concluir que uno es menor que diez a partir de las premisas que nueve es menor que diez y que si un número es menor que diez entonces su predecesor también lo es. En este caso, las premisas mismas son verdades matemáticas, con lo cual el lugar de **A** será ocupado por los axiomas correspondientes. Pero la inducción retrospectiva puede aplicarse no sólo a números, sino también a cualquier cosa que pueda numerarse. Por ejemplo, supongamos que ordenamos a todos los seres humanos vivos de acuerdo con su altura. Si el más alto no alcanza los tres metros, entonces la inducción matemática nos permite concluir que ninguno lo alcanza. En este caso, $F(x)$ es la propiedad de ser tal que ni x ni ningún ser humano que suceda a x en el orden de altura es más alto que tres metros.

La validez de la inducción retrospectiva, entonces, está fuera de duda. Pero lo que ocurre a menudo es que no es claro si las premisas han sido establecidas. Como veremos a continuación, no es fácil ver cuáles son las premisas del razonamiento del alumno, ni tampoco ver si han sido establecidas correctamente o no. Pero antes de examinar en detalle el razonamiento del alumno será conveniente describir qué suposiciones acerca del conocimiento se usarán en ese razonamiento.

§ 3 Formalización y reglas

Para evaluar el razonamiento del alumno será necesario formalizarlo y hacer explícitas las reglas de inferencia que usa. En lo que sigue usaremos la siguiente formalización: e_i significa que habrá un examen el día correspondiente al número i (por ejemplo, e_2 es la proposición de que el primer examen tendrá lugar el martes). Necesitaremos también hacer explícito qué es lo que el alumno sabe y cuándo, para lo cual utilizaremos una familia de operadores epistémicos C_i. Así, $C_1(A)$ quiere decir que el lunes a la mañana (antes de que empiecen las clases) el alumno sabe que **A**.

Podemos ahora formalizar el anuncio del maestro. Por supuesto, no es importante que el anuncio se refiera a la semana que viene en vez del mes o al año que viene. La siguiente, entonces, es una generalización del anuncio:

Anuncio: $(e_1 \wedge \neg\, C_1(e_1)) \vee \ldots \vee (e_n \wedge \neg\, C_n(e_n))$

El anuncio es una disyunción de n conjunciones, cada una de las cuales tiene dos conyuntos, uno que dice que habrá un examen un cierto día y otro que dice que la mañana de ese mismo día los alumnos no sabrán que habrá un examen ese día.

El alumno puede apelar a cualquier regla válida de la lógica proposicional, pero veremos que se hará apelación esencial también a reglas que tienen que ver con el operador epistémico C_i. Cuatro de esas reglas son conocidas en la lógica epistémica:

Facticidad	Clausura Epistémica	Omnisciencia Lógica	CC
$C_i(A)$ $\therefore A$	$C_i(A), \ldots C_i(n), C_i(A, \ldots, n \vdash B)$ $\therefore C_i(B)$	$\vdash A$ $\therefore C_i(A)$	$C_i(A)$ $\therefore C_i(C_i(A))$

Facticidad es la regla que corresponde a la idea de que no se pueden saber proposiciones falsas. Clausura Epistémica nos garantiza que es posible ampliar nuestro conocimiento por medio de la deducción. Omnisciencia Lógica expresa la idealización de que toda verdad lógica es conocida. Por último, CC ilustra el principio de que el conocimiento de orden inferior engendra conocimiento de orden superior. De estas cuatro reglas, sólo Facticidad puede describirse como largamente incontrovertida. Todas las demás han sido rechazadas sobre la base de argumentos atendibles. Pero vale la pena notar que no hace falta aceptar las reglas como válidas en forma general si sólo se necesita usarlas en un contexto específico. Por ejemplo, uno puede muy bien rechazar Omnisciencia Lógica como válida en general, y todavía aceptar que uno sabe que si el lunes no hubo un examen y el martes no hubo un examen, entonces no hubo un examen ni el lunes ni el martes. Objeciones a la validez general de las reglas epistémicas no serán pertinentes para el uso que de ellas hace el alumno a menos que estén basadas en consideraciones que se aplican a ese uso específico.

Ninguna de esas cuatro reglas hace uso del hecho de que tenemos a disposición una familia de operadores epistémicos. Para ello necesitamos la siguiente regla de la lógica epistémica-temporal:

Memoria
$C_i(A)$
∴ $C_{i+1}(A)$

Por supuesto, Memoria falla para aquellos casos en los que nos olvidamos de algo, y también, como veremos más adelante, en casos más interesantes. Pero vale aquí el mismo comentario hecho con respecto a las reglas de la lógica epistémica pura: lo que necesitamos saber es si la aplicación específica que hace el alumno está garantizada.

Por último, necesitamos suponer que si en un cierto día no hay un examen, entonces el alumno lo sabe, y mantiene ese conocimiento por lo menos hasta la mañana del día siguiente (aunque aplicaciones de Memoria pueden extender el período de retención de manera indefinida). Encapsulamos esa idea en la siguiente regla:

Observación
¬ e_i
∴ $C_{i+1}(\neg e_i)$

§ 4 Una *reductio* fallida

La conclusión del argumento del alumno es fácil de formular: nunca habrá un examen sorpresa. Así, la interpretación más obvia para lo que ocupa el lugar de **F** en el razonamiento del alumno es la propiedad (aplicada a un día *i*) de ser tal que el primer examen sorpresa no puede ocurrir ningún día entre *i* y el fin del período (que denominaremos con '*n*'). Pero lo que el alumno concluye es en realidad más fuerte que eso: concluye que él *sabe* que nunca habrá un examen sorpresa. Lo que ocupa el lugar de **F**, entonces, es esa propiedad epistémica: la propiedad que *i* tiene si y sólo si el alumno sabe (el día 0, luego del anuncio del maestro pero antes de que empiece el período en el cual puede haber un examen) que el primer examen de ese tipo no tendrá lugar entre *i* y *n*. ¿Cómo podemos simbolizar esa propiedad? Primero, la proposición de que el primer examen ocurrirá entre *i* y *n* se simboliza de esta manera: ¬ $e_1 \wedge \ldots \wedge \neg e_{i-1} \wedge (e_i \vee \ldots \vee e_n)$. La negación de esa proposición es (equivalente a) $e_1 \vee \ldots \vee e_{i-1} \vee (\neg e_i \wedge \ldots \wedge \neg e_n)$. Por lo tanto, la propiedad que buscamos es la propiedad que *i* tiene si y sólo si $C_0(e_1 \vee \ldots \vee e_{i-1} \vee (\neg e_i \wedge \ldots \wedge \neg e_n))$. Nótese que apelamos a la idea de el *primer* examen.

Algunos autores piensan que el anuncio del maestro debe suponer unicidad del examen para que el razonamiento del alumno tenga sentido, pero como veremos ello no es así.

Podemos entonces formular de manera semi-esquemática el razonamiento del alumno como sigue:

I) $A \vdash C_0(e_1 \vee \ldots \vee e_{n-1} \vee \neg e_n)$

II) $A, C_0 (e_1 \vee \ldots \vee e_i \vee (\neg e_{i+1} \wedge \ldots \wedge \neg e_n)) \vdash C_0 (e_1 \vee \ldots \vee e_{i-1} \vee (\neg e_i \wedge \ldots \wedge \neg e_n))$

∴ C) $A \vdash C_0(\neg e_1 \wedge \ldots \wedge \neg e_n)$

Nótese la diferencia entre las proposiciones a la derecha del secuente en la primera premisa y en la conclusión, por un lado, con la proposición a la derecha del secuente en la segunda premisa (así como con la proposición inmediatamente a la izquierda de ese secuente). En la primera premisa no hace falta agregar un disyunto que diga que el examen puede haber ocurrido antes del primer día, pues sabemos que eso es imposible, y en la conclusión no hace falta agregar un conyunto que diga que el examen no puede ocurrir después del último día, porque sabemos que eso necesariamente cierto. En la premisa II), por otro lado, sí hace falta decir explícitamente que el examen puede haber ocurrido antes de i-1 y no puede ocurrir entre i y el último día. Puede verse también que en la segunda premisa hay una cuantificación implícita sobre días (si **A** es cierto y la propiedad se aplica a *un día arbitrario* $i+1$, entonces se aplica a i). Dado que tratamos siempre con casos finitos, esta cuantificación es en principio eliminable, y la retenemos sólo por comodidad.

Sabemos entonces cuál es la conclusión del razonamiento del alumno, pero nos falta saber qué ocupa el lugar de **A** para saber cuáles son las premisas. Aún sin saber exactamente cuáles son las premisas podemos darnos cuenta de que la fundamental es la primera. Como veremos, la eliminación del último día como primer día posible para el examen se basa fundamentalmente en que el hecho de que es el último día. Por lo tanto, si ya hemos eliminado el último día en la primera premisa, entonces será fácil establecer, sobre la misma base más la suposición de que un día arbitrario $i+1$ y todos sus sucesores han sido eliminados, que i mismo y todos sus sucesores pueden ser eliminados. Pues si $i+1$ y todos sus sucesores han sido eliminados, eso significa que i mismo es ahora el último día posible, y entonces podemos aplicar a i el mismo razonamiento que le aplicamos al entonces último día en la primera premisa para eliminarlo.

Pasemos ahora a la pregunta de qué puede ocupar el lugar de **A** en las premisas y la conclusión de la inducción retrospectiva. Es tentador suponer que la conclusión del razonamiento del alumno constituye una *reductio* del anuncio del maestro (es decir, una prueba de que la suposición de que el anuncio es verdadero lleva a una contradicción, de donde se sigue el anuncio no puede ser verdadero). Si nos dejamos llevar por esa tentación, entonces el lugar de **A** estará ocupado por el anuncio mismo. Así, la conclusión del argumento del alumno será que de la suposición de que el anuncio es verdadero se sigue que el anuncio es falso, con lo cual podemos concluir que el anuncio es falso. Reemplazando a **A** por el anuncio del maestro nos da la siguiente reconstrucción:

I) $(e_1 \wedge \neg C_1(e_1)) \vee \ldots \vee (e_n \wedge \neg C_n(e_n)) \vdash C_0(e_1 \vee \ldots \vee e_{n-1} \vee \neg e_n)$

II) $(e_1 \wedge \neg C_1(e_1)) \vee \ldots \vee (e_n \wedge \neg C_n(e_n)), C_0 (e_1 \vee \ldots \vee e_i \vee (\neg e_{i+1} \wedge \ldots \wedge \neg e_n)) \vdash C_0 (e_1 \vee \ldots \vee e_{i-1} \vee (\neg e_i \wedge \ldots \wedge \neg e_n))$ (para $n > i \geq 1$)

∴ $(e_1 \wedge \neg C_1(e_1)) \vee \ldots \vee (e_n \wedge \neg C_n(e_n)) \vdash C_0(\neg e_1 \wedge \ldots \wedge \neg e_n)$

Como se ve, según la conclusión de esta inducción retrospectiva del anuncio del maestro se sigue que no habrá ningún examen –es decir, como dijimos, la conclusión es una *reductio* del anuncio del maestro.

¿Cómo puede el alumno establecer la primera premisa, entonces? La idea general es la de asumir la proposición a la izquierda del secuente como premisa y mostrar que de ahí se sigue la proposición a la derecha del secuente. He aquí los comienzos de un argumento de esta forma:

1. $(e_1 \wedge \neg C_1(e_1)) \vee \ldots \vee (e_n \wedge \neg C_n(e_n))$ (Premisa)
2. $\neg e_1 \wedge \ldots \wedge \neg e_{n-1} \wedge e_n$ (Suposición para *reductio*)
3. $C_n(\neg e_1 \wedge \ldots \wedge \neg e_{n-1})$ (De 2 por Observación, Memoria, Omnisciencia Lógica y Clausura Epistémica)
4. $C_n(((e_1 \wedge \neg C_1(e_1)) \vee \ldots \vee (e_n \wedge \neg C_n(e_n)), \neg e_1 \wedge \ldots \wedge \neg e_{n-1} \vdash e_n)$
     (Por Omnisciencia Lógica)
5. $C_n(e_n)$ (De 1, 3 y 4 por Clausura Epistémica) *
6. $\neg C_n(e_n)$ (De 1 y 2)
7. $e_1 \vee \ldots \vee e_{n-1} \vee \neg e_n$ (De 2 a 8 por *reductio*)

La idea es continuar el argumento de la siguiente forma: dada la omnisciencia lógica del alumno, éste sabe que del anuncio se sigue que el primer examen no puede ser el viernes. Estos últimos pasos son problemáticos, pero de una manera que ya está ilustrada en el fragmento de razonamiento expuesto, de manera que nos concentramos en él.

La estrategia general del argumento es la de una *reductio* del paso 2, de acuerdo con el cual el primer examen tendrá lugar el último día posible. El paso 3 sintetiza un número de inferencias. Cada día que no hay un examen, el alumno lo nota y lo recuerda el día siguiente (aquí se aplica la regla Observación). Por Memoria, el alumno retiene el conocimiento, de cada día sin examen, que fue un día sin examen. Al llegar al día n, el alumno sabe, entonces, de cada día anterior a n, que no fue un día de examen. El alumno también sabe, dada su omnisciencia lógica, que si son ciertas las proposiciones que afirman, de cada día anterior a n, que fue un día sin examen, entonces es cierta la proposición conjuntiva de que no hubo examen ningún día anterior a n. Por Clausura Epistémica, entonces, el alumno sabe que es cierta esa proposición conjuntiva. El paso 4 es una aplicación de Omnisciencia Lógica que concluye que el alumno sabe la verdad lógica de acuerdo con la cual si ha de haber un examen y no lo hubo antes del último día, entonces el examen tendrá lugar ese último día. La combinación de este conocimiento con la verdad del anuncio del maestro y el conocimiento de que el examen no tuvo lugar antes del último día resulta, de acuerdo con el paso 5, en que el alumno sabe que el examen será el último día. Pero, por supuesto, del anuncio mismo más la suposición de que el examen será el último día se sigue (paso 6) que el alumno *no* sabe que el examen será el último día, lo cual nos permite concluir la *reductio* en el paso siguiente.

Pero el argumento no es válido. El problema es con la aplicación de Clausura Epistémica en el paso 5. Aunque el alumno sepa el último día que el examen no tuvo lugar ningún día anterior, no se sigue por Clausura Epistémica que sepa que ocurrirá el último día dado que el anuncio del maestro es verdadero. La aplicación correcta de Clausura Epistémica requiere que el alumno *sepa* (el último día) que el anuncio es verdadero, no meramente que lo sea. El argumento a favor de esta interpretación de la premisa I) de la inducción retrospectiva falla, entonces, y con él la idea de que el alumno ha hecho una *reductio* del anuncio del maestro.

§ 5 Una *reductio* exitosa

El paso crucial en la *reductio* anterior falla porque lo que se necesita para aplicar Clausura Epistémica es que el alumno *sepa* que el anuncio del maestro es verdadero. ¿Podemos, entonces, representar el razonamiento del alumno como una *reductio*, no ya del anuncio del maestro, sino de que el anuncio pueda ser informativo para los alumnos? En otras palabras, ¿es el siguiente argumento sólido?

I) $C_0((e_1 \wedge \neg\, C_1(e_1)) \vee \ldots \vee (e_n \wedge \neg\, C_n(e_n))) \vdash C_0(e_1 \vee \ldots \vee e_{n-1} \vee \neg\, e_n)$

II) $C_0((e_1 \wedge \neg\, C_1(e_1)) \vee \ldots \vee (e_n \wedge \neg\, C_n(e_n))), C_0\,(e_1 \vee \ldots \vee e_i \vee (\neg e_{i+1} \wedge \ldots \wedge \neg\, e_n)) \vdash C_0\,(e_1 \vee \ldots \vee e_{i-1} \vee (\neg e_i \wedge \ldots \wedge \neg\, e_n))$ (para $n > i \geq 1$)

∴ $C_0((e_1 \wedge \neg\, C_1(e_1)) \vee \ldots \vee (e_n \wedge \neg\, C_n(e_n))) \vdash C_0(\neg\, e_1 \wedge \ldots \wedge \neg\, e_n)$

El argumento así presentado concluye que de la suposición de que el alumno sabe (el día cero, cuando el maestro hace el anuncio) que el anuncio es verdadero se sigue que el anuncio es falso. Dado Facticidad, eso equivale a una *reductio* de la idea de que el alumno puede saber que el anuncio es verdadero.

La respuesta a nuestra pregunta es que sí: formulado de esa manera el argumento es sólido. Sólo hace falta modificar levemente la prueba fallida de la sección anterior para obtener la siguiente prueba exitosa:

1. $C_0((e_1 \wedge \neg\, C_1(e_1)) \vee \ldots \vee (e_n \wedge \neg\, C_n(e_n)))$ (Premisa)
2. $\neg\, e_1 \wedge \ldots \wedge \neg\, e_{n-1} \wedge e_n$ (Suposición para *reductio*)
3. $(e_1 \wedge \neg\, C_1(e_1)) \vee \ldots \vee (e_n \wedge \neg\, C_n(e_n))$ (De 1 por Facticidad)
4. $C_n(\neg\, e_1 \wedge \ldots \wedge \neg\, e_{n-1})$ (De 2 por Observación, Memoria, Omnisciencia Lógica y Clausura Epistémica)
5. $C_n((e_1 \wedge \neg\, C_1(e_1)) \vee \ldots \vee (e_n \wedge \neg\, C_n(e_n)))$ (De 1 por Memoria)
6. $C_n((e_1 \wedge \neg\, C_1(e_1)) \vee \ldots \vee (e_n \wedge \neg\, C_n(e_n))), \neg\, e_1 \wedge \ldots \wedge \neg\, e_{n-1} \vdash e_n)$ (Por Omnisciencia Lógica)
7. $C_n(e_n)$ (De 4, 5 y 6 por Clausura Epistémica)
8. $\neg\, C_n(e_n)$ (De 2 y 3)
9. $e_1 \vee \ldots \vee e_{n-1} \vee \neg\, e_n$ (De 2 a 8 por *reductio*)
10. $C_0((e_1 \wedge \neg\, C_1(e_1)) \vee \ldots \vee (e_n \wedge \neg\, C_n(e_n))) \vdash e_1 \vee \ldots \vee e_{n-1} \vee \neg\, e_n$ (De 1 a 9)
11. $C_0(C_0((e_1 \wedge \neg\, C_1(e_1)) \vee \ldots \vee (e_n \wedge \neg\, C_n(e_n))) \vdash e_1 \vee \ldots \vee e_{n-1} \vee \neg\, e_n)$ (De 10 por Omnisciencia Lógica)

12. $C_0(C_0((e_1 \wedge \neg C_1(e_1)) \vee \ldots \vee (e_n \wedge \neg C_n(e_n))))$ (De 1 por CC)
13. $C_0 (e_1 \vee \ldots \vee e_{n-1} \vee \neg e_n)$ (De 11 y 12 por Clausura Epistémica)

Nótese el crucial paso 5, que le permite al alumno retener hasta el último día el conocimiento del anuncio del maestro. A partir de allí el alumno sí puede concluir, por Clausura Epistémica, que sabe que el examen ocurrirá el último día, lo cual, por supuesto, se contradice con el anuncio y da lugar así a la *reductio* en el paso 9 de que el primer examen tendrá lugar el último día. Desde allí, el argumento procede de la siguiente manera. Dado que es una verdad de la lógica epistémica que de la suposición de que el alumno sabe que el anuncio del maestro es verdadero se sigue que el primer examen no puede ocurrir el último día, el alumno sabe que es verdadera. Dado CC, el alumno sabe que sabe que el anuncio es verdadero, y este conocimiento de segundo orden, combinado con su conocimiento de la recién mencionada verdad lógica, le permite concluir (dada una aplicación de Clausura Epistémica) que sabe que el primer examen no tendrá lugar el último día. Queda así establecida la primera premisa de la nueva formulación de la inducción retrospectiva.

¿Qué pasa, entonces, con la segunda premisa? Como anticipáramos, la estrategia para probar la segunda premisa sigue de cerca la prueba de la primera:

1. $C_0(((e_1 \wedge \neg C_1(e_1)) \vee \ldots \vee (e_n \wedge \neg C_n(e_n))))$ (Premisa)
2. $C_0 (e_1 \vee \ldots \vee e_i \vee (\neg e_{i+1} \wedge \ldots \wedge \neg e_n))$ (Premisa)
3. $\neg e_1 \wedge \ldots \wedge \neg e_{i-1} \wedge (e_i \vee \ldots \vee e_n)$ (Suposición para *reductio*)
4. $(e_1 \wedge \neg C_1(e_1)) \vee \ldots \vee (e_n \wedge \neg C_n(e_n))$ (De 1 por Facticidad)
5. $e_1 \vee \ldots \vee e_i \vee (\neg e_{i+1} \wedge \ldots \wedge \neg e_n)$ (De 2 por Facticidad)
6. $C_i(\neg e_1 \wedge \ldots \wedge \neg e_{i-1})$ (De 3 por Observación, Memoria y Clausura Epistémica)
7. $C_i(((e_1 \wedge \neg C_1(e_1)) \vee \ldots \vee (e_n \wedge \neg C_n(e_n))))$ (De 1 por Memoria)
8. $C_i(((e_1 \wedge \neg C_1(e_1)) \vee \ldots \vee (e_n \wedge \neg C_n(e_n))), \neg e_1 \wedge \ldots \wedge \neg e_{i-1}, e_1 \vee \ldots \vee e_i \vee (\neg e_{i+1} \wedge \ldots \wedge \neg e_n) \vdash e_i)$ (Por Omnisciencia Lógica)
9. $C_i(e_i)$ (De 2, 6, 7 y 8 por Clausura Epistémica)
10. $\neg C_i(e_i)$ (De 3, 4 y 5)
11. $e_1 \vee \ldots \vee e_{i-1} \vee (\neg e_i \wedge \ldots \wedge \neg e_n)$ (De 3 a 10 por *reductio*)
12. $C_0((e_1 \wedge \neg C_1(e_1)) \vee \ldots \vee (e_n \wedge \neg C_n(e_n))), C_0 (e_1 \vee \ldots \vee e_i \vee (\neg e_{i+1} \wedge \ldots \wedge \neg e_n)) \vdash e_1 \vee \ldots \vee e_{i-1} \vee (\neg e_i \wedge \ldots \wedge \neg e_n)$ (De 1 a 11)

13. $C_0(C_0((e_1 \land \neg C_1(e_1)) \lor ... \lor (e_n \land \neg C_n(e_n))), C_0(e_1 \lor ... \lor e_i \lor (\neg e_{i+1} \land ... \land \neg e_n)) \vdash e_1 \lor ... \lor e_{i-1} \lor (\neg e_i \land ... \land \neg e_n))$
   (De 12 por Omnisciencia Lógica)
14. $C_0(C_0(((e_1 \land \neg C_1(e_1)) \lor ... \lor (e_n \land \neg C_n(e_n)))))$ (De 1 por CC)
15. $C_0(C_0(e_1 \lor ... \lor e_i \lor (\neg e_{i+1} \land ... \land \neg e_n)))$ (De 2 por CC)
16. $C_0(e_1 \lor ... \lor e_{i-1} \lor (\neg e_i \land ... \land \neg e_n))$ (De 13, 14 y 15 por Clausura Epistémica)

Los pasos del 1 al 11 siguen de cerca la prueba de la premisa I), con la diferencia de que lo que se demuestra aquí no es que el primer examen no pueda ocurrir el último día, dado que el alumno sabe que el anuncio es verdadero, sino que no puede ocurrir entre i y n, dado que el primer examen no ocurre entre $i+1$ y n y que alumno sabe que el anuncio es verdadero. A partir de allí la prueba vuelve a seguir de cerca a la anterior, concluyendo que el alumno sabe que el primer examen no puede ocurrir entre i y n.

Tenemos establecidas, entonces, las dos premisas de la inducción retrospectiva, y podemos entonces concluir que, bajo la suposición de que el alumno sabe que el anuncio del maestro es verdadero cuando éste lo anuncia, el alumno sabe, de cada día entre el primero y el último, que no será un día de examen.

§ 6 ¿Cuán paradójica es la paradoja?

Si la *reductio* fallida hubiera tenido éxito, tendríamos en nuestras manos una paradoja muy seria, ya que tendríamos una supuesta prueba de que algo que es manifiestamente posible es imposible. Pero, ¿cuán grave es la *reductio* exitosa, que concluye que el alumno no puede saber que el anuncio del maestro es verdadero? Nada grave, concluyó Quine, pues no es un dato que el alumno sí pueda saberlo.

Pero la posición de Quine no es enteramente satisfactoria. ¿Por qué no puede el alumno saber que el anuncio del maestro no es verdadero? Esa pregunta se torna más urgente cuando se consideran lo siguiente: en primer lugar, el alumno puede saber muchas cosas sobre la base del testimonio del maestro; y, en segundo lugar, aquellas personas que no sean alumnas sí pueden saber, sobre la base del testimonio del maestro, que habrá un examen sorpresa. Una clave para responder la pregunta se puede encontrar en un resultado que está involucrado en la "paradoja" de la cognoscibilidad de Church/Fitch (acerca de la cual se puede consultar el capítulo X de este libro). El resultado en cuestión es que no es posible saber que una proposición p es verdadera pero no conocida. El razonamiento es el siguiente. Supongamos que se sabe que p es verdadera y no conocida. Dado que el conocimiento se distribuye sobre la conjunción, se sigue que se sabe que p y se sabe que no se sabe que p. Pero dado que el conocimiento es factivo, se sigue que se sabe que p y que no se sabe que p. Contradicción. Por lo tanto, es falso que se sabe que p es verdadera y no conocida. Pero este resultado lo obtuvimos sin descansar en ninguna premisa contingente. Por lo tanto, es un teorema que es falso que se sabe que p es verdadera y no conocida. Se sigue entonces que es necesariamente falso que se sabe que p es verdadera y no conocida, lo cual es equivalente a que no es posible saber que p es verdadera y no conocida. (La "paradoja" de la cognoscibilidad es la conjunción de este resultado con la observación que las tesis de que toda verdad es conocible pero no toda verdad es conocida implican que hay una proposición p tal que es posible saber que p y no se sabe que p.)

Es importante reconocer que este resultado depende de que el sujeto del supuesto conocimiento sea el mismo en todo el enunciado. Es, por supuesto, posible saber que p es verdadera y otras personas no lo saben. También es importante que el tiempo de la atribución de conocimiento sea el mismo. Es también obviamente posible saber que p es verdadera pero que nosotros mismos no lo sabíamos. Con estas aclaraciones a mano, podemos dar un esbozo de respuesta a nuestra pregunta. En contra de lo que pensaba Quine, los alumnos sí pueden saber que habrá un examen sorpresa –al menos al principio de la semana–. Lo que falla en el razonamiento del alumno es que la regla que llamamos "Memoria" es en realidad inválida, aún cuando suponemos que el alumno no olvida de nada de lo que aprendió. Memoria es inválida porque nos permite pasar de atribuciones de conocimiento inocuas a atribuciones de conocimiento prohibidas por el resultado de Church/Fitch. Así, supongamos que la semana tiene sólo dos días (las observaciones que siguen pueden luego generalizarse). El alumno puede saber antes de el Lunes que habrá un examen sorpresa o el lunes o el martes. En nuestra formalización, la siguiente oración es verdadera: $\mathbf{C}_0(((\mathbf{e}_1 \wedge \neg\, \mathbf{C}_1(\mathbf{e}_1)) \vee (\mathbf{e}_2 \wedge \neg\, \mathbf{C}_2(\mathbf{e}_2)))$. Pero si el lunes no hay un examen, el alumno sabe el martes que el primer disyunto de esa oración es falso: $\mathbf{C}_2\neg\ (\mathbf{e}_1 \wedge \neg\, \mathbf{C}_1(\mathbf{e}_1))$. Por Memoria, la siguiente oración es verdadera: $\mathbf{C}_2(((\mathbf{e}_1 \wedge \neg\, \mathbf{C}_1(\mathbf{e}_1)) \vee (\mathbf{e}_2 \wedge \neg\, \mathbf{C}_2(\mathbf{e}_2)))$. Pero por Clausura Epistémica, esas dos oraciones implican: $\mathbf{C}_2(\mathbf{e}_2 \wedge \neg\, \mathbf{C}_2(\mathbf{e}_2))$. Pero esta última es precisamente el tipo de oración que, de acuerdo con el resultado de Church/Fitch, es necesariamente falsa. Contra Quine, entonces, la paradoja del examen sorpresa nos enseña que Memoria puede fallar incluso cuando el sujeto no se olvida nada de lo que sabe. Es cierto que el hecho de que el examen no tenga lugar el lunes cuenta en contra de la verdad del anuncio del maestro. Pero no se puede asimilar este fallo de Memoria a aquellos casos en donde el sujeto no olvida nada de lo que sabe pero adquiere datos en contra de algo que sabe, pues el fallo de Memoria es mucho más drástico en este caso que lo que esa asimilación nos llevaría a suponer.

Referencias bibliográficas:

Kaplan, D. & Montague, R. (1960): "A Paradox Regained", *Notre Dame Journal of Formal Logic*, 1, pp. 79-90.
O'Connor, D.J. (1948): "Pragmatic paradoxes", *Mind* 57/227, pp. 358-9.
Priest, G. (2000): "The logic of backwards induction", *Economics and Philosophy* 16, pp. 267-85.
Quine, W.V. (1953): "On a so-called paradox", *Mind* 62/245, pp. 65-7.
Sorensen, R. (1988): *Blindspots*, Oxford University Press, Oxford.

Capítulo 10: LA PARADOJA DEL DOGMATISTA

Romina Padró [123]

§ 1 Introducción

La paradoja del dogmatista puede ser formulada simplemente bajo al forma de una pregunta: si yo sé que la proposición p es verdadera, ¿por qué razón debería en el futuro considerar evidencia que pueda ser usada en contra de p? Desde la perspectiva del dogmatista, no hay razón alguna para tomar en cuenta dicha evidencia: si un sujeto S sabe que p, S está en perfecto derecho de adoptar la resolución racional de evitar cualquier tipo de evidencia futura que pueda ser utilizada en contra de p.

Sin embargo, algo parece andar mal en la resolución que nos propone el dogmatista. Después de todo, ¿no deberíamos mantener una actitud abierta y estar siempre dispuestos a considerar evidencia futura? Y, por otro lado, si yo realmente sé que p, ¿por qué tengo que perder el tiempo con evidencia futura que en el mejor de los casos me va a dejar como estaba, y en el peor de los casos me va a confundir o llevar a rechazar p? Más aún, si la actitud dogmatista realmente no tiene sentido, ¿qué consecuencias se desprenden para la noción de conocimiento? ¿Debemos sostener que, sin importar el grado de certeza que tengamos acerca de p, siempre tenemos que considerar cualquier evidencia que pueda llegar a socavar p?

Esta paradoja fue presentada por Saul Kripke durante la década del '70 en distintas conferencias y seminarios que tenían por objetivo principal proponer una solución a la paradoja del examen sorpresa (ver el capítulo de Juan Comesaña en el presente volumen). Pese a que algunas versiones de dichas presentaciones fueron transcriptas y circularon privadamente, la formulación de Kripke recién fue publicada en el 2011 como parte de *Philosophical Troubles*, el primer volumen de la colección *Collected Papers* (2011: 27-51). Mientras tanto la paradoja del dogmatista se dio a conocer a partir de una formulación introducida por Harman en su libro *Thought* (1973: 147-149). Harman le atribuye la paradoja a Kripke, pero su formulación presenta, como veremos, algunas diferencias importantes respecto de la formulación de Kripke que simplifican la tarea de darle una solución.

A continuación presentaremos, en primer lugar, la versión original de Kripke, deteniéndonos en los motivos que lo llevaron a formularla y en los problemas que, en su opinión, ésta genera (sección 1). En segundo lugar discutiremos la formulación y la respuesta que propone Harman y las soluciones ofrecidas por Nozick y Lewis (sección 2). Finalmente, consideraremos algunas maneras alternativas de pensar la paradoja (sección 3).

§ 2 La Paradoja del Dogmatista en la Versión Original de Kripke

La versión de Kripke de la paradoja del dogmatista se desarrolla en la última parte del artículo "Two Paradoxes of Knowledge" (basado en una transcripción de una conferencia llevada a cabo en la Universidad de Cambridge en 1972).[124]

La formulación de Kripke esta motivada por su discusión del siguiente principio:

(1) Si S sabe que p ahora (en este momento), S sabrá que p en cualquier otro momento futuro.

Este principio es utilizado por Quine en su solución de la paradoja del examen sorpresa (que en la versión de Quine es la paradoja del ahorcado). Según Kripke, esta es la intuición que parece respaldar a (1): es característico del conocimiento que, si de hecho sabemos que p ahora, incluso si obtuviéramos nueva evidencia acerca de p en el futuro, de todos modos continuaremos sabiendo que p. Y la consecuencia obvia resultaría ser que la evidencia futura acerca de p es irrelevante para el conocimiento de p.

Pese a la aparente plausibilidad de (1), Kripke mantiene que el principio debe ser rechazado: es posible que S sepa que p ahora y que en el futuro nueva evidencia le genere dudas acerca p, incluso en aquellos casos en los que S no ha olvidado, o de alguna manera perdido, su evidencia a favor de p.

El problema que introduce (1) es que parece generar un compromiso implícito de S con la idea de que nueva evidencia en relación con p no la llevará a introducir modificaciones acerca de su conocimiento de p:

---

[124] Tal como indicamos anteriormente, Kripke presenta la paradoja del dogmatista en el contexto de su discusión de la paradoja del examen sorpresa. De ahí la referencia a dos paradojas en el nombre del artículo. Cabe mencionar que la transcripción original en la que se basa el artículo constituye la versión que ha circulado privadamente con mayor asiduidad.

(2) Si sé que *p*, cualquier evidencia futura en relación con *p* no me llevará a una modificación de mis actitudes epistémicas (las actitudes de *S*) respecto de *p*.

Sin embargo, (2) no se nos presenta como un principio que pueda ser adoptado por S o ningún otro agente epistémico de una manera responsable.

Este tipo de consideraciones llevaron a algunos autores a proponer la introducción de dos sentidos diferentes de la expresión "yo sé que *p*." Como por un lado (2) parece seguirse de (1) pero, por otro lado, afirmaciones del tipo "yo sé que *p*" no nos llevan en la práctica usual a pensar que cualquier evidencia futura resultara irrelevante, es posible que estemos ante sentidos distintos de la expresión "yo sé", un sentido fuerte y uno débil. Kripke menciona a Hintikka (1962) y a Malcolm (1952) como ejemplos de autores que sostienen ésta posición. Malcolm propone reservar el sentido fuerte para aquellos casos que se nos presentan como indubitables (o al menos como difíciles de dudar). Supongamos que tengo ante mi un iphone en este momento y afirmo:

(i) Sé que hay un iphone frente a mi en este momento.

A su vez también sostengo que no es posible que una investigación o evidencia futura me pueda probar que estaba equivocada. De acuerdo con Malcolm, al decir esto último no estoy haciendo una *predicción* acerca de lo que haría si alguna situación altamente improbable sucediera. Por el contrario, simplemente estoy estableciendo mi actitud presente respecto de (i), la actitud que tengo *ahora*. Es por supuesto posible que alguna situación inusual ocurra y me vea llevada a cambiar de opinión acerca de (i). Por ejemplo varias personas en las que confío podrían asegurarme que no hay ningún iphone frente a mí. Eso sin embargo no quita que en el momento presente considere que ninguna situación hipotética futura será suficiente para probarme que no hay un iphone ahora mismo frente a mí.[125] La conclusión que Malcolm saca a partir de esto es que mientras que la mayoría de las cosas que sabemos las sabemos en un sentido débil – es decir, no conllevan un compromiso con (2) – algunas otras podemos saberlas, en ciertas circunstancias, en un sentido fuerte.[126]

---

[125] Malcolm 1952: 182ss. Otro de los ejemplos que Malcolm incluye en esta categoría es "tres mas dos es cinco".
[126] Si bien Kripke está de acuerdo con Malcolm en que casos como el del iphone frente a mí nos resultan conclusivos y no meramente probables, sostiene que lo mismo podríamos decir

La distinción entre dos sentidos de saber es categóricamente rechazada por Kripke. En su opinión, incluso si es verdad que en algunos casos saber que p implica que cualquier evidencia futura acerca de p no nos llevará a cambiar de opinión acerca de nuestro saber que p mientras que en otros casos saber que p no tiene tal consecuencia, esto no constituye una razón suficiente para sostener que hay dos sentidos diferentes de la expresión "yo sé que p". De la misma manera que, dice Kripke, el hecho de que haya americanos que son ricos y otros que no lo son no constituye una razón para decir que "americano" está siendo usado con dos sentidos diferentes y que, por lo tanto, debería haber dos entradas distintas en los diccionarios bajo la palabra "americano", tampoco los argumentos dados prueban que hay una distinción a realizar para el caso de "saber". Para llegar a esa conclusión debemos contar, según él, con algún tipo de evidencia adicional (por ejemplo, evidencia lingüística) que muestre que es posible distinguir dos sentidos.

Kripke identifica dos preguntas en la discusión de Malcolm de casos como (i). Por un lado, podemos preguntarnos si realmente un agente epistémico tiene el tipo de certeza que se caracteriza por no tener duda alguna acerca de su saber que p. Por otro lado, está la pregunta por la actitud: ¿puede un agente epistémico adoptar la actitud de que ninguna evidencia futura lo llevará a rechazar o tener dudas sobre p?

La primer pregunta no parece, según Kripke, generar demasiados problemas: incluso si no tengo dudas de que hay un iphone frente a mí en este momento, esto no es incompatible con pensar que en el futuro pueda obtener evidencia que me lleve a pensar que estaba equivocada. La segunda pregunta resulta, por el contrario, mucho más interesante. Kripke propone el siguiente principio (inspirado en la discusión de Malcolm):

(3) Si yo sé que p ahora, debería, en tanto agente racional, adoptar la resolución de no permitir ninguna evidencia que pueda entrar en conflicto con p.

Intuitivamente, (3) parece incluso peor que (2). Ahora no sólo estamos diciendo que la evidencia futura no nos llevará a reconsiderar nuestra posi-

---

respecto de las circunstancias extraordinarias que nos llevarían a cambiar de opinión. En este sentido, Kripke considera que Malcolm no describe la actitud del agente epistémico de manera adecuada: si afirmo con certeza, "Sé que hay ahora un iphone frente a mí", también estaré dispuesta a afirmar en este momento y con certeza que ninguna situación extraordinaria va a ocurrir (no me he vuelto loca, o estoy siendo engañada, etc.). Pero, de acuerdo con Kripke, en el momento mismo en que considere la posibilidad de que esas circunstancias extraordinarias puedan ocurrir en el futuro, también estaré considerando la posibilidad que estén ocurriendo ahora (que me haya vuelto loca, esté siendo engañada, etc.).

ción, sino que estamos directamente rechazando la posibilidad de que la evidencia tenga ese efecto. Tal como indica Kripke, no solemos adoptar este tipo de resoluciones respecto de las cosas que sabemos. Además, la actitud que (3) conlleva deja, al menos desde el punto de vista de un ideal regulativo de la actitud racional, bastante que desear. Deberíamos entonces poder decir qué es lo que está mal en (3). El problema es que no es tan fácil de determinar, como parece a primera vista.

Kripke deriva la paradoja del dogmatista de la siguiente manera:

(a) p implica el siguiente enunciado hipotético: cualquier evidencia en contra de p es engañosa ('engañosa' significa aquí que lleva a concluir que p es falsa).

Si sumamos a (a) el principio de la clausura epistémica (según el cual el conocimiento se transmite por medio de la deducción):

(b) Si A sabe que p y A sabe que p implica q y, sobre la base de este conocimiento, A concluye que q, entonces A sabe que q,

y asumimos que:

(c) A sabe que p y sabe que (b),

entonces, si A deduce correctamente, se sigue que:

(d) A sabe que cualquier evidencia en contra de p es engañosa.

A partir de esto es posible formular el siguiente principio general:

(e) Si A sabe que llevar a cabo una acción del tipo T tiene como consecuencia C, y A desea evitar C por sobre todas las cosas, entonces A debe adoptar inmediatamente la resolución de no llevar a cabo ninguna acción del tipo T.

Finalmente, si la acción del tipo T es precisamente aceptar evidencia en contra de p, y si lo que A quiere evitar por sobre todas las cosas es tener dudas o una creencia falsa (no-p) acerca de p, entonces:

(f) A debería adoptar la resolución de no dejarse influir por ningún tipo de evidencia en contra de p.

Esta es entonces la derivación de la paradoja en la versión de Kripke. Es importante destacar los siguientes puntos.

En primer lugar, Kripke enfatiza que la resolución puede ser llevada a cabo al menos de dos maneras diferentes. Por un lado, la resolución puede entenderse como un mandato a no tener ningún tipo de contacto con la evidencia en contra de p. El ejemplo que él propone es resolver que no vamos a leer libros de cierto tipo. Por otro lado, es posible entenderla como un mandato a ignorar la evidencia en contra de p una vez que, por el motivo que sea, hayamos entrado en contacto con ella. Kripke cree que es el primer sentido el que resulta más usual en la práctica (ha sido utilizada, por ejemplo, por algunos líderes religiosos) y el que resulta más interesante.

En segundo lugar, Kripke mantiene que la idea de que hay dos sentidos de "saber" está relacionada con este argumento, y que probablemente la distinción esté motivada por algo parecido a la actitud dogmática.

En tercer lugar, según Kripke, esta paradoja puede ser utilizada para motivar dos actitudes opuestas y extremas. Puede servir, por un lado, para motivar una actitud escéptica ya que, como nunca estamos realmente en una posición en la cual podemos ignorar evidencia futura, la paradoja estaría indicando que nunca sabemos nada. Pero, por otro lado, puede motivar la actitud dogmatista para un rango muy amplio de evidencia, ya que sabemos con frecuencia muchas cosas, y por lo tanto – de acuerdo con la actitud dogmatista – también con frecuencia nos encontramos en posición de ignorar la evidencia futura.

En cuarto lugar, si bien Kripke formula la paradoja en términos de la noción de conocimiento, considera que formulaciones alternativas para otras nociones epistémicas como creencia justificada, certeza, etc. son también posibles.

Por ultimo, cabe destacar que Kripke no propone ninguna solución de la paradoja. En un apéndice introducido para la publicación del artículo en 2011, Kripke dice que la actitud dogmática puede en algunos casos ser una actitud racional, y que sin duda es una actitud que adoptamos asiduamente, como cuando por ejemplo desestimamos evidencia en favor de la astrología.

§ 3 Las Soluciones de Harman, Nozick y Lewis

En esta sección discutiremos tres soluciones diferentes que presentan esencialmente la misma falla. Veamos en primer lugar la formulación de Harman, ya que es ésta la versión con la cual la paradoja del dogmatista se dio a conocer, y la formulación a la que otros autores han intentado dar respuesta. Harman presenta la paradoja del siguiente modo:

> Si sé que *h* es verdadera, sé que cualquier tipo de evidencia en contra de *h* es evidencia en contra de algo que es verdadero; entonces también sé que dicha evidencia es engañosa. Sin embargo, no debería tener en cuenta evidencia que sé que es engañosa. Por lo tanto, una vez que sé que *h* es verdadera, estoy en posición de ignorar cualquier evidencia futura que parezca contradecir *h*. (Harman 1973: 148)

Harman acuerda con Kripke en que la paradoja puede ser utilizada tanto para motivar una posición escéptica como para motivar una posición dogmática. Sin embargo, en opinión de Harman, ambas actitudes son incorrectas. Cualquier intento de sacar conclusiones a partir de la paradoja es inútil porque la paradoja misma debe ser rechazada. La solución que propone es simple: Cuando un sujeto A confronta la evidencia en contra de *h*, es posible que su situación se altere de manera tal que deje de saber que *h*. Si esto ocurre, A no podrá seguir sosteniendo que la evidencia en contra de *h* es engañosa. Por lo tanto, la paradoja se disuelve.

La solución de Harman destaca fundamentalmente dos aspectos de la paradoja. En primer lugar, que la paradoja involucra temporalidad, ya que el estado original de A es anterior al momento en el cual A confronta la evidencia. Y en segundo lugar, que una vez que A confronta la evidencia en contra de *h*, si su saber que *h* se ve afectado (esto no necesita involucrar más que introducir dudas o debilitar la justificación que A tiene de *h*), ya no le será posible continuar sosteniendo que la evidencia en contra de *h* es engañosa.

Uno de los problemas que tiene tanto la formulación como la solución que Harman propone es que no se consideran las dos formas diferentes en las que alguien puede llevar adelante la resolución y que Kripke introduce al finalizar el artículo. Recordemos que el enunciado final de Kripke es:

(f) A debería adoptar la resolución de no dejarse influir por ningún tipo de evidencia en contra de *p*.

Parece claro que Kripke entiende la resolución como algo que hacemos por anticipado a confrontar la evidencia (y él mismo hace explícito este punto en el apéndice de 2011). Sin embargo, es ciertamente posible interpretar la resolución en términos de un mandato a meramente ignorar evidencia en contra de h, incluso cuando dicha evidencia es confrontada por A. En este caso, será difícil para A mantener la resolución, ya que A ha perdido el conocimiento que tenía originalmente. De todos modos, el modo natural de obedecer la resolución y que, tal como Kripke enfatiza tanto al final del artículo como en el apéndice, resulta frecuente en la práctica, implica evitar confrontación alguna con cualquier tipo de evidencia en contra de h. Por ejemplo, podemos resolver que evitaremos leer ciertos libros o publicaciones específicas, o escuchar a cierta gente, etc. Para este último caso, la solución de Harman no funcionará, ya que dicha solución se basa en el cambio de estado del sujeto una vez que A ha confrontado la evidencia. Tal vez, dada esta ambigüedad respecto de la resolución, sería conveniente introducir una modificación en (f) que restrinja el tipo de resoluciones a aquellas en las cuales se decide con anterioridad que se evitará por todos los medios confrontar la evidencia en contra de h (por supuesto, pueden ocurrir accidentes, pero es probable que un sujeto lo suficientemente determinado logre llevar adelante su resolución sin demasiados problemas).

Como ya anticipamos, la solución propuesta por Nozick (1981: 237-239), si bien diferente de la de Harman, tiene en última instancia el mismo problema. Nozick introduce la paradoja del dogmatista a través de una pregunta: ¿por qué debería uno considerar o escuchar argumentos o evidencia en contra de lo que uno sabe? Uno de los méritos de su discusión de la paradoja es que reconoce que la actitud dogmatista puede ser apropiada en ciertos casos. Por lo tanto, la solución que propone acepta que A sabe que toda evidencia en contra de p será engañosa (y sostiene que en un modelo simple, toda evidencia en contra de p implicaría deductivamente que no-p). Como vimos en el apartado anterior, el argumento utiliza el principio de clausura epistémica. Nozick, sin embargo, defiende una teoría contrafáctica del conocimiento en la cual el principio de clausura epistémica no se obtiene para el caso de la instanciación universal. Por este motivo, le resulta posible decir que toda evidencia en contra de p será engañosa, y negar al mismo tiempo que una evidencia particular en contra de p es engañosa.

De acuerdo con Nozick, una teoría del conocimiento adecuada debería ser capaz de dar respuesta a la paradoja del dogmatista, y considera que es uno de los méritos de su propia teoría del conocimiento el hecho que permita esta resolución de la paradoja.

Rechazar el principio de clausura epistémica para el caso de la instanciación universal puede resultarle a muchos una medida extrema. Pero incluso si dejamos este aspecto de lado, la estrategia de Nozick puede recibir en última instancia la misma respuesta que la de Harman. *A* puede decidir evitar toda evidencia engañosa por anticipado, y nunca llegará a confrontar ningún caso particular de evidencia engañosa. En consecuencia, el hecho de que pueda determinar o no que esta evidencia en particular es engañosa, resultará irrelevante.

Lewis (1996: 565-7) sostiene que la mejor manera de lidiar con esta paradoja no supone abandonar el principio de clausura sino adherir a una teoría contextualista del conocimiento. Básicamente, de acuerdo al contextualismo, las adscripciones de conocimiento para con los demás y para con nosotros mismos dependen del contexto en el cual fueron realizadas. De esta manera, es posible que algo que cuenta como conocimiento en un contexto no lo sea en otro. En una versión un poco simplificada, la idea de Lewis es la siguiente: en el contexto inicial en el cual S sabe que p, S está en pleno derecho de evitar evidencia en contra de p. Sin embargo, una vez que surge evidencia en contra de p, se produce un cambio de contexto en el cual ya no es posible para S continuar evitando la evidencia.

No es difícil ver que esta solución también depende de que S confronte de alguna manera la evidencia en contra de p. Pero precisamente el punto de adoptar por anticipado una resolución que estipule que no debemos entrar en contacto con ninguna evidencia que pueda llevar a cuestionar p, es que no se producirá ningún cambio de contexto.[127]

§ 4 Algunas Maneras Alternativas de Pensar el Dogmatismo

En este punto lo primero que deberíamos preguntarnos es si la paradoja realmente requiere una disolución, esto es, una solución en la que se muestre que la actitud dogmática es, por ejemplo, inconsistente, irresponsable, o injustificada.

En el apéndice mencionado anteriormente, Kripke sugiere que, dado que en algunos casos la actitud dogmática puede ser considerada una actitud racional, una posible estrategia a seguir sería intentar delimitar aquellos casos en los cuales la actitud dogmática estaría justificada.

Por supuesto, para que esta estrategia funcione deberíamos contar con algún principio más o menos abarcador que nos permita distinguir los casos en los cuales la actitud dogmática es legítima. Supongamos que digo:

---

[127] Ver Sorensen (1988) y Hawthorne (2004: 71-73) para una solución alternativa (la propuesta presenta, en mi opinión el mismo problema que las soluciones discutidas en esta sección). Ver también Sharon y Spectre (2010) para una respuesta a esta propuesta.

(R) Sé que el principio de atracción (según el cual los pensamientos positivos pueden otorgarnos riqueza, salud, felicidad, etc.) es falso.

Además afirmo que, por lo tanto, no hay ninguna necesidad de que me ponga a leer *El Secreto* y toda su literatura circundante.[128] De hecho, considero que lo mejor que puedo hacer es adoptar la resolución de evitar por todos los medios cualquier evidencia que pueda indicar que el principio de atracción es verdadero.

¿No es mi actitud dogmática perfectamente racional en este caso? ¿Por qué saber la falsedad del principio de atracción debería tener como consecuencia el castigo de lidiar con semejante evidencia? En este caso, incluso Harman, que defiende fuertemente el rol de la evidencia, probablemente estaría de acuerdo con la actitud dogmática. Por otro lado, tenemos que tener en cuenta que no disponemos de tiempo infinito, y por lo tanto no estaríamos haciendo un buen empleo de nuestro tiempo si lo dedicáramos a considerar evidencia de este tipo.

Este caso puede sugerir que tenemos razones independientes para rechazar la evidencia (que no están fundadas en nuestro saber que p), como por ejemplo que tenemos una idea general, quizá basada en otros casos, de la falta de rigor científico de este tipo de posiciones. Sin embargo, tener razones independientes para rechazar la evidencia no puede ser un principio adecuado para distinguir las posiciones dogmáticas legítimas. El punto de la paradoja es precisamente que el dogmático decide con anticipación rechazar toda evidencia en contra de p, lo cual debería incluir también evidencia indirecta.

Una alternativa mas prometedora podría ser sostener que en un caso como (R), donde es evidente que el principio de atracción es una tontería, la actitud dogmática esta justificada porque ninguna evidencia *podría* de hecho contar en contra de p. Pero incluso si fuera posible llevar adelante esta propuesta, dos limitaciones resultan obvias. Las actitudes dogmáticas legítimas estarían restringidas a casos sumamente evidentes donde no nos es posible concebir que algún tipo de evidencia pueda llevarnos a cambiar de opinión. Además, se obtendrían resultados muy diferentes entre sujeto y sujeto desde la perspectiva de la primera persona. Para probarlo, basta mostrar la abrumadora cantidad de copias de *El Secreto* que se han vendido.

Otro pregunta interesante que suscita la paradoja del dogmatista concierne la distinción entre la primera y la tercera persona. Si bien en las presentaciones que hemos considerado la paradoja no requiere que el sujeto sepa que sabe que p (el principio CC, de acuerdo al cual el conocimiento de

---

[128] El Secreto es un libro muy popular de autoayuda escrito por Rhonda Byrne y que tiene como objetivo proponer y defender el 'principio de atracción'.

primer orden conlleva conocimiento de segundo orden), tal vez se pueda argumentar que desde la perspectiva de la primera persona la actitud dogmática sólo tiene sentido si el agente sabe que sabe que p. Pero la pregunta persiste, ¿por qué no sería suficiente que yo simplemente sepa que p para que resuelva evitar completamente toda evidencia futura?[129]

Si lo que hemos argumentado aquí es correcto, la paradoja del dogmatista y la actitud dogmática que conlleva ciertamente ameritan un estudio mas detallado, ya que al parecer todos adoptamos, en mayor o menor medida, actitudes dogmáticas en algún momento.[130]

Referencias bibliográficas:

Harman, G. (1973): *Thought*. Princeton University Press.
Hintikka, J. (1962): *Knowledge and Belief*. Ithaca, N.Y.,Cornell University Press.
Kripke, S. (2011): *Philosophical Troubles. Collected Papers Vol I*. Oxford University Press.
Lewis, D. (1996): "Elusive knowledge". *Australasian Journal of Philosophy* 74 (4), pp. 549 – 567.
Malcolm, N. (1952): "Knowledge and Belief". *Mind* 61, pp. 178-89.
Nozick, R. (1981): *Philosophical Explanations*. Harvard University Press.
Sharon, A. y Spectre, L. (2010): "Dogmatism repuzzled". *Philosophical Studies* 148 (2), pp. 307 - 321.
Sorensen, R. (1988): Dogmatism, Junk Knowledge, and Conditionals. *Philosophical Quarterly* 38, pp. 433– 454.

---

[129] En un simposio (APA Eastern Division Meeting, diciembre de 2013) sobre el libro de Kripke, Philosophical Troubles, John Hawthorne sugirió que la actitud dogmática nos revela un aspecto negativo sobre el sujeto que la adopta, ya que alguien que está dispuesto a adoptar una actitud dogmática en un caso, casi siempre estará dispuesto a adoptarla también en muchos otros casos, incluso en aquellos en los que no sabe que p pero cree que sabe.

Si bien esto puede llegar a darse en algunos casos más comprometidos, yo diría que, por el contrario, mi actitud dogmática respecto de la astrología, los libros de autoayuda, etc., habla bien de mí.

[130] Agradezco a Saul Kripke por discusiones esclarecedoras acerca del dogmatismo y a Fernando Birman por la ayuda editorial.

Capítulo 11: LA PARADOJA DE LA LOTERÍA

Gustavo Bodanza [131]

§ 1. La paradoja

Pensemos en una lotería seria –i.e. sin trampas- que pone en juego un millón de billetes. Puesto que es seria, uno y sólo uno de esos billetes resultará ganador. Pensemos ahora en un billete en particular, digamos, el billete i. La probabilidad de que el billete i resulte ganador es de $1/1.000.000$ o, lo que es equivalente, $0,000001$. ¿Creeríamos racionalmente que el billete i resultará ganador? Seguramente creeríamos que i no resultará ganador, digamos que por una "regla de aceptación probabilística". Después de todo, la probabilidad de que i no salga elegido es $0,999999$; diríamos que es "casi cierto" que i no resultará ganador. Ahora bien, esto que creeríamos acerca del billete i lo creeríamos igualmente de cualquiera de los billetes. Es decir: sea $\{1, 2, ..., 1.000.000\}$ el conjunto de todos los billetes de esta lotería, entonces para cualquier billete i, $1 \leq i \leq 1.000.000$, creeríamos que i no resultará ganador. Pero, como es generalmente aceptado por los lógicos, si creemos racionalmente una cosa P y creemos racionalmente otra cosa Q, entonces debemos creer racionalmente en la conjunción de ambas, i.e. $P \wedge Q$. Digamos, en este caso, que por un "principio de conjunción de creencias racionales". Siguiendo este principio, entonces, con respecto a nuestra lotería inferiríamos que el billete 1 no resultará ganador y que el billete 2 no resultará ganador y ... y que el billete 1.000.000 no resultará ganador. O sea, creeríamos que *ningún* billete resultará ganador. Pero entonces, y aplicando el mismo principio, creeríamos a la vez que exactamente un billete resultará ganador (puesto que la lotería es seria) y que ningún billete resultará ganador. Esto es una obvia contradicción. Y no son racionalmente aceptables las creencias contradictorias.

Hemos mencionado tres principios de la aceptación racional que están en juego en el planteo de la paradoja:

---

[131] **Conicet – Universidad Nacional del Sur**

1. Es racional aceptar una proposición cuya verdad es altamente probable ("regla de aceptabilidad probabilística"),
2. Si es racional aceptar una proposición P y es racional aceptar otra proposición Q entonces es racional aceptar la proposición P ∧ Q ("principio de conjunción de creencias racionales").
3. No es racional aceptar inconsistencias ("principio de no contradicción"),

Siendo que la paradoja de la lotería muestra la incompatibilidad de estos tres principios tomados en conjunto, es menester rechazar alguno de ellos. Como es de esperar, la mayoría de los enfoques hacen frente al primero o al segundo.

§ 2 La regla de aceptabilidad probabilística

G. Wheeler (2007) hace una extensa revisión de la abundante literatura que ha motivado esta paradoja. En su trabajo distingue algunos enfoques comunes. Con respecto a la regla de aceptación probabilística está la opinión de que la evidencia estadística no es suficiente para la creencia racional, ya sea porque en ella se pierde información explicativa o causal –e.g. G. Harman (1968)-, o porque tal evidencia por sí sola no puede garantizar la consistencia lógica –e.g. I. Levi (1967)-, o porque la noción de aceptación racional misma es problemática si está basada en probabilidades subjetivas de proposiciones cuyo valor es menor que 1 –e.g. J. Hintikka y R. Hilpinen (1966). Pero esto muestra que, aún entre quienes sostienen que el problema está en la aceptación racional, no hay acuerdo en cuanto a cuál es el origen de tal problema.

También desde un punto de vista probabilístico extremo se puede estar de acuerdo en el diagnóstico de que la aceptación racional falla, pero con un argumento más simple aún: si una proposición es altamente probable, lo racional es aceptar sólo que es altamente probable, no que es verdadera. Ciertamente, este punto de vista hace parecer inútil todo intento de hallar una lógica de la aceptación racional que siente las bases tanto para la aceptación de creencias como para la toma de decisiones. Si aceptamos ese enfoque, ¿cuál es la razón para construir una lógica así? Después de todo, ¿de qué sirve saber que una proposición es altamente probable (improbable) si no podemos usar esa información para aceptarla (rechazarla)?

Por otra parte, podemos pensar que la aceptación probabilística es válida sólo como una forma de razonamiento tentativo, de modo que las conclusiones que obtenemos con ella están sujetas a la interacción con otros argumentos que pueden derrotarlas. Esto reduce su estatus de principio al de regla *default* o *prima facie*. A continuación veremos más detenidamente este punto de vista en el enfoque de J. Pollock, para quien la paradoja de la lotería ha sido un banco de pruebas de las diferentes versiones de su teoría del razonamiento derrotable.

§ 3 El enfoque del razonamiento derrotable y la derrota colectiva

En su teoría del razonamiento derrotable, J. Pollock (1991, 2001, etc.) trata al razonamiento probabilístico como una forma de razonamiento derrotable particular. Más precisamente, considera el *silogismo estadístico* como un caso especial de razonamiento con razones prima facie:

Silogismo estadístico
Si $r > 0{,}5$ entonces '$Fc \land \text{prob}(G/F) \geq r$' es una razón prima facie para 'Gc', donde la fuerza de la razón es una función monótona creciente de r.

El silogismo estadístico encarna la regla de aceptación probabilística aunque de un modo debilitado, puesto que las conclusiones que depara son aceptables sólo bajo una modalidad *prima facie*. En su versión más general, las razones prima facie tienen el siguiente esquema:

Razón prima facie
'Fc y los casos en que se da F son mayormente casos en los que se da G' es una razón prima facie para 'Gc'.

Las razones prima facie son derrotables, o sea, no son conclusivas puesto que otras razones pueden rebatirlas. Pollock distingue dos tipos de derrotadores, los que actúan simplemente contradiciendo la conclusión (*rebutting defeaters*) y los que atacan la conexión entre las premisas y la conclusión (*undercutting defeaters*).

La paradoja de la lotería es planteada por Pollock en los siguientes términos[132]. Para cualquier billete i de la lotería, sea 'S_i' la proposición que

---

[132] Pollock refiere a la paradoja en varios de sus trabajos. Aquí esquematizamos la presentación de (Pollock, 2001).

afirma que el billete *i* pertenece a la lotería en cuestión y sea '*Bi*' la proposición que afirma que el billete *i* resultará ganador. Entonces podemos obtener las siguientes razones prima facie:

$'S_1 \wedge prob(\neg B_1/S_1) \geq 0,5'$ es una razón prima facie para '$\neg B_1$'
$'S_2 \wedge prob(\neg B_2/S_2) \geq 0,5'$ es una razón prima facie para '$\neg B_2$'
⋮
$'S_{1.000.000} \wedge prob(\neg B_{1.000.000}/S_{1.000.000}) \geq 0,5'$ es una razón prima facie para '$\neg B_{1.000.000}$'

Con ellas podemos construir argumentos derrotables para cada conclusión $\neg B_i$; pero recordemos que también podemos construir un argumento deductivo para $B_1 \vee \ldots \vee B_{1.000.000}$ a partir del dato de que la lotería es justa. Lo que ocurre aquí, entonces, es –según Pollock- un caso de *derrota colectiva* (*collective defeat*): un conjunto de dos o más argumentos tal que cada argumento es derrotado por otro argumento del conjunto. Nótese que el conjunto de conclusiones $\{\neg B_1, \ldots, \neg B_{1.000.000}, B_1 \vee \ldots \vee B_{1.000.000}\}$ es inconsistente. Como cada subconjunto de la forma $\{\neg B_1, \ldots, \neg B_{i-1}, \neg B_{i+1}, \ldots, \neg B_{1.000.000}, B_1 \vee \ldots \vee B_{1.000.000}\}$ implica Bi, tendremos un argumento derrotador para cada conclusión $\neg Bi$. Así, cada conclusión $\neg B_i$ quedará bloqueada por un argumento que concluye Bi. Intuitivamente, el problema se ve como sigue. Elegimos un billete, digamos *i*. Tenemos razones para creer que ese billete no resultará ganador, puesto que la probabilidad de que eso ocurra es muy baja. Pero también tenemos razones para creer que ganará, puesto que tenemos razones para creer que todos los demás perderán y sabemos que uno resultará ganador. Entonces, para cada conclusión $\neg Bi$ podemos derivar un derrotador B_i de todas las demás conclusiones $\neg Bj$, y así tenemos un caso de derrota colectiva. En consecuencia, no hay paradoja. Todas las conclusiones son derrotables y no deberíamos concluir de cada billete que no resultará ganador. Aunque creamos que es altamente improbable que un billete cualquiera resulte ganador, esto –sostiene Pollock- no produce inconsistencias.

§ 4 La paradoja a la luz de la semántica de asignación de estados de derrota

La situación de bloqueo vista arriba se puede describir más precisamente a través de la semántica que particularmente Pollock propone para el razonamiento derrotable. Según esta semántica, a cada argumento construido con razones prima facie se le puede asignar uno de dos valores posibles: "derrotado" (*defeated*) o "no derrotado" (*undefeated*). El estado epistémico de un agente se puede representar con un *(di)grafo de inferencias* <*A*,

$R \cup D>$, donde A es el conjunto de nodos, que representan las proposiciones y $R \cup D$ es el conjunto de arcos, donde $R \subseteq A \times A$ representa las relaciones inferenciales (lógicas o prima facie) entre nodos, y $D \subseteq A \times A$ representa la relación entre argumentos derrotadores y argumentos derrotados[133]. Luego Pollock define una función de *asignación parcial de estado* (*partial status assignment*) σ : $A \to$ {'derrotado', 'no derrotado'} tal que:

(1) σ asigna 'no derrotado' a todo nodo inicial (i.e. aquellos cuyo conjunto de derrotadores es vacío y no se infieren de ningún otro nodo);

(2) σ asigna 'no derrotado' a un nodo α si y sólo si σ asigna 'derrotado' a todos los nodos-derrotadores de α y 'no derrotado' a todos los nodos de los que se infiere σ;

(3) σ asigna 'derrotado' a un nodo α si y sólo si σ asigna 'no derrotado' a algún nodo-derrotador de α o 'derrotado' a algún nodo de los que se infiere σ.

σ es una *asignación de estado* si y sólo si σ es una asignación parcial de estado y no está contenida propiamente en ninguna asignación parcial de estado. Entonces, un nodo α está *no derrotado* si y sólo si toda asignación de estado asigna 'no derrotado' a α; en otro caso, α está *derrotado*.

En el caso de la lotería, entonces, tenemos que para cada billete *i* hay una asignación de estado que asigna 'derrotado' a $\neg Bi$ y 'no derrotado' a todos los demás $\neg Bj$. Luego, a ninguna de estas conclusiones se le asigna 'no derrotado' en *todas* las asignaciones de estado. Por lo tanto, todas ellas están derrotadas. O sea, la conclusión 'ningún billete resultará ganador' no puede ser justificada (pero 'algún billete resultará ganador' sí).

---

[133] Para simplificar, identificaremos cada argumento con su conclusión.

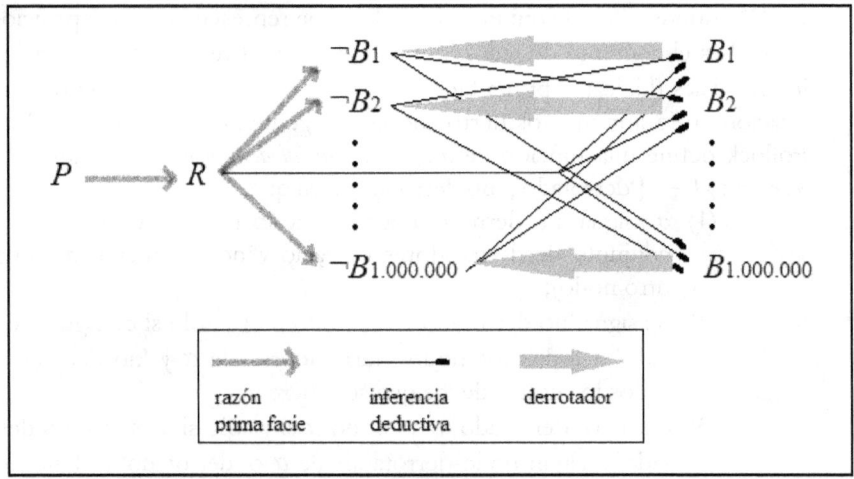

Figura 1. Inferencias y derrotas en la paradoja de la lotería

§ 5 La paradoja de la paradoja de la lotería

El principal interés de Pollock no era resolver la paradoja de la lotería, sino hallar una semántica adecuada para el razonamiento derrotable. Sin embargo, esta paradoja se mostraba como contraejemplo de algunos ensayos anteriores de semánticas de asignación de estado –e.g. J. Pollock (1987). Es en ese derrotero que Pollock deriva una nueva paradoja que complica más las cosas. La llama 'paradoja de la paradoja de la lotería' (*lottery paradox paradox*).

Sea R la afirmación de que la lotería es seria y supongamos que tenemos conocimiento de R a partir de una información P proveniente de una fuente confiable (e.g. un determinado periódico), de modo que P es una razón prima facie para R. Siguiendo el razonamiento de la paradoja de la lotería (fig. 1), puesto que de R se infiere con razones prima facie que $\neg B_1 \wedge \neg B_2 \wedge \ldots \wedge \neg B_{1.000.000}$, podemos luego derivar la conclusión de que la lotería no es seria, o sea, tendremos una razón prima facie para concluir $\neg R$. Pero esto contradice la hipótesis (fig. 2). Aquí tenemos un caso distinto de argumento que se auto-derrota. En la paradoja de la lotería las inferencias no nos deberían llevar a no creer en la descripción proveniente de la fuente confiable y, así, R debería resultar no derrotado. Las asignaciones de estado para la paradoja de la lotería se mantienen en esta nueva paradoja: $\neg R$ recibe 'derro-

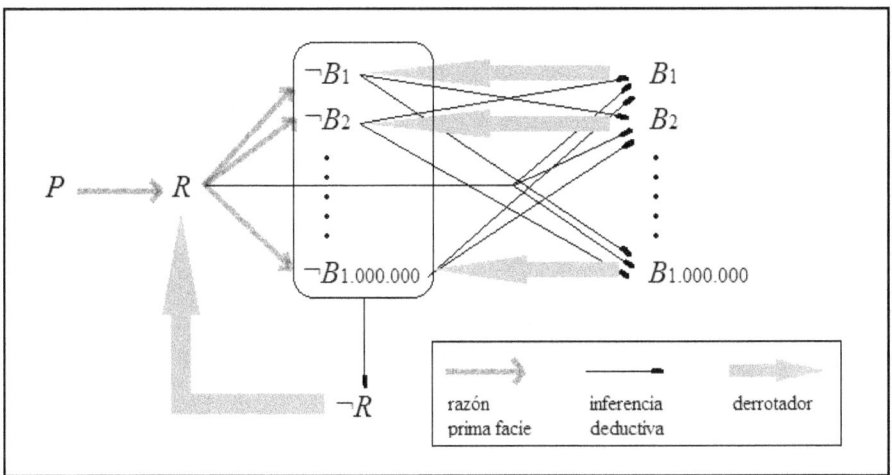

Figura 2. Inferencias y derrotas en la paradoja de la paradoja de la lotería

tado' en todas las asignaciones porque se infiere de la conjunción de todos los enunciados $\neg Bi$, pero cada uno de éstos recibe 'derrotado' en alguna asignación.

Lo interesante de este caso desde el punto de vista del razonamiento derrotable es que se da una auto-derrota más allá de las derrotas colectivas. De hecho, podemos encontrar casos más simples con el mismo esquema de auto-derrota donde se aprecia más claramente la diferencia.

Sean P, R, T_1 y T_2 enunciados conectados por razones prima facie y derrotas como se diagrama en la fig. 3. Entonces R recibe 'no derrotado' en todas las asignaciones de estado, T_1 y T_2 reciben cada uno 'derrotado' en alguna asignación y $\neg R$ recibe 'derrotado' en todas las asignaciones. Luego,

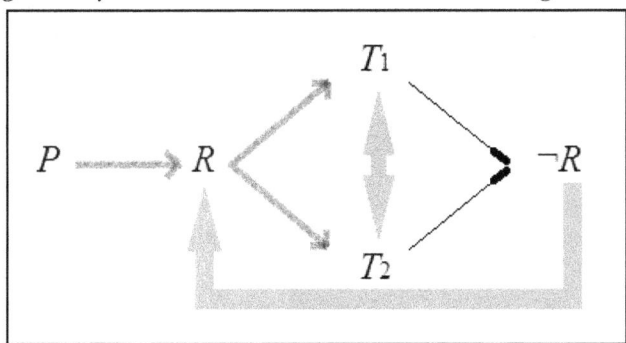

Figura 3

T_1, T_2 y $\neg R$ resultan derrotados y R resulta no derrotado. Según Pollock, la semántica se comporta de acuerdo a la intuición y la paradoja se desvanece.

En conclusión, podemos decir que, desde el punto de vista de la teoría del razonamiento derrotable de Pollock, el principio de aceptación probabilística no puede considerarse un principio estrictamente. El silogismo estadístico es una forma de razón prima facie y, como tal, da lugar a argumentos que no pueden quedar justificados en tanto haya argumentos opuestos que no sean a su vez derrotados. El razonamiento para la aceptación de creencias es un proceso complejo en el que se distinguen al menos dos planos: uno, el de la construcción de argumentos con reglas prima facie; otro, en el que los argumentos interactúan derrotándose unos a otros. Sólo los argumentos que sobreviven en el segundo plano podrán considerarse justificados (*warranted*, en términos de Pollock). En el caso de la lotería, ninguno de los argumentos que concluyen que un billete particular no resultará elegido está justificado. Y como éstos son a su vez subargumentos de cada uno de aquellos argumentos que concluyen que un billete particular resultará ganador, tampoco éstos están justificados.

§ 6 El principio de conjunción de creencias

Cuando Kyburg presenta la paradoja de la lotería su objetivo no es sólo mostrar la incompatibilidad de los tres principios sino argumentar específicamente en contra del principio de conjunción de creencias. La conjunción es claramente aceptable desde el punto de vista del razonamiento deductivo, esto es, si P y Q son ambas verdaderas, entonces P ∧ Q es necesariamente verdadera. Pero cuando las creencias se basan en información probabilística hay incertidumbre, y aquí tal principio no se aplica. Para cada billete i de la lotería, aunque creamos racionalmente que i no saldrá elegido (a pesar de Pollock), eso no nos compromete necesariamente con la creencia de que *ningún* billete saldrá elegido. C. Teng (2012) argumenta que la certeza práctica es la aceptación de una proposición que, al ser evaluada en relación a la evidencia, sus chances de error están por debajo de cierto umbral estipulado; cuando el principio de conjunción se examina en relación a los parámetros del umbral podemos ver que las chances de error de las conjunciones pueden superar esos parámetros.

Otro argumento para rechazar el principio de conjunción es el de quienes sostienen que los enunciados de la lotería deben ser entendidos como permisos de creencia: para cada billete i, *está permitido* creer que i no resultará elegido dada la alta probabilidad de que su elección no suceda. El rechazo del principio de conjunción proviene de que los permisos no pueden sumarse. Tener permiso para tomar un caramelo cualquiera de un frasco no implica tener permiso para tomar todos los caramelos. Recientemente, T. Kroedel (2012) ha defendido esta postura. En contraposición, C. Littlejohn (2012) le discute que identificar una creencia suficientemente probable con una creencia permisible tiene consecuencias absurdas. Siguiendo el principio de permisibilidad, uno puede permitirse creer que el billete b_1 no será elegido, y luego que b_1 y b_2 no serán elegidos, y luego que b_1, b_2 y b_3 no serán elegidos, y así sucesivamente, pero esto claramente tiene un límite en algún índice n (mucho) menor que 1.000.000; sea cual sea tal límite, no podemos permitirnos creer que b_{n+1} no será elegido. Pero esto entra en contradicción con la creencia permitida inicialmente de que b_{n+1} no será elegido. En respuesta, T. Kroedel (2013) dice que esta objeción comete la falacia de la separación factual (*factual detachment*). Si creo b_1, b_2, ... y b_n junto con b_{n+1} estoy haciendo algo que no tengo permitido (creer todo eso a la vez), pero a la vez estoy haciendo un montón de cosas que tengo permitidas (creer cada caso particular). Hago algo incorrecto, y eso –sostiene Kroedel- no está mitigado por el hecho de que algunas de las acciones cognitivas que constituyen esa acción incorrecta no sean ellas mismas incorrectas. Sin embargo, el ejemplo de los caramelos lo deja claro: si tomamos todos los caramelos del frasco podrán culparnos por haberlos tomado todos a la vez, pero no podrán culparnos por haber tomado ningún caramelo en particular. Podría objetarse que plantear este ejemplo como análogo es confundir el permiso epistémico con el permiso deóntico. Pero en todo caso, concluye Kroedel, el problema es que justamente ocurre con permisos de todo tipo, no sólo epistémicos. El problema, entonces, excede a la paradoja de la lotería.

Finalmente mencionaremos que, más allá de los argumentos que llevan al rechazo del principio de conjunción de creencias, el problema ha despertado el interés por la construcción de lógicas formales que invalidan tal principio (*non-adjunctive logics*). Entre ellas, destacamos la de H. Arló-Costa (2005), que define un sistema modal donde un operador □ es tal que □P y □Q no implica □(P ∧ Q).

§ 7 La paradoja de la lotería y su relación con la paradoja del prefacio[134]

---

[134] Ver "La paradoja del prefacio" en este volumen.

La paradoja de la lotería suele verse como una contraparte probabilística de la paradoja del prefacio elaborada por D. Makinson (1965) –o al revés, la del prefacio como contraparte cualitativa de la de la lotería- compartiendo ambas una misma estructura. Por esto usualmente se las trata en conjunto como miembros de una misma categoría, bajo el rótulo de *paradojas de la aceptación racional* –J. Hawthorne y L. Bovens (1999); G. Wheeler (2006). Por el contrario, Pollock entiende que las creencias del tipo de las de la paradoja del prefacio son distintas a las involucradas en la paradoja de la lotería, razón por la cual rechaza tratarlas del mismo modo –J. Pollock (1994). Lo que tienen estas paradojas en común es que en ambos casos tenemos un conjunto de proposiciones, cada una de las cuales es soportada por un argumento derrotable, y una razón para creer que no todos los miembros del conjunto son proposiciones verdaderas. Sin embargo, Pollock sostiene que, a diferencia de la paradoja de la lotería, en la paradoja del prefacio la creencia en todas las proposiciones del conjunto está justificada, lo cual se desprende del análisis en términos de su teoría del razonamiento derrotable. De hecho, hay una diferencia en el planteo que también parece ser clave: en el caso de la lotería, el supuesto de que la lotería es seria sugiere atribuirle probabilidad 1 a la creencia de que exactamente un billete resultará ganador, mientras en el caso del prefacio, la creencia en que no todas las proposiciones del libro son verdaderas tendrá una alta probabilidad, pero estrictamente menor que 1.

§ 8 Comentarios finales

La paradoja de la lotería presenta un desafío para algunas de las intuiciones más comunes con respecto al razonamiento bajo incertidumbre, básicamente, los principios de aceptabilidad probabilística y de conjunción de creencias racionales. Aquí hemos esbozado algunos de los enfoques que cuestionan a uno y otro principio. Nos detuvimos especialmente en la teoría del razonamiento derrotable de Pollock, no porque sea la solución que más nos satisface, sino porque brinda un tratamiento formal y preciso de la paradoja a través de un modelo bien desarrollado del razonamiento bajo incertidumbre en sentido amplio. Sin embargo, debemos decir que el enfoque no está libre de objeciones. Principalmente es cuestionado por I. Douven y T. Williamson (2006), quienes partiendo de ciertos supuestos sobre la noción de 'derrotador' de Pollock, construyen un argumento formal para mostrar que toda proposición que tenga probabilidad imperfecta (i.e. menor que 1) caerá fuera de lo racionalmente aceptable.

Otras variantes de la paradoja se pueden encontrar en la literatura, además de lo visto en el apartado sobre la paradoja de la paradoja de la lotería. Por ejemplo, J. Pollock (2001) estudia diversos grados de justificación de argumentos derrotables usando casos de loterías donde una distribución de probabilidades sobre los billetes les otorga pesos diversos.

La paradoja sigue despertando interés por sus implicancias no sólo en razonamiento probabilístico sino también –como se desprende de los trabajos citados- cualitativo, ampliativo, no-monótono, bajo incertidumbre; en lógicas epistémicas, modales, condicionales; en representación del conocimiento, teoría de la argumentación; etc.

Referencias bibliográficas:

Arló-Costa, H. (2005) "Non-adjunctive inference and classical modalities", *Journal of Philosophical Logic*, 34, 6, pp. 581-605.
Douven, I. & Williamson, T. (2006) "Generalizing the lottery paradox", *British Journal for the Philosophy of Science*, 57, pp. 755-79.
Harman, G. (1968) "Knowledge, inference, and explanation", *American Philosophical Quarterly*, 5, pp. 164-73.
Hawthorne, J. & Bovens, L. (1999) "The preface, the lottery, and the logic of belief", *Mind*,108, pp. 241-264.
Hintikka, J. & Hilpinen, R. (1966) "Knowledge, acceptance, and inductive logic", en Hintikka, J. & Suppes, P. (eds.) *Aspects of inductive logic*, North Holland Press, Amsterdam.
Kroedel, T. (2012) "The Lottery Paradox, Epistemic Justification, and Permissibility," *Analysis*, 72, 1, pp. 57-60.
Kroedel, T. (2013) "Permissibility solution to the lottery – Replay to Littlejohn", *Logos & Episteme*, IV, 1, pp. 103-111.
Kyburg, H. (1961) *Probability and the logic of rational belief*, Wesleyan University Press, Middletown.
Levi, I (1967) *Gambling with Truth*, MIT Press, Cambridge, MA.
Littlejohn, C. (2012) "Lotteries, probabilities, and permissions", *Logos & Episteme*, III, 3, pp. 509-514.
Makinson, D. (1965) "Paradox of the preface", *Analysis*, 25, pp. 205-207.
Pollock, J. (1987) "Defeasible reasoning", *Cognitive Science*, 11, pp. 481-518.
Pollock, J. (1991) "A theory of defeasible reasoning", *International Journal of Intelligent Systems*, 6, pp. 33-54.
Pollock, J. (1994) "Justification and defeat", *Artificial Intelligence*, 67, pp. 377-407.
Pollock, J. (2001) "Defeasible reasoning with variable degrees of justification", *Artificial Intelligence*, 133, pp. 233-282.

Teng, C.M. (2012) "When adjunction fails", *Synthese*, 186, 2, pp. 501-510.
Wheeler, G. (2006) "On the structure of rational acceptance: comments on Hawthorne and Bovens", *Uncertainty, Rationality, and Agency*, pp. 117-134.
Wheeler, G. (2007) "A review of the lottery paradox", en Harper, W. & Wheeler, G. (eds.) *Probability and Inference: Essays in Honour of Henry E. Kyburg, Jr.*, King's College Publications, pp. 1-31.

Capítulo 12: LA PARADOJA DE NEWCOMB

Ignacio Ojea Quintana [135]

§ 1 Introducción

Hay dos cajas frente a usted. Una de ella es traslúcida y contiene US$1000, la otra es opaca. Usted sabe que la caja opaca contiene un millón de dólares o nada, dependiendo de una predicción que fue hecha el día anterior. Debe decidir entre: [A1] Tomar solamente la caja opaca, o [A2] tomar las dos. La predicción fue hecha por un Predictor extremadamente confiable (usted cree que es extremadamente confiable) y fue acerca de la decisión que usted está por tomar. El Predictor puso un millón de dólares en la caja opaca si y sólo si predijo que usted elegirá la opción A1. La tabla 1 es una representación del problema de decisión. Un presupuesto adicional es que usted sabe que el mundo es tal que eventos del futuro no pueden causar eventos del pasado. En particular, nada que haga usted hoy afecta causalmente lo que hizo el Predictor ayer. La pregunta es entonces: ¿Qué debería hacer usted?

	Predictor predijo A1 [E1]	Predictor predijo A2 [E2]
Tomar la caja opaca [A1]	US$M	US$0
Tomar las dos cajas [A2]	US$M+US$1000	US$1000

Robert Nozick (1969) presentó originalmente este caso como un problema para la teoría de la decisión. El nombre del problema se debe al físico William Newcomb a quién Nozick atribuye la primera formulación de la paradoja.

En la literatura, aquellos que optan por A1 suelen llamarse *"one-*

---

[135] Columbia University - Buenos Aires Logic Group

boxers" y aquellos que optan por A2 suelen llamarse "*two-boxers*". *Grosso modo*, los primeros sostienen que en la medida en que el Predictor es muy confiable (asumamos por el momento que acierta 9 de cada 10 veces), lo más natural es esperar que si la agente elije la opción A1, la expectativa de que el Predictor haya acertado es muy alta y por lo tanto haya un millón de dólares en la caja opaca. Para ellos, si la agente elije la opción A2, es probable que el Predictor lo haya anticipado y por lo tanto no haya puesto el millón de dólares en la caja opaca, de modo que sólo termine ganando US$1000. Por otro lado, quienes optan por A2 argumentan que -dado que no hay causación hacia el pasado- la elección que la agente haga hoy no puede afectar lo que hizo el Predictor ayer. Y eligiendo A2, ella se garantiza US$1000 más cualquiera haya sido la predicción del Predictor.

Para dar más contenido a las dos posiciones, es necesario introducir algunos formalismos. Consideremos una matriz de decisión de 2x2 como la siguiente[136]:

	Estado 1	Estado 2
Acto 1	v(E1&A1)	v(E2&A1)
Acto 2	v(E1&A2)	v(E2&A2)

v(Ei&Aj) es el valor que el agente le asigna al resultado de ejecutar el Acto j cuando el estado del mundo es Estado i. Asumamos que {Estado 1, Estado 2} constituye una partición del espacio de posibilidades (i.e. son mutuamente excluyentes y conjuntamente exhaustivos). Supongamos además que la agente tiene una función de probabilidad P sobre sobre el σ-álgebra de posibilidades que representa su grado de creencia en las distintas proposiciones. Para calcular cuál opción es la más racional, hay que calcular cuál de los dos actos tiene mayor utilidad o valor esperado. El modo estándar de hacerlo es el siguiente:

- UE(A1) = P(Estado 1, si Acto 1).v(E1&A1) + P(Estado 2, si Acto 1).v(E2&A1)
- UE(A2) = P(Estado 1, si Acto 1).v(E1&A1) + P(Estado 2, si Acto 1).v(E2&A1)

El punto de desacuerdo entre aquellos que optan por A1 y aquellos

---

136   Confío en que el lector sabrá generalizar el caso a otras matrices.

que optan por A2 en el problema de Newcomb es como caracterizar, en las ecuaciones arriba, las expresiones de la forma "*P*(Estado *i*, si Acto *j*)". Tal como se lleva a cabo el debate, los dos partidos son el *evidencialista* y el *causalista*.

Para las *evidencialistas*, expresiones de la forma "*P*(Estado *i*, si Acto *j*)" tienen que ser formalizadas como una probabilidad condicional $P(Ei/Aj)=P(Ei\&Aj)/P(Aj)$. Este es el enfoque principalmente desarrollado por Richar Jeffrey ([1965] 1983). En el caso particular de Newcomb, suponiendo que el único valor relevante es el monetario, las ecuaciones que se obtienen son:

- VE(A1) = $P(E1/A1).M + P(E2/A1).0$.
- VE(A2) = $P(E1/A2).(M+1000) + P(E2/A2).1000$.

Reservo VE(Ai) para referirme al *valor* esperado de un acto Ai en una teoría evidencialista; en contraste con UE(Ai), la utilidad esperada de un acto Ai en una teoría causalista. Dado que asumimos que el Predictor es muy confiable, sabemos que hay cierta conexión *evidencial* entre ejecutar un acto y la predicción pasada. En este caso, $P(E1/A1)=P(E2/A2)=0.9$ y $P(E2/A1)=P(E1/A2)=0.1$. De modo que UE(A1)=900.000 y UE(A2)=101000. Claramente A1 tiene mas utilidad esperada que A2.

Para los *causalistas*, expresiones de la forma "*P*(Estado *i*, si Acto *j*)" deben ser interpretadas como la probabilidad que la agente le asigna a condicionales subjuntivos de la forma "Si yo fuera a realizar el Acto *j*, el estado del mundo sería Estado *i*"[137]. En general, hay varias formas de formalizar esa intuición que serán desarrolladas más adelante. Por el momento y por simplicidad, asumamos que "*P*(Estado *i*, si Acto *j*)" debe ser formalizado como "$P(Aj\square\!\rightarrow Ei)$", donde "$Aj\square\!\rightarrow Ei$" es una formalización del condicional subjuntivo recién mencionado. Las ecuaciones para el caso de Newcomb entonces son:

- UE(A1) = $P(A1\square\!\rightarrow E1).M + P(A1\square\!\rightarrow E2).0$
- UE(A2) = $P(A2\square\!\rightarrow E1).(M+1000) + P(A2\square\!\rightarrow E2).1000$

Dado que el caso presupone que *no* hay conexión *causal* entre la

---

137   La idea original de representar el problema usando condicionales subjuntivos se debe a Robert Stalnaker (1972, 1981b) en una carta a David Lewis.

ejecución de los actos y la predicción pasada, $P(A1\square \to E1)=P(A2\square \to E1)=P(E1)$ y $P(A1\square \to E2)=P(A2\square \to E2)=P(E2)$. La suposición de que la agente haga A1 o A2 no cambia el grado de creencia que tiene en que *ocurrió* E1 o E2. En el caso de Newcomb los actos y los estados del mundo son causalmente independientes. Por lo tanto, $UE(A1)=P(E1).M < UE(A2)=P(E1).(M+1000) + P(E2).1000 = UE(A1) + 1000$.

El desacuerdo es entonces que clase de dependencia debe entrar en consideración a la hora de evaluar la utilidad esperada de los distintos actos. Mientras que los evidencialistas creen que lo importante es la dependencia entre las piezas de información con las que la agente cuenta, los causalistas creen que es la dependencia causal entre los actos de la agente y los estados del mundo. La Paradoja o Problema de Newcomb es considerado un argumento a favor de la llamada Teoría de la Decisión Causal (TDC) y en contra de la Teoría de la Decisión Evidencial (TDE), porque para muchos filósofos el curso racional de acción de la agente es A2, tomar las dos cajas. En las siguientes secciones desarrollaré varios elementos del debate entre TDC y TDE.

§ 2 Newcomb: ¿Un caso irrelevante?

Una de las primeras objeciones contra casos como el de la Paradoja de Newcomb es que se trata de casos irrelevantes, producto de un ocio filosófico estéril. Cualquier teoría de la decisión, si ha de tener algún valor descriptivo o normativo, debe poder aplicarse en una variedad de situaciones concretas; ya sea de la vida individual de las personas o en los procesos de decisión llevados a cabo por organismos gubernamentales, empresas u O.N.Gs. Sin embargo, ¿Cuántas veces nos encontramos con casos en los que hay un Predictor cuya predicción es precisamente sobre la decisión en cuestión? ¿Cuánto valor explicativo o normativo tienen estos casos? En particular, distintas formas de la TDE han resultado sumamente fértiles en varios campos de aplicación. ¿Porqué un caso como el de Newcomb que es tan fuera de lo normal debe llevarnos a abandonar una teoría tan bien entendida y útil? Algunos ejemplos ofrecidos por David Lewis (1981) quizás puedan dar más peso a casos como el de Newcomb:

- Imagine que se le ofrece un bien menor, y usted debe decidir entre tomarlo o dejarlo. Supongamos también que usted puede sufrir un gran mal, pero usted cree que que usted sufra ese mal o no está completamente fuera de su control. En particular, no depende causalmente de ningún modo en su decisión sobre si quedarse o no con el bien menor. ¿Es racional de su parte rechazar el bien? Lo más intuitivo, sostiene Lewis, es decir que no.

- Asuma que usted prefiere fumar o comer huevos fritos a salir a correr. Suponga que usted cree, contra toda creencia popular, que esos placeres no son dañinos para su organismo. Sin embargo, usted cree que puede tener cierta condición clínica X. Nada hay que usted pueda hacer al respecto de esa condición, y si usted la posee eventualmente le hará mucho daño. Pero usted está convencido de que quienes poseen esa condición X tiene cierta tendencia, aunque sea mínima, a comer huevos fritos o fumar. De modo que si usted encuentra que tiene cierta disposición a comer huevos fritos o fumar, eso cuenta como evidencia de que usted posee aquella condición médica. ¿Cuenta lo último como una razón para usted negarse dichos placeres? Lewis cree que no.

Varios ejemplos en la literatura siguen el segundo de los aquí presentados. La idea es que si bien optar por alguna de las opciones cuenta como evidencia de que la agente tiene cierta condición X perjudicial, en la medida en que sus actos sean causalmente independientes de aquella condición, la agente debe elegir aquél acto que le produzca más satisfacción sin considerar la condición X.

Otro modo de ejemplificar la familiaridad de los casos como Newcomb se debe a Allan Gibbard y William Harper (1978, 1981: Sec. 12) y también a D. Lewis (1979): El dilema de la prisionera con gemelas psicológicos. Dos jugadoras, Fila y Columna, deben decidir entre cooperar (C) y no cooperar (D). La elección es simultánea para las dos jugadoras y ninguna de ellas puede afectar causalmente la elección de la otra. La recompensa de cada jugadora está en la siguiente tabla - (A,B) representa recompensa A para Fila y B para Columna.

	C_C	D_C
C_F	(M,M)	(0,M+1000)
D_F	(M+1000,0)	(1000,1000)

Este caso sigue el patrón del Dilema del Prisionero original, dado que M+1000>M>1000>0. *Fila y Columna son 'gemelas psicológicas', en el sentido de que para cada jugadora, cualquiera sea la elección de una, eso cuenta como fuerte evidencia de que la otra hará lo mismo. Ambas poseen esta información. No es difícil imaginar varias situaciones en donde el problema de decisión en juego es semejante a este.*

La analogía con la Paradoja de Newcomb es la siguiente. Uno de los jugadores es el Predictor y el otro el agente en cuestión. Supongamos que Fila es el agente. A la hora de calcular qué le conviene hacer, puede razonar de uno de dos modos. Si es evidencialista (muy probablemente) concluirá que le conviene cooperar. Esto es porque las utilidades son $UE(C_F) = P(C_C/C_F).M + P(D_C/C_F).0$ y $UE(D_F) = P(C_C/D_F).(M+1000) + P(D_C/D_F).1000$. Dado que son gemelas psicológicas, $P(C_C/C_F) = P(D_C/D_F) \gg P(D_C/C_F) = P(C_C/D_F)$. *Asumiendo que los valores numéricos de T y R son lo suficiente cercanos y que Fila cree con mucha confianza en que Fila es su gemela psicológica, Fila obtendrá algo muy cercano a R si coopera y algo muy cercano a P si no lo hace.*

Por otro lado, si Fila razona de modo causal, las utilidades son $UE(C_F) = P(C_F \square \rightarrow C_C).R + P(C_F \square \rightarrow D_C).S$

y

$UE(D_F) = P(D_F \square \rightarrow C_C).T + P(D_F \square \rightarrow D_C).P$.

Pero como las elecciones son causalmente independientes,

$P(C_F \square \rightarrow C_C) = P(D_F \square \rightarrow C_C) = P(C_C)$

y

$P(C_F \square \rightarrow D_C) = P(D_F \square \rightarrow D_C) = P(D_C)$.

De modo que, al igual que con el caso de Newcomb, no cooperar domina las otras alternativas.

§ 3 Teorías de la Decisión Causal

La teoría de la decisión causal adoptó varias formas. Gibbard y Harper (1978, 1981) fueron quienes elaboraron la idea original de Stalnaker de resolver la paradoja apelando a probabilidades de condicionales subjuntivos. Brian Skyrms (1980: Sec IIC) ofreció una teoría que no apela a esas probabilidades, si no que separa factores que los actos del agente pueden influenciar de factores que lo actos del agente no pueden influenciar. Sea $\{K_i\} i \in I$ una partición que especifica completamente los factores que el agente no puede influenciar y $\{C_j\} j \in J$ otra partición que especifica los factores que el agente puede influenciar. Para Skyrms, la formula que nos permite calcular la utilidad esperada de un acto A es lo que él llama su K-expectativa:

1. $UEk(A) = \sum_i P(K_i) \sum_j P(C_j / K_i \& A) U(C_j \& K_i \& A)$

La idea es que primero calculamos la utilidad esperada usando los factores sobre los que la agente puede influenciar [$\{Cj\} j \in J$], con respecto a cada combinación de factores sobre los que la agente no puede influenciar [$\{Ki\} i \in I$]. Esto se hace condicionando probabilisticamente, y obtenemos: $\sum j$ $P(Cj / Ki \& A) U(Cj \& Ki \& A)$. En este sentido hay similitudes con la expectativa evidencialista. Sin embargo, luego se computa el promedio ponderado por la probabilidad asignada a cada uno de los elementos de la partición $\{Ki\} i \in I$ de los factores sobre los cuales el agente no tiene ningún efecto.

David Lewis (1981) le dio a la TDC una de las formas que hoy es canónica. Para describirla, es útil retrotraerse a los trabajos de Leonard Savage (1954). Savage distinguió entre tres conceptos básicos para una teoría de la decisión: estados, actos y consecuencias. Los estados representan los distintos aspectos del mundo que están fuera del control de la agente. Los actos son las alternativas sobre las cuales la agente debe decidir, y consecuencias son los resultados determinados por los actos y los estados. Las consecuencias son lo que motiva a la agente a actuar. Savage definió a los actos como funciones de estados a consecuencias. Uno de sus mayores logros fue derivar, a partir del orden de preferencias que la agente tiene sobre sus actos, una función de utilidad sobre las consecuencias y una función de probabilidad subjetiva sobre los estados – siempre y cuando el orden en cuestión satisfaga ciertos principios.

La distinción entre estados, actos y consecuencias puede hacerse de otro modo. En particular, puede pensarse que cada uno de los conceptos representa una partición distinta del espacio de posibilidades. Las consecuencias son una partición del espacio de posibilidades con respecto a lo que le es relevante a la agente. Los actos son una partición con respecto a lo que la agente controla o tiene capacidad de decidir. Por último, los estados son los aspectos del mundo sobre los que dependen las consecuencias, pero sobre los cuales la agente no tienen ningún control. La idea que la agente tiene entonces una estimación sobre la medida en que puede determinar las consecuencias, y eso depende de dos componentes; aquello que está bajo su control (causal) [sus actos] y aquello que no [los estados]. Lewis introduce la noción de *hipótesis de dependencia* para dar luz sobre esto último.

> "Supóngase que alguien sabe todo lo que hay para saber respecto de como las cosas que le interesan dependen o no de sus acciones presentes. Si algo esta afuera de su control, de modo que ocurrirá -o tiene cierta chance de ocurrir- independientemente de lo que haga, entonces ella sabe eso con certeza. Y si algo esta en su control, ella lo sabe con certeza; además ella sabe el grado de influencia que tiene sobre eso y sabe que debe hacer para influenciarlo de una u otra manera.... Llamemos *hipótesis de dependencia* (para una agente en cierto tiempo) a la clase de proposición que este agente conoce – una proposición máximamente específica respecto a como las cosas que le importan dependen o no causalmente de su acción presente."

Dichas hipótesis son entonces una partición $\{K_i\} i \in I$ del espacio de posibilidades, cada una representa los distintos modos en que su actos pueden afectar o no las consecuencias. Lewis define la utilidad esperada de un acto A como:

0. $UE(A) = \sum_i P(K_i) U(K_i \& A)$

Y sostiene que lo que se debe hacer es maximizar esta utilidad. La fórmula que Lewis propone es la misma que la que propone Skyrms, suponiendo que la utilidad $U(K_i \& A)$ pueda ser expandida con respecto a la

partición de los factores que la agente puede influenciar, usando la fórmula
$U(K_i \& A) = \sum_j P(C_j / K_i \& A) U(C_j \& K_i \& A)$.

Hay varios modos de desarrollar formalmente qué es una hipótesis de dependencia K_i. Aquí optaré por definirla como una conjunción de condicionales subjuntivos. Volvamos al caso de la Paradoja de Newcomb. La agente tiene en este caso cuatro modos de caracterizar las relaciones causales entre sus actos y los estados: (K1) Haga lo que haga el Predictor predijo A1 [(A1☐→E1)&(A2☐→E1)], (K2) haga lo que haga el Predictor predijo A2 [(A1☐→E2)&(A2☐→E2)], (K3) (A1☐→E1)&(A2☐→E2) y (K4) (A1☐→E2)&(A2☐→E1). El lector debe leer 'Ai☐→Ej' como el subjuntivo "Si fuera a hacer Ai, el estado del mundo sería Ej". Como se ve, cada una de las hipótesis es máximamente específica respecto a como las consecuencias dependen o no causalmente de su acción presente. Dada esta partición, el problema de Newcomb puede representarse en la siguiente tabla:

	K1	K2	K3	K4
A1	US$M	US$0	US$M	US$0
A2	US$M+US$1000	US$1000	US$1000	US$M+US$1000

La agente asigna cierta probabilidad subjetiva a cada una de las K_i. Como cree que su acción presente no puede afectar la predicción pasada, P(K1)+P(K2)=1 y P(K3)=P(K4)=0; i.e. o bien el Predictor predijo A1 o predijo A2 al momento de tomar la decisión, la agente tiene certeza de que los actos presentes de ella no pueden afectar sus actos pasados. Las utilidades entonces son:

- UE(A1)=P(K1).M+P(K2).0

- UE(A1)=P(K1).(M+1000)+P(K2).1000

Y claramente UE(A2)>UE(A1), independientemente de los valores de P(K1) y P(K2).

Un último modo de formalizar la TDC utiliza ideas de J. Howard Sober (1978, 1994) y nuevamente de D. Lewis (1976). El problema, tal como fue presentado en la introducción, es cómo dar cuenta de probabilidades subjetivas de la forma: *P*(Estado j, si Acto i). Para lo evidencialistas esto tiene la forma de una probabilidad condicional, P(Ej/Ai)=P(Ej&Ai)/P(Ai) por definición. Para los causalistas, dicha *actualización* adopta varias formas, algunas de las cuales ya fueron presentadas. El método para actualizar grados de creencia que presentaré aquí se llama *'imaging'*.

Actualizar las probabilidades subjetivas usando probabilidades condicionales es la idea fundamental del Bayesianismo. La idea es que si una agente comienza con una probabilidad subjetiva $P_0(.)$ y adquiere cierta evidencia caracterizada por una proposición A; entonces su nueva probabilidad subjetiva $P_1(.)=P_0(./A)$. *Imaging* es otro modo de actualizar las creencias, distinto del recién descripto. Un modo intuitivo de describir la diferencia entre *imaging* y condicionalización bayesiana es que la primera es una actualización *subjuntiva* sobre la *suposición* de adquirir cierta evidencia A, mientras que la condicionalización es *indicativa* y sobre el *hecho* de haber recibido cierta evidencia. En el caso de Newcomb, o cualquier caso de decisión, el nudo del desacuerdo entre las teorías es si la agente debe evaluar la utilidad esperada de cada acto sobre la *suposición* de que lo hará ("si fuera a hacer Ai,...") o sobre un condicional indicativo como "si hago Ai,...".

Para dar forma a *imaging*, varias definiciones son necesarias. Presentaré aquí una versión simplificada para aplicar al problema de Newcomb. Comencemos con un espacio de mundos posibles W, asumamos por simplicidad que W={w1, w2, w3, w4}. Una proposición A es un subconjunto de W. A la inversa, un mundo wi hace verdadera una proposición A si y sólo si wi∈A. Necesitamos también una función de probabilidad P sobre el álgebra generado por W. P es aditiva en el sentido que dado Y subconjunto de W, P(Y)=∑P(wi), con wi∈Y. Nuevamente por simplicidad, asumamos que las proposiciones relevantes son A1={w1, w2}, A2={w3, w4}, E1={w1, w3} y E2={w2, w4}. Sea B={A1, A2, E1, E2}. Asumamos además que hay una función de selección C:WxB→W. Dado un mundo wi y una proposición X∈B (aquí sólo consideramos las relevantes al caso), C(wi,X) es el mundo más cercano a wi en donde X es verdadera. Restricciones obvias son que C(wi,X)=wi si wi∈X y que C(wi,X)∈X. Definimos entonces:

➢ P(wi,X)=∑P(wj), tales que C(wj,X)=wi.

> P(Y,X)=∑P(wi,X), tales que wi∈Y.

La idea es que cuando *imaginamos* o *suponemos* que X, cada mundo asigna su peso probabilístico al mundo posible más cercano a él en el que X es verdadera. Consideremos ahora el caso de Newcomb.

	Predictor predijo A1 [E1]	Predictor predijo A2 [E2]
Tomar la caja opaca [A1]	US$M	US$0
Tomar las dos cajas [A2]	US$M+US$1000	US$1000

	Predictor predijo A1 [E1]	Predictor predijo A2 [E2]
[A1]	P(w1)=P(A1&E1)=P(E1/A1).P(A1)=P(A1).0,9	P(w2)=P(A1&E2)=P(E2/A1).P(A1)=P(A1).0,1
[A2]	P(w3)=P(A2&E1)=P(E1/A2).P(A2)=P(A2).0,1	P(w4)=P(A2&E2)=P(E2/A2).P(A2)=P(A2).0,9

La primera de las tablas representa las utilidades, la segunda las probabilidades e introduce los mundos. Recordemos que como el Predictor es muy confiable, asumimos que P(E1/A1)=P(E2/A2)=0,9 y P(E2/A1)=P(E1/A2)=0,1. Esto será útil en la próxima sección. Sin embargo, dada la estructura causal del problema: C(w3,A1)=w1, C(w4,A1)=w2, C(w1,A2)=w3 y C(w2,A2)=w4. Por lo tanto, P(E1,A1)=P(w1)+P(w3)=P(E1,A2) y P(E2,A1)=P(w2)+P(w4)=P(E2,A2). Las utilidades esperadas, usando *imaging*, entonces son:

- UE(A1)=P(E1,A1).M+P(E2,A1).0=(P(w1)+P(w3)).M
- UE(A2)=P(E1,A2).(M+1000)+P(E2,A2).1000=(P(w1)+P(w3)).(M+1000)+(P(w2)+P(w4)).1000

Y es claro que A2 domina a A1. Para concluir, Lewis (1981) ofreció una demostración de que el método de hipótesis de dependencia y el método de *imaging* son equivalentes. John Collins (no publicado) encontró un error en la demostración, pero sin embargo es de fácil arreglo.

§ 4 Objeciones y contraejemplos a TDC

Allan Gibbard y William Harper (1978, 1981: Sec. 11) presentaron el siguiente contraejemplo a TDC: Un hombre se encuentra caminando hacia Damasco cuando se encuentra con la Muerte. Ella le dice: "¡Que extraño encontrarte camino a Damasco, cuando en mi agenda tengo planeado encontrarte mañana en Aleppo!", y desaparece. El hombre sabe que la Muerte puede predecir con gran precisión qué es lo que él hará. ¿Qué debe hacer el hombre, que no quiere morir, sabiendo que solamente puede dirigirse hacia Damasco o hacia Aleppo? Gibbard y Harper aseguran que hay cierta inestabilidad en el diagnóstico de TDC sobre este caso. Si justo antes de tomar la decisión, el hombre cree que irá a Damasco, entonces él cree que debería dirigirse a Aleppo, dado que cree que con gran probabilidad la Muerte lo estará esperando en Damasco. Si, en cambio, justo antes de tomar la decisión, el hombre cree que irá a Aleppo, entonces él cree que debería dirigirse a Damasco, dado que cree que con gran probabilidad la Muerte lo estará esperando en Aleppo. Una representación formal del problema puede ayudar a ilustrar la inestabilidad y porqué no se da en el caso de la TDE.

	Muerte en Aleppo [E1]	Muerte en Damasco [E1]
Ir a Aleppo [A1]	0	10
Ir a Damasco [A2]	10	0

	Predictor predijo A1 [E1]	Predictor predijo A2 [E2]
[A1]	$P(w1)=P(A1\&E1)=P(E1/A1).P(A1)=P(A1).0,9$	$P(w2)=P(A1\&E2)=P(E2/A1).P(A1)=P(A1).0,1$
[A2]	$P(w3)=P(A2\&E1)=P(E1/A2).P(A2)=P(A2).0,1$	$P(w4)=P(A2\&E2)=P(E2/A2).P(A2)=P(A2).0,9$

Nuevamente considero aquí simplemente cuatro mundos. Asumo también que morir tiene utilidad 0 y escapar a la Muerte tiene utilidad 10. Además, de modo análogo al problema de Newcomb, supongo que la Muerte es una gran predictora, de modo que $P(E1/A1)=P(E2/A2)=0,9$ y

P(E2/A1)=P(E1/A2)=0,1. Observemos que sucede si calculamos la utilidad esperada en TDC, usado *imaging*:

- UE(A1)=P(E1,A1).0+P(E2,A1).10=(P(w2)+P(w4)).10=(P(A1).0,1 +P(A2).0,9).10=P(A1)+9.P(A2).

- UE(A2)=P(E1,A2).10+P(E2,A2).0=(P(w1)+P(w3)).10=(P(A1).0,9 +P(A2).0,1).10=9.P(A1)+P(A2).

Observemos entonces que cuando cree que se dirigirá a Aleppo, P(A1) tiende a 1, EU(A2)>EU(A1) y prefiere ir a Damasco. Por otro lado, si cree que se dirigirá a Damasco, P(A2) tiende a 1, EU(A1)>EU(A2) y prefiere dirigirse a Aleppo. Por otro lado, la TDE da el veredicto intuitivo: el hombre ha de ser indiferente entre las dos opciones:

- VE(A1)=P(E1/A1).0+P(E2/A1).10=0,1.10=1.

- VE(A2)=P(E1/A2).10+P(E2/A2).0=0,1.10=1.

El caso, conocido como *Muerte en Damasco*, puede complicarse aún más si suponemos, por ejemplo, que el padre del hombre se encuentra en Damasco y el protagonista apreciaría disfrutar una última cena con su padre. De este modo, la tabla de beneficios se modifica mínimamente:

	Muerte en Aleppo [E1]	Muerte en Damasco [E1]
Ir a Aleppo [A1]	0	10
Ir a Damasco [A2]	11	1

En este caso, la TDC sigue siendo inestable, mientras que en la TDE ir a Damasco tiene mayor utilidad esperada, tal como dicta la intuición.

Más casos de inestabilidad siguen siendo discutidos en la actualidad. Andy Egan (2007) y Arif Ahmed (2012) discuten varios de ellos. Ahmed (no publicado) discute también problemas que TDC tiene para lidiar con algunos juegos. La literatura es vasta y no se ha llegado a ningún consenso al respecto a cuál de los dos enfoques, el evidencialista o el causalista, es el más apropiado como teoría de la decisión racional.

§ 5 Conclusión

En este breve trabajo introduje la Paradoja de Newcomb y el debate entre teorías evidencialistas y causalistas de la decisión. El núcleo de la Paradoja es marcar la distinción entre correlación y causación. Que dos cosas estén correlacionadas – predicciones pasadas con hechos futuros – no quiere decir que estén relacionadas causalmente. De modo que a la hora de evaluar la utilidad esperada de nuestros actos, debemos observar las relaciones causales entre ellos y los posibles resultados, no las correlaciones evidenciales que hay entre ellos.

Aunque la TDC ha tenido un relativo éxito entre filósofos, ha tenido poco o nulo reconocimiento en otras áreas como Estadística o Economía, y esto por dos motivos. Por un lado, problemas como la Paradoja de Newcomb no son reconocidos como problemas de decisión paradigmáticos, si no solamente casos marginales, de modo que no hay presión para una modificación de la teoría de base. Por otro lado, la presentación de las teorías evidencialistas ofrecida aquí es fiel a las presentaciones discutidas en la literatura filosófica. Pero las teorías de corte evidencialista que se utilizan en Estadística o Economía no pueden reducirse a esas caracterizaciones, porque incorporan técnicas más sofisticadas de actualización – técnicas formales que procuran evitar confundir correlación con causación.

En conclusión, TDC tiene tres desafíos por delante. Primero, responder a las objeciones de inestabilidad y demás contraejemplos. Segundo, construir casos *a-la* Newcomb que un público no filosófico considere relevantes. Por último, aquellos que defienden TDC deben ser más caritativos con las teorías evidencialistas y considerar las versiones más sofisticadas de sus contrincantes.

Referencias bibliográficas:

Ahmed, A. (2012): "Push the Button." *Philosophy of Science*, 79, pp. 386–395.

Gibbard, A. and Harper, W. (1978): "Counterfactuals and Two Kinds of Expected Utility." In William Harper, Robert Stalnaker, and Glenn Pearce, eds., *Ifs: Conditionals, Belief, Decision, Chance, and Time*, (1981), pp. 153–190, Dordrecht: Reidel.

Jeffrey, R. (1990): *The Logic of Decision*, University of Chicago Press, Chicago.
Lewis, D. (1976): "Probabilities of Conditionals and Conditional Probabilities." *Philosophical Review*, 85, pp. 297–315.
Lewis, D. (1979): "Prisoner's Dilemma is a Newcomb Problem." *Philosophy and Public Affairs*, 8, pp. 235–240.
Lewis, D. (1981): "Causal Decision Theory." *Australasian Journal of Philosophy*, 59, pp. 5–30.
Nozick, R. "Newcomb's Problem and Two Principles of Choice." In Nicholas Rescher, (ed.), (1969): *Essays in Honor of Carl G. Hempel*, Dordrecht: Reidel, pp. 114–146.
Savage, L. (1954): *The Foundations of Statistics*, Wiley. New York.
Skyrms, B. (1980): *Causal Necessity: A Pragmatic Investigation of the Necessity of Laws*, Yale University Press, New Heven.
Sobel, J. (1994): *Taking Chances: Essays on Rational Choice*, Cambridge University Press, Cambridge.
Stalnaker, R. (1968): "A Theory of Conditionals." In Harper, W., Stalnaker, R. & Pearce, G. (eds.), (1981a) *Ifs: Conditionals, Belief, Decision, Chance, and Time*, Reidel, Dordrecht. pp. 41–56,
Stalnaker, R. (1972) "Letter to David Lewis" In Harper, W., Stalnaker, R. & Pearce, G. (eds.), (1981a) *Ifs: Conditionals, Belief, Decision, Chance, and Time*, Reidel, Dordrecht, pp. 151–152.

Capítulo 13: LA PARADOJA DE RUSSELL

Javier Castro Albano [138]

§ 1 Introducción

A comienzos de 1901 Bertrand Russell estaba trabajando en un libro sobre los fundamentos de la matemática que había empezado a proyectar tres años antes. No había sido un proceso sencillo. Había iniciado el trabajo siendo un convencido neo-hegeliano que no tenía en demasiada estima la teoría de conjuntos de Cantor; pero durante los tres años siguientes las dificultades con las que se fue encontrando tratando de acomodar los fundamentos de las matemáticas en ese marco intelectual lo empujaron a cambiar su manera de pensar. En la segunda mitad de 1998, en parte debido a la devastadora crítica que Moore hizo de la primera versión de su libro, abandonó definitivamente el neo-hegelianismo, y desde 1899 la teoría de Cantor empezó a ocupar un lugar cada vez más importante en su concepción de las matemáticas. Las múltiples versiones que se conservan del índice del libro entre 1898 y 1901 atestiguan lo conflictivo del proceso de escritura. Sin embargo, para comienzos de 1901, Russell pensó que estaba cerca del final. Estaba equivocado. En mayo de ese año se topó con una dificultad mucho más inquietante que cualquier otra con la que había tenido que lidiar hasta entonces. Cuando su libro sobre los fundamentos de las matemáticas finalmente se publicó en 1903 como *The Principles of Mathematics*, Russell la llamó "La Contradicción"; pero ha pasado a la historia como la Paradoja de Russell[139].

A menudo se sugiere (y este libro es un ejemplo muy a la mano de ello) agrupar la paradoja descubierta por Russell con otras paradojas llamadas *conjuntistas*, entre las cuales se cuentan la Paradoja de Cantor y la de Burali-

---

[138] Universidad de Buenos Aires – Universidad Nacional de Rosario.
[139] Russell narró varias veces a lo largo de su vida el descubrimiento de la paradoja que lleva su nombre. Pero no siempre fue preciso con las fechas y las distintas versiones que dio no coinciden en todos los detalles. Es por eso que habría que tomar con cuidado cualquier afirmación sobre estos asuntos. Para una detallada explicación del proceso de escritura de The Principles of Mathematics y el surgimiento de la Paradoja de Russell puede consultarse A. Garciadiego Dantán (1992)

Forti, y distinguir este grupo de otro que incluye a las llamadas paradojas *semánticas*, como la Paradoja del Mentiroso y la de Greelling. Esta clasificación ya clásica ciertamente no carece de justificación. Pero hay al menos dos cuestiones que vale la pena tener en cuenta. La primera tiene que ver con el carácter conjuntista de las paradojas del primer grupo. Es un hecho conocido que ni Cantor ni Burali-Forti consideraron que sus resultados habían revelado la existencia de paradojas en la teoría de conjuntos. Russell y Frege, por otra parte, tenían un enfoque de la teoría de conjuntos muy diferente del de Cantor y para ellos esos mismos resultados sí eran el origen de serias paradojas. En cierto sentido, pues, las *paradojas* de Cantor y de Burali-Forti fueron también descubrimientos, o creaciones, de Russell. O quizás de Frege. Tener bien presente la distinción entre ambos enfoques es importante, porque en las décadas posteriores al surgimiento de las paradojas conjuntistas, y en parte como reacción a ellas, el enfoque de Cantor terminó prevaleciendo y como consecuencia las presentaciones habituales de la Paradoja de Russell hoy en día suelen presuponerlo. Un curioso giro de los acontecimientos que ha resultado filosóficamente desafortunado, pues el enfoque de Cantor oscurece algunos de los rasgos filosóficamente más relevantes de La Paradoja de Russell. La segunda cuestión tiene que ver con la frontera que separa a los dos grupos de paradojas. Es completamente cierto que en la formulación habitual de la Paradoja de Russell no aparecen explícitamente involucrados conceptos semánticos. Pero cuando se repone el contexto teórico que le da sentido a la Paradoja de Russell, sus componentes semánticos emergen naturalmente. La Paradoja de Russell, presentada según el enfoque original en donde emergió, es una paradoja semántica, lo mismo que las otras paradojas conjuntistas. La escasa atención que se le ha prestado a esta cuestión es otra consecuencia del descuido de los intereses teóricos que animaban a Russell y a Frege en las presentaciones habituales de las paradojas.

§ 2 La presentación habitual de la Paradoja de Russell

Hay muchas teorías de conjuntos diferentes. Lo habitual es que se formulen con los recursos de un lenguaje de primer orden. La relación binaria de *pertenencia*, simbolizada por '∈', suele ser la relación fundamental de la teoría: '$x \in y$' significa que x pertenece a y; si este es el caso, entonces x es un *elemento* del conjunto y. Los conjuntos son objetos reconocidos por la teoría y por lo tanto pueden ser elementos de conjuntos (de *otros* conjuntos en todas las teorías; de *sí mismos* sólo en las más osadas). Es frecuente el uso del término singular '$\{x\colon \mathbf{A}(x)\}$' que suele leerse 'el conjunto de todos los x tales que $\mathbf{A}(x)$'. La variable 'x' está ligada en la expresión '$\{x\colon \mathbf{A}(x)\}$'. Normalmente no es considerado un término primitivo de la teoría sino que, puesto que se trata de un tipo particular de descripción definida, se lo suele introducir por definición aplicando la teoría de las descripciones definidas de Russell[140].

Lo que diferencia a las distintas teorías de conjuntos es la lista de axiomas (o esquemas de axiomas) que adoptan como punto de partida. Algunos de estos axiomas (o esquemas de axiomas) especifican qué conjuntos la teoría admite como existentes. La presentación habitual de la Paradoja de Russell la hace surgir precisamente de un fallido principio de existencia de conjuntos. Un ejemplo de este tipo de presentación se encuentra en un artículo de 2008 de José Ferreirós: "Desde Riemann hasta Hilbert, muchos autores aceptaron el principio de que, dada una propiedad lógica o matemática bien definida, existe el conjunto de *todos* los objetos que satisfacen esa propiedad. En símbolos: dada una propiedad bien definida p, existe otro objeto, el conjunto $\{x\colon p(x)\}$. [...] Este suele ser llamado *principio de comprensión*...". "La paradoja de Zermelo-Russell", agrega Ferreirós a continuación, "muestra que el principio de comprensión es contradictorio [...]. Sea p(x) la propiedad x∉ x [...]. El principio de comprensión implica la existencia del conjunto R=$\{x\colon$ x∉ x$\}$, pero esto lleva rápidamente a un contradicción: si R∈R, entonces R∉R (por la definición de R), y similarmente, si R∉R, entonces R∈R".

Para comprender los detalles de esta presentación y, sobre todo, para poder evaluar su relevancia histórica y filosófica tenemos que decidir cómo interpretar la expresión 'propiedad bien definida' que utiliza Ferreirós. Hay varias maneras de hacerlo y la cuestión tendrá relevancia más adelante. Por ahora digamos que en la formulación usual de la teoría de conjuntos en primer orden y, por lo tanto, en la presentación habitual de la Paradoja de Russell, se suele seguir la sugerencia de Skolem (1922) de entender la expresión 'propiedad bien definida' como 'oración abierta del lenguaje de la teoría de conjuntos'. Lo que motiva esta sugerencia es la idea de reemplazar el discur-

---

[140] Para una presentación de la teoría de conjuntos y una comparación entre los sistemas más estudiados puede verse Quine (1969). En las teorías puras, los conjuntos son las únicas entidades que se admiten; en las teorías impuras también se admite la existencia de otras entidades. En este último caso la teoría debe disponer de recursos expresivos para distinguir los conjuntos de los otros tipos de entidades. Para nuestros presentes fines esta complicación no es necesaria, así que voy a hablar como si todas las teorías de conjuntos en consideración fueran puras.

so sobre *propiedades* de los conjuntos por el discurso, usualmente considerado menos problemático, sobre las *oraciones abiertas* que expresan esas propiedades en el lenguaje de la teoría de conjuntos. De este modo, las propiedades que se consideran relevantes para la formulación del principio de comprensión son aquellas que se pueden expresar en el lenguaje de la teoría. El principio, entonces, puede formularse como un esquema de axiomas: si $\mathbf{A}(x)$ es una fórmula del lenguaje de la teoría de conjuntos en la que la variable 'x' está libre, son axiomas todas las oraciones de la forma:

(PC) $x \in \{x: \mathbf{A}(x)\} \leftrightarrow \mathbf{A}(x)$

En la medida en que la oración abierta '$x \notin x$' es una expresión gramaticalmente correcta del lenguaje de la teoría, entonces una de las instancias de (PC) es: '$x \in \{x: x \notin x\} \leftrightarrow x \notin x$'. Sea $R = \{x: x \notin x\}$. Instanciando la variable 'x' en todas las posiciones en las que está libre en la fórmula anterior, obtenemos: '$R \in \{x: x \notin x\} \leftrightarrow R \notin R$'. Pero como $R = \{x: x \notin x\}$, podemos sustituir '$\{x: x \notin x\}$' aplicando la ley de sustitución de los idénticos para obtener '$R \in R \leftrightarrow R \notin R$', que es una oración de la forma $\mathbf{A} \leftrightarrow \neg \mathbf{A}$ y, por lo tanto, una contradicción de la lógica clásica. Esta es, según la presentación habitual, la Paradoja de Russell[141].

§ 3. Paradojas y contradicciones

Es claro, pues, que del principio de comprensión se sigue una contradicción. ¿Pero qué hay de paradójico en ello? "El manejo rutinario de premisas confiables y modos seguros de inferencia provoca, en ocasiones, disgustos sorprendentes", advertía Alberto Moretti en 1998, "Que con frecuencia no pasan de sugerir ejercicios más o menos ingeniosos, pero que muchas veces permiten reorganizar fructíferamente alguna área del conocimiento. En algunos casos, sin embargo, las respuestas que suscitan no terminan de despejar la atmósfera de inquietud intelectual que inicialmente produjeron. Es usual llamar paradojas a los ejemplos más interesantes del fenómeno citado". No es obvio, dada esta caracterización, que en el caso que estamos examinando estemos ante una genuina paradoja. ¿No deberíamos concluir del resultado anterior que adoptar el principio de comprensión

---

[141] Presentaciones de la paradoja similares a esta pueden encontrarse en Quine (1969, pág. 3), Suppes (1972, pág.6), Klimovsky (1993, pág.33), Stoll (1979, pág.9), Mosterín (1971, pág.25), y un largo etcétera.

como axioma de una teoría de conjuntos es una muy mala idea? ¿Por qué no pensar en el resultado de Russell como una demostración por el absurdo de la falsedad del principio de comprensión? ¿Por qué insistir en que hay una paradoja, en que la "atmósfera de inquietud intelectual" no se despeja simplemente abandonando el principio de comprensión?

Hace algunas décadas se respondía a preguntas como estas defendiendo la centralidad del principio de comprensión para la teoría de conjuntos. "No es fácil abandonar este principio", sostenía Willard Quine (1962), "El casi invariable modo de especificar una clase es estableciendo una condición necesaria y suficiente para la pertenencia en ella. Cuando hemos establecido esa condición, sentimos que hemos 'dado' la clase y apenas podemos encontrarle sentido a la idea de que no exista tal clase. La clase puede ser vacía, sí; ¿pero cómo podría esa clase no existir en absoluto? ¿Qué sustancia podría pedírsele que la condición de membrecía no le aporte?". Si el principio de comprensión realmente ocupa ese lugar tan central en la teoría, se entiende que su inconsistencia haya sido un descubrimiento tan conmocionante, y se entiende también por qué los intentos por arreglar este descalabro no hayan conseguido "despejar la atmósfera de inquietud intelectual" que produjo la paradoja: "hay una gran variedad de propuestas para los fundamentos de la teoría general de conjuntos", concluía Quine, "cada esquema propuesto es antinatural, porque el esquema natural es el irrestricto [el principio de comprensión] que las antinomias han desacreditado".

La supuesta "naturalidad" del Principio de Comprensión hizo que muchos filósofos asumieran que debía ser un componente de la teoría de Cantor[142]. Sin embargo, una mirada más atenta a la historia sugiere un panorama completamente distinto. El Principio de Comprensión nunca fue parte de la teoría de Cantor, lo que explica por qué nunca le preocupó demasiado la Paradoja de Russell. Para Cantor, el resultado de Russell sólo era una prueba de que el conjunto $R= \{x: x \notin x\}$ no existía o, como prefería decir, que se trataba de una *multiplicidad inconsistente*. Este tipo de resultados no eran una novedad para él. Varios años antes había probado que la existencia del conjunto de todos los números cardinales llevaba a contradicción y lo mismo había probado Burali-Forti respecto de la existencia del conjunto de todos los números ordinales. Los dos concluyeron, con toda naturalidad, que tales conjuntos no existían, que eran multiplicidades inconsistentes. Una prueba de contradicción no necesariamente revela una paradoja, a veces sólo se tra-

---

[142] Véase Klimovsky (1993 pag.21), Gómez (1977, pag. 250), Stoll (1979, cap.1) y Beth (1965, cap.14).

ta de un paso en la demostración por el absurdo de un teorema. La Paradoja de Russell, como las paradojas de Cantor y de Burali-Forti solo surgen en el contexto de teorías que incluyen el principio de comprensión, que exige la existencia de los conjuntos R= $\{x: x \notin x\}$, $\{x: x$ es un número cardinal$\}$ y $\{x: x$ es un número ordinal$\}$[143].

Esta diferencia de contextos teóricos es relevante para evaluar la atribución de la prioridad en el descubrimiento de la Paradoja de Russell a Zermelo, algo que es bastante común en nuestros días y que Ferreirós parecía avalar al hablar de "La paradoja de Zermelo-Russell". El propio Zermelo dio origen a esta versión cuando afirmó en 1908, refiriéndose a la Paradoja de Russell: "Yo mismo he descubierto esta antinomia, independientemente de Russell, e informé de ella al profesor Hilbert, entre otros"[144]. Pero un análisis del resultado que efectivamente Zermelo había probado llevó a Rang y Thomas a concluir: "Zermelo presentó un nuevo ejemplo de un conjunto inconsistente. El primero de esos ejemplos apareció en 1887, con la llamada 'antinomia de Burali-Forti', que tenía que ver con la inconsistencia del conjunto de todos los números ordinales. [...] A pesar de que la idea de Zermelo de usar la propiedad de ser un conjunto que no es miembro de sí mismo coincide con el punto central de la prueba de Russell, hay una diferencia entre ellas que tiene que ver con los contextos a los que están haciendo referencia. Mientras el interés primario de Zermelo es la teoría cantoriana de conjuntos, Russell también reconoce el efecto de la paradoja para una fundamentación lógica de la matemática tal como había sido presentada en el trabajo de Frege".

Sin el principio de comprensión no hay paradojas en la teoría de conjuntos. Y parece bastante claro que ese principio, a pesar de Quine, está muy lejos de ser reconocido como "el esquema natural" de la teoría. Nunca fue universalmente aceptado y, en particular, no era parte de la teoría de conjuntos más estudiada durante el siglo XIX, la teoría de Cantor. La supuesta "naturalidad" del principio de comprensión no puede explicar, pues, la Paradoja de Russell. Pero en la cita de Rang y Thomas se puede apreciar una segunda línea de explicación de la paradoja que también ha sido frecuente. Esta explicación reconoce que el principio de comprensión no es un componente esencial de *toda* teoría de conjuntos, pero remarca que ha sido un compo-

---

[143] Para la presentación detallada de las paradojas de Cantor y Burali-Forti y de la distinción entre conjuntos y multiplicidades inconsistentes, véanse los artículos de T. Schindler y M. Fernández en este mismo libro.
[144] Zermelo (1908). Citado en Rang y Thomas (1981).

nente central de la teoría de conjuntos con la que Frege pretendía llevar adelante su proyecto *logicista* de fundamentación de la aritmética. La relevancia de la Paradoja de Russell, según este enfoque, debería buscarse en el impacεεεto que tuvo en el proyecto logicista de Frege. Russell le comunicó a Frege su resultado en una carta fechada el 16 de junio de 1902. El efecto fue devastador: "Su descubrimiento de la contradicción me causó una gran sorpresa y, casi diría, consternación, puesto que ha desmoronado la base sobre la que yo pretendía construir la aritmética", admitió Frege en su respuesta a Russell. Russell parece haber visto algo que Zermelo que no advirtió[145]. Pero no habría que concluir de esto que la Paradoja de Russell fue el final del proyecto logicista. Más bien ocurrió lo contrario. La paradoja estimuló la investigación, planteando un problema claro y concreto, un desafío que iba a mantener entretenidos a una generación de lógicos: encontrar una manera de formular la teoría de conjuntos que fuera afín al logicismo y que evite la Paradoja de Russell (y las otras paradojas que, por aquel entonces, comenzaron a aparecer por todas partes). Veremos en §4 que el propio Frege haría el primer intento y que Russell ofrecería también su propia solución. Y aunque el proyecto logicista no lograría edificar los fundamentos de las matemáticas de la manera en que Frege esperaba, el esfuerzo ciertamente no fue en vano pues impulsó a los lógicos a examinar con mucho más detalle de lo que habían hecho hasta entonces los fundamentos de su propia dis-

---

[145] Exactamente qué fue lo descubrió Russell es algo que no es tan fácil de precisar. En su carta a Frege, Russell (1902) habla de "una dificultad" en la teoría de Frege y al explicarla se refiere a una inconsistencia generada por un predicado que afirma que no es predicado de sí mismo. En su respuesta, Frege (1902) reconoce el impacto del descubrimiento de Russell, pero también corrige su formulación: "Incidentalmente, me parece que la expresión 'un predicado que se predica de sí mismo' no es exacta. Un predicado es por regla general una función de primer nivel, y esta función requiere un objeto como argumento y no puede tenerse a sí misma como argumento (sujeto). Por lo tanto yo preferiría decir 'una noción se predica de su propia extensión'". El resultado que Russell le comunicó a Frege no era, tal como fue formulado, un problema para el sistema de Frege. Pero Frege advirtió que, apropiadamente reformulado, era letal para su sistema. ¿Quién fue entonces el auténtico descubridor de la Paradoja de Russell? Esta pregunta no es fácil de responder. En el capítulo VI de La estructura de las revoluciones científicas, Kuhn examina un caso análogo: la dificultad que existe para identificar al descubridor del oxígeno. El nudo del problema es la dificultad para especificar en qué consiste exactamente un descubrimiento científico. "Cualquier intento para ponerle fecha al descubrimiento debe ser, de manera inevitable, arbitrario", observa Kuhn, "ya que el descubrimiento de un tipo nuevo de fenómeno es necesariamente un suceso complejo, que involucra el reconocimiento tanto de que algo existe como de qué es". Si el descubrimiento de la paradoja es el descubrimiento de que la existencia del conjunto R = $\{x: x \notin x\}$ lleva a contradicción, entonces bien podría atribuírsele a Zermelo. Pero si es el descubrimiento de la inconsistencia de una teoría como la de Frege, ¿debería atribuírsele a Russell o al propio Frege?

ciplina. Y esa investigación contribuyó de manera notable a la consolidación de la imagen contemporánea de la lógica.

Sin embargo, la relevancia histórica del resultado de Russell no alcanza para explicar lo que tiene de paradójico. La refutación de una doctrina filosófica, cualquiera que haya sido su impacto histórico, rara vez será considerada paradójica, a menos que se piense que esa doctrina es la concepción "natural" de las cosas. Pero no hace falta más que un vistazo a la historia de la filosofía de las matemáticas para ver que el logicismo de Frege está muy lejos de eso; y el logicismo posterior difícilmente pueda presentarse como una cruzada para restablecer el "orden natural" de las cosas. Así que estamos de vuelta en el punto de partida: ¿Por qué seguimos hablando de una paradoja? ¿Por qué no nos contentamos con reconocer que Russell probó que una mala teoría de conjuntos, la que Frege había adoptado en el contexto de su proyecto logicista, debía ser abandonada? ¿Dónde está la "inquietud intelectual"?

§ 4 Otra versión de la Paradoja de Russell

Si lo que se quiere es captar lo que el descubrimiento de Russell tiene de paradójico, es aconsejable dejar de lado la presentación habitual, pues hay algunas decisiones técnicas incorporadas en ella que pueden obstaculizar la comprensión del contexto teórico en donde emergió la Paradoja de Russell y que es donde sus rasgos más característicos se manifiestan con mayor claridad. En efecto, el carácter paradójico del resultado de Russell no se explica simplemente remarcando la inconsistencia del Principio de Comprensión, como hace la presentación habitual. Lo que se requiere es explicar por qué ese principio había llegado a convertirse en parte del sistema de Frege, pues no era uno de los axiomas que Frege había adoptado como punto de partida, sino que se trataba de una consecuencia de los principios fundamentales de su teoría. Y es en estos principios de Frege donde debemos buscar la explicación de la Paradoja de Russell. Pero para eso, tendremos que abandonar la formulación habitual de la teoría de conjuntos pues ella no refleja adecuadamente las ideas de Frege.

El logicismo, para Frege, era la tesis de que todos los conceptos de la aritmética pueden definirse a partir de conceptos lógicos y que todos los teoremas de la aritmética pueden probarse a partir de axiomas lógicos. Frege pensaba que probar esta tesis era importante para la filosofía, y en particular para la epistemología, pues permitiría explicar cómo las verdades de la aritmética pueden ser cognoscibles *a priori* sin necesidad de postular una intuición pura que intervenga en el proceso cognoscitivo. El sistema que Frege construyó para llevar adelante su programa logicista intentaba combinar dos líneas teóricas diferentes. La primera era la teoría de conjuntos de Cantor. La teoría de Cantor había nacido estimulada por otro tipo problemas, de naturaleza más estrictamente matemática y que nada tenían que ver con los intereses epistemológicos de Frege. Sin embargo, en las últimas décadas del siglo XIX, estaba claro para quienes conocían el trabajo de Cantor que la teoría de conjuntos tenía mucho para decir sobre la aritmética, porque los números naturales podían ser caracterizados como conjuntos de estructura especial y los teoremas de la aritmética podían ser probados a partir de los axiomas de la teoría de conjuntos. La segunda línea teórica que influyo en el sistema de Frege puede remontarse por lo menos hasta el siglo XVII, cuando Arnauld y Nicole publicaron la *Lógica de Port Royal*. Era la idea de explicar el comportamiento lógico de las expresiones predicativas asociándoles una intensión (o comprensión, o connotación) y una extensión (o denotación). En el siglo XIX, Mill ejemplificaba esa distinción en su *Lógica* del siguiente modo: "La palabra 'blanco' denota todas las cosas blancas, como la nieve, la espuma del mar, etc., e implica, o en el lenguaje de los hombres de escuela, *connota*, el atributo *blancura*". Pero denotar "todas las cosas blancas" se solía entender como denotar la *clase* de las cosas blancas. "Una clase", sostenía Mill, "es la indefinida multiplicidad de individuos denotada por un nombre general". Poco después, Boole ofrecía clases como interpretación para su algebra de la lógica: "si el nombre es 'hombre', por ejemplo, considérese que x representa [...] la clase 'hombre'. Por clase usualmente se quiere significar una colección de individuos, para cada cual un nombre particular o una descripción puede aplicarse". Los atributos de Mill, o los *conceptos*, como prefería decir Frege, así como las extensiones (o clases) eran, pues, parte del instrumental habitual de los lógicos en el siglo XIX[146]. Frege intentó combinar ambas líneas teóricas identificando los conjuntos de Cantor con las exten-

---

[146] Hasta ahora veníamos hablando, siguiendo a Ferreirós, de propiedades. Pero en la cita de Mill se habla de atributos y Frege prefería hablar de conceptos. Los filósofos a menudo se han preocupado por remarcar que hay diferencias importantes entre esos tipos de entidades, pero para nuestros presentes fines pueden pasarse por alto. En este artículo la única característica de esas entidades que se toma en cuenta es que están asociadas a las expresiones predicativas del lenguaje. Por supuesto, quienes poseen inclinaciones nominalistas no se sentirán cómodos asumiendo la existencia de esas entidades y, en muchos casos, la adopción de una estrategia austera como la de Skolem ha estado motivada por este tipo de inquietud nominalista. Sin embargo, es importante notar que la Paradoja de Russell nació en un contexto en el que el discurso sobre estas entidades no era considerado especialmente problemático.

siones de conceptos o clases. Con esta identificación Frege esperaba aprovechar los recursos de la teoría de conjuntos para la fundamentación de la aritmética y, a la vez, hacer plausible la tesis de logicidad de la teoría de conjuntos pues las extensiones (clases) podían ser entendidas como entidades lógicas. De hecho, Frege pensaba que esa era la única manera de adquirir conocimiento sobre entidades lógicas: "¿Cómo captamos los objetos lógicos?", preguntaba Frege en una carta a Russell, "Yo no he encontrado otra respuesta que esta. Los captamos como extensiones de conceptos"[147].

La identificación de conjuntos con extensiones determina el aspecto peculiar de la teoría de conjuntos de Frege. En primer lugar, ya no se trata de una teoría de primer orden sino que se admite la cuantificación de variables predicativas, como F o G, cuyos valores pretendidos son conceptos. En segundo lugar, la relación binaria '∈' ya no es un término primitivo de la teoría. En su lugar se considera primitiva la operación ε que permite formar un término singular 'ε $x(\mathbf{A}(x))$' a partir de una formula abierta $\mathbf{A}(x)$ en la que la variable 'x' está libre[148]. En el término singular 'ε $x(\mathbf{A}(x))$', la variable 'x' está ligada. Si el término singular 'ε $x(\mathbf{A}(x))$' carece de variables predicativas libres funciona como un nombre de la extensión del concepto expresado por $\mathbf{A}(x)$. Si contiene una variable predicativa como en 'ε $x(F(x))$' se trata de una variable individual cuyos valores son extensiones de conceptos. El axioma fundamental de la teoría de Frege, el célebre axioma (V), es una tesis sobre las extensiones que no parece a primera vista demasiado problemático: las extensiones de dos conceptos F y G son idénticas si y solo si los dos conceptos se aplican exactamente a los mismos individuos:

(V) $\varepsilon\, x(F(x)) = \varepsilon\, x(G(x)) \leftrightarrow \forall x\, [F(x) \leftrightarrow G(x)]$

A partir de la operación ε, en el sistema de orden superior de Frege se puede introducir por definición la relación de pertenencia. Sean **t** y **u** dos términos singulares:

---

[147] Frege (1902 b)
[148] Aunque en lo que sigue voy a intentar recuperar algunas de las ideas fundamentales de Frege, no voy a utilizar ni su notación original ni su propia terminología, porque mi objetivo principal es comparar las ideas de Frege con las que hemos venido discutiendo hasta ahora y no sabría cómo hacerlo en tan poco espacio sin unificar hasta cierto punto la notación y la terminología. Espero que esa decisión no afecte la fidelidad de mi exposición de las ideas de Frege. Para simplificar la exposición supongo que la operación 'ε' se aplica solamente a fórmulas que tienen una y solamente una variable individual libre.

(∈)   t∈u $=_{def}$ $\exists F\,[\mathbf{u}=\varepsilon\,x(F(x)) \wedge F(\mathbf{t})\,]$

Según esta definición, **t** es un elemento de **u** si y solo si existe una propiedad F tal que F se aplica a **t** y **u** es la extensión de F. Podemos probar ahora una versión del principio de comprensión que resulta más apropiada en el contexto de las ideas de Frege[149]:

(PC$_2$) $x \in \varepsilon\,x(F(x)) \leftrightarrow F(x)$

Una vez que se ha probado (PC$_2$) no es difícil probar que el sistema es inconsistente, pues $x \in \varepsilon\,x(x \notin x) \leftrightarrow x \notin x$ es una instancia de (PC$_2$). Esto fue lo que Frege advirtió al leer la carta de Russell. La diferencia crucial entre esta presentación de la Paradoja de Russell y la presentación habitual es que la que ahora estamos considerando ubica en el centro de la escena a la identificación entre conjuntos y extensiones. Ý es en esa identificación donde tenemos que buscar la explicación del carácter paradójico del resultado de Russell. Como Frege observó correctamente, para que las extensiones pudieran cumplir el rol que él esperaba que cumplieran en la fundamentación de la aritmética, debían ser considerados *objetos* de la teoría, como los conjuntos en la teoría de Cantor. Pero no advirtió el riesgo que implica tratar a las extensiones de los conceptos (propiedades, atributos) expresables en el lenguaje de una teoría, entidades que hoy consideraríamos propias de la *teoría semántica* del lenguaje, como objetos de *ese mismo* lenguaje. Para nosotros, la idea de modelar las extensiones de las expresiones de un lenguaje L por medio de conjuntos no es en absoluto una idea descabellada; de hecho, es lo más frecuente en la semántica formal contemporánea. Pero, precisamente para evitar las paradojas, la práctica común es tratar esos conjuntos/extensiones como entidades cuya existencia se afirma en el metalenguaje de L, no en L mismo. La Paradoja de Russell, como la Paradoja del Mentiroso y las otras paradojas semánticas, pueden explicarse, entonces, como consecuencia del intento por expresar en el lenguaje objeto ciertos enunciados

---

[149] Supongamos, en primer lugar, que $x \in \varepsilon x(F(x))$. Entonces, por la definición (∈), $\exists G\,[\varepsilon x(F(x)) = \varepsilon x(G(x)) \wedge G(x)]$. Sea P la propiedad G. Entonces $\varepsilon x(F(x)) = \varepsilon x(P(x))$ y P(x). Como $\varepsilon x(F(x)) = \varepsilon x(P(x))$, del axioma (V) se sigue que $\forall x[F(x) \leftrightarrow P(x)]$. Y de este último resultado y P(x) se sigue que F(x). Por lo tanto, $x \in \varepsilon x(F(x)) \rightarrow F(x)$. Supongamos, en segundo lugar, que F(x). Por la ley de identidad: $\varepsilon x(F(x)) = \varepsilon x(F(x))$. Combinando ambas cosas obtenemos: $\varepsilon x(F(x)) = \varepsilon x(F(x)) \wedge F(x)$, que podemos cuantificar en segundo orden como: $\exists G\,[\varepsilon x(F(x)) = \varepsilon x(G(x)) \wedge G(x)]$. Está última formula, por la definición (∈), se convierte en $x \in \varepsilon x(F(x))$. Por lo tanto, $F(x) \rightarrow x \in \varepsilon x(F(x))$. La conjunción de los dos condicionales obtenidos es (PC$_2$).

semánticos que (en el contexto de la lógica clásica) parece más prudente considerar propios del metalenguaje. Que no podamos hablar en nuestro lenguaje sobre las extensiones de nuestros propios predicados es un resultado extraño, la clase de resultado que provoca ese tipo de inquietud intelectual que no es fácil despejar y que Moretti encontraba en el origen de las paradojas. Esta es, en mi opinión, la Paradoja de Russell.

El componente semántico de la Paradoja de Russell suele enmascararse en las presentaciones habituales como la de §1, pues en ellas la conexión entre conjuntos y extensiones no llega a apreciarse claramente. Según el enfoque clásico de la teoría de conjuntos, presupuesto en la presentación habitual, los conjuntos son esencialmente entidades caracterizadas por sus elementos. De allí que resulte muy natural considerar a la relación binaria de pertenencia como primitiva, pues esta es la relación que conecta a los conjuntos con sus elementos. La operación de abstracción, '$\{x: \mathbf{A}(x)\}$', que forma un término general abstracto a partir de una expresión predicativa, puede introducirse luego por definición y no es más que una construcción derivada, teóricamente superflua. De este modo no podemos hacerle justicia al enfoque de Frege, en el que los conjuntos están directamente relacionados con los conceptos, de los que son sus extensiones, y solo indirectamente con sus elementos. De allí que para reflejar las ideas de Frege sea más adecuado adoptar como primitiva la operación ε, que permite conectar directamente a los conjuntos con los conceptos que los determinan, y luego introducir por definición la relación de pertenencia, resaltando el hecho de que se trata de una relación derivada. Por otra parte, la identificación de conjuntos con extensiones se desvanece totalmente cuando la teoría de conjuntos se formula en un lenguaje de primer orden y el discurso sobre conceptos (propiedades, atributos) se reinterpreta, siguiendo a Skolem, como discurso acerca de las oraciones abiertas del lenguaje. El problema es que según un resultado bien establecido de la teoría de conjuntos, existe una cantidad no numerable de conjuntos, mientras que el lenguaje de la teoría de conjuntos sólo contiene una cantidad numerable de oraciones abiertas. ¿Cómo podrían ser los conjuntos extensiones de conceptos cuando hay tantos más conjuntos que conceptos? Para formular sus ideas Frege trabajaba con un lenguaje de orden superior, que permite la cuantificación de variables predicativas, cuyos valores pretendidos son conceptos. Finalmente, culpar al esquema (PC) de la paradoja en lugar de hacerlo con el axioma (V), no permite apreciar que el origen de la paradoja no está en la adopción de un erróneo principio de existencia de conjuntos, sino en una equivocada manera de entender qué son los conjuntos: los conjuntos no pueden identificarse con las extensiones de los conceptos que se pueden expresar en el lenguaje de la teoría de conjuntos.

§ 5 Después de la Paradoja de Russell

Frege había planeado probar con todo detalle la tesis de la logicidad de la aritmética en su obra magna, *Grundgesetze der Arithmetik*, en dos volúmenes. El primer volumen, que incluía el axioma (V), había sido editado en 1893. La fatídica carta de Russell llegó justo cuando el segundo volumen estaba a punto de ser editado. Trabajando bajo presión, "contra el tiempo en medio de una crisis", según la expresión de Quine (1955), Frege se las arregló para incorporar un apéndice en el segundo volumen, editado en 1903, que examinaba la paradoja y sugería una solución. En ese apéndice Frege observó que el axioma (V) establecía un criterio de identidad de extensiones y sugirió que una modificación de ese criterio de identidad podía evitar las paradojas sin perder la idea central de su pensamiento de identificar las extensiones con conjuntos. En lugar del axioma (V) ofrecía una versión más débil:

(V*) $\varepsilon\, x(F(x)) = \varepsilon\, x(G(x)) \leftrightarrow \forall x\, [(\, x \neq \varepsilon\, x(F(x)) \wedge x \neq \varepsilon\, x(G(x))\,) \rightarrow (F(x) \leftrightarrow G(x))\,]$

Desafortunadamente, este axioma también es inconsistente, aunque la prueba de esto es más compleja que la de (V)[150]. Frege debe haber advertido esa inconsistencia pues nunca intentó reformular su sistema a partir de (V*), que es lo debería haber hecho si ese axioma le hubiera resultado satisfactorio. Tampoco siguió buscando opciones para poner en lugar de los fallidos (V) y (V*). En algún momento después de 1903 parece haberse convencido de que ese esfuerzo no tenía sentido. Carnap, que fue alumno de Frege en Jena desde 1910, escribe en su autobiografía: "No recuerdo que en ninguna de sus clases discutiera el problema de la paradoja [de Russell] y la cuestión de las posibles modificaciones de su sistema que permitieran eliminarla". Y en los últimos manuscritos que se conservan de Frege encontramos claramente expresada su decepción con el proyecto logicista: "me he visto obligado a abandonar la opinión de que la aritmética sea una rama de la lógica",

---

[150] La inconsistencia de (V*) ha sido tema de controversia. Geach (1956) menciona una prueba de Lesniewsky y sugiere otra prueba, más general. Quine (1955) ofreció su propia prueba. Pero Landini (2006) argumentó que ninguna de esas pruebas es fiel a las ideas de Frege y propuso su propia versión.

reconocía; y no tenía dudas sobre cuál era la causa principal de ese fracaso: "la extensión de P", escribe Frege, "parece designar un objeto a causa del artículo determinado; pero no hay objeto alguno al que así pudiéramos designar correctamente. De aquí han surgido las paradojas de la teoría de conjuntos que han aniquilado esa teoría. Y tratando de fundamentar lógicamente los números, yo mismo he caído en esa trampa, al querer considerar los números como conjuntos..."[151].

La posta del proyecto logicista la tomó Russell, que intentó enfrentar la paradoja con su *Teoría de Tipos*, cuya primera versión es de 1903[152]. La teoría de tipos postula la existencia de una jerarquía ontológica que divide a los objetos en diferentes *tipos*: los objetos de tipo 1 son individuos, los de tipo 2 son conjuntos de objetos de tipo 1, los de tipo 3 son conjuntos de objetos de tipo 2 y así sucesivamente. En todos los casos, los elementos de un conjunto C deben ser del tipo inmediatamente inferior al de C y, por lo tanto, la relación de pertenencia sólo puede vincular objetos de tipo n con objetos de tipo $n+1$. El lenguaje de la teoría de tipos se complica para reflejar esa jerarquía, pues cada variable individual tiene asignado un subíndice, que indica el tipo del objeto que puede ser un valor de esa variable, y se establece que la expresión '$\in$' sólo puede formar una oración gramatical cuando la variable a su izquierda tiene un subíndice inferior en 1 a la que está a su derecha. En consecuencia, la expresión '$x_1 \in x_2$' resulta ser perfectamente gramatical (afirma de un objeto del tipo 1 que pertenece a un conjunto del tipo 2), pero expresiones como '$x \in x$' y, lo que es más relevante, '$x \notin x$', ya no son consideradas gramaticales. La teoría de tipos evita las paradojas declarando agramaticales a las expresiones que las provocaban. Pero hay que notar que la agramaticalidad de esas expresiones implica que carecen de significado y, por lo tanto, que no expresan ningún concepto (propiedad, atributo) y no poseen una extensión. De este modo Russell podía conservar la idea, tan importante para el logicismo de Frege, de que los conjuntos son extensiones de conceptos. Todos los conceptos expresables en el lenguaje de la teoría de tipos determinan conjuntos, que son sus extensiones.

---

[151] Citados por Jesús Mosterín, en las páginas 16 y 17 de la Introducción a Escritos Filosóficos de Frege.
[152] La versión definitiva aparecería en el primer volumen de Principia Mathematica que Russell escribió en colaboración con A.N. Whitehead. La versión que se expone aquí no es exactamente la de Principia Mathematica, por las mismas razones explicadas en la nota 10. En el artículo de T. Schindler en este mismo libro se exponen otros caminos que Russell consideró para evitar las paradojas.

Aunque la propuesta de Russell parecía eficaz para evitar las paradojas y durante algunos años ocupó el centro del universo logicista, con el correr del tiempo fue perdiendo su atractivo. Mencioné en §2 que las paradojas estimularon a algunos filósofos a estudiar con más detalle los fundamentos de la lógica. Una consecuencia de esa investigación fue que convenció a muchos de que algunos de los axiomas que Russell necesitaba para derivar las matemáticas en su teoría de tipos no podían ser considerados auténticos axiomas lógicos, sino que era más apropiado considerarlos axiomas matemáticos. Quienes se acercaban a la teoría de tipos buscando el tipo de aclaración lógica de las matemáticas que Frege había soñado quedaron defraudados. Y quienes se acercaban a la teoría de tipos con intereses puramente matemáticos tendieron a considerarla demasiado alambicada para sus objetivos, sobre todo cuando se la comparaba con la otra teoría disponible por en ese entonces: la teoría axiomática de Zermelo. A veces se afirma que la teoría de Zermelo surgió con el objetivo de proponer una versión rigurosa de la teoría de conjuntos que fuera inmune a las paradojas conocidas. Pero ya argumenté en §2 que Zermelo, alineado con el proyecto de Cantor y no con el de Frege, no tenía demasiadas razones para preocuparse por las paradojas. La teoría de Zermelo fue inspirada por motivos distintos, más específicamente matemáticos, como el de formular una prueba rigurosa del Teorema del Buen Orden. Con el tiempo, la teoría de Zermelo, determinó el enfoque ortodoxo de la teoría de conjuntos[153]. Hasta el punto de que, como hemos visto, las presentaciones de la Paradoja de Russell suelen asumir este enfoque, enmascarando algunos de sus rasgos filosóficamente más relevantes.

Existe otra estrategia para enfrentar a la Paradoja de Russell. Podría querer conservarse (V) o (PC) y modificar la lógica que permite derivar una contradicción a partir de ellos. O quizás se prefiera asumir la contradicción y adoptar una lógica paraconsistente, para que la contradicción no tenga los efectos desastrosos que tiene en la lógica clásica (y en las demás lógicas que permiten derivar cualquier cosa de una contradicción). Pero esta estrategia, aunque defendida con pasión por algunos lógicos contemporáneos, no ha conseguido demasiado apoyo. Los que se acercan a la teoría de conjuntos con intereses puramente matemáticos no suelen tener tanto afecto por axiomas como (V) o (PC), como para justificar las inconveniencias que ge-

---

[153] La teoría de Zermelo fue complementada por Abraham Fraenkel. Originalmente no estaba formulada en primer orden, pero el ya mencionado artículo de Skolem convenció a muchos de que era más conveniente formularla así y las teorías alternativas que se propusieron luego siguieron también este camino. En Schapiro (1991) se expone (y se protesta contra) el proceso histórico que llevó a la lógica de primer orden a convertirse en la ortodoxia en la teoría de conjuntos.

nera un cambio en la lógica a la que están acostumbrados. A la causa logicista, por otra parte, tampoco le ayuda la idea de que los fundamentos de la lógica (incluso a un nivel tan básico como la lógica proposicional) están en duda[154]. En cualquier caso, si la mejor opción para evitar la contradicción de Russell fuera abandonar algunos de los principios lógicos más fundamentales, no debería extrañarnos que esa solución no consiga "despejar la atmósfera de inquietud intelectual" que el descubrimiento de la contradicción produjo. Esa sería una buena constatación de la existencia de una auténtica Paradoja de Russell.

Referencias bibliográficas:

Arnauld A. & Nicole P. (1987): *La lógica o el arte de pensar*. Alfaguara, Madrid.
Beth, E.W. (1959): *The Foundations of Mathematics*, North Holland, Amsterdam.
Boole, G. (1958): *An Investigation of the Laws of Thought on Which are founded the Mathematical Theories of Logic and probabilities*, Dover Publications Inc, New York.
Carnap, R. (1992): *Autobiografía Intelectual*. Paidós, Barcelona.
Ferreirós, J. (2008): "The Crisis in the Fundations of Mathematics" en *The Princeton Companion to Mathematics*, Timothy Gowers editor, Princeton University Press, Princeton and Oxford.
Frege, G (1902): "Carta a Russell del 16 de junio", impresa en Van Heijenoort, J. (editor) (1967): *From Frege to Gödel: A Sourcebook in Mathematical Logic*, Harvard University Press, Cambridge.
Frege, G (1902 b): "Carta a Russell del 28 de Julio", impresa en Frege, G (1980): *Philosophical and Mathematical Correspondence*, University of Chicago Press, Chicago.
Frege, G (1964): *The Basic Laws of Arithmetic*, University of California Press, Berkeley.
Frege. G (1996): *Escritos Filósoficos*, edición e introducción de Jesús Mosterín, Crítica, Barcelona.
Garciadiego Dantán, A.R. (1992): *Bertrand Russell y los orígenes de las "paradojas" de la teoría de conjuntos*. Alianza Editorial, Madrid.
Geach, P.T. (1956): "On Frege's Way out", reimpreso en Geach, P.T. (1972): *Logic Matters*, Basil Blackwell, Oxford.
Gómez, R. (1977): *Las teorías científicas. Desarrollo – Estructura – Fundamentación*. Editorial El Coloquio, Buenos Aires.

---

[154] Las últimas generaciones de Logicistas, llamados Neologicistas, han preferido abandonar los conflictivos axiomas como (V) y (V*) y buscan basar sus proyectos en otros principios como el Principio de Hume. Vése Linsky y Zalta (2006)

Kuhn, T (1972): *La estructura de las revoluciones científicas*. Fondo de Cultura económica, México.
Klimovsky, G. (1993): *La teoría de conjuntos y los fundamentos de las matemáticas*. Ediciones Universitarias CAECE, Buenos Aires.
Landini, G (2006): "The Ins and Outs of Frege's way Out", *Philosophia Mathematica*, 14,1, pp. 1-25.
Linsky, B. & Zalta E. N (2006): "What is Neologicism", *The Bulletin of Symbolic Logic*, 12,1, pp. 60-69.
Mill, J.S (1843): *System of Logic, Ratiocinative and Inductive*, reeditado en Robson, J. M. (editor) (1974): *The Collected Works of John Stuart Mill, Vol VII*, University of Toronto Press, Toronto.
Moretti, A. (1998): "Verdad, paradojas y semántica", en Acero. J.J (editor): *Enciclopedia Iberoamericana de Filosofía*, Vol.16, Editorial Trotta, Madrid.
Mosterín, J (1971): *Teoría Axiomática de Conjuntos*, Ediciones Ariel, Barcelona.
Quine, W. (1965): "On Frege's Way Out", reimpreso en Quine, W (1966): *Selected Logic* Papers, Harvard University Press, Cambridge and London.
Quine, W. (1969): *Set Theory and its Logic*. The Belknap Press of Harvard University Press, Cambridge, Massachusetts and London, England.
Quine, W. (1962): "The Ways of Paradox", reimpreso en Quine, W (1976): *The Ways of Paradox and other Essays*, Harvard University Press, Cambridge and London.
Rang, B & W. Thomas W. (1981): "Zermelo's Discovery of the 'Russell Paradox'", *Historia Mathematica,*, 8, pp.15-22.
Russell, B (1902): "Carta a Frege", impresa en Van Heijenoort, J. (editor) (1967): *From Frege to Gödel: A Sourcebook in Mathematical Logic*, Harvard University Press, Cambridge.
Russell, B. (1903): *The Principles of Mathematics*, Cambridge University Press, Cambridge.
Schapiro, S (1991): *Fundations Without Fundationalism. A case For Second Order Logic*. Oxford University Press, New York.
Skolem, Thoralf (1922): "Some remarks on axiomatized set theory", reimpreso en Van Heijenoort, J. (editor) (1967): *From Frege to Gödel: A Sourcebook in Mathematical Logic*, Harvard University Press, Cambridge.
Stoll, R. (1979): *Set Theory and Logic*, Dover Publications Inc, New York.
Suppes, P. (1972): *Axiomatic Set Theory*, Dover Publications Inc, New York.
Withehead, A.N & Russell, B (1910, 9012, 1913): *Principia Mathematica*, 3 volúmenes. Cambridge University Press, Cambridge.
Zermelo, E. "Neuer Beweis für die Möglichkeit einer Wohlordnung", reimpreso en Van Heijenoort, J. (editor) (1967): *From Frege to Gödel: A Sourcebook in Mathematical Logic*, Harvard University Press, Cambridge.

Capítulo 14: LA PARADOJA DE CANTOR

Thomas Schindler [155]

§ 1 Introducción

La paradoja de Cantor fue independientemente descubierta por Cantor alrededor de 1897 y poco tiempo después por Russell en 1900. De acuerdo con el teorema de Cantor, del cual la antinomia recibe su nombre, la colección de todas las subclases de una clase dada a tiene una cardinalidad mayor que la de a. La prueba de este resultado se obtiene mediante el célebre argumento diagonal de Cantor. Como consecuencia, no existe tal cosa como un cardinal más grande que todos los demás. Pero el cardinal de la clase de todas las clases debe ser el más grande, pues contiene todas las otras clases. En esto consiste la paradoja de Cantor. Curiosamente, sin embargo, Cantor no vio nada paradójico en este razonamiento. Al contrario, lo consideró simplemente una prueba de que no es posible agrupar todos los objetos y formar con ellos una colección consistente. Inicialmente, Russell tampoco vislumbró aquí una paradoja sino que creyó que el teorema de Cantor no era tan general como parece a primera vista. Fue tras reflexionar sobre la paradoja de Cantor que Russell descubrió su infame paradoja de la clase de todas las clases que no se pertenecen a sí mismas. Sólo después de que Russell enviara su carta a Frege, quien vio su trabajo hecho pedazos, hubo allí una paradoja. Desde entonces las paradojas ocuparían un lugar central en la obra de Russell. En la sección §1 presentamos el teorema del conjunto potencia de Cantor y la supuesta paradoja a la cual da lugar. §2 consiste de una descripción de las reacciones de Cantor y Russell a la paradoja. En §3 recorremos las ideas de Russell para eludir la paradoja. Éstas son: la teoría libre de clases (*no-classes theory*), en la cual los términos para clases son considerados símbolos incompletos y sin denotación; la teoría de tipos lógicos, que restringe el conjunto de fórmulas bien formadas; la teoría del zigzag, que permite instancias del axioma de comprensión únicamente para fórmulas simples; y, finalmente, la teoría de la limitación de tamaño, la cual permite instancias de comprensión exclusivamente para formulas que no son verdaderas de demasiadas cosas.

---

[155] Ludwig-Maximilians-Universität München – Munich Center for Mathematical Philosophy

§ 2 El teorema de Cantor

El año 1873 marca el nacimiento de la teoría de conjuntos, cuando Cantor demostró en una carta a Dedekind que el continuo, *i.e.*, el conjunto de los números reales, no puede ponerse en correspondencia biunívoca con el conjunto de números naturales. Esto estableció el por entonces sorprendente resultado de que existen infinidades de distinto tamaño o cardinalidad, donde dos conjuntos a y b tienen la misma cardinalidad si y sólo si existe una biyección entre ambos. La demostración original hace uso de la completitud de los reales.[156] En 1891 Cantor presentó un nuevo argumento que establece la innumerabilidad del continuo, aquel que nos es hoy más familiar: el denominado argumento diagonal, cuyo nombre quedará claro en un momento. Supongamos que existe una biyección del conjunto de los naturales en los reales. Esto implicaría la existencia de una lista $r_1, r_2, r_3, \ldots$ de números reales que agote todo el continuo. Mostraremos que es posible construir un real que no puede formar parte de la lista, llegando de este modo a una contradicción. Listamos entonces los reales en notación canónica decimal infinita:[157]

$$r_1 = z_1, d_{1,1}, d_{1,2}, d_{1,3}, \ldots d_{1,n}, \ldots$$
$$r_2 = z_2, d_{2,1}, d_{2,2}, d_{2,3}, \ldots d_{2,n}, \ldots$$
$$r_3 = z_3, d_{3,1}, d_{3,2}, d_{3,3}, \ldots d_{3,n}, \ldots$$
$$r_4 = z_4, d_{4,1}, d_{4,2}, d_{4,3}, \ldots d_{4,n}, \ldots$$
$$\ldots$$
$$r_n = z_n, d_{n,1}, d_{n,2}, d_{n,3}, \ldots d_{n,n}, \ldots$$
$$\ldots$$

Recorriendo la diagonal de esta lista, esto es, atendiendo a las entradas $d_{1,1}, d_{2,2}, d_{3,3}, \ldots d_{n,n}, \ldots$, podemos definir un real $q = 0, q1, q2, q3, \ldots$ del siguiente modo. Sea

---

[156] Esto es, todo conjunto no vacío de números reales que tiene una cota superior tiene una cota superior mínima.

[157] Un número real distinto de cero está escrito en notación canónica decimal infinita si su notación no termina con una secuencia infinita de ceros, i.e., si no es de la forma $z, d_1 \ldots d_k 000\ldots$ Luego, la notación canónica decimal infinita de 1 es 0,999...

$$q_n = \begin{cases} 1, & \text{si } d_{n,n} = 2 \\ 2, & \text{si } d_{n,n} \neq 2 \end{cases}$$

¡El número real q no puede formar parte de la lista! Puesto que está escrito en notación canónica y ésta es única, tenemos que q no puede ser idéntico a r_1, porque, dado el modo en que fue definido, su primer dígito después de la coma, q_1, difiere del primer dígito de r_1, esto es, $q_1 \neq d_{1,1}$. Pero q tampoco puede ser idéntico a r_2, ya que, por definición, su segundo dígito difiere del segundo dígito de r_2. Y así siguiendo para cada r_n en la lista.[158] La demostración original de 1873 ya establecía el impactante resultado según el cual existen infinitos de distinto 'tamaño'. El argumento de 1891 es notable no sólo por su elegancia y simplicidad: puede generalizarse para mostrar que existe una *jerarquía* completa de infinidades de cardinalidad siempre creciente. Aun más, aplicando el argumento a los reales mismos, Cantor mostró por primera vez que existe una infinidad mayor que el continuo.

Teorema (Cantor). Para todo conjunto a, $|a| < |\wp(a)|$.[159]
Demostración. Sea f una función arbitraria de a en $\wp(a)$. Es suficiente probar que f no es sobreyectiva, *i.e.*, que existe un miembro de $\wp(a)$ que no pertenece al rango de f. Sea $b := \{x \in a \mid x \notin f(x)\}$. Claramente, b es un miembro de $\wp(a)$. No obstante, b no está en el rango de f. Pues supongamos que hay un $y \in a$ tal que $f(y) = b$. Tendríamos entonces que

$y \in b$ sii $y \notin f(y)$ sii $y \notin b$

La primera equivalencia es verdadera en virtud de la definición de b, mientras que la segunda surge de nuestro supuesto de que $f(y) = b$. Juntas dan lugar a una contradicción. Por tanto, b no pertenece al rango de f, *i.e.*, f no es sobreyectiva.[160] ∎

---

[158] Si uno emplea 0 y 1 en lugar de 1 y 2 en la definición de q_n, podría suceder que q no esté en notación canónica y, al mismo tiempo, su escritura canónica sí se encuentre en la lista.
[159] Donde, como es usual, $\wp(b)$ denota el conjunto potencia de b y $|b|$ denota su cardinalidad.
[160] Esta prueba es simplemente una generalización del argumento diagonal que presentamos anteriormente. Dado un conjunto a es posible identificar cualquier subconjunto b de a con su función característica. La función característica de b funciona a modo de oráculo tal que, si se le pregunta '¿$y \in b$?', responde 'sí' (= 1) si y es en efecto un miembro de b y 'no' (= 0) si y no pertenece a b. De esta forma, cualquier subconjunto b de a puede pensarse como una secuencia de ceros y unos y el conjunto potencia de a puede identificarse con la

La paradoja de Cantor es ahora una consecuencia inmediata del teorema de Cantor y el supuesto de que la clase de todas las clases existe. Sabemos por el teorema de Cantor que los números cardinales no tienen un máximo, pero esto entra en contradicción directa con la idea intuitiva de que ninguna colección tiene mayor cardinalidad que la clase de todas las clases, pues las contiene a todas. En otras palabras, sea V la clase de todas las clases. Por el teorema de Cantor, $|V| < |\wp(V)|$. Pero dado que $\wp(V)$ contiene clases exclusivamente, debe ser una subclase de V. Pero el hecho de que $\wp(V) \subseteq V$ implica que existe una función inyectiva de $\wp(V)$ en V, contradiciendo el teorema de Cantor.

§ 3 Russell entra en escena

Cantor jamás pensó que su teoría de conjuntos estaba bajo amenaza de paradojas. De acuerdo con su concepción temprana de los conjuntos, éstos eran básicamente aquellos objetos a los cuales puede asignarse un ordinal —i.e., que pueden satisfacer buen orden (cf. S. Lavine (1994))—. Ahora bien, dado cualquier segmento inicial de la serie de números ordinales ordenados por magnitud ascendente, la medición del tipo de orden del segmento, 'da lugar' a un ordinal que excede en magnitud a todos los ordinales en el segmento. Asumiendo que todo conjunto puede ser bien ordenado, se sigue que los ordinales no conforman un conjunto (esta es esencialmente la paradoja de Burali-Forti). Cantor advirtió esto alrededor de 1895 y, consiguientemente, estableció una distinción entre lo que llamó 'multiplicidades consistentes' e 'inconsistentes o absolutamente infinitas'. Una multiplicidad inconsistente no puede dar lugar a una totalidad definitiva (un conjunto). La 'paradoja' del cardinal más grande no resultó entonces una sorpresa para él. Desde su punto de vista, su teorema acerca de la cardinalidad de los conjuntos potencia es aplicable únicamente a multiplicidades

---

colección de todas estas secuencias. Sea f una función cualquiera de a en el conjunto de todas sus funciones características; esto es, para cada $x \in a$, $f(x)$ es la función característica de algún subconjunto b de a, que es a su vez una secuencia de ceros y unos. Luego, f induce una lista de secuencias de ceros y unos semejante a la lista $r_1, r_2, r_3,...$ que introdujimos más arriba. Nuevamente, debemos mostrar que existe una función característica g que no está en el rango de f. Para construir dicha g nos movemos una vez más a lo largo de la diagonal de la lista de secuencias de ceros y unos, intercambiando las entradas. Más precisamente, para cada $x \in a$, sea $g(x) = 1$ si $f(x)(x) = 0$, y sea $g(x) = 0$ si $f(x)(x) = 1$. Se sigue que g difiere de $f(x)$ para cualquier x.

consistentes. Puesto que V es una multiplicidad inconsistente, $\wp(V)$ no puede construirse de modo alguno —no puede ser concebida como una totalidad completa y, por tanto, el teorema de Cantor no se le aplica. De acuerdo con Cantor sencillamente no había ninguna paradoja. La reacción de Russell fue bastante diferente. Tras descubrir por medios independientes la paradoja de Cantor en noviembre de 1900, consideró inicialmente que el teorema de Cantor no era tan general como parecía a primera vista. Pensó que existían excepciones —la clase de todas las clases siendo una de ellas—. Consideremos la función identidad f sobre $\wp(V)$, *i.e.*, para cada miembro x de $\wp(V)$, $f(x) = x$. Puesto que cualquier x que satisfaga esta condición es una clase, deberá pertenecer a V. Ahora consideremos nuevamente el conjunto diagonal $b := \{x \in V \mid x \notin f(x)\}$. De acuerdo con la demostración de Cantor, b no debe pertenecer al rango de f. Pero en tanto $b = f(b)$, parece que, al contrario, sí debe estar en el rango de f. Como consecuencia, Russell puso en duda la generalidad del argumento de Cantor. Tras una reflexión más profunda, sin embargo, Russell notó algo extraño: la clase b no puede existir, pues su definición conlleva la siguiente contradicción. Supongamos que $b \notin b$. Como f es la función identidad, *i.e.*, $b = f(b)$, tenemos que $b \notin f(b)$. Pero dado que b es por definición la clase de todos los x tales que $x \notin f(x)$, b debe ser después de todo un miembro de b, contradiciendo nuestra suposición inicial. Luego, $b \in b$. Pero esto significa que $b \in f(b)$ y, por ende, dada nuestra definición de b, no puede ser un miembro de sí mismo. De hecho, la clase b no es más que la clase de todas las clases que no se pertenecen a sí mismas. Lo que Russell descubrió aquí fue la clase infame que hoy lleva su nombre. Fue en mayo de 1901. En una carta a Couturat el mismo año, Russell concedió que el teorema de Cantor es válido y que él no ha logrado dar un contraejemplo, pues b no puede existir (cf. S. Lavine (1994)). Cantor nunca perdió la fe en su teoría de conjuntos. Los argumentos presentados anteriormente jamás le incomodaron, pues descansan en principios que él nunca asumió. Había, no obstante, un sistema formal en el cual las paradojas podían obtenerse, a saber, el *Grundgesetze der Arithmetik* de G. Frege (1893/1903). Frege pretendió demostrar que las verdades de la aritmética pueden derivarse a partir de leyes lógicas, mostrando así que, *pace* Kant, las leyes de la aritmética son analíticas. Este programa se conoce hoy en día como Logicismo. El sistema de Frege permitía derivar el principio de comprensión *naïve*: $x \in \{y \mid A(y)\} \equiv A(x)$. Este principio implica la existencia de la clase de todas las clases que no se pertenecen a sí mismas y, de este modo, la paradoja de Russell puede reproducirse en el sistema fregeano. Russell comunicó esto a Frege una carta en el mes de junio de 1902, diciendo que había 'encontrado una dificultad' en el sistema fregeano. Pero Frege no abrigó falsas esperanzas: reconoció la inconsistencia de su sistema y concluyó que "la única fundamentación posible de la aritmética parece desvanecerse" (G. Frege (1902)).

§ 4 Soluciones posibles

Cantor y Russell jamás coincidieron en el modo de concebir de las clases. La noción cantoriana de clase es de índole *combinatoria*, y de acuerdo con ella una clase está dada 'por la enumeración de sus términos'. Como muchos autores han sostenido, la noción cantoriana de clase nunca ha engendrado paradojas (cf. S. Lavine (1994)). Si los conjuntos de índole combinatoria están dados por enumeraciones, parece entonces natural pensar que algunas multiplicidades son simplemente demasiado grandes para ser reunidas en una multiplicidad consistente. Russell, por su parte, defendió una noción *lógica* de clase: "una clase puede definirse como todos los términos que satisfacen alguna función proposicional". Algunos ejemplos de funciones proposicionales son 'x es un número primo' o 'x es humana'. En tanto podemos escribir una fórmula que caracteriza los números ordinales, parece que éstos forman de hecho una colección lógica. La noción lógica de clase lleva naturalmente al principio de comprensión que causa las paradojas. De acuerdo con Russell, había básicamente dos modos de reaccionar frente a esta situación:

(I) Rechazar que toda función proposicional determina una clase. Por consiguiente, la tarea consiste ahora en restringir el axioma de comprensión de modo plausible. La dificultad yace en discernir las instancias legítimas de este axioma de las ilegítimas.

(II) Abandonar las clases por completo. De este modo, todo discurso sobre clases sería percibido como una *façon de parler*. Luego, lo que se busca es una teoría que haga uso del símbolo de pertenencia de manera no irreducible.

Ambos caminos fueron explorados en "On Some Difficulties in the Theory of Transfinite Numbers and Order Types" (B. Russell (1905a)). Con respecto a la opción (I), Russell sugiere dos modos de resolver el problema de separar las funciones proposicionales ilegítimas de las legítimas. El primer abordaje es el denominado *teoría del zigzag*. El segundo es la *teoría de la limita-*

ción de tamaño. A grandes rasgos, la teoría del zigzag impone restricciones sobre la complejidad de las funciones proposicionales, mientras que la teoría de la limitación de tamaño deja fuera clases que son en algún sentido demasiado grandes. Russell prefirió la alternativa (II), que llamó *teoría libre de clases*. Explorando esa ruta, Russell identificó otro modo de solucionar el problema, por medio de la introducción de tipos lógicos, lo cual dio lugar a la *teoría de tipos*. A continuación explicaremos en detalle cada una de estas teorías. Nótese que la obra de Russell es altamente relevante incluso para aquellos que se inclinan más por una concepción combinatoria de conjuntos que por una de índole lógica. Porque aún si 'nunca hubo ninguna paradoja conjuntista', como Gödel sostuvo más tarde, todavía precisamos una axiomatización de la teoría de conjuntos y, como evidencian las 'paradojas', diseñar un sistema axiomático consistente es una tarea altamente no trivial.

§ 4.1 La teoría libre de clases

De acuerdo con la teoría libre de clases, cualquier enunciado que mencione clases debe poder ser parafraseado mediante una expresión que no haga mención explícita de ellas. Por ejemplo, el enunciado de que Sócrates es miembro de la clase de los seres humanos puede ser parafraseada simplemente diciendo que Sócrates es humano. El enunciado de que la clase de los seres humanos no es vacía puede ser parafraseado como 'Hay humanos'. Trabajando en esta dirección podemos desarrollar los conceptos usuales del álgebra booleana de clases (inclusión, intersección, unión, complemento, etc.) y derivar las leyes que los gobiernan. Pero como W. Quine (1964) señala, no se puede ir mucho más lejos, pues la cuantificación sobre clases no puede ser emulada de este modo. Un abordaje más prometedor fue explorado por B. Russell (1906) en su *teoría sustitucional de clases y relaciones*, donde las clases son consideradas símbolos incompletos sin denotación, un método que tiene su origen en el análisis russelliano de las descripciones definida. De acuerdo con este último, 'El actual rey de Francia es pelado' no se analiza como 'el actual rey de Francia' (sujeto) y 'es pelado' (predicado) sino más bien como 'Existe exactamente una única persona que es actualmente rey de Francia y esa persona es pelada' (cf. B. Russell (1905b)). Suponer que la frase 'El actual rey de Francia' tiene un significado independiente lleva a una 'falsa abstracción'. La propuesta de Russell es tratar expresiones como 'el número 1', 'la clase de las personas sabias' o 'el continuo' también como falsas abstracciones. Russell tomó como primitivo el predicado cuaternario 'q resulta de sustituir a por b en p', donde q, a, b y p son variables que pueden ser ligadas por un cuantificador —en símbolos, $p/a; b! q$, que puede ser escrito con mayor claridad como $p(b/a) = q$—. Por ejemplo, la proposición *Platón es sabio* resulta de sustituir Sócrates por Platón en *Sócrates es sabio*.[161] Podemos expresar que Platón es miembro de la clase de seres sabios diciendo 'El resultado de sustituir Sócrates por Platón en *Sócrates es sabio* es verdadero'. Luego, la clase $\{x \mid x\ es\ sabio\}$ puede ser representada por la matriz *Sócrates es sabio*/Sócrates. Más generalmente, definimos $b \in p/a$ si y sólo si $p(b/a)$ es verdadero, y $p/a = q/b$ si y sólo si $\forall x(x \in p/a \equiv x \in q/b)$. La matriz o clase p/a es un símbolo incompleto, cuyo uso está gobernado por definiciones contextuales. Una proposición que menciona una matriz (clase) es significativa sólo si puede ser reformulada en el lenguaje básico, *i.e.*, transformada en un enunciado que no menciona matrices en absoluto. Al usar sustituciones iteradas, también podemos representar relaciones de aridad superior. Por ejemplo, la relación binaria $\{(x, y) \mid x\ es\ el\ padre\ de\ y\}$ puede ser representada por la matriz *Philip es el padre de Alexander*/Philip, Alexander. Russell llama a las matrices de la forma p/a 'matrices del primer tipo', a las matrices de la forma $p/a, b$ 'matrices del segundo tipo', etc. La pertenencia entre clases puede ser definida, a groso modo, determinando que $p/a \in q/b$ si y sólo si $q(p/b, a/c)$ es verdadera, y de manera similar para la pertenencia entre clases de tipos superiores. La definición de elemento de Russell crea una *jerarquía simple de tipos*. Si α es una matriz de tipo i y β es una matriz de tipo j entonces la expresión $\alpha \in$ sión $\alpha \in \beta$ es significativa si y sólo si $j = i + 1$. Esto bloquea al mismo tiempo la paradoja de Russell: la expresión $p/a \notin p/a$ no es significativa, puesto que no puede ser reformulada en el lenguaje base. Los conceptos usuales de la teoría de conjuntos ahora pueden ser desarrollados de una manera bastante sencilla. Russell define el cardinal 0 como la clase de todas las clases (del primer tipo) que no contienen un elemento, el cardinal 1 como la clase de todos los conjuntos unitarios (del primer tipo), 2 como la clase de todos los pares (del primer tipo), etc. Más precisamente, tomamos p y a tales que para todo $x, p(x/a)$ es falso. Por ejemplo, sea p la proposición de que Sócrates no es idéntico a Sócrates, y sea a Sócrates. Entonces el número 0 puede ser definido como la matrix $\{\forall x\, p(x/a)\ es\ falso\}/p, a$.[162] Entonces para cualequiera q, r sabemos que la clase q/r pertenece a 0 si y sólo si q/r no tiene miembros. Estos cardinales son del segundo tipo. Sin embargo, se puede dar definiciones similares para tipos superiores, por lo cual

---

[161] De acuerdo con Russell, una proposición como Sócrates es sabio contiene el objeto Sócrates mismo en lugar del nombre o concepto Sócrates.
[162] Aquí, las llaves son un mecanismo generador de términos que transforman una fórmula bien formada en un término.

toda capa de la teoría de conjuntos virtual está equipada con su propia secuencia de números naturales. Los cardinales del tipo 2 son llamados 'cardinales de entidad'. Enfoquémonos ahora en cómo la teoría sustitucional soluciona la paradoja de Cantor. Sea V la matriz $\{z = z\}/z$. V representa la clase de todas las entidades (*i.e.*, individuos y proposiciones). Sea $\wp(V) :=$ $\{\forall x (x \in p/a \to x \in V)\}/p, a$. Es fácil ver que $\wp(V)$ es una matriz del segundo tipo, mientras que V es una matriz del primer tipo. Pero esto significa que los elementos de $\wp(V)$ no pueden ser elementos de V y, por ello, la contradicción no surge. Desafortunadamente, si bien la teoría sustitucional de Russell da una solución a las paradojas conjuntistas, es aún inconsistente. Básicamente, la presencia de la función de sustitución junto con un predicado veritativo y un operador de formación de términos hace que la teoría de Russell sea afectada por paradojas del estilo del mentiroso.

§ 4.2 La teoría de tipos

El simbolismo de la teoría sustitucional era un tanto barroco. Whitehead, colega de Russell, planteó la siguiente objeción, de carácter pragmático: "Este rigor extremo debe ser moderado por consideraciones prácticas. Las clases pueden seguir siendo usadas si consideramos que nuestro objetivo es sistematizar el razonamiento concreto de la matemática, y este razonamiento concreto de hecho emplea clases habitualmente incluso cuando no lo necesita. Por ende, nuestro objetivo es sistematizar el razonamiento que incluye clases, incluso cuando es una idea primitiva que podría ser evitada" (B. Russell (1973), p. 131). De cualquier manera, hemos de tomar en cuenta lo aprendido en la sección anterior. La teoría sustitucional es formulada en un lenguaje libre de tipos (type-free), con variables que varían sólo sobre individuos y proposiciones. Las clases son introducidas por definiciones contextuales y la definición de la relación de pertenencia da lugar a una jerarquía de tipos, con clases de entidades en el nivel más bajo, clases de clases de entidades en el nivel siguiente, etc. La paradoja de Cantor es bloqueada porque el conjunto potencia de un conjunto es siempre de un tipo superior al conjunto inicial. Además, la paradoja de Russell es eludida porque las fórmulas como $x \notin x$ no son bien formadas. Tipificar ofrece una solución a las paradojas conjuntistas, y es natural aislar esta idea de la teoría libre de clases a partir de la cual se origina. Esto lleva a la teoría de tipos, que constituye el trasfondo de la teoría finalmente adoptada por Russell y Whitehead. En esta sección, damos una breve mirada a la teoría *simple* de tipos (TST), menos complicada que la teoría *ramificada* de tipos, que fue presentada en la monumental obra *Principia Mathematica* (1910-1913), de B. Russell y A. N.

Whitehead. El lenguaje de TST contiene, además de cuantificadores, el símbolo de identidad y los conectivos usuales, un símbolo de relación binario $\in$ como la única constante no lógica. Para cada número natural k, TST contiene un conjunto enumerable de variables x^k, donde el tipo es indicado por el superíndice. Las fórmulas atómicas son de la forma $x^n = y^n$, $x^n \in y^{n+1}$, *i.e.*, los enunciados de igualdad son bien formados si y sólo si ambas variables tienen el mismo tipo, y los enunciados de pertenencia son bien formados si y sólo si el tipo de la variable en el lado derecho es inmediatamente superior al tipo de la variable en el lado izquierdo. Ahora podemos reemplazar el esquema naïve de comprensión

$$\exists y \forall x (x \in y \leftrightarrow A(x)),$$

donde $A(x)$ es una fórmula arbitraria donde y no ocurre libre, por el esquema de comprensión tipificado

$$\exists y^{n+1} \forall x^n (x^n \in y^{n+1} \leftrightarrow A(x^n)),$$

donde $A(x^n)$ es una fórmula en la cual y^{n+1} no ocurre libre. Además, para cada tipo n asumimos un axioma de extensionalidad:

$$\forall x^{n+1} \forall y^{n+1} (\forall z^n (z^n \in x^{n+1} \leftrightarrow z^n \in y^{n+1}) \to x^{n+1} = y^{n+1}).$$

Agregar un axioma de infinitud (postular la existencia de infinitos individuos) junto con axiomas de elección para cada tipo da por resultado una teoría en la cual podemos realizar una cantidad significativa de matemática. También es posible dar una prueba relativa de consistencia para TST. A pesar de esto, TST sufre de las mismas deficiencias que la teoría sustitucional presentada en la sección anterior. En particular, los números cardinales no pueden ser definidos unívocamente; cada nivel de la jerarquía viene con su propia serie de números cardinales. Además, tipificar restringe severamente la capacidad de expresión, porque siempre debemos llevar cuenta de los índices.

§4.3 La teoría del zigzag

Enfoquémonos ahora en las soluciones a las paradojas que ponen restricciones sobre las instancias admisibles del axioma de comprensión. La idea, groso modo, es adoptar sólo aquellas instancias de comprensión que sean 'seguras' en algún sentido. Comenzamos con las teorías del zigzag y concluimos en la próxima sección con las teorías de limitación de tamaño. La idea general detrás del enfoque del zigzag es que sólo las fórmulas sintácticamente 'simples' determinan una clase.[163] Como hay condiciones muy simples (como $x = x$) que son satisfechas por todos los términos, las teorías del zigzag no culpan al tamaño de ciertas clases por las paradojas: la existencia de la clase universal es demostrable en esas teorías. Esto las diferencia de aquellas teorías consideradas en la sección siguiente. Russell intentó dar una axiomatización del predicado 'x es una función proposicional simple' pero nunca estuvo satisfecho con el resultado. Por ende, tomaremos en cuenta la teoría NF de Quine y la teoría positiva de conjuntos de Esser. Éstas pueden ser llamadas teorías del zigzag en la medida en que ambas se basan en instancias de comprensión que satisfacen requisitos sintácticos simples.[164] Hemos visto que tipificar es en algún sentido poco conveniente. La idea de W. Quine (1937) presentada en su artículo *New Foundations for Mathematical Logic* es eliminar todos los índices del lenguaje para trabajar con un lenguaje no tipificado, pero al mismo tiempo permitir instancias de comprensión sólo para fórmulas que pueden ser vistas como una 'traducción' de una fórmula tipificada. Más precisamente, llamamos a una fórmula A *estratificada* si y sólo si hay una función f que asigna números naturales a las variables de A de modo que siempre que $x = y$ es una subfórmula de A, $f(x) = f(y)$, y siempre que $x \in y$ es una subfórmula de A, $f(y) = f(x) + 1$. Así NF contiene como axiomas (además un axioma de extensionalidad) todas las instancias del siguiente esquema de comprensión donde A está estratificada. Es sencillo ver que la condición $x = x$ está estratificada y por ende la clase universal existe en NF. Por otro lado, las condiciones $x \in x$ y $x \notin x$ no están estratificadas y, por tanto, la paradoja de Russell es bloqueada. Es sabido que NF refuta al axioma del elección (porque la clase universal no puede ser bien ordenada), mientras que el axioma de infinitud es una consecuencia de la teoría. Luego, NF tiene al menos tanto poder de prueba como la teoría simple de tipos TST con un axioma de infinitud. En NF los cardinales se

---

[163] Es natural pensar que el conjunto de formulas simples está cerrado bajo negación. Entonces, si una clase a existe, también existe su complemento $\bar{a}$. Ahora, si A es una condición que no determina una clase y a es una clase arbitraria, debe haber miembros de a que no satisfagan A o miembros de $\bar{a}$ que satisfagan A (de otro modo, habría un a tal que $x \in a \leftrightarrow A(x)$ y, por ende, determinaría una clase, lo cual contradice nuestro supuesto inicial). Esta es la propiedad del zigzag que da a la teoría su nombre.

[164] No obstante, en teoría de conjuntos positiva, las instancias admisibles no están cerradas bajo negación; con lo cual es posible clasificarla como zigzag únicamente en un sentido derivado.

definen como clases de equivalencia de conjuntos equinumerosos, tal como en la teoría de tipos. La prueba usual de la paradoja de Cantor es bloqueada porque se basa en una instancia de comprensión que no está estratificada. Al día de hoy, no se ha hallado ninguna contradicción en NF, aunque tampoco una prueba de consistencia. Vayamos ahora a la teoría positiva de conjuntos. En esta teoría, sólo las instancias de comprensión generadas por fórmulas positivas (y generalizadas positivas) son permitidas. Aquí, una fórmula es llamada *positiva* si pertenece a la clase más pequeña que contiene $\bot$, $x = y$ y $x \in y$ y está cerrada bajo disyunción, conjunción y cuantificación universal y existencial. Las fórmulas generalizadas positivas se obtienen permitiendo cuantificación restringida. De nuevo, la clase universal existe, porque $x = x$ es positiva, y lo mismo puede decirse de su clase potencia $\wp(V)$. La clase de Russell no existe, pues $\neg(x \in x)$ no es positiva, pero la clase $\{x | x \in x\}$ sí existe, en tanto la condición que la determina es positiva. El teorema de Cantor no es demostrable, ya que la prueba depende de una instancia no positiva del axioma de comprensión y, en consecuencia, la paradoja de Cantor se evita. O. Esser (1999) presenta una teoría axiomática positiva de conjuntos que contiene, además de comprensión positiva y extensionalidad, algunos axiomas de clausura e infinitud. Este sistema interpreta tanto la teoría de conjuntos de Zermelo-Fraenkel como la teoría de clases de Morse-Kelly. Nuevamente, el axioma de elección global es inconsistente con la teoría.

§4.4 Limitación de tamaño

La idea detrás de la teoría de la limitación de tamaño es restringir comprensión a aquellas fórmulas que no son satisfechas por demasiados objetos. Un modo más formal de describir esta idea es decir que la extensión de un concepto es demasiado grande si y sólo si el concepto se aplica a tantos objetos como objetos existen. G. Boolos (1998) ha desarrollado un sistema neo-fregeano en estas líneas. Un principio similar es demostrable en un sistema propuesto por von Neumann. La mayoría de los matemáticos y filósofos de hoy en día aceptaron la teoría ZF de Zermelo-Fraenkel como el fundamento de la matemática. Esta teoría es típicamente vista como un ejemplo de un sistema basado en la idea de limitación de tamaño (cf. Gödel (1944)). No describiré el sistema, pues asumo que el lector lo conoce. No obstante, como dato histórico digno de mención, Zermelo no desarrolló su teoría axiomática como respuesta a las paradojas. En 1904, E. Zermelo (1904) publicó una prueba de que todo conjunto puede ser bien ordenado y muchos matemáticos contemporáneos dudaron de ese resultado. E. Zermelo (1908) dio su axiomatización como respuesta a esas críticas y no como una respuesta a las paradojas. El éxito de ZF se basa en lo siguiente. En primer lugar, restaura la libertad notacional a la que los matemáticos estan acostumbrados, pues no requiere que llevemos la cuenta de los índices ni que escribamos fórmulas en notación primitiva para saber si comprensión está disponible para ellas. En cierto sentido, la mayoría de los matemáticos son 'realistas ingenuos' que desean manipular objetos matemáticos y no tanto expresiones (*i.e.*, su enfoque es más bien semántico que sintáctico). En segundo lugar, antes del descubrimiento de las paradojas había ya un gran cuerpo de teoremas conjuntistas ampliamente aceptados (como muestran los manuales de F. Hausdorff (1914), G. Hessenberg (1906) y A. Schoenflies (1900)) y ZF nos permite recuperar todos estos teoremas. Finalmente, la 'concepción iterativa de conjuntos' nos da una representación simple y natural de la interpretación pretendida de ZF.[165] [166]

Referencias bibliográficas:

Boolos, G. (1998): "Saving Frege from contradiction", en Boolos, G. (ed) (1998): *Logic, Logic, and Logic*, Harvard University Press, Cambridge (Mass.), pp. 171-182.

Esser. O. (1999): "On the consistency of a positive theory", *Mathematical Logic Quaterly*, 1998, pp 105-116.

Frege, G. (1893/1903): *Grundgesetze der Arithmetik I-II*, Herman Pohle, Jena.

Frege, G. (1902): "Letter to Russell", en Heijenoort, J. (editor) (1967): *From Frege to Gödel*, Harvard University Press, Cambridge (Mass.), pp. 127-128.

Gödel, K. (1944): "Russell's mathematical logic", en Benacerraf, P. y Putnam, H. (editores), *Philosophy of mathematics*, Cambridge University Press, Cambridge, pp. 447-469.

Hausdorff, F. (1914): *Grundzüge der Mengenlehre*, Veit & Comp., Leipzig.

Hessenberg, G. (1906): *Grundbegriffe der Mengenlehre*, Vandenboeck & Ruprecht, Göttingen.

Lavine, S. (1994): *Understanding the infinite*, Harvard University Press, Cambridge (Mass.).

Quine, W. V. (1937): "New Foundations for Mathematical Logic", *American Mathematical Monthly*, Vol. 44, pp. 70-80.

---

[165] Agradezco a Timo Beringer por sus valiosos comentarios a una version previa de este artículo. Este trabajo fue apoyado por la Fundación Alexander von Humboldt.

[166] Translated from English to Spanish by Lavinia Picollo y Diego Tajer.

----------------, (1964): *Set theory and its logic*, Harvard University Press, Cambridge (Mass.).

Russell, B. (1905a): "On some difficulties in the theory of transfinite numbers and order types", en *Essays in Analysis*, Allen & Unwin, Londres, 1973. 135-164.

------------ (1905b), "On Denoting", *Mind*, Vol. 56, pp. 479-493.

------------ (1906), "On the substitutional theory of classes and relations", en. Lackey, D. (editor), *Essays in Analysis*, Allen & Unwin, Londres, pp. 165–189.

-----(1973): *Essays in Analysis*, D. Lackey (editor), Allen & Unwin, Londres, Russell, B & Whitehead, A (1910-1913), *Principia Mathematica I-III*, Cambridge University Press, Cambridge, 1910, 1912, 1913.

Schoenflies, A. (1900): *Die Entwicklung der Lehre von der Punktmannigfaltigkeiten*, B. G. Teubner, Leipzig.

Zermelo, E. (1904): "Beweis, dass jede Menge wohlgeordnet werden kann", *Mathematische Annalen*, Vol. 59, pp. 514-516.

------------ (1908): "Untersuchungen über die Grundlagen der Mengenlehre I", *Mathematische Annalen*, Vol. 65, pp. 261-281.

Capítulo 15: LA PARADOJA DE BURALI-FORTI

Max Fernández de Castro Tapia [167]

§ 1 Introducción

Suele decirse que la de Burali-Forti es la primera de una serie de paradojas que aparecieron con el nacimiento de la teoría de conjuntos. Puede ser formulada de la siguiente manera[168]: el conjunto de todos los ordinales OR ordenado por la relación ($<$) de contención está bien ordenado. Por lo tanto, le corresponde un ordinal S. Dado cualquier ordinal X, puesto que es un miembro de OR, X$\leq$S. Cada ordinal puede ser incrementado en 1 y el resultado es un ordinal mayor. Por lo tanto existe S+1 y S$<$S+1. Pero siendo S+1 un ordinal, S+1$\leq$S, lo que contradice la conclusión anterior. Desde el punto de vista contemporáneo, dominado por la concepción de conjunto que impuso la axiomatización de Zermelo-Fraenkel, el argumento aparece como una falacia evidente pues la premisa de que OR es un conjunto es simplemente falsa. De hecho muy pocos autores y durante muy poco tiempo lo consideraron como una paradoja. Sin embargo, la historia de su descubrimiento y recepción por la comunidad matemática es muy interesante en al menos dos aspectos. Uno tiene que ver con la perspectiva desde la cual aparece como una paradoja y no simplemente como una ordinaria reducción al absurdo. La segunda es que Russell creó un esquema que generaliza el argumento anterior para obtener de él todas las paradojas conjuntistas y semánticas, desde la que lleva su nombre hasta varias versiones del mentiroso, de tal manera que la solución de la paradoja de Burali-Forti podría haber resuelto las otras antinomias.

Pasemos al primer punto. Un argumento similar al anterior fue publicado por Cesare Burali-Forti en 1897[169], pero hay dos razones por las que llamar a la paradoja por su nombre es desconcertante. La primera concierne

---

[167] Universidad Autónoma Metropolitana (Iztapalapa)

[168] En una formulación contemporánea que suponga la definición de 'ordinal' dada por von Neumann desaparecen algunos rasgos del argumento original.

[169] Burali-Forti, C, Una questione sui numeri transfiniti. Circolo Matematico di Palermo, Rendiconti 11, 1897, 154-164.

a lo que debe ser clasificado como una paradoja. La segunda es una cuestión de prioridad: Cantor parece haber esbozado un razonamiento similar con anterioridad. Veremos estas cuestiones con detenimiento en lo que sigue pues ambas son instructivas.

Una paradoja es un caso particular de reducción al absurdo. Normalmente, si un conjunto de presuposiciones conduce a una contradicción, debemos descartar alguna de ellas. Hablamos de paradoja cuando las presuposiciones en cuestión parecen lo suficientemente sólidas como para que la renuncia a cualquiera de ellas sea difícil o conlleve una revisión muy grande de la teoría. En este sentido el carácter paradójico de un argumento debe ser relativizado a la obra de un autor o a un contexto histórico. El descubrimiento de la existencia de los irracionales provocó una conmoción en el mundo pitagórico. Para nosotros es un hecho trivial. La paradoja de Russell fue devastadora para Frege, no lo es para los neo-fregeanos quienes descubrieron la diferencia entre la ley V y el principio más débil que Frege usó en la práctica. Siguiendo a Moore y a Garcíadiego, diremos que un argumento es paradójico si su autor "está incierto acerca de qué premisa abandonar"[170]. En este sentido, como ellos señalan, ni Cantor, ni Burali-Forti encontraron ninguna paradoja. Para el primero el mundo de las pluralidades se divide en dos partes. Si de la suposición de que una colección forma una totalidad acabada, es decir, un conjunto, se deriva una contradicción, entonces esa pluralidad pertenece a la segunda de esas categorías y obedece a ciertas leyes. Una contradicción de este tipo no produce la trivialización de la teoría, ni siquiera una mínima revisión, sino que es una herramienta más que sirve para demostrar ciertos resultados. El caso de Burali-Forti es trivial: él mismo reconoció que había malinterpretado la definición cantoriana de buen orden y presentó su argumento como parte de una demostración por reducción al absurdo de que los ordinales no son necesariamente comparables (es decir, de que la clase de los ordinales con el orden usual no satisface la propiedad de tricotomía). Una vez que veamos con mayor detalle estos dos casos, analizaremos la forma en que el argumento de Burali-Forti o de Cantor se transformó en una paradoja en la discusión entre varios autores, principalmente Russell, Jourdain y Poincaré. Pondremos especial énfasis en el primero para mostrar que es en su obra, más que en ningún otro contexto, que nuestra paradoja adquiere importancia y puede ser considerada una verdadera aporía sin ninguna solución completamente satisfactoria. La revisión de esta evolución arroja luz, tanto en la forma en que la creación matemática

---

[170] Cfr. G. H. Moore, Zermelo's Axiom of Choice. Its Origins, Development and Influence, Berlin, Springer, 1982, p. 321

tiene lugar, como en lo que en sí constituye una paradoja. En el curso de esta discusión aparecerá el segundo punto mencionado al principio: la generalización de la paradoja por Russell y su intento de solución de todas las antinomias.

Antes de iniciar con estas cuestiones, señalemos algunas de las muchas suposiciones que conducen a la contradicción y que podrían ponerse en duda a la luz de esta consecuencia indeseable. Recordemos que la paradoja no surgió en el contexto de una teoría formal sino que pertenece a los estadios anteriores a la primera axiomatización de la teoría de conjuntos. Entre los supuestos que algunos autores pusieron en duda para "resolver" la paradoja están los siguientes: a) que el conjunto de todos los ordinales OR está bien ordenado (a pesar de que cada segmento lo está) (Russell, 1903), b) que OR, o cualquier conjunto similar, tiene número cardinal o tipo de orden (Jourdain, 1904), c) que, aunque el conjunto OR tenga un ordinal, sea válido hablar del siguiente ordinal (Bernstein, 1905, posibilidad también señalada por los Young, 1928), c) que la sucesión creciente de los ordinales llegada a un punto deja de ser un conjunto (Russell, 1906, mencionada como una posibilidad dentro de las teorías de limitación de tamaño), d) que teoremas como el de la cardinalidad del conjunto potencia sean aplicables a conjuntos como OR (Russell, alrededor de 1900), e) que la totalidad de los ordinales es un conjunto (Jourdain, 1904, Hadamard, 1905), f) que las clases que sólo pueden definirse por funciones proposicionales impredicativas sean conjuntos (Poincaré, 1906); g) que existan conjuntos (Russell, 1906). Por supuesto, la antepenúltima nos parece la más natural porque es la opción que triunfó sobre las otras y la que está validada por la axiomatización de Zermelo y Fraenkel. Sin embargo, las otras eran reales posibilidades lógicas y algunas aparecerán en el esbozo que haremos de la historia de la paradoja o, dicho más precisamente, en el relato de cómo se constituyó como tal.

El caso de Burali-Forti es conocido y parece muy claro. En el citado artículo de 1897 después de probar la tricotomía de los cardinales, se preguntó si puede extenderse el resultado a los ordinales. Demostró que no, pero su prueba contenía un error: había malinterpretado la definición de "buen orden". Cantor la había introducido diez años antes así: un conjunto ordenado está bien ordenado si a) contiene un primer elemento, b) cualquier elemento con un sucesor tiene un sucesor inmediato y c) cualquier (sub)conjunto finito o infinito de elementos que tiene un sucesor (una cota superior) tiene un sucesor inmediato (un supremo). Para Burali-Forti un conjunto ordenado es bien ordenado si a) contiene un primer elemento, b) cualquier elemento con un sucesor tiene un sucesor inmediato. Enseguida para mostrar que la tricotomía no era válida para el caso de los ordinales, introdujo el concepto de conjunto perfectamente ordenado. Además de satisfacer a) y b), un conjunto perfectamente ordenado A satisfaría: c) para cada x en A, si x tiene un predecesor inmediato entonces hay un predecesor z de x tal que z no tiene predecesor inmediato y tal que sólo un número finito de elementos de A están entre z y x. Por supuesto, Burali-Forti concluyó que todo conjunto perfectamente ordenado era bien ordenado, pero no al revés. Ese mismo año después de leer el artículo en que Cantor[171] prueba la tricotomía para los ordinales, Burali-Forti reconoció su error en una breve nota[172], restableció el orden correcto entre buen orden y orden perfecto y sostuvo, en consecuencia, que la tricotomía se mantenía para buen orden, pero no para conjuntos perfectamente ordenados. Por lo tanto, entre su resultado y el de Cantor no había ninguna inconsistencia. Claramente la paradoja aún no había nacido.

Sin embargo, era relativamente fácil reconocer, como lo hizo más tarde, por ejemplo, Poincaré, que el razonamiento de Burali-Forti podía extenderse a los ordinales lo que generaría una contradicción manifiesta con el resultado de Cantor. ¿Cómo es que nadie pareció advertir esta posibilidad en los años inmediatamente siguientes a 1897? Copi[173] señala algunas razones entre las que destacamos las siguientes. La primera concierne a la publicación original de la paradoja: el resultado de Burali-Forti contenía un error en la definición de buen orden, contradecía un teorema bien demostrado de Cantor, estaba escrito en el lenguaje simbólico (poco conocido) de Peano y la posterior nota aclaratoria seguramente fue poco advertida. En segundo término, la teoría de conjuntos en sus primeros días fue muy controvertida y suscitó reacciones muy encontradas entre los constructivistas, por un lado, y cantorianos, por otro. Los primeros no se sorprenderían de encontrar una paradoja en una teoría de dudosa calidad. Los segundos tratarían de mostrar que no había ninguna contradicción o pensaban que la teoría podían ser fácilmente subsanada. En tercer lugar, pronto surgirían muchos otras paradojas similares.

El caso de Cantor es mucho más interesante. Jourdain escribió (29/10/1903) a Cantor una carta para comunicarle una prueba de que todo

---

[171] Cfr. G. Cantor Cantor, G. Beiträge zur Begründung der transfiniten der transfiniten Mengenlehre, II. Mathematische Annalen, 49, 1897, 207-246,
[172] Cfr. C. Burali-Forti Burali-Forti, C, Sulle clase ben ordinate. Circolo Matematico di Palermo, Rendiconti 11, 1897, 260.
[173] Cfr. I. Copi, The Burali-Forti Paradox, Philosophy of Science, 25(4), 1958, pp. 281-3.

cardinal es un aleph (o de que todo conjunto puede ser bien ordenado), Cantor respondió que él había enviado una prueba similar a Dedekind cuatro años antes y otra aún anterior a Hilbert. Aparentemente se refería a la carta a Hilbert fechada el 26 de septiembre de 1897 donde se refiere no a OR sino a la clase de todos los alephs: "pues la totalidad de los alephs es una que no puede ser concebida como un conjunto determinado, bien definido, finalizado. Si este fuera el caso, entonces esta totalidad sería seguida en tamaño por un aleph determinado, el cual por tanto pertenecería (como un elemento), y a la vez no pertenecería, a esa totalidad, lo cual sería una contradicción. Habiendo hecho esta observación, puedo rigurosamente probar: 'si un conjunto determinado, bien definido, finalizado, tuviera un número cardinal diferente de cualquier aleph, entonces tendría que contener subconjuntos cuyo número cardinal es cualquier aleph -en otras palabras, el conjunto tendría que contener la totalidad de todos los alephs… Totalidades que no podemos concebir como 'conjuntos' (del cual un ejemplo es la totalidad de los alephs…) los he llamado desde hace muchos años 'absolutamente infinitos' y los he distinguido netamente de los conjuntos transfinitos"[174]. En otra misiva a Hilbert algunos días más tarde (2/10/1897) Cantor insiste en la distinción entre las pluralidades infinitas todos de cuyos elementos pueden ser pensados sin contradicción como coexistiendo juntos (conjuntos infinitos) y las pluralidades en que eso no es posible (totalidades absolutamente infinitas). La misma distinción aparece de nuevo en su correspondencia con Dedekind los días 28 de julio y 3 de agosto de 1899[175]. A Cantor le interesan las multiplicidades inconsistentes porque piensa que con ellas puede probar que cada cardinal es un aleph y por tanto que la pregunta por la hipótesis del continuo tiene sentido (tal conexión puede apreciarse en la primera de las cartas citadas). En cuanto a que cada conjunto puede ser bien ordenado, originalmente había pensado que era un principio que no requería prueba. Por ejemplo, en el parágrafo 3 de los *Grundlagen* (1883) después de definir "conjunto bien ordenado", escribe: "el concepto de conjunto bien ordenado resulta ser fundamental para la entera teoría de conjuntos. Siempre resulta posible poner cualquier conjunto bien definido en la forma de un conjunto bien ordenado; a esta ley del pensamiento, que en mi opinión es fundamental y rica en consecuencias, y especialmente notable en razón de su validez general, retornaré en un artículo posterior"[176]. Más adelante cambió de opinión a ese respecto. El principio (del buen orden) podía y debía ser

---

[174] Cfr. Ewald, Op. Cit. p. 926.
[175] La correspondencia entre Cantor y Hilbert y entre Cantor y Dedekind a que aquí hacemos referencia puede ser encontrada en Ewald (1996).
[176] Cfr. W. Ewald, Op. Cit. p. 886.

demostrado. En la carta a Dedekind del 3 de agosto de 1899[177] aparece esbozada una prueba de ese principio un poco más desarrollada que en su anterior correspondencia con Hilbert. La prueba es como sigue: el primer paso fue mostrar que la colección OR de todos los ordinales era inconsistente o absolutamente infinita. Pues si OR fuera consistente, tendría un número ordinal S mayor que cada miembro de OR, pero S sería un miembro de OR!! La prueba continua de este modo: si algún conjunto infinito V tuviera un cardinal que no fuera un aleph, entonces V tendría una subcolección V' en correspondencia 1-1 con OR. Ya que OR es inconsistente, así lo sería V' y por lo tanto también V, pero por definición sólo los conjuntos poseen números cardinales; por lo tanto V no tiene cardinal, contradicción. Consecuentemente cada cardinal transfinito es un aleph y cada conjunto puede ser bien ordenado. Más allá de su correspondencia, Cantor nunca publicó ninguna prueba. Como sabemos, fue Zermelo quien lo hizo en 1904.

Hemos visto someramente cómo Cantor usa "la paradoja de Burali-Forti" y las pluralidades inconsistentes como instrumentos para "demostrar" el teorema del buen orden y dar sentido a la hipótesis del continuo. Además de esta aparición instrumental de la paradoja que explica justamente por qué para el creador de la teoría de los conjuntos nunca fue una paradoja, hay otra razón más de índole filosófica que refuerza este punto y explica por qué Cantor nunca discutió la paradoja en sus escritos. Fue señalada por C. Menzel[178]. De acuerdo a este autor nunca hubo tal paradoja para Cantor simplemente porque en su concepción de "conjunto" no podían resultar paralogismos. Su argumentación se basa inicialmente en un nota poco advertida del párrafo de los Grundlagen donde define "conjunto" como "cualquier pluralidad que puede ser pensada como unidad". La nota aclara su definición y la inserta en la tradición filosófica: "Yo creo que lo que he definido aquí está relacionados al *eidos* platónico o *idea*, también como a lo que Platón llama *mikton* en su diálogo *Philebus*. Lo contrasta con el *apeiron*, i.e., lo ilimitado, lo indeterminado, a lo cual yo llamo el infinito no genuino y también con el *peras*, i.e, el límite y lo explica como una "mezcla" de los dos"[179]. Menzel nos recuerda la concepción platónica, de origen pitagórica, a la que Cantor hace aquí alusión. En el Philebo un *meikton* es asociado con dos conceptos griegos de raíces pitagóricas: *peras* y *apeiron*. Platón dice "todas las cosas… de las que alguna vez se ha dicho que son consisten de un uno y un muchos y tienen en su naturaleza una conjunción de Límite (*peras*) y de Ili-

---

[177] Cfr. W. Ewald, Op. Cit. pp. 931-5.
[178] Cfr. C. Menzel. Cantor and the Burali-Forti paradox. The Monist 67: 92-107. 1984.
[179] Cfr. W. Ewald, Op. Cit. P. 916

mitado (*apeiron*)... Dios ha revelado dos constituyentes de las cosas, lo Ilimitado y el Límite"[180]. De acuerdo al autor del Philebo, todo lo que existe en el universo puede clasificarse en cuatro categorías. La primera consiste de los ejemplos del *apeiron*, los *apeira*. La segunda de los *perata*, ejemplificaciones de *peras*. La tercera clase consiste de *meikta*, el producto que resulta de la unión o mezcla de miembros de las dos primeras clases. La última contiene las causas de las mezclas. Ejemplos de *apeirata* son fenómenos que admiten un continuo de grados, como el calor. De lo más caliente (*the hotter*) y lo más frío (*the colder*)... dice Platón: "este [par] es siempre sin límites y siendo no acotado significa... que debe ser absolutamente indeterminado"[181]. La clase de los *perata* contienen cosas que "no admiten esos rasgos pero sí las cosas opuestas –igual e igualdad y, después de igual, doble y cada proporción de número a número o medida a medida"[182]. La tercera clase, de los *meikta*, contiene mezclas que resultan de cosas de las dos clases anteriores. El continuo de los tonos y los doce tonos en una octava pueden ser representadas en términos de razones entre números naturales. El resultado, la música, es un *meikton*, como lo es el clima o la salud personal. La cuarta clase está constituida de inteligencias. Un músico es la causa de un *meikton*. Ahora bien ¿cómo se relaciona esto con la concepción cantoriana de "conjunto"? Menzel lo explica de la siguiente manera. Cantor veía en la raíz misma de la oposición al infinito dos ideas relacionadas. Según la primera el número es esencialmente finito porque surge de la unidad por la aplicación reiterada de una operación que produce sucesivamente cada uno de los naturales. La segunda es que el infinito es indeterminado, no acotado, interminablemente abierto. Los argumentos a favor de la primera son circulares: si sólo se acepta como generador de números lo que Cantor llamó el primer principio de generación no habrá más números que los de la primera clase. Pero Cantor admitió otros dos principios, uno que, en particular, "terminada" la serie ω permite generar un nuevo número que será el primer número mayor que todos los números de la sucesión dada. Sin este segundo principio es fácil entender por qué el infinito era concebido como indeterminado. Sólo se concebían antes dos tipos de infinito: el matemático y el teológico. El primero es el infinito potencial, no genuino. El segundo infinito es el "verdadero infinito o absoluto" que excede todas las magnitudes determinables, toda comprensión y todo tratamiento matemático. Entre estos dos, Cantor introduce, con sus dos últimos principios de indeterminación, un tercero que es un infinito a la vez actual y determinable matemáticamente. Pero eso no es

---

[180] Citado en C. Menzel, Op. Cit., p. 93.
[181] Ibid.
[182] Ibid.

suficiente para iluminar la cita del Philebo. El elemento que falta involucra la creencia cantoriana en la validez del principio del buen orden. Cada conjunto bien-ordenado, dice en los *Grundlagen*, tiene un único *Anzahl* y agrega "este concepto [i.e. *Anzahl*] es siempre expresado por medio de un número determinado de nuestro campo extendido de números"[183]. Como cada conjunto es bien-ordenable y cada buen orden tiene un Anzahl, se sigue que cada conjunto puede ser numerado. Esta es la conexión que Menzel cree ver ente Patón y Cantor. Antes de ser ordenado, un conjunto infinito es en cierto sentido *apeiron*; es capaz de ser ordenado de muchas maneras y, por lo tanto, no tiene un único Anzahl, ningún número intrínseco. Al ordenarlo, transformamos el *apeiron* en *peras*. El resultado es un *meikton*. Así Cantor desafía una antigua concepción del infinito que lo asociaba con lo indeterminado. Ignoro si pueden darse más evidencias textuales a favor de esta interpretación (Menzel explica, por el contrario, algunos pasajes de Cantor que parecen contradecirla), pero se adecua a la forma en que el razonamiento de Burali-Forti es empleado en la demostración del principio del buen orden: sirve para clasificar pluralidades y tiene así un papel en la teoría. La generación de contradicciones no trivializa la teoría. Al contrario, la refuerza.

Hasta aquí la paradoja de Burali-Forti paradójicamente no es de Burali-Forti ni es paradoja La primera vez que es llamada así y bautizada con el nombre del matemático italiano es en el párrafo 301 de *The Principles of Mathematics*. Después de exponerla Russell agrega: "De esta contradicción M. Burali-Forti, quien la descubrió, infiere que de dos ordinales diferentes, como de dos cardinales diferentes, no es necesario que uno sea mayor y el otro menor. En esto, sin embargo, contradice conscientemente un teorema de Cantor que afirma lo contrario. Examiné ese teorema con todo el cuidado posible y no he podido encontrar falla alguna en su demostración. Pero existe otra premisa en el argumento de M. Burali-Forti que parece más factible de negativa y es que la serie de todos los números ordinales está bien ordenada. Esto no se deduce del hecho de que todos sus segmentos estén bien ordenados y creo que debe rechazarse, ya que, hasta donde se, no es susceptible de demostración. De este modo la contradicción podría evitarse aparentemente.[184]" Moore y GarcíaDiego relatan minuciosamente la tendencia del joven Russell a buscar paradojas, principalmente en el análisis y en la teoría de conjuntos y los resultados a que condujo esta búsqueda anteriores a la redacción definitiva de *The Principles*. Sin entrar en detalles resalto de su

---

[183] W. Ewald, Op. Cit. P. 884.
[184] Russell, B. The Principles of Mathematics, Londres, Cambridge University Press, 1903. (2ª ed. G. Allen & Unwin, 1973), p. 323.

historia algunos puntos. Que Russell estuvo preocupado desde la época en que estudió a Leibniz con la contradicción que genera la aplicación de la idea de número a la totalidad de todos los números. Así estuvo muy cerca de la "paradoja del mayor cardinal", aunque no tenía el aparato para formularla. Que de la subsecuente lectura de Cantor hace esta observación en una carta a Couturat (8/12/00): "He descubierto un error en Cantor quien mantiene que no hay número cardinal mayor. Pero el número de las clases es el número mayor…[185]". Aunque no es la paradoja de Burali-Forti, Russell habría podido decir algo similar del conjunto OR, a saber, que es claramente un conjunto. En la misma correspondencia da una argumento a favor de esta postura: "x es una clase", la función proposicional definitoria de la clase de todas las clases, está bien definida pues está determinado si x pertenece o no a clase. Agrega que todo conjunto tiene un número cardinal. Con respecto al "mayor cardinal", Russell dice simplemente que el teorema de que el conjunto potencia de un conjunto A tiene mayor cardinalidad que A no se aplica al conjunto de todos los conjuntos. Claramente habría podido dar un diagnóstico similar para la "paradoja de Burali-Forti". Couturat (3/01/01), en cambio, sugiere que el concepto mismo de clase de todas las clases es contradictorio: "me pregunto si uno puede considerar la clase de todas las clases posibles sin alguna especie de contradicción"[186]. Lo que nos importa ahora más es que incluso cuando en *The Principles* Russell ofrece una solución a la paradoja que etiqueta como de "Burali-Forti", la formula con vacilación y reservas. Por eso podemos decir que aquí aparece ya cabalmente la paradoja.

Aunque otros autores (Jourdain, Poincaré, Hobson) contribuyen a la difusión de la paradoja y generan una amplia discusión en torno a la misma que dura hasta 1907 (después el debate se generaliza) sostendré que es en la obra de Russell[187], principalmente por la influencia de Poincaré, que la paradoja de Burali-Forti (junto con otras paradojas) se convierte en una verdadera aporía. En *The Principles*, no aparece ninguna conexión intrínseca entre la paradoja que Russell mismo ha descubierto en 1901[188] y la de Burali-Forti. De acuerdo a esta obra, la primera es mucho más importante porque su formulación requiere menos principios o principios menos específicos. La del cardinal mayor y la del ordinal mayor ocupan un lugar secundario. Russell sugiere que hay clases *as one* y hay clases *as many* y da una solución a su

---

[185] Citada en Moore, Garcíadiego, Op. Cit. P. 325.
[186] Citada en Moore, Garcíadiego, Op. Cit. P. 344.
[187] En esto concuerdo completamente con Javier Castro Albano.
[188] Para un análisis de esta paradoja consúltese la contribución de Javier Castro Albano a este volumen.

paradoja que más bien podría considerarse como otra manera de formularla: "Las clases las cuales como unas (*as ones*) no son miembros de sí mismas *as many* no forman una clase —o más bien, no forman una clase *as one*, pues el argumento no puede mostrar que no forman una clase *as many*"[189]. El problema se generó por el llamado "axioma de comprensión irrestricto: "La razón de que una contradicción emerja aquí es que hemos tomado como un axioma que cualquier función proposicional que contiene sólo una variable es equivalente a aseverar membresía en una clase definida por la función proposicional. O este axioma, o el principio de cada clase puede ser tomada como un término, es simplemente falso y no hay objeción fundamental para rechazar alguno de los dos. Pero al rechazar el primero surge el problema: ¿qué funciones proposicionales definen clases que son terminos singulares y cuáles no? Y con este problema comienzan nuestras verdaderas dificultades"[190]. Dos párrafos más adelante sugiere una vía de solución: "La distinción de tipos lógicos la clave de todo el misterio"[191]. Aunque lo dice a propósito de su paradoja, algo similar podría enunciarse de la paradoja de Burali-Forti: ¿no sería que la clase de todos los ordinales no forma un conjunto? Evidentemente ésa era una posible solución, pero Russell no la adopta en los años subsiguientes al parecer porque hubiera sido arbitraria. Antes habría que contar con un criterio general que permitiera distinguir entre las normas, o funciones proposicionales, las que forman conjuntos de las que no. En (1905)[192], equipara las diversas paradojas que han surgido, enuncia una matriz general para todas y esboza posibles vías de solución a las mismas. La primera aclaración que hace es que la discusión de paradojas como la suya y la de Burali-Forti se ha confundido con la cuestión del axioma de elección. Ya habíamos mencionado que tanto Cantor como Jourdain usaron el razonamiento "de Burali-Forti" para demostrar que todo conjunto puede ser bien ordenado. Sin embargo, se trata de problemas simétricos. Mientras que el axioma de elección postula la existencia de un conjunto no definido por una función proposicional, paradojas como la de Russell muestran que hay funciones proposicionales que no definen conjuntos. En 1903 las diversas paradojas que acompañaron el nacimiento de la teoría de conjuntos parecían como poco relacionadas entre sí. En cambio en 1905 Russell las ve como engendradas por una forma general que, además, es capaz de producir muchas otras: "dada una propiedad φ y una función f, tal que, si φ pertenece

---

[189] Cfr. The Principles of Mathematics, párrafo 101, p. 102.
[190] Ibid. párrafo 102, p. 103.
[191] Ibid. párrafo 104, p. 105.
[192] B. Russell, On Some Difficulties in the Theory of Transfinite Numbers and Order Types, Proceedings of the London Mathematical Society, Serie, 2, 4 1905.

a todos los miembros de u, f(u) existe siempre, tiene la propiedad φ y no es un miembro de u; entonces la suposición de que hay una clase w de todos los términos que tienen la propiedad φ y que f(w) existe conduce a la conclusión de que f(w) a la vez tiene y no tiene la propiedad φ". De ella dice Russell que "es importante porque cubre todas las contradicciones que hasta ahora han emergido en la materia" [193]. La formulación recuerda a la demostración del teorema de la cardinalidad del conjunto potencia por Cantor y, por ahí, de manera menos directa, a la paradoja de Russell. Por ejemplo, sea φ la propiedad de ser un conjunto y sea f(u) el conjunto de todos los elementos de u que no se pertenecen a sí mismos. Si empezamos con un conjunto de conjuntos A, los elementos de A tienen la propiedad φ, f(A) tiene también la propiedad φ pero no pertenece a A. Entonces la suposición de que hay una clase de todos los conjuntos y que existe el conjunto de todos los conjuntos que no se pertenecen a sí mismos es contradictoria. Mucho menos obvio es cómo obtener de ella la paradoja del mentiroso. Russell lo explica un poco en 1908[194] pero lo que importa ahora es que el esquema de arriba es claramente una generalización de la paradoja de Burali-Forti (y es así como Russell la enuncia). Una vez que las paradojas son asimiladas, distinguidas del problema del axioma de elección, Russell busca para ellas un diagnóstico común. Para ello vuelve al problema ya mencionado: el de saber qué normas proposicionales definen conjuntos (llamadas normas predicativas) y cuáles no (las impredicativas) y avizora tres tipos de solución posible[195]: las teorías zig-zag, las teorías de limitación de tamaño y las teorías sin clases. En la primera, las normas muy complejas no definirían conjuntos. A primera vista en esta variedad podrían existir conjuntos como el de todos los ordinales y las paradojas serían evitadas eliminando algún otro supuesto. De hecho Russell señala que este tipo de soluciones "se aplica mejor a las contradicciones cardinales que a las ordinales... como esa de Burali-Forti"[196]. De acuerdo a la segunda, normas que dan lugar a clases muy grandes no son predicativas. Claramente esta opción eliminaría algunos conjuntos, incluidos el de todos los ordinales. Russell parece sugerir que entonces tendríamos que decidir en qué momento la sucesión creciente de los ordina-

---

[193] Ibid, p. 60.
[194] B. Russell, Mathematical Logic as based on the Theory of Types, American Journal of Mathematics, 30, 1908, pp. 222-262.
[195] Para un análisis de estas tres vías de solución, véase el artículo de Thomas Schindler es este mismo volumen.
[196] Russell, B. On Some Difficulties in the Theory of Transfinite Numbers and Order Types, Proceedings of the London Mathematical Society, Serie, 2, 4 1905 (reimpreso en Russell, 1973), p. 90.

les deja de existir. La tercera posibilidad, la preferida de Russell por ser menos arbitraria y más segura, elimina todos los conjuntos. Cualquier referencia a un conjunto es sólo una abreviatura para hablar de todos sus elementos. En 1906[197] Poincaré cree encontrar en Richard un diagnóstico a la paradoja que este autor ha descubierto y la generaliza a todas las paradojas: todas ellas se generan por el uso de una definición que involucra un círculo vicioso en que el objeto definido es un elemento de un conjunto al que se hace referencia en el *definiens*[198]. La solución consiste en evitar este tipo de definiciones. En 1906, Russell está de acuerdo con ese diagnóstico pero no con la solución: "Poincaré sugiere una solución a las paradojas de la teoría del transfinito y cree que todas esas paradojas provienen de una especie de círculo vicioso y en eso estoy de acuerdo con él. Pero no ve la dificultad que hay para evitar un círculo vicioso.[199]" El problema es que la primera formulación que hace Poincaré del llamado principio del círculo vicioso es también circular. Russell se da cuenta de que esta dificultad no es accidental. Se requiere encontrar una lógica en que se siga el principio del círculo vicioso sin nunca enunciarlo. Muestra enseguida cómo la *no-classes* theory resuelve esta dificultad y elimina las paradojas. Sin embargo, más adelante encontró insatisfactoria esta solución. No contaremos aquí las dificultades a las que Russell se enfrentó al tratar de llevar adelante este programa. Baste decir que todas ellas son intentos, algunos breves, todos infructuosos, de resolver el problema a que habían dado lugar las paradojas de las cuales la de Burali-Forti, generalizada en la formulación de Russell, permite dar un tratamiento unificado a todas las otras.

En 1906 Poincaré comenta el artículo de Burali-Forti, restablece la relación correcta entre buen orden y orden perfecto y se da cuenta de que la paradoja ya estaba allí: "aún después de esta corrección, la explicación de Burali-Forti no es satisfactoria. Su razonamiento, en verdad, es fácilmente aplicado a conjuntos bien ordenados y a los números ordinales de Cantor. En particular, es fácil mostrar que la secuencia de todos los ordinales de Cantor forma un conjunto bien ordenado"[200]. En ese periodo final de su

---

[197] H. Poincaré, Les mathématiques et la logique, Revue de métaphysique et morale, 14 (mayo, 1906), p. 305. Reimpreso en Heinzmann, 1986.
[198] En realidad en los escritos de Poincaré y Russell hay muchas formulaciones no necesariamente equivalentes del principio del círculo vicioso. La de arriba es una simplificación.
[199] Cfr. Russell, B. Les Paradoxes de la Logique, Revue de métaphysique et morale 14, 1906, p. 627.
[200] Poincaré. H. Les mathématiques et la logique, Revue de métaphysique et morale, 14 (enero, 1906), p. 304. Reimpreso en Heinzmann, 1986.

vida, Poincaré abraza una filosofía de las matemáticas finitista y constructivista por lo cual las paradojas de la teoría de conjuntos no debieron parecerle sorprendentes.

Si en los años inmediatamente posteriores a la publicación de Burali-Forti, la "paradoja" recibió poca atención y no tuvo mucho impacto en el mundo matemático, la situación había cambiado radicalmente en 1904 o 1905. Nuevas paradojas habían hecho su aparición y la validez del axioma de elección empezó a ser ampliamente debatida. La discusión se expandió a una mayor número de matemáticos, en una región geográfica mucho más amplia y abarcó no sólo la cuestión de la clase de todos los ordinales, sino una serie importante de temas relacionados con la teoría de conjuntos, la lógica, los métodos válidos de prueba, la semántica y los criterios para la aceptación de objetos matemáticos. Como dice Ferreirós[201], las paradojas produjeron una incertidumbre entre los autores concernidos con los fundamentos de las matemáticas que habría de durar hasta 1930 y generaron un interés en los métodos formales y en el desarrollo de la lógica.

Referencias bibliográficas:

Bernstein, F., (1905): Über die Reihe der transfiniten Ordnungszahlen, *Mathematische Annalen* 60, pp. 187-193.
Burali-Forti, C. (1897ª): Una questione sui numeri transfiniti. *Circolo Matematico di Palermo, Rendiconti* 11, 154-164.
Burali-Forti, C, (1897b): Sulle clase ben ordinate. *Circolo Matematico di Palermo, Rendiconti* 11, 260.
Cantor, G., (1883): *Grundlagen einer allgemeinen Mannigfatigkeitslehre*, Leipzig, Teuber.
Cantor, G., (1985): Beiträge zur Begründung der transfiniten der transfiniten Mengenlehre, I. *Mathematische Annalen*, 46, 481-52.
Cantor, G. (1987): Beiträge zur Begründung der transfiniten der transfiniten Mengenlehre, II. *Mathematische Annalen*, 49, 207-246.
------------(1996): "Late Correpondence with Dedekind and Hilbert", in Ewald (1996).
Copi, Irving, M. (1958): "The Burali-Forti Paradox", *Philosophy of Science*, 25(4), 281-286.

---

[201] Ferreirós, J. Labyrinth of Thought, A History of Set Theory and Its Role in Modern Mathematics, Birkhauser, 2007, p. 311.

Ewald, W., (1966): *From Kant to Hilbert, A Source Book in the Foundations of Mathematics*, Oxford University Press, Vol. I y II.

Ferreirós, J. (2007) *Labyrinth of Thought, A History of Set Theory and Its Role in Modern Mathematics*, Birkhauser.

Hadamard, J. (1905) (con René Baire, Emile Borel y Henri Lebesgue), Cinq Lettres sur la Théorie des Ensembles, *Bulletin de la Société Mathématique* de France 33, pp. 261-273.

Heinzmann, G. (ed.) (1986): *Poincaré, Russell, Zermelo et Peano, Texts de Discussion (1906-1912) sur les Fondements des Mathématiques*, Blanchard, París.

Hobson, E. (1905): "On the general theory of transfinite numbers and order types." *Proceedings of the London Mathematical Society* (2) 4, pp. 170-188.

Jourdain, P. (1904): "On the transfinite cardinal numbers of well-ordered aggregates. *Philosophical Magazine* (6) 7, pp. 61-75.

Jourdain, P. (1906): "On the question of the existence of transfinite numbers, *Proceedings of the London Mathematical Society* (2) 4, pp. 266-283.

Menzel, C. (1984): "Cantor and the Burali-Forti paradox. *The Monist* 67, pp. 92-107.

Moore, G. H. (1982): *Zermelo's Axiom of Choice. Its Origins, Development and Influence*, Berlin, Springer.

Moore, G. H. and A. Garciadiego, (1981): "Burali-Forti's paradox: a reappraisal of its origins. *Historia Mathematica* 8, pp. 319-50.

Poincaré. H. : Les mathématiques et la logique, *Revue de métaphysique et morale* 13 (noviembre 1905) 815-35, y *Revue de métaphysique et morale*, 14 (enero, 1906), pp. 17-34. Reimpreso en Heinzmann, 1986.

Poincaré, H. Les mathématiques et la logique, *Revue de métaphysique et morale* 14 (mayo, 1906) pp. 294-317.

Poincaré, H. A propos de la logistique, *Revue de métaphysique et morale* 14, 866-868. (noviembre de 1906), Reimpreso en Heinzmann, 1986

Russell, B. *The Principles of Mathematics*, Londres, Cambridge University Press, 1903. (2ª ed. G. Allen & Unwin, 1973)

Russell, B. (1973): *Essays in Analysis* (ed. D. Lackey), Londres, G. Allen & Unwin.

Russell, B. (1905): "On Some Difficulties in the Theory of Transfinite Numbers and Order Types", *Proceedings of the London Mathematical Society*, Serie, 2, 4 (reimpreso en Russell, 1973)

Russell, B." On the substitutional Theoy of Classes and Relations" (texto leído ante la London Mathematical Society) (Reimpreso en Russell, 1973), 1906ª.

Russell, B. « Les Paradoxes de la Logique », *Revue de métaphysique et morale* 14,

Russell, B. (1906b) : "Mathematical Logic as Based on the Theory of Types", *American Journal of Mathematics* 30, 1908, 222-262, Reimpreso en Heinzmann, 1986.

Young, W. H., & Young, G. C. Review of E. Hobson, 1921-1926, The theory of functions of a real variablr…, 2ª edición, Vol. 1 y 2. In *Mathematical Gazette* 14, 98-104, 1928.

Zermelo, E. (1904): Beweis, dass jede Menge wohlgeordnet werden kann. *Mathematische Analen* 59, pp. 514-516.

Zermelo, E. (1908): Untersuchungen uber die Grundlagen der Mengenlehre, I. *Mathematische Analen* 65, pp. 261-281.

Capítulo 16: LA PARADOJA DE RICHARD

Damian Szmuc [202]

§ 1 Contexto histórico

Los comienzos del siglo XX vieron el amanecer de muchas discusiones sobre los fundamentos de la matemática y la lógica. Esas controversias llegan, con modificaciones, hasta nuestros días. Algunas de los conceptos involucrados en las discusiones más álgidas de esos años son las nociones de *conjunto, clase, propiedad, proposición, número cardinal, número ordinal* y *continuum*, entre otros.

En este capítulo nos dedicaremos al estudio y análisis de una paradoja surgida precisamente en esos primeros años del siglo pasado. Se trata de la paradoja de Richard, comúnmente categorizada como una *paradoja de la definibilidad*, pues —como la paradoja de Berry[203] o la de Grelling[204]— refiere a problemas relativos a la posibilidad o imposibilidad de definir ciertas entidades; en este caso, entidades matemáticas.

La historia de la antinomia que trataremos, debida al profesor de matemáticas francés Jules Richard, está entrelazada de manera íntima con la de la paradoja de König. Cuenta van Heijenoort[205] que en Agosto de 1904 J. König presentó en un congreso de matemáticas en Heidelberg una presunta

---

[202] UBA - Buenos Aires Logic Group

[203] La paradoja suscitada por la frase "el menor número no definible en menos de 22 sílabas", número que -de ser definido por dicha frase- sería definido en menos de 22 sílabas.

[204] La paradoja es descrita de manera muy precisa en el siguiente fragmento: "A cada palabra le corresponde un concepto que esa misma palabra designa y el cual se aplica o no se aplica a dicha palabra; en el primer caso, llamamos a la palabra autológica, y en el segundo, heterológica. Ahora bien, la palabra "heterológica" es ella misma autológica o heterológica. Si se asume que la palabra es autológica, que el concepto que ella designa se aplica a dicha palabra, entonces "heterológica" es heterológica. Pero si la palabra es heterológica, entonces el concepto que ella designa no se aplica a dicha palabra, luego "heterológica" no es heterológica." (Traducción propia de un fragmento de K. Grelling y L. Nelson, "Bemerkungen zu den Paradoxien von Russell und Burali-Forti", citado en A. Cantini (2012))

[205] Cf. J. van Heijenoort (1967, 143-144).

paradoja que demostraba la imposibilidad del carácter bien ordenado del *continuum*. En Marzo de 1905, se publica un reporte de dicha presentación en el *Revue générale des sciences pures et appliquées*, que Richard leyó y al cual se vio impulsado a responder mediante una carta al editor de la *Revue*. El editor publicó más tarde la carta, junto con un comentario suyo, configurando así la primera aparición pública de la que hoy llamamos "paradoja de Richard".

En la carta al editor, Richard argumenta que hay ciertas contradicciones inherentes a la teoría de conjuntos, y que para observarlas no es necesario asumir el carácter bien ordenado del *continuum*. La paradoja de su autoría refiere, por el contrario, a la *imposibilidad de obtener el conjunto de los números reales definibles en el lenguaje natural*, por ejemplo en el español. En una de las versiones que presentaremos (la original, de 1905), la paradoja versa sobre la imposibilidad de obtener el conjunto de los números reales definibles mediante secuencias finitas del alfabeto español; mientras que en otra de sus versiones (ampliamente divulgada) la paradoja refiere a la imposibilidad de definir, de este mismo modo, todas las propiedades numéricas de los números naturales.

Este capítulo está estructurado de la siguiente manera. En el segundo apartado presentaré las dos versiones de la llamada *paradoja de Richard*. En el tercer apartado reseñaré brevemente las reacciones que hubo frente a su publicación. Finalmente, en ese mismo apartado, daré una opinión propia sobre una de ellas en particular, a la que llamaré *alternativa "extensibilista"*.

§ 2 Indefinibilidad de la definibilidad

§ 2.1 Indefinibilidad de los números reales

Presentamos, la primera versión de la paradoja de Richard, de la manera más fiel posible a los conceptos de la publicación original de 1905.

Considérese el alfabeto español, compuesto por finitos símbolos.[206] Luego, considérese la posibilidad de realizar operaciones de permutación, repetición y concatenación sobre los símbolos de dicho alfabeto.[207] El resul-

---

[206] Por razones de simplicidad consideraremos, también, al espacio en blanco y a toda suerte de símbolos aclaratorios (léase: comas, comillas, paréntesis, guiones, puntos, puntos y coma, etc.). como símbolos de dicho alfabeto.
[207] Por ejemplo, las siguientes secuencias de símbolos entrecomillados son miembros del conjunto de secuencias formulables gracias a las mencionadas operaciones sobre los

tado de esas operaciones es **SEC** el conjunto de secuencias de longitud 2, de longitud 3, y de longitud *n* –para cualquier número natural *n*– de símbolos del alfabeto español. Finalmente, ordénese esas secuencias de acuerdo a dos criterios: en primer lugar, de acuerdo a su longitud; en segundo lugar, las secuencias de la misma longitud se ordenarán de acuerdo al orden lexicográfico, es decir, el orden alfabético. Todas las secuencias que pueden ser dichas (con o sin sentido) en español, están en **SEC**.

Concibamos ahora la definición de un número dada en el lenguaje natural. Dicha definición está compuesta por concatenaciones de palabras, compuestas, a su vez, por símbolos del alfabeto. Por tanto, es sensato concluir que algunas de las secuencias de **SEC** serán definiciones de números, mientras que otras secuencias de **SEC** no lo serán. Por ejemplo la secuencia de símbolos "el sucesor de cero" define un número real (a saber, el 1), mientras que la secuencia de símbolos "el día de la bandera argentina" no define un número real, sino una fecha del calendario.

La operación de sustracción del conjunto **SEC** de las secuencias que *no* definen números reales, da como resultado un conjunto infinito y enumerable de secuencias –ordenadas de manera particular– que *definen* números reales. Llamaremos u_1 al primer número definido por una secuencia de dicho conjunto, u_2 al segundo y así sucesivamente. Obtenemos, así, *el conjunto (con un orden definido) de todos los números reales que son definibles por medio de una cantidad finita de palabras*, que llamaremos conjunto **E**.

Atiéndase ahora a la siguiente definición formulable en español[208] –que figura más abajo y que llamaremos *G*– de un número *N que no pertenece a* **E**:

(*G*) Sea *p* el *n*-avo dígito decimal del *n*-avo número de **E**. Luego el número *N* es aquel cuya parte entera es 0, y cuyo *n*-avo dígito decimal es igual a $p + 1$ si *p* no es 8 o 9, y es igual a 1 en cualquier otro caso.

---

símbolos del alfabeto y el espacio en blanco: "a", "abc", "abc cd", "Divisible", "Divisible por", "Divisible por abc" y "Divisible por dos".

[208] Para tornar más inteligible a G (y a su sucesivas versiones), en vez de escribir "dos", "uno", "igual", "más", etc. optamos por utilizar los numerales arábigos y los símbolos matemáticos que designan tales números, relaciones y funciones. Hacemos esta salvedad para destacar que G posee una versión completamente formulable en español, la cual no diferiría en absoluto en significado –sino sólo en simplicidad– de la que figura más arriba.

Mostramos la contradicción propia de la paradoja de Richard de la siguiente manera. Hay una razón sensata para pensar que N debería pertenecer al conjunto **E**: N posee una definición en español, i.e. la secuencia finita de símbolos que llamamos G. Luego, si N perteneciera a **E**, entonces deberá estar en algún lugar m de los números de **E**, por lo que deberá ser igual a algún u_m. Razonamos como sigue: si N fuera el m-avo miembro de **E** –es decir u_m– el m-avo dígito decimal de u_m debería ser igual al m-avo dígito decimal de N. Pero, precisamente por el modo en que N fue construido, esto es imposible. Si el m-avo dígito decimal de u_m fuera un d distinto de 8 y 9, entonces el m-avo dígito decimal de N será un $d^* = d + 1$, distinto por tanto de d. De ello se sigue que N y u_m serían distintos. Si el m-avo dígito decimal de u_m fuera $d = 8$ o $d = 9$, entonces el m-avo dígito decimal de N será $d^* = 1$, distinto por eso mismo de d. De ello se sigue que N y u_m serían distintos. Por lo cual, después de todo, dado que razonamos sobre un u_m cualquiera perteneciente a **E**, N será distinto a todo número perteneciente a **E**. Es decir, si N pertenece a **E**, entonces llegamos a una contradicción y debemos concluir finalmente que N no puede pertenecer a **E**.

Pero excluir a N del conjunto **E** es ciertamente un error: N debería pertenecer a dicho conjunto si admitimos que es definible por una secuencia finita de símbolos del alfabeto español, a saber, G. Por tanto, estamos frente a una antinomia: el número N debería pertenecer a **E** en virtud de su definición G, y –al mismo tiempo– si N pertenece a **E** en virtud de que es definido por G, debemos después de todo concluir que N no puede pertenecer a **E**; pues es por construcción distinto de todos los elementos de dicho conjunto. De este modo, completamos la exposición de la primera versión de la paradoja de Richard.

§ 2.1 Indefinibilidad de los naturales

La segunda versión de la paradoja de Richard que expondremos[209] versa sobre la imposibilidad de definir las propiedades numéricas de los números naturales.

Considérese el conjunto doblemente ordenado (por longitud y por orden alfabético) que consiste exclusivamente de las secuencias finitas de símbolos del alfabeto español que conforman definiciones de propiedades numéricas de los números naturales. Llamaremos **DEF** a este conjunto.

---

[209] Una de las referencias bibliográficas de divulgación más comunes para esta versión de la paradoja se encuentra en J. R. Newman y E. Nagel (2007).

Dado que **DEF** está bien ordenado, las definiciones que forman parte de dicho conjunto pueden enumerarse. Así, a la primera definición del conjunto **DEF** le corresponderá el número 1, a la segunda el número 2, etc.

Es importante reparar en que, dado que las definiciones de **DEF** definen propiedades numéricas, existe la posibilidad de que el número n posea la propiedad descrita por la definición número n. Por caso, si la propiedad "ser impar" fuese la número 7 de la enumeración de **DEF**, entonces en ese caso afirmaremos que el número que le corresponde a dicha propiedad (en el contexto de esa enumeración particular de **DEF**), posee esa misma propiedad. El caso contrario también puede darse, por ejemplo, si la propiedad "ser par" fuese la número 3 de **DEF**, entonces en dicho caso afirmaremos que el número que le corresponde a dicha propiedad no posee la propiedad en cuestión. A este último tipo de números los llamaremos *richardianos*. Al tipo anterior, representado en nuestro ejemplo por el número 7, los llamaremos *no* richardianos.

Es posible, así, definir mediante la siguiente expresión que figura más abajo y que llamaremos $G^{\#}$, la propiedad de ser *richardiano*:

($G^{\#}$) n es richardiano si y sólo si n no tiene la propiedad numérica descrita por la n-ava definición de **DEF**.

Ahora bien, está claro que contando con el conjunto **DEF** y con una enumeración cualquiera sea de éste, la expresión $G^{\#}$ cumple los requisitos para ser un miembro del conjunto **DEF**. En otras palabras, $G^{\#}$ es la definición de una propiedad numérica, y más importante aún, es una definición obtenida mediante una secuencia finita de símbolos del alfabeto español. Si así fuera, entonces, en primer lugar el orden de extensión de las secuencias de símbolos, y en segundo lugar el orden alfabético, terminarían por otorgarle a $G^{\#}$ una ubicación determinada en el orden de **DEF**. Finalmente, dado que esa lista es enumerable, la definición $G^{\#}$ estaría ubicada en algún sitio m de esa enumeración. De ello se sigue, como veremos, una serie de complicaciones.

Supongamos que la definición $G^{\#}$ está en la m-ava ubicación de la lista. Luego, la siguiente es una pregunta legítima: ¿es m un número richardiano? Veremos que en virtud de ser $G^{\#}$, precisamente, la definición de número richardiano, esta pregunta no puede ser respondida consistentemente. Si m es richardiano, luego m no tiene la propiedad descrita por la m-ava definición de la enumeración de **DEF**. Pero la propiedad descrita por la m-ava definición es, en efecto, la propiedad de ser richardiano. Luego, si *m* es richardiano, entonces *m* no es richardiano. Contradicción. Si, por el contrario, *m* no es richardiano, entonces *m* tiene la propiedad descrita por la *m*-ava definición de la enumeración de **DEF**. Pero esa propiedad es, justamente, la de ser richardiano. Luego, si *m* no es richardiano, entonces *m* es después de todo richardiano. Nuevamente, llegamos a una contradicción.

Este razonamiento muestra como de cualquiera de las dos suposiciones se sigue una contradicción, lo cual da a entender que el inconveniente se encuentra en la propiedad misma "ser richardiano". Esta conclusión nos sirve, por otro lado, para dar por finalizada la demostración de esta segunda versión de la antinomia y poder así pasar a analizar, en el apartado siguiente, las reacciones y respuestas que han tenido lugar en relación a ambas versiones de la paradoja de Richard.

§ 3 Respuestas a la paradoja

Para comenzar, resaltaremos el análisis de Hans Herzberger sobre la paradoja de la definibilidad para los números naturales. Con este fin, haré referencia a ciertos resultados expuestos en un texto de su autoría escrito en 1970. El punto general de Herzberger descansa en una propuesta que él atribuye a Thomson[210], quien habría intentado conectar las paradojas semánticas (como la paradoja de Richard, la paradoja del Mentiroso, y tantas otras) con las paradojas conjuntistas (como las de Russell, Burali-Forti, etc.). Para ello, propuso poner énfasis en el siguiente resultado

Teorema 1: Ningún elemento puede estar en una relación R, con los elementos que no están en la relación R consigo mismos, y sólo con aquellos elementos.

El cual permite subsumir, según Thomson, a la paradoja de Russell, la paradoja del Mentiroso y otras. Herzberger, por su parte, propone una serie de enunciados que generalizan este teorema de Thomson y que lograran cubrir el caso que nos interesa. Ellos descansan en las siguientes definiciones.

---

[210] Cf. J. F. Thomson (1962).

<u>Definición 1</u>: Para toda relación binaria R, una secuencia de elementos será llamada un *sendero en* R si y sólo si cada elemento está en la relación R con su sucesor en la secuencia.

<u>Definición 2</u>: Un elemento será llamado R-fundado si y sólo si pertenece a la relación R, pero de él no parte ningún sendero en R que sea infinito.

<u>Definición 3</u>: Sea p = {R, P, Q, Z,...} un conjunto cuyos elementos son relaciones.
Toda secuencia compuesta por elementos que estén en alguna relación de las incluidas en p con su sucesor será llamada un *sendero mixto en p*.

<u>Definición 4</u>: Sea p = {R, P, Q, Z,...} un conjunto cuyos elementos son relaciones.
Un elemento será llamado p-fundado si y sólo si pertenece a algunas de las relaciones del conjunto p, pero de él no parte ningún sendero mixto en p que sea infinito.

Con estos instrumentos, Herzberger prueba lo siguiente:

<u>Teorema 2</u>: Ningún elemento puede estar en la relación R con los elementos que son R-fundados, y sólo con aquellos elementos.

<u>Teorema 3</u>: Sea P cualquier relación perteneciente a un conjunto p. Luego, ningún elemento puede estar en la relación P con los elementos que son p-fundados, y sólo con aquellos elementos.

Para acercarnos más a lo que nos interesa, a saber, la subsunción de la paradoja de Richard dentro de estos resultados limitativos probados por Thomson y Herzberger, precisamos hacer uso del siguiente teorema.

<u>Teorema 4</u>: Sea R la composición de las relaciones Q y P pertenecientes a un conjunto p de relaciones. Luego, si la relación Q incluye una función F sobre el dominio de la relación P, entonces ningún elemento está en la relación P con los elementos R-fundados, y sólo con aquellos elementos.

De este modo, la paradoja de Richard es subsumida por una leve variante del Teorema 4, a saber:

Teorema 5: Sea R la composición de las relaciones Q y P pertenecientes a un conjunto p de relaciones. Luego, si la relación Q incluye una función F sobre el dominio de la relación P, entonces ningún elemento está en la relación P con los elementos R-irreflexivos, y sólo con aquellos elementos.

Para observar la subsunción de la paradoja de Richard para los números naturales bajo el Teorema 5, debemos interpretar las relaciones que figuran en éste de la siguiente manera: Q es una función que enumera a los términos de un conjunto dado que llamaremos **DEF**.[211] Z es la conversa de la relación de satisfacción para los términos de **DEF** (i.e. Z es la relación "*y* es satisfecho por el número *x*"). Diremos que un número es *richardiano* si y sólo si la función Q le asigna a ese número un término (v.g. una secuencia de **DEF**) que no es satisfecho por ese número. Luego, los números richardianos coinciden con los números que no están en la relación R (la composición de Q y Z) consigo mismos. La paradoja, tal como señala Herzberger, es suscitada por asumir (incorrectamente) que hay (o que puede haber) un término de **DEF** que es satisfecho por los números richardianos, y sólo por aquellos números.

Pasemos ahora a las reacciones suscitadas por la paradoja original de Richard, formulada para los números reales.

En primer lugar, analizamos la opinión de Richard en su escrito original.[212] Allí el entonces profesor de matemática argumentó a favor de una tesis *semántica*: al momento de ser formulada la definición G, ella *carece de significado*. Dice Richard, la definición G está formada por un número finito de letras del alfabeto español y aparece, por tanto, en alguna ubicación k de la lista de secuencias de **SEC** que definen números reales. Pero si G aparece en la ubicación k, entonces al referir a los miembros de **E** sólo referirá a los números definidos por secuencias de **SEC** anteriores a G. Sin embargo, para arribar a la contradicción, haría falta que G pueda referir a todos los miembros de **E**, no sólo a los definidos por definiciones anteriores a la definición G. Bajo esta formulación, sin embargo, eso no sucede y es por eso que —en su opinión— la paradoja se ve disuelta.

---

[211] V.g. el conjunto doblemente ordenado —por longitud y orden lexicográfico— de secuencias de símbolos del alfabeto español que definen propiedades numéricas de los números naturales.

[212] Cf. J. Richard (1905).

Podríamos pretender otorgarle significado a G mediante una única definición de **E** que hiciera referencia a todas las infinitas definiciones de números reales dadas por secuencias de longitud finita. Para salvar la dificultad implicada por el hecho de que dicha "definición total" de **E** configuraría una *secuencia infinita* de cadenas finitas de símbolos, podemos sugerir lo siguiente. En vez de hacer mención directa de todos los miembros incluidos en **E**, puede hacerse referencia a éste a través de su definición, ofrecida al comienzo del §2.1 de este capítulo. Dicha definición de **E**, por ser una cadena finita de símbolos del alfabeto español, puede insertarse en la definición G para obtener una nueva definición G^* del número N. Esta remendada definición tendría, así, su significado pretendido. Cabe destacar que habrá muchas frases del español igual de problemáticas que G^*. Aquí, sin embargo, simplificamos el tratamiento del problema al considerar sólo el caso de G^* como un caso suficientemente representativo del fenómeno general.

Enfocándose también en la definición de N, fue Henri Poincaré quien, desde una posición *predicativista*, alzó su voz contra la legitimidad de la paradoja.[213] En el contexto del debate sobre la *existencia* de propiedades, conjuntos y proposiciones, quienes adoptan una postura predicativista sostienen que una definición no es aceptable o apropiada si ella refiere a una totalidad a la cual el objeto que se está definiendo pertenece, es decir, una definición de X no debe hacer mención directa o indirecta a X, o al conjunto al cual X pertenece. De otro modo, la definición es predicativa. Desde este tipo de posición, se dirá que un objeto matemático definido impredicativamente no es una entidad de la que pueda legítimamente arrogarse su existencia. La crítica ya no es semántica, como la propia de Richard, sino *metafísica*.

Poincaré sostuvo, en primera instancia, que los objetos matemáticos no existen sin una definición apropiada, y que una definición apropiada siempre debe ser *predicativa*. En una segunda instancia, reformuló su opinión poniendo énfasis en la invariancia, al decir que una definición es legítima si induce una clasificación que no puede verse afectada por la introducción de nuevos elementos.[214] En cualquier caso, las definiciones impredicativas se ven afectadas por este hecho y, por tanto, no son aceptables.

En segundo lugar, entonces, puede recusarse la antinomia al señalar que la definición G^* del número N es de este tipo inaceptable. G^* refiere a una totalidad (v.g. **E**), a la cual el propio número N pertenecería, en virtud

---

[213] Cf. H. Poincaré (1906).
[214] Cf. H. Poincaré (1909).

de ser definido por una secuencia finita de símbolos del alfabeto español, es decir, G^*. Por tanto, la definición de N refiere a una totalidad a la cual N pertenece (o pertenecería) y es –por eso mismo– una definición impredicativa. Lo mismo vale para $G^{\#}$, que refiere a una totalidad a la cual el número m pertenece si y sólo si no posee la m-ava propiedad de la lista. Pero, precisamente, para algún n la n-ava propiedad de la lista es $G^{\#}$, que hace referencia a todas las propiedades de la lista, entre las cuales se incluye ella misma. Por tanto, es también impredicativa. Por estas razones un filósofo o matemático *predicativista* sostendría que, en ambas versiones, la antinomia es sólo aparente. Los números y propiedades que se pretenden definir mediante ellas, en rigor, *no existen*.

Pero si, por ser impredicativa, G^* es inaceptable y no puede admitirse en **E** ningún número definido por ella, llegaremos igualmente a una dificultad. Para verlo, supongamos que G^* (tanto como toda frase igualmente problemática y ambigua) es descartada por sus cualidades inaceptables. Entonces, de hecho, es posible obtener un conjunto **E** de todos los números reales definidos por secuencias de longitud finita de símbolos del alfabeto español. Si este es el caso, entonces después de todo G^* puede referir a un conjunto no problemático, el conjunto **E**. Esto implica un problema para el enfoque predicativista: G^* definirá, finalmente, un nuevo número llamado N que no pertenece a **E**. De la suposición de que G^* no define un número (o de la suposición de que N no existe), se sigue que G^* define un número (o, respectivamente, que N existe). Más aún, por cómo fue definido N, será un número perteneciente a **E**, necesariamente distinto de todos los miembros de **E**.

La tercera reacción que hay que mencionar es la del matemático Giuseppe Peano, quien en un escrito de 1906, criticó los inconvenientes recién señalados del predicativismo, haciendo alusión a la *ambigüedad* de la definición G^*.[215] Peano creía que debía desambiguarse el significado de G^* mediante la introducción de una aclaración: o bien las secuencias a las que se refiere G^* (i.e. las secuencias finitas del alfabeto español que definen números reales) la incluyen a ella misma, o bien no lo hacen. Eso daría como resultado dos secuencias distintas, a saber, G' y G'':

(G') (Léase aquí el texto de la secuencia G^*), excluyendo a G^* de las secuencias a ser consideradas.

---

[215] Cf. G. Peano (1906).

(G'') (Léase aquí el texto de la secuencia G^*), incluyendo a G^* entre las secuencias a ser consideradas.

La secuencia G'' explicita el significado pretendido de Richard al formular su propia definición de N y es por tanto paradójica. Por consiguiente, G'' no define un número. Por otro lado, es fácil ver que la secuencia G' equivale a la posición que le adscribimos a los predicativistas unos párrafos más arriba y que, efectivamente, define un número. Respecto de dicha definición, el objetivo de Peano consistía en determinar si la definición del número en cuestión era o no expresable completamente en términos matemáticos. Para Peano si G^* no fuese expresable completamente en términos matemáticos y contuviera –por el contrario– elementos ambiguos, entonces esos mismos problemas los acarrearía G'. Luego, si ella fuese ambigua, sería inaceptable y la paradoja no sería tal. Por ello, propuso desglosar esta variante de la definición G^* en tres partes, de las cuales la segunda es la única relevante; razón por la cual no nos detendremos a explicar las restantes:

(1) $N = \Sigma \ [10^{-n} \text{ anti Cfr.}_n fn \mid n, N_1]$.

(2)   Valor n = el número decimal, al cual el número n, escrito en el sistema alfabético [español], define, de acuerdo a las reglas del lenguaje ordinario.

(3) $fn = \text{Valor min}_n \ [N_1 \cap x \ \ni (\text{Valor } x \ \varepsilon \ \Theta)]$.

Así, no es difícil observar que la cláusula (2) utiliza recursos que irreductiblemente pertenecen al lenguaje natural (sin importar si nos referimos al español, italiano, francés, o cualquier otro idioma). Por tanto, la definición formalizada por las cláusulas precedentes –hasta aquí la definición más exacta que hemos logrado del número N– no es en última instancia una definición aceptable. "De algo que no se encuentra bien definido, no es asombroso extraer múltiples contradicciones", parece ser la opinión del matemático italiano. Por ello, la existencia del número N no es establecida de modo preciso, dado que requiere la comprensión de recursos que exceden los implementos matemáticos, no ambiguos. De este modo concluye Peano su análisis, sentenciando a la paradoja que nos compete con su célebre frase: "el ejemplo de Richard no pertenece a la matemática, sino a la lingüística".

En cuarto lugar, el filósofo Keith Simmons[216] propuso una solución a la paradoja que puede resumirse al decir que el conjunto de números reales

---

[216] Cf. K. Simmons (1994, 33-44).

definibles mediante secuencias finitas de letras del alfabeto español, es un conjunto que está *siempre extendiéndose* o que *se construye permanentemente en etapas* y no tiene, por tanto, una extensión claramente definida. Para explicar esta alternativa, Simmons propone entender un "proceso" que Richard señala al final de su escrito de 1905. Allí, el matemático francés concibe la posibilidad de que la definición G^* dé lugar –ciertamente– a un "nuevo" número definido por secuencias de **SEC**, lo cual daría lugar asimismo a un "nuevo" conjunto **E'**, que extendería a **E**.

Simmons señala que este proceso detallado por Richard tiene tres pasos. En el primero, la secuencia G^* no tiene significado, por ser impredicativa. Luego, G^* no define un número que pertenece a **E**. En el segundo, **E** está totalmente definido y, por tanto, G^* adquiere un significado claro y distinto, razón por la cual pasa a definir un "nuevo" número real N que –por construcción– no pertenece a **E**. Esto da lugar a un conjunto **E'** de números definibles mediante secuencias de **SEC**. En el tercero, se utiliza una secuencia similar a G^*, pero que ahora refiere a los reales incluidos en **E'** y que, por tanto, define un nuevo número, llevándonos a una nueva extensión del conjunto **E'**. El proceso, es fácil de notar, continúa indefinidamente.

La alternativa "extensibilista" de Simmons consiste, entonces, en la idea de que la colección de reales definibles mediante secuencias de **SEC** se *extiende indefinidamente*. Para comprender esto, deben entenderse dos cosas. La primera, que hay una serie (G^1, G^2, G^3,...) infinita de secuencias estructuralmente similares a G^* que dan lugar a la definición de nuevos números reales N', N'', N''', etc. y, respectivamente, de nuevos conjuntos que extienden a **E**.[217] Para ser precisos, diremos que *hay una definición* G^α (estructuralmente similar a G^*) *para cada conjunto* E^α *producido por el proceso de Richard*.

La segunda premisa que asume Simmons es que es posible *describir* este proceso mediante una secuencia finita de símbolos del alfabeto español, tal como hicimos en los dos párrafos anteriores. Llamaremos a esta descripción "el proceso de Richard". De este modo, la paradoja original debida a Richard se evita porque el conjunto **E** no es *el* (único) conjunto de números reales definibles según secuencias de **SEC**, sino sólo *el primer* conjunto de tales números, de una serie indefinidamente extensible de conjuntos de números reales definibles de dicho modo.

---

[217] Si el conjunto **E** es el primer conjunto de números reales definibles de acuerdo al proceso de Richard, lo llamaremos E^1, al siguiente conjunto definible según dicho proceso lo llamaremos E^2 y así, sucesivamente, indexando los conjuntos obtenidos con números ordinales.

Sin embargo, arguye Simmons, en virtud de que es posible hacer referencia al proceso de Richard utilizando una secuencia finita de símbolos, es presumible que la siguiente definición que llamamos *H* sea significativa:

(*H*) Sea *p* el *n*-avo dígito decimal del *n*-avo número definido de acuerdo al proceso de Richard. Luego el número *N* es aquel cuya parte entera es 0, y cuyo *n*-avo dígito decimal es igual a *p* + 1 si *p* no es 8 o 9, y es igual a 1 en cualquier otro caso.

Simmons estima que la definición *H* define un número *N** que es distinto de todos los números definibles mediante el proceso de Richard. Sin embargo, dada la naturaleza de *H*, es decir, dado que es una secuencia finita de símbolos del alfabeto español, el número que ella define debería formar parte de los números definibles mediante el proceso de Richard. La paradoja, en su opinión, sigue presente incluso tomando la salida "extensibilista". No obstante, considera que una forma de resolver este inconveniente es negándole significatividad al término "el proceso de Richard", i.e. a todas sus apariciones en las secuencias que forman parte de **SEC**. De esa manera, la definición *H* no será significativa y no definirá, por tanto, un número problemático. No obstante, Simmons, no da razones para tomar esta decisión. En lo que sigue, intentaré subsanar esa falencia.

En quinto y último lugar, daré algunas razones por las que creo que la definición *H* no puede tener el significado necesario para suscitar una paradoja. Esto, servirá, indirectamente, para defender la propuesta "extensibilista". En primera instancia, *H* hace referencia al "*n*-avo dígito decimal del *n*-avo número definido de acuerdo al proceso de Richard". Esta expresión es ambigua. Por un lado es legítimo preguntar, dado que sabemos que el conjunto de los números definibles mediante el proceso de Richard está en permanente expansión: ¿al *n*-avo número *de qué conjunto* de reales definibles en español refiere *H*? Ciertamente, no puede referirse al conjunto "final" obtenido mediante el proceso de Richard, porque no hay *un* conjunto "final" de esas características.[218] Ese es, precisamente, un punto central del planteo extensibilista de Simmons.

---

[218] La razón de la inexistencia del conjunto "final" $\mathbf{E}^\beta$ reside en que, de existir, habría una secuencia G^β que definiría un real no incluido en $\mathbf{E}^\beta$, obligándonos (dado que G^β pertenece a **SEC**) a extender el conjunto de reales definibles por el proceso de Richard a un conjunto $\mathbf{E}^{\beta+1}$ y así, sucesivamente.

Si no tomamos esta opción tenemos aún otra alternativa para entender H. Podríamos reformularla, para que ella refiera de manera no ambigua. En su comienzo se leería ahora: "Sea p el n-avo dígito decimal del n-avo número del conjunto de reales E^α definibles en cada paso a del proceso de Richard, donde a es un ordinal cualquiera sea, mayor a 1." Lamentablemente, este camino también presenta sus dificultades. Si creyéramos que esta versión de H define de hecho un número real N^α que estaría incluido en algún conjunto de números respecto de los cuales es, sin embargo, distinto, estaríamos incurriendo en un error.

La razón es la siguiente[219]: la definición H modificada por nosotros hace referencia a los conjuntos de reales E^α definibles según el proceso de Richard, para *todo ordinal a*, cualquiera sea. Pero sabemos, por un lado, que no hay ninguna teoría de conjuntos que implique la existencia de *todos* los ordinales, y por el otro, que cada vez que contamos con un conjunto de ordinales, podemos obtener ordinales no incluidos en dicho conjunto.[220] Luego, hay dos caminos. En el primero, la definición H no tendría el significado pretendido porque no haría referencia a todos los ordinales, sino sólo aquellos cuya existencia se ve implicada por determinada teoría de conjuntos. De este modo, H no sería controversial, porque el número "problemático" bien podría pertenecer a E^β, para algún β no implicado por la teoría de base. En el segundo, la definición H incluiría una referencia a un elemento no definido (el conjunto de todos los ordinales) y, por consiguiente, no sería significativa. La lección final que debemos sacar de esto es: o bien H no tiene el significado que pretendemos, o bien, si lo tiene, no es una oración que esté bien definida.

Esta conclusión refuerza, por último, la íntima conexión entre la *extensibilidad indefinida* del conjunto de los reales definibles mediante secuencia finitas de símbolos del alfabeto español, y la extensibilidad indefinida de la colección de los números ordinales.

---

[219] Varios de los puntos señalados a continuación fueron inspirados por la sección 2.4. de R. T. Cook (2007). En dicho contexto se discuten alternativas extensibilistas para otras paradojas, pero no se hace referencia al caso de Richard.

[220] Para más sobre estos asuntos, véase "La Paradoja de Burali-Forti", en este mismo volumen.

Referencias bibliográficas:

Beall, J. C. (ed.) (2007): *Revenge of the Liar: New Essays on the Paradox*. Oxford University Press, Oxford.
Cantini, A. (2012): "Paradoxes and contemporary logic", en Zalta, E. N. (ed.) (2012): *The Stanford Encyclopedia of* Philosophy, disponible en http://plato.stanford.edu/archives/win2012/entries/paradoxes-contemporary-logic/
Cook, R. T. (2007): "Embracing revenge: on the indefinite extendibility of language", en Beall, J. C. (ed.) (2007): *Revenge of the Liar: New Essays on the Paradox*, pp. 31-52.
Herzberger, H. (1970): "Paradoxes of grounding in semantics", *Journal of Philosophy*, 67, 6, pp. 145-167.
Newman, J. R. y Nagel, E. (2007): *El Teorema de Gödel*. Tecnos, Madrid.
Peano, G. (1906): "Super theorema de Cantor-Bernstein et additione", *Revista de Mathematica*, 8, pp. 136-157. (Reimpreso en Peano, G. (1957): *Opere scelte*, Vol. 1, pp. 337-358, Edizione Cremonese, Roma.)
Poincaré, H. (1906): "Les mathématiques et la logique", *Revue de métaphysique et de morale*, 14, pp. 294-317.
---------------- (1909): "La logique de l'infini", *Revue de métaphysique et de morale*, 17, pp. 461–482.
Richard, J. (1905): "Les principes des mathématiques et le problème des ensembles", *Revue générale des sciences pures et appliqués*, 16, p. 541. (Traducción al inglés en van Heijenoort, J. (ed.) (1967): *From Frege to Gödel: a source book in mathematical logic*, pp. 143-144)
Simmons, K. (1994): "A paradox of definability: Richard's and Poincaré's ways out", *History and Philosophy of Logic*, 15, 1, pp. 33-44.
Thomson, J. F. (1962): "On Some Paradoxes," en Butler, R. J. (ed.) (1962): *Analytical Philosophy*. Basil Blackwell, Oxford, pp. 104-119.
van Heijenoort, J. (ed.) (1967): *From Frege to Gödel: a source book in mathematical logic*. Harvard University Press, Cambridge.

Capítulo 17: LA PARADOJA DE SKOLEM

Ariel Roffé [221]

§ 1 Introducción

La Paradoja de Skolem (presentada por primera vez en T. Skolem, 1922) involucra un aparente conflicto entre el teorema Lowenheim-Skolem (LS en adelante) para teorías de primer orden y el entendimiento *naive* del teorema de Cantor. Suele ser formulada de la siguiente manera: si una axiomatización de primer orden de la teoría de conjuntos (tómese por caso ZFC) tiene modelos, entonces tiene un modelo contable (por LS); pero al ser un modelo de ZFC, la cual prueba el teorema de Cantor, este modelo satisface la oración que expresa que "hay un conjunto incontable" siendo que su dominio es solo contable. Puede precisarse un poco más en qué consiste la paradoja por medio de la siguiente reconstrucción: sea $\exists x B(x)$ el teorema de Cantor, tal que ZFC $\vdash \exists x B(x)$, y sea N un modelo infinito arbitrario de ZFC, entonces:

1. Existe un modelo contable M de ZFC   por LS
2. Para todo modelo R, si D_R es contable entonces todo $r \in D_R$ es contable
   ∴
3. Todo $m \in D_M$ es contable
4. $M \vDash \exists x B(x)$ ya que ZFC $\vdash \exists x B(x)$ y M es modelo de ZFC
   ∴
5. Hay algún conjunto m_1 perteneciente a D_M tal que $M \vDash B(m_1)$ por (4)
6. $B(x)$ expresa que "x es incontable"; esto es, $M \vDash B(x) \Leftrightarrow x$ es incontable[222]
   ∴
7. m_1 es incontable   por (5)-(6)
   ∴
8. m_1 es contable   eliminación del universal en (3)

---

[221] UBA - Buenos Aires Logic Group

[222] Quizás debería exigirse alguna conexión semántica más profunda que la mera equivalencia veritativo funcional entre ambas oraciones para decir que una expresa la otra. Es decir la equivalencia veritativo funcional es condición necesaria pero no suficiente para la expresividad. Sin embargo, esta versión más débil será suficiente para generar la paradoja.

En lo que queda de la introducción haré algunas distinciones en torno a la premisa (2), con el fin de volver superficialmente plausible a la paradoja. ¿Qué apoyo puede darse a la inferencia desde "D_M es contable" al hecho de que "todo m $\in D_M$ es contable"? En principio parecería que tal inferencia es inválida, ya que nada obliga a que los miembros de un conjunto contable sean contables a su vez; por ejemplo, el conjunto $\{\mathbb{R}\}$ es contable, pero sus miembros no lo son. Podría intentarse algo como lo siguiente en defensa de (2): si D_M es contable, es claro que la interpretación del símbolo $\in$ bajo el modelo M, llámesela $\in^M$, es también contable, ya que es un subconjunto de $D_M \times D_M$; por lo tanto, para cualquier m arbitrario, el subconjunto de $\in^M$ tal que el segundo miembro del par ordenado es m, es decir $\{<x, y> \in \in^M \mid y = m\}$, también es contable. Pero éste último no es otra cosa que el conjunto de las cosas que pertenecen a m, es decir, m mismo; por lo tanto, m es contable. Sin embargo, el último paso es incorrecto, ya que no necesariamente es cierto que $\{<x, m> \in \in^M\} = m$. m podría ser incontable, pero puesto que D_M es contable, la relación de pertenencia del modelo no "ve" a todos los miembros de m, siendo así distinta de la relación de pertenencia real. Puede haber un miembro z de m tal que $<z, m> \notin \in^M$.

Las alternativas restantes involucran modificar de alguna manera a la premisa (2). La primera de ellas consiste en asegurar que el modelo infinito N sea *transitive* [223] y luego usar una extensión del teorema LS para obtener un M contable transitivo (P. Benacerraf, 1985). Tener un M contable transitivo bloquea el problema anterior ya que si $m_1 \in D_M$ y m_1 es incontable, entonces, por transitividad, todo miembro m de m_1 es tal que $m \in D_M$; por tanto, $m_1 \subseteq D_M$, y D_M es incontable, lo cual es absurdo por suposición. El principal problema con esta solución es que hay extensiones consistentes de ZFC que no tienen modelos transitivos (T. Bays, 2007a), por lo que la versión de la paradoja que apela a modelos transitivos resultaría ser menos general y no serviría para *cualquier* axiomatización de primer orden de la teoría de conjuntos. Bays considera otras dos alternativas (T. Bays, 2000). La primera de ellas es usar modelos isomórficos a M cuyos miembros sean todos contables (por ejemplo, para cualquier M, simplemente considérese un modelo M' cuyos miembros son de la forma $\{m\}$, donde m $\in D_M$), sin embargo, la paradoja

---

[223] Un conjunto C es transitivo si sus miembros son conjuntos, y los miembros de sus miembros también pertenecen a él (A $\in$ B $\in$ C $\Rightarrow$ A $\in$ C). Un modelo para la teoría de conjuntos es transitivo si su dominio es transitivo y el símbolo $\in$ es interpretado de manera estándar como la relación de pertenencia real restringida al dominio del modelo ($<m_1, m_2> \in \in^M \Leftrightarrow$ ($m_1 \in m_2$ y $m_1, m_2 \in DM$)).

generaliza a propiedades conjuntísticas arbitrarias, que no parece ser lo que el proponente quiere. La otra solución consiste en entender a las expresiones "m_1 es contable" y "todo m ∈ D_M es contable" de las premisas (2), (3) y (8) como afirmando que "$\{x \mid M \vDash x \in m_1\}$ es contable" y "para todo m ∈ D_M, $\{x \mid M \vDash x \in m\}$ es contable". Es claro que si M es contable $\{x \mid M \vDash x \in m\}$ también debe serlo. Además, el argumento no se generaliza a propiedades conjuntísticas arbitrarias como "ser el conjunto vacío" (expresada por la oración formal ∀x (x ∉ y)). Por ejemplo, puede que $\{\emptyset\}$ no sea realmente vacío, sin embargo $\{x \mid M' \vDash x \in \{\emptyset\}\}$ sí lo es. Las desventajas de esta solución son que esta lectura parece menos natural, y que la paradoja parece tener menos apariencia de paradoja. Es decir, lo que la premisa (8) dice que es contable ($\{x \mid M \vDash x \in m_1\}$) no parece ser lo mismo que lo que la (7) dice que es incontable (m_1), con lo cual la contradicción no se genera. Y no parece ser posible entender de la misma manera a las premisas (5)-(7). Por ejemplo, "$M \vDash \exists x B(x)$" y "hay algún m_1 perteneciente a D_M tal que M $\vDash B(m_1)$" no implican que "hay algún $m_2 = \{x \mid M \vDash x \in m_1\}$ perteneciente a D_M tal que $M \vDash B(m_2)$", ya que el conjunto $\{x \mid M \vDash x \in m_1\}$ podría no pertenecer al dominio[224]. Es decir, $M \vDash B(m_1)$ parece implicar que m_1 es incontable, no que "el conjunto de los miembros de m_1 que están en el dominio" lo es. De modo que podría ser necesario emplear de todos modos el buscar algún modelo isomórfico a M para asegurar que $m_1 = \{x \mid M \vDash x \in m_1\}$ –pero solo para m_1 y no para todo miembro del dominio–, pudiendo así efectuar tal reemplazo en (5)-(7). En suma, (5) diría "$M \vDash B(m_1)$", (5bis) diría "$m_1 = \{x \mid M \vDash x \in m_1\}$" e instanciaríamos la premisa (6) con "$M \vDash B(\{x \mid M \vDash x \in m_1\}) \Leftrightarrow \{x \mid M \vDash x \in m_1\}$ es incontable" para obtener que $\{x \mid M \vDash x \in m_1\}$ es incontable. Esto es obviamente falso, ya que sabemos que el dominio de D_M es contable. Sabemos también que las premisas (5) y (5bis) están bien justificadas, con lo cual, el problema debe estar en la premisa (6), la cual examinaremos a continuación.

---

[224] Recuérdese que estoy usando ∈ para la relación de pertenencia real y ∈ para el símbolo del lenguaje. m_1 podría ser $\mathbb{R}$, pero puesto que M es contable $\{x \mid M \vDash x \in m_1\}$ debe ser un conjunto contable distinto de $\mathbb{R}$ que no necesariamente pertenece al dominio. Esto es, M puede contener a $\mathbb{R}$ y a una cantidad contable de miembros suyos, pero no necesariamente contiene al conjunto que contiene a ese número contable de miembros. Y si lo contuviera, no es claro que tal conjunto haría satisfacer a B(x).

§ 2 Solución matemática

El consenso general dentro de la comunidad de los matemáticos es que la paradoja de Skolem no origina una contradicción genuina dentro de la teoría de conjuntos. La explicación que suele darse es que B(x) es una oración formal de primer orden que solo expresa que "x es incontable" bajo el modelo estándar o pretendido de ZFC (llámese E a dicho modelo y $B^E(x)$ a la oración B(x) interpretada bajo ese modelo). Éste es el modelo que interpreta a "$\in$" como la verdadera relación de pertenencia (como $\in$), y cuyo dominio es la totalidad del universo conjuntístico. Sin embargo, tal relación de expresividad no se daría para todo modelo, y en particular podría no darse para nuestro M contable. Para ello haría falta que fuera verdadera una afirmación como la siguiente: (†) para todo m ∈ M: $B^M(m) \Rightarrow B^E(m)$. Así, si $B^M(m_1)$ es verdadera, entonces $B^E(m_1)$ es verdadera, y entonces m_1 es incontable y la paradoja se sostiene. En lo que sigue de esta sección analizaremos por qué la premisa (†) falla, y veremos si es posible averiguar exactamente dónde falla.

Hay básicamente dos puntos en los que dos modelos de ZFC pueden diferir (o dos cosas que no están fijadas y se pueden variar libremente al interpretar el lenguaje conjuntístico). Ellos son el modo como interpretan al símbolo "$\in$", y el domino (es decir, el rango de los cuantificadores). Como se vio en la sección anterior, es posible encontrar casos en los que M ⊨ *m ∈ n*, a pesar de que m no es realmente un miembro de n, y viceversa. En el caso de los dominios parece evidente que estos difieren ya que D_M es un conjunto contable, mientras que el universo conjuntístico no lo es. Estas dos diferencias explican de un modo general por qué las semánticas de B^M y B^E podrían diferir, y de este modo podrían hacer fallar a (†). Sin embargo, no nos brindan una explicación detallada acerca de *cómo* la hacen fallar, ni nos dicen específicamente qué instancias de "$\in$" y "$\exists$" son las responsables de este fallo. Una respuesta popular, brindada por primera vez por el propio Skolem (1922, p. 295) es la que podemos denominar la "solución cuantificacional". La oración B(x) tiene la siguiente estructura: B(x) $\stackrel{def}{=}$ ¬∃f "f: ω → x es una biyección". La solución cuantificacional consiste en "echarle la culpa" al primer cuantificador. Nótese que $B^E(m_1)$ afirmaría que "no hay una biyección en la totalidad del universo conjuntístico entre ω y m_1" mientras que $B^M(m_1)$ solo afirmaría que "no hay en el dominio de M ninguna biyección entre ω y m_1". Puesto que M es contable, m_1 también es contable (recuérdese §1), por lo que existen biyecciones entre ω y m_1. Puesto que D_E es la totalidad del universo conjuntístico, el primer cuantificador en $B^E(m_1)$ "ve" esas biyecciones, y la afirmación de que tales biyecciones no existen es evaluada como falsa. En cambio, esas biyecciones se encuentran fuera del dominio de M, por lo que el primer cuantificador en $B^M(m_1)$ no las "ve" –quedan por fuera de su rango–, volviendo así verdadera a $B^M(m_1)$. De este modo falla $B^M(m_1) \Rightarrow B^E(m_1)$, y el fallo de la paradoja de Skolem se debería a que los modelos contables no contienen a todas las biyecciones del universo conjuntístico.

Bays (2000, 2007a) critica la idea de que esta solución sea adecuada para explicar todo caso de falla de (†). Hay una subclase de casos para los que sí constituye una explicación adecuada: la de los modelos transitivos. Para explicar esto, diremos que la relación $R(x_1, …, x_n)$ es absoluta para un modelo (o una clase de modelos) N de ZFC si y solo si existe alguna fórmula F tal que para todo $x_1, …, x_n \in D_N$: $N \vDash F(x_1, …, x_n) \Leftrightarrow F^N(x_1, …, x_n) \Leftrightarrow F^E(x_1, …, x_n) \Leftrightarrow R(x_1, …, x_n)$. En este caso decimos además que F "captura" la relación R –la oración formal F es verdadera en el modelo para una tupla de elementos del dominio si y solo si R vale *realmente* para esa tupla–. Por las características de los modelos transitivos se da que $x_1 \in^N x_2 \Leftrightarrow x_1 \in^E x_2 \Leftrightarrow x_1 \in x_2$, es decir, que la relación de pertenencia es absoluta para los modelos transitivos. En otras palabras, si E y M son ambos transitivos, ambos "interpretan bien" a la relación de pertenencia, lo cual implica que los factores que originan diferencias en los valores de verdad de $B^E(m_1)$ y $B^M(m_1)$ deben ser buscados entre sus cuantificadores. ¿Pero por qué en el *primer* cuantificador? Basta para ello notar que la relación "f: ω → x es una biyección" es también absoluta y por tanto, capturada por alguna fórmula C(x,y) (véase T. Bays, 2007a, p. 19). Y puesto que $B(x) \equiv \neg \exists f\, C(f, x)$, y que ¬ es una constante lógica, las diferencias buscadas –las que llevan a diferencias en los valores de verdad– *no pueden estar sino* en el rango del primer cuantificador. El resto de las diferencias se encuentran en subfórmulas que capturan alguna relación de manera absoluta, y por lo tanto, que arrojan siempre el mismo valor de verdad (a pesar de que lo hagan por motivos distintos). En resumen, la adecuación de esta solución para modelos transitivos se basa en su capacidad para capturar de manera absoluta la relación "ser una biyección ente ω y x". Es decir, los modelos transitivos son tales que si hay una biyección entre ω y x dentro de su dominio, entonces *la reconocen como tal*.

Esto sugiere motivos por los que podría fallar la solución cuantificacional para modelos no transitivos. Una construcción sencilla puede ilustrar un caso en el que hay una biyección relevante en el dominio sin ser reconocida como tal. Para ello, tómese un modelo contable transitivo N de ZFC;

sea m_1 un elemento de D_N tal que $N \vDash B(m_1)$, y sea n_1 un elemento de D_N tal que $Rank(n_1) > Rank(m_1) + Rank(\omega)$.[225] Puesto que N es transitivo y que $m_1 \in D_N$, m_1 es contable y existe una biyección $f: \omega \to m_1$. La estrategia consiste entonces en reemplazar a n_1 por f, construyendo así un modelo N' isomórfico a N que contiene una biyección relevante, en cuyo caso la solución cuantificacional no puede ser la adecuada[226]. Además, puesto que $N' \vDash B(m_1)$, $C^{N'}(f, m_1)$ debe ser falsa, pero por otro lado sabemos que $C^E(f, m_1)$ es verdadera, lo cual muestra que el resultado de "absolutidad" anterior no se sostiene. La principal diferencia semántica se encontrará en el modo en el que se interpreta a la expresión "$\in f$", ya que por el modo como se armó N', el conjunto $\{x \mid N' \vDash x \in f\} = \{x \mid N \vDash x \in n_1\} = \{x \mid x \in n_1\} = n_1$. O sea, N' "ve a f como si fuera n_1". Es decir, en este caso las diferencias en los valores de verdad de $B^E(m_1)$ y $B^{N'}(m_1)$ no se deben exclusivamente a los cuantificadores iniciales de $B(x)$, sino que se deben, al menos en parte, a diferencias en el modo como los modelos interpretan a la relación de pertenencia. Para más detalles sobre este caso puede verse Bays (2007a).

En conclusión, no hay una explicación que aplique a todos los casos de la paradoja que pueda señalar a un "culpable" específico. En cambio, las soluciones más específicas –cuando las hay, ya no toda instancia de la paradoja se debe a uno o unos pocos símbolos sino que puede involucrar una interacción complicada entre varios– deben relativizarse a casos, o clases de casos, más particulares.

§ 3 Consecuencias filosóficas

El objetivo de esta sección es examinar los diferentes roles que la paradoja de Skolem puede jugar en una argumentación filosófica Para ello comenzaré con un grupo de objeciones a la solución delineada en §2, las cuales tienen en común el rechazarla por utilizar vocabulario conjuntístico *naive*. Según estos objetores, dicha solución es inadecuada ya que habla de cosas como B^E, el "modelo estándar" de ZFC, la relación de pertenencia "real", la

---

[225] Esto garantiza varias cosas, entre ellas cabe notar el hecho de que nos permite permutar a n_1 por otra cosa sin modificar a m_1, véase Bays, 2007a, p. 21.
[226] Podría estarse tentado a decir de antemano que este caso simplemente no es una instancia de la paradoja, ya que la estamos restringiendo a aquellas en las que $m = \{x \mid M \vDash x \in m\}$. Sin embargo, por la elección de n_1 y de un N transitivo, esto ocurrirá. De hecho, puesto que el f que introduciremos en lugar de n_1 también es contable, N' satisfará todas las premisas de la paradoja.

totalidad del universo conjuntístico[227], etc. Sin embargo, se argumenta a veces que la inadecuación del discurso *naive* acerca de conjuntos es precisamente lo que la paradoja está tratando de establecer, es lo que está en discusión, por lo que la solución brindada en §2 incurre en una petición de principio al utilizarlo. Otras veces se dan motivos independientes de la paradoja para rechazar este discurso. Por ejemplo, V. Klenk (1976) sostiene que utilizarlo presupone algún tipo de "platonismo" (p. 480-481), y que no tiene sentido hablar de cosas como "el universo conjuntístico" ya que este es múltiplemente realizable (p. 484), siendo los dominios permutables generando interpretaciones isomórficas que mantienen al mismo conjunto de afirmaciones como verdaderas; por lo tanto, y ya que el lenguaje ordinario no agrega más que vaguedad al lenguaje formal, deben ser consideradas "estándar" (p. 482), no puede invocárselo para solucionar este tipo de problmeas; Otras veces se aducen consideraciones de tipo wittgensteiniano, sosteniendo que el significado de los términos del lenguaje ordinario como "conjunto" no puede trascender su uso, y que no hay nada en el uso del lenguaje ordinario que pueda fijar una interpretación particular como la "estándar" (C. Wright, 1985, p. 128-137). Podría objetarse también en contra del lenguaje conjuntístico *naive* en particular, a partir de que ciertas paradojas lo tornan sospechoso o directamente inconsistente (véanse por ejemplo los capítulos de esta compilación dedicados a la paradoja de Russell y la paradoja de Cantor).

En lugar de responder directamente a estos autores, puede notarse que la formulación misma de la paradoja hace uso del mismo tipo de discurso que se supone que critica. Por ejemplo, las nociones de "modelo" y de "contabilidad" involucradas en la formulación de la paradoja son nociones *naive*, o usadas en sentido "absoluto" (P. Benacerraf, 1985). Y no puede negársele a quien responde a la paradoja el uso de los mismos recursos que usó el proponente para formularla. Si la paradoja se plantea como un problema con el discurso *naive*, intentando mostrar que su uso es contradictorio, no hay ninguna petición de principio en el empleo del mismo para mostrar que no lo es[228]. Respecto de los otros problemas, Bays (2000) argumenta que son simplemente *otros problemas*. Si dan motivos independientes de la paradoja de Skolem para rechazar el discurso naive acerca de conjuntos (necesarios para que la solución no valga), y luego se usa a la paradoja para rechazar este discurso, el orden de la argumentación sería circular: se parte de

---

[227] Véase el artículo incluido en esta compilación sobre la paradoja de la Absoluta Generalidad

[228] Para un ejemplo muy ilustrativo sobre este punto, puede verse Bays (2000), sección 3.1.3

la aceptación de la misma conclusión que se pretende establecer. La paradoja sería vacua.

En conclusión, la paradoja no puede ser usada por si misma para argumentar en contra del discurso *naive*. Esto no quiere decir que no pueda realizar ningún tipo de trabajo filosófico interesante. Por ejemplo, un proponente de la paradoja de Skolem podría utilizar cualquiera de los argumentos independientes para motivar el movimiento hacia una concepción algebraica de los conjuntos[229], y luego intentar usar la paradoja para probar un resultado nuevo e inesperado: que las nociones de "contabilidad" e "incontabilidad" son *relativas* (Skolem, 1922, p. 296; Según Benacerraf, 1985, Skolem ve en 1922 esta "relatividad" como una reducción al absurdo de la concepción algebraica, pero más adelante cambia de opinión y lo ve como una consecuencia inevitable/real de la única concepción plausible). Una manera posible de aclarar esta noción de "relatividad" sería decir que el mismo conjunto puede ser declarado como contable por un modelo e incontable por otro (siendo solo incontable relativo al modelo M)[230]. Sin embargo, esto lleva a una noción de relatividad más bien trivial, ya que pareciera nuevamente que nociones más simples que la de incontabilidad, como "ser el conjunto vacío", resultan también ser relativas: el mismo objeto[231] puede satisfacer la fórmula $\forall x \, (x \notin y)$ en algunos modelos de ZFC y no en otros (véase la sección 1). Para clarificar más la noción de relatividad que le interesa a Skolem puede apelarse a lo siguiente. A pesar de que los objetos que satisfacen $\forall x \, (x \notin y)$ son de "naturaleza" distinta en distintos modelos de ZFC (siendo realmente el conjunto vacío en algunos, otro conjunto en otros, y un objeto espacio-temporal en un tercer tipo), dicho objeto juega el mismo rol "estructural" en todos ellos —entra en las mismas relaciones mutuas con el resto de los objetos del dominio en todos ellos—. Es decir, el elemento m del dominio que satisface $\forall x \, (x \notin y)$ es tal que $\{x \mid x \in^M m\}$ es realmente vacío,

---

[229] Concepción según la cual los axiomas de ZFC (o alguna otra teoría axiomática) definen implícitamente lo que es un conjunto. Esto es, una colección de elementos cualquiera es una colección de conjuntos si y solo si satisface los axiomas de dicha teoría. Así, tanto una colección de objetos abstractos como una de sillas, gatos, etc. pueden contar como colecciones de conjuntos.

[230] Esto presupondría que no hay una perspectiva "externa" a todo modelo desde la cual pueda pararse. Otra elucidación alternativa —más adecuada para quienes proponen la solución cuantificacional— es sostener que la comparación debe darse respecto de una perspectiva externa tal. Sin embargo, en el contexto de una concepción algebraica de los conjuntos esto no parece muy adecuado.

[231] En el caso de objetos concretos esto es claro, no es tan claro como individuar objetos abstractos como números o conjuntos —si es que puede hablarse de ellos— bajo una concepción algebraica.

sea cual sea su "naturaleza". Esto es precisamente lo que no ocurre con la noción de incontabilidad. Si se da que B(m), la relación $\in^M$ es tal que {x | x $\in^M$ m} es a veces contable y a veces incontable. Es decir, a pesar de que m satisface la fórmula que supuestamente "dice que" él es incontable, el número de elementos que le pertenecen *bajo la relación de pertenencia del modelo* (i.e. que *el modelo dice* que le pertenecen y que no necesariamente le pertenecen *realmente*, o "por naturaleza") es a veces contable, a veces no. Es decir, una noción es relativa cuando no es capturada de manera absoluta en el sentido que se introdujo en § 2.[232]

También pueden formularse críticas a esta segunda posición. Según Bays (2000), no basta con partir de una concepción algebraica acerca de los conjuntos (sostener que el significado de expresiones como "conjunto" está dado por los axiomas de ZFC) para que la conclusión se siga, sino que es necesario comprometerse con bastante más que eso. En primer lugar, hay que sostener que son las propiedades modelo-teóricas de los axiomas las que fijan el significado y no, por ejemplo, sus propiedades inferenciales. En segundo, incluso concediendo que fueran las propiedades modelo-teóricas las que fijan el significado, sería necesario comprometerse con que es la semántica *de primer orden* la que lo hace –frente a lo cual hay varias objeciones posibles (la paradoja de Skolem siendo una de ellas). Otra crítica que podría darse es semejante a la que aparecía anteriormente: la definición de relatividad dada también presupone nociones conjuntísticas *naive* (por ejemplo, el poder hablar "absolutamente" acerca de modelos, isomorfismos, modelos estándar, etc.). Incluso, instanciada de la manera que se la usa aquí, presupone la utilización "absoluta" de la misma noción que se supone se está criticando como relativa (contabilidad)[233]. Lo mismo ocurre, como se dijo, con la propia formulación de la paradoja. Parecería entonces que la posición de este proponente es inestable dado que asume una concepción algebraica acerca de los conjuntos en el lenguaje objeto, pero una concepción *naive* en la metateoría. En contra de esto último, algunos autores consideran que es posible formular la paradoja de Skolem sin hablar en sentido absoluto acerca de

---

[232] Podría estarse tentado a decir que este tipo de relatividad se sigue de la no categoricidad de ZFC, sin embargo esto no es necesariamente cierto. Si ZFC fuese categórica entonces toda noción sería capturada de manera absoluta. Que no sea categórica solo implica que no toda lo es, pero no que ninguna lo es (por ejemplo, como se dijo, "ser el conjunto vacío" sí lo es). Por eso es necesario dar algún argumento adicional como el de la paradoja, que por lo tanto, no es vacua.

[233] Véase más arriba; "incontabilidad" es relativa sii, para los elementos de D_M que satisfacen B(x), la relación $\in^M$ es tal que {x | x $\in^M$ m} es a veces realmente / absolutamente contable y a veces realmente / absolutamente incontable

conjuntos, pudiendo bastar con algunas nociones numéricas (véase por ejemplo Benacerraf, 1985; I. Jané, 2001, desarrollado más adelante), por lo que esta línea de argumentación llevaría solo a concluir que no es posible tener una concepción algebraica generalizada a toda la matemática (y la metamatemática), pero sí siendo posible tenerla en teoría de conjuntos en particular.

Estas son algunas de las principales líneas en las que la paradoja de Skolem ha sido usada para argumentar en favor de ciertas conclusiones filosóficas. Sin embargo, antes de finalizar esta sección, es necesario mencionar una última línea de interpretación completamente distinta, propuesta por Jané (2001). Para este autor, no hubo ningún "cambio de opinión" sino que Skolem ya ve en 1922 a la concepción algebraica como la única alternativa viable. Sin embargo, según él, la noción de "conjunto" que estaría usando para formular el teorema LS no es una noción que denote una entidad *de la teoría* de conjuntos cantoriana (que ve como contradictoria y trivial). En cambio, es una noción previa, que tanto la teoría de Cantor como la axiomática intentan capturar, y que –para evitar confusiones– llama "colección". El "modelo" (o colección) pretendido de la teoría axiomática de conjuntos sería entonces aquel que tiene en el dominio a todas las colecciones y cuya relación de pertenencia es la relación de pertenencia real entre colecciones. La pregunta que se hace Jané es si este modelo pretendido es contable o incontable. Es decir, no se tendría del todo claro *cómo es* este modelo pretendido, sino solo una idea suficiente como para establecer la adecuación de ciertos axiomas. De hecho, la pregunta para Jané es si *hay* colecciones incontables, es una pregunta de tipo ontológico. Lo que Skolem estaría argumentando es que, hasta donde sabemos (hasta donde podemos construir[234] – numéricamente por ejemplo–), no hay colecciones incontables. Las soluciones usuales a la paradoja, según Jané, dan por sentado que hay colecciones incontables, y que el modelo pretendido de ZFC es incontable, pero no dan pruebas de ello[235]. En consecuencia, tienden a ver a las consecuencias del teorema LS como meras limitaciones expresivas, y no como ontológicas. Además, las otras maneras de introducir conjuntos incontables a la matemática serían circulares (asumen de antemano que los hay), por ejemplo usar lógicas de orden superior presupone que existe el conjunto potencia de un

---

[234] Jané no es el único que ve a Skolem como una especie de intuicionista. Véase por ejemplo A. George, 1985.
[235] El argumento diagonal de Cantor no cuenta como tal ya que, según Jané, solo mostraría que ninguna colección contable contiene a todos los subconjuntos de una colección infinita contable, pero no que existe una colección que sí los contenga.

conjunto infinito. En conclusión, no hay ninguna manera de introducir rigurosamente la noción de incontabilidad en las matemáticas.

§ 4 Putnam y el argumento modelo-teórico en contra del realismo

En esta última sección se examinará una versión del llamado "argumento modelo-teórico en contra del realismo" de Hilary Putnam. El argumento no apunta a argumentar en contra del realista que ciertas cosas *no existen*, sino que se conforma con mostrar que si existen, entonces nuestro lenguaje no es capaz de referirse a ellas de manera determinada. Esto es, que nuestro lenguaje es semánticamente indeterminado. En resumen el argumento sostiene, en primer lugar, que el único modo como un conjunto de enunciados (o bien una teoría en tanto conjunto de enunciados cerrado bajo consecuencia lógica) puede referir a objetos es por medio de la restricción de las interpretaciones que los satisfacen[236], idealmente hasta una única (en cuyo caso nuestros términos referirían a objetos –o tuplas de objetos– de ese dominio). Proponer lo contrario es, según Putnam, asumir una teoría "mágica" de la referencia o atribuirnos capacidades de "intuición" sobrenaturales (1981, p. 3). En segundo lugar, se usa la teoría de modelos para mostrar que para cualquier conjunto de axiomas siempre hay distintas interpretaciones que los satisfacen.

En distintas versiones del argumento se utilizan diferentes teoremas de la teoría de modelos para apoyar esto último. Por ejemplo, en Razón, Verdad e Historia (H. Putnam, 1981) se utiliza la idea de que "solo se puede expresar hasta el isomorfismo"; por ejemplo, siempre se puede reemplazar algún objeto de un dominio por otro, si se modifican acordemente las interpretaciones de las relaciones y funciones (véanse las secciones 1 y 2). Así, no es posible restringir los modelos a un único modelo pretendido, sino que a lo máximo a lo que se podría (idealmente) aspirar, es a restringirlos a una única clase de isomorfismo. Dicho de otra manera, fijar el valor de verdad para las oraciones del lenguaje no fija la referencia de los términos (Putnam, 1981, p. 33). Una segunda versión apela al teorema LS (por ejemplo, en H. Putnam, 1980). Puede utilizarse este teorema para argumentar que no solo la

---

[236] Nos limitaremos aquí, dada la temática del artículo, solo al lenguaje de la teoría de conjuntos. Esto tendrá la ventaja de evitar una objeción obvia a esta premisa: que la referencia no solo está determinada por el rango de modelos que satisfacen nuestras preferencias, sino que el contacto con entidades del mundo que causa que las emitamos ayuda a elegir uno particular entre todos los posibles. Esto no aplica ya que, presumiblemente, no tenemos contacto causal con entidades conjuntísticas.

teoría de conjuntos tiene modelos que no son el pretendido, sino que además tiene modelos *no isomórficos* entre sí, que son "estructuralmente" distintos. Por lo tanto, se pretende concluir que las oraciones conjuntísticas no hablan siquiera acerca de una clase de isomorfismo en particular. Es decir, fijar el valor de verdad para las oraciones del lenguaje no fijaría tampoco una "estructura". Una tercera versión (también dada en Putnam, 1980), aun más fuerte, se basaría en los resultados de Gödel, para mostrar que las teorías de primer orden ni siquiera logran fijar el valor de verdad de las oraciones del lenguaje. Dado que los modelos clásicos son bivalentes (toda fórmula es o bien verdadera o bien falsa en ellos), las existencia de oraciones indecidibles para una teoría T implica que estas serán verdaderas en algunos modelos y falsas en otros[237]. Nótese que esta versión implica a la anterior, ya que si ZFC tiene modelos que satisfacen distintas oraciones, entonces esos modelos deben ser no isomórficos entre sí[238].

Sin embargo, para argumentar en favor de esta última forma de indeterminación falta algo más. A pesar de que la teoría no decida entre oraciones indecidibles, Putnam cree que necesita descartar la posibilidad de que algún factor empírico pueda decidir entre ellas, y así restringir la clase de los modelos a una clase que satisfaga a las mismas oraciones. Tómese como ejemplo una oración indecidible de ZFC como $V = L$. Dos modelos no isomórficos de ZFC podrían ser tales que uno satisficiera $V = L$ y el otro no. Putnam necesita mostrar que ninguna teoría o conjunto de mediciones empíricas puede decidir sobre la verdad de oraciones como $V = L$ y así declarar inaceptable a una de dichas interpretaciones, restringiendo la indeterminación. ¿Cómo *podría* ocurrir esto? Por un lado, podría ocurrir que de alguna teoría física formalizada en lenguaje conjuntístico, en unión con los axiomas de la teoría de conjuntos, se dedujera $V = L$ o su negación. Otra alternativa sería que se construyera una máquina que toma mediciones, no importa cuáles, cada cierto intervalo de tiempo, y se la dejara corriendo hasta el final de los tiempos (el conjunto ideal de las mediciones será contable);

---

[237] Si O es indecidible, entonces T ∪ {O} y T ∪ {¬O} serán ambas consistentes, y por lo tanto ambas tendrán modelo. Pero los modelos de T ∪ {O} y T ∪ {¬O} son también modelos de T.

[238] La conversa no vale. Los modelos de una teoría podrían ser tales que satisficieran a las mismas oraciones pero no fueran isomórficos entre sí. Piénsese por ejemplo qué ocurriría si se le aplica el teorema L-S a True Arithmetic. Incluso pueden generarse este tipo de modelos aplicando L-S a teorías axiomáticas. Por ejemplo, tómese T(PA) y aplíquesele L-S, obteniendo así modelos no isomórficos. Puesto que T(PA) es una extensión de PA, todos ellos serán modelos de PA. Y puesto que T(PA) decide sobre las oraciones indecidibles de PA, todos ellos harán verdaderas a las mismas oraciones del lenguaje de PA.

podría ocurrir que el conjunto final de todas las mediciones fuera (o codificara) algún conjunto no constructible, es decir, algún conjunto perteneciente a V pero no a L, en cuyo caso parecería que la naturaleza misma logró falsar V = L y limitar el rango de las interpretaciones aceptables para el lenguaje conjuntístico (Bays, 2000, p. 83). Lo que intentará mostrar Putnam es entonces que los axiomas de la teoría de conjuntos + las leyes científicas + cualesquiera otros requisitos que se deseen imponer[239] –como ser, requisitos sobre la aceptación de teorías empíricas, como "simplicidad", requisitos filosóficos, etc.–, formalizados todos ellos en el lenguaje de la teoría de conjuntos, tienen un modelo que satisface V = L y otro que no la satisface. Y además, que ambos de estos modelos contienen como elemento del dominio a un conjunto contable arbitrario de números reales, que representa al conjunto de todas las mediciones que fueron y serán alguna vez tomadas, y por lo tanto, que ningún conjunto de mediciones empíricas puede limitar el rango de interpretaciones aceptables a una única clase de isomorfismo. Para sostener que estos dos modelos existen, Putnam ofrece en 1980 una prueba del siguiente teorema: ZF $\cup$ {V = L} tiene un ω-modelo que contiene a cualquier conjunto contable de números reales[240].

A grandes rasgos, la estructura del argumento entonces sería algo como lo que sigue. Primero, la suma de las constricciones teóricas y operacionales no es suficiente para fijar una interpretación "estándar" o "pretendida" para el lenguaje de la teoría de conjuntos. Segundo, nada más puede fijar la interpretación de los axiomas (y de ese modo la referencia de los nombres y los predicados, es decir, su extensión o intensión). Por lo tanto, el lenguaje conjuntístico es semánticamente indeterminado. En el párrafo anterior hemos visto la estrategia de defensa de la primera premisa, me ocuparé en lo que sigue de la segunda. Nótese que lo que dicha premisa expresa, en términos de la sección anterior, es que se debe adoptar una concepción algebraica respecto de los conjuntos. Varias objeciones han sido planteadas ya en esa sección, y no las repetiré aquí. En lugar de eso me centraré en un argumento original que ofrece Putnam en defensa de esta premisa, común-

---

[239] Putnam utiliza la terminología de "constricciones teóricas" y "constricciones operacionales", algo así como cálculos formales por un lado, y reglas de correspondencia y conjuntos de mediciones empíricas por otro (o menos estrictamente, teoría y contactos de la teoría con el mundo).
[240] En Bays (2000), L. Belloti (2005); y T. Bays (2007b) pueden encontrarse discusiones acerca de si la prueba ofrecida es correcta o tiene defectos técnicos, discusión en la que no puedo entrar aquí por motivos de espacio. De todos modos, la corrección del argumento no depende tanto de que esto ocurra o no, sino que las polémicas giran más bien en torno a la segunda premisa de la reconstrucción del párrafo siguiente.

mente denominado el argumento de "solo más teoría" (véase por ejemplo, H. Putnam, 1980, p. 36-38). Supóngase que el realista no crea que satisfacer algún conjunto de fórmulas de primer orden sea suficiente para volver a un modelo "pretendido". Éste podría exigir más cosas, por ejemplo, que los modelos sean transitivos, bien fundados, incontables, etc. Según este argumento, cualesquiera requisitos adicionales que el realista desee imponer para que podamos considerar a una interpretación como "pretendida" (es decir, para limitar aun más el rango de los modelos aceptables) pueden ser ellos mismos formulados en primer orden y agregados al conjunto de las constricciones teoréticas. Por tanto, se les puede aplicar nuevamente el teorema LS (o los teoremas de Gödel), resultando en que dichos requisitos pueden ser aun satisfechos por modelos no isomórficos con el estándar (por ejemplo, por modelos contables), y por tanto, haciendo correr nuevamente el argumento.

Una respuesta estándar a este argumento se basa en la diferencia entre cambiar las reglas de la semántica bajo la que se interpretan oraciones, y agregar oraciones a interpretar bajo la vieja semántica (véase por ejemplo, T. Bays, 2000, sección 4.4.3). A modo de ejemplo, no es lo mismo exigir que los modelos estándar sean no-contradictorios, que exigir que satisfagan la fórmula $\neg(A \wedge \neg A)$. Si nuestra semántica fuera tal que satisficiera toda fórmula (la única cláusula para la función valuación fuera $V_M(A) = 1$ para todo A), todo modelo satisfaría dicha fórmula pero aun así sería contradictorio. Lo que el realista pretende hacer es cambiar la semántica. Putnam estaría dando por sentado que las palabras con las que el realista formula sus requisitos adicionales adquieren significado por medio de la teoría de modelos de primer orden, y así estaría cometiendo una petición de principio (véase por ejemplo I. Douven, 1999; Douven propone además una reconstrucción alternativa del argumento que, según él, no cae presa de esta objeción). Putnam responde a esto acusando al realista de ser el que está cometiendo tal petición de principio, ya que está usando términos como "ser bien fundado" o "ser incontable" como si tuvieran un significado absoluto (i.e. no relativo, como si tuvieran una única "interpretación pretendida") para formular sus requisitos adicionales. Pero esto es justamente lo que está en cuestión, y no puede darse por asumido (H. Putnam, 1981, p 38). Frente a esto, el realista puede responder que las semánticas de los lenguajes primer orden —e incluso cosas más básicas como su sintaxis— presuponen el uso de nociones en sentido "absoluto", e incluso el uso de nociones que la misma semántica declarará luego como relativas (por ejemplo la de "finitud" para caracterizar la noción de "fórmula bien formada" o la de "contabilidad" para formular el teorema LS) (T. Bays, 2000, pp. 100, 101).

Por último, más allá de que ambos bandos se acusen mutuamente de cometer peticiones de principio, y más allá de que el argumento de Putnam sea correcto o no, cabe mencionar que el realista convencido tiene aun un desafío por cumplir. No basta con objetarle a Putnam la premisa de que los modelos de los axiomas son lo único que fija la referencia, sino que se debe dar alguna explicación propia acerca de cómo es que esto ocurre –desafío que todavía no ha sido cumplido–.

Referencias bibliográficas:

Skolem, T. (1922): "Some remarks on Axiomatized Set Theory", en van Heijenoort, J. (Ed.) [1967] *From Frege to Gödel: A Source Book in Mathematical Logic*, Harvard University Press, Cambridge, MA, pp. 290-301.
Bays, T (2000): "Reflections on Skolem's Paradox", en http://www3.nd.edu/~tbays/papers/pthesis.pdf.
Bays, T. (2007a): "The mathematics of Skolem's Paradox", en Jacquette, D. (Ed.), *Philosophy of Logic*, North Holland, Amsterdam, pp. 615-648.
Bays, T. (2007b): "More on Putnam's models: A reply to Belloti", *Erkenntnis*, 67, 1, pp. 119-135.
Bays, T. (2009): "Skolem's Paradox", en Zalta, E. N. (Ed.), *Stanford Encyclopedia of Philosophy* (http://plato.stanford.edu/entries/paradox-skolem/).
Belloti, L. (2005): "Putnam and constructability", *Erkenntnis*, 62, 3, pp. 395-409.
Benacerraf, P. (1985): "Skolem and the Skeptic", *Proceedings of the Aristotelian Society, Supplementary Volumes*, 59, pp. 85-115.
Douven, I. (1999): "Putnam's Model Theoretic Argument reconstructed", *Journal of Philosophy*, 96, 9, pp. 479-490.
George, A. (1985): "Skolem and the Löwenheim-Skolem theorem: A case study for the philosophical significance of mathematical results", *History and Philosophy of Logic*, 6, pp. 75-89.
Jané, I. (2001): "Reflections on Skolem's Relativity of Set-Theoretical Concepts", *Philosophia Mathematica*, 3, pp. 129-153.
Klenk, V. (1976): "Intended models and the Löwenheim-Skolem Theorem", *The Journal of Philosophical Logic*, 5, pp. 475-489.
Putnam, H. (1980): "Models and Reality", *The Journal of Symbolic Logic*, 45, 3, pp. 464-482.
Putnam, H. (1981): *Reason, Truth and History*, Cambridge University Press, Cambridge.
Putnam, H. (1983): *Realism and Reason*, Cambridge University Press, Cambridge.

Wright, C. (1985): "Skolem and the Skeptic", *Proceedings of the Aristotelian Society, Supplementary Volumes*, 59, pp. 116-137.

Capítulo 18: LA PARADOJA DE LA ABSOLUTA GENERALIDAD

Ramiro Caso [241]

Hay dos líneas de investigación filosófica que se encuentran en la idea de absoluta generalidad: la posibilidad de tener cuantificadores de primer orden lo suficientemente generales como para cuantificar sobre absolutamente todo y la posibilidad de tener una semántica generalizada para todo lenguaje legítimo. En este trabajo, revisaremos algunos de los desafíos que enfrentan estas dos líneas de investigación acerca de la absoluta generalidad y exploraremos hasta qué punto es posible desarrollarlas en concepciones estables.

§ 1 La paradoja de Orayen

R. Orayen (2003) presenta una paradoja que, sostiene, afecta la práctica de utilizar la teoría de conjuntos ---digamos, ZF--- para desarrollar la Teoría de Modelos Estándar (TME) para los lenguajes clásicos de primer orden y que surge de dos compromisos que asumiría el teórico de modelos, a saber: *emplear ZF para dar la semántica de los lenguajes de primer orden* y *asumir que ZF puede formalizarse en uno de tales lenguajes*.[242] La idea detrás del primer compromiso es que las estructuras por medio de las que la TME interpreta los lenguajes de primer orden, o interpretaciones-MT, están constituidas exclusivamente por conjuntos provistos por ZF, y que las definiciones semánticas centrales (como la de *verdad en una interpretación-MT*), hacen uso de conceptos provistos por ZF (tales como el concepto de *secuencia*). En lo que respecta al segundo compromiso, Orayen adopta una concepción sintáctico-semántica de la formalización según la cual una teoría K formulada en un lenguaje de primer orden L_{PO} es una formalización de una teoría intuitiva T solamente si, entre las interpretaciones-MT de L_{PO}, hay una que rescata la interpretación intuitiva de T (esto es, una interpretación-MT bajo la cual K "habla" de los mismos objetos que T y "dice" de ellos las mismas

---

[241] Universidad de Buenos Aires.
[242] Orayen desarrolla su paradoja para ZF y para NBG. Por mor de la brevedad, optamos por plantear la paradoja para el caso de ZF, dejando NBG de lado.

cosas). De esto se desprende que una teoría formal K formulada en L_{PO} formaliza una teoría intuitiva T solamente si hay una interpretación-MT de L_{PO} que tiene por dominio el conjunto de todas las entidades de las que habla T.

Estos compromisos dan lugar a dos tesis:

Los dominios de las interpretaciones-MT son conjuntos cuya existencia es probada por ZF.
Existe una interpretación-MT de L_{PO} cuyo dominio es el conjunto de todos los conjuntos de los que habla ZF.

Junto con la suposición de que ZF es consistente (necesaria a la hora de utilizar ZF para hacer teoría de modelos), (T1) y (T2) llevan a una contradicción (por mor de la brevedad, llamamos U al conjunto de todos los conjuntos de los que habla ZF): de (T1) se sigue que, (i) si existe una interpretación-MT de L_{PO} que tiene por dominio a U, entonces ZF prueba la existencia de U; pero (ii) es un teorema de ZF que no existe U; de esto y del supuesto de consistencia de ZF, se sigue que (iii) ZF no prueba la existencia de U; pero, de (T2) y de (i), por *modus ponens*, se sigue que ZF prueba la existencia de U.[243] ¡Contradicción! El problema claramente radica en que la formalización de ZF en L_{PO} supone la existencia de una interpretación-MT que, dada la adopción de ZF para dar la semántica de L_{PO}, no puede existir. Dicho brevemente: si, asumiendo su consistencia, ZF se utiliza para dar la semántica de L_{PO}, entonces no puede existir una interpretación-MT de L_{PO} que permita formalizar ZF en L_{PO}.

Independientemente de si este razonamiento constituye efectivamente una paradoja, Orayen parece haber encontrado un *resultado limitativo* para la TME.[244] Si apelamos al concepto de una interpretación intuitiva (o inter-

---

[243] En relación con la inexistencia de un conjunto universal en ZF, véase la contribución de T. Schindler a este libro.

[244] M. Gómez Torrente (2003) es el más acérrimo defensor de la idea de que la Paradoja de Orayen no constituye realmente paradoja alguna, por cuanto su formulación supone, erróneamente, que es parte de la práctica de los teóricos de modelos el suponer que "los modelos aceptables de los lenguajes formales son (o se corresponden de manera inmediata con) conjuntos" (2003: 84). Todo lo que la práctica permite atribuir como supuesto a los teóricos de modelos es lo que Gómez Torrente llama la tesis conjuntística de la teoría de modelos, a saber, la idea de que "cualquier resultado matemático de la Teoría de Modelos estándar se corresponderá con una verdad análoga acerca de estructuras conjuntísticas" (2003: 83). Y sostener este último compromiso no implica, en modo alguno, sostener el primero. Frente a esto, E. Barrio (2007: 142-143) sostiene que el único supuesto que es requerido para derivar

pretación-I), entendida como una asignación posible de significado a las expresiones no lógicas de L$_{PO}$, podemos formular el resultado de Orayen de la siguiente manera: *existe una interpretación-I ---a saber, la interpretación-I de ZF--- que no puede ser capturada por medio de ninguna interpretación-MT*. Pero, como Orayen mismo reconoce, este resultado surge del hecho de que la TME, a la hora de proporcionar una interpretación-MT que captura la interpretación-I de una teoría formalizada, debe postular una ontología mayor que la postulada por la teoría objeto de la formalización. En el caso de la interpretación-I de ZF, esto llevaría a la necesidad de postular la existencia de conjuntos que exceden la ontología admitida por ZF, a la vez que se admiten como legítimos para tal fin únicamente aquellos conjuntos que ZF admite como existentes. De esta manera, este resultado *era de esperar* para el caso de ZF. Esto suscita la pregunta por la importancia filosófica de la Paradoja de Orayen.

Lo primero que debemos dejar de lado es la idea de que la apelación a ZF es esencial para la formulación de la paradoja: siempre que se utilice *alguna* teoría de las colecciones (sean estas conjuntos o entidades colectivas diferentes, como las clases propias, las hiperclases, y posiblemente otras) para desarrollar la Teoría de Modelos, habrá una interpretación-I (a saber, la de la propia teoría de las colecciones) que no podrá ser capturada por ninguna interpretación provista por dicha teoría de modelos (siempre que la teoría de las colecciones empleada no admita la existencia de una colección universal).[245] Sin embargo, pese a la generalidad que posee el resultado de Orayen, todavía queda abierta la pregunta por su importancia filosófica. A. Rayo (2005, 104) señala que esta importancia se advierte cuando enfrenta-

---

una contradicción de las consideraciones que realiza Orayen es el supuesto de que las interpretaciones que proporciona la TME son objetos (más sobre esto en la próxima sección). Para otras posiciones respecto del carácter paradójico (o no) de la Paradoja de Orayen, el lector puede consultar los diversos trabajos publicados en A. García de la Sienra (2008). De todas formas, cabe aclarar que el valor filosófico del resultado de Orayen, como veremos, es independiente de si constituye, o no, una paradoja en sentido estricto.

[245] ¿No podría utilizarse alguna teoría de conjuntos que sí admita el conjunto universal para capturar aquellas interpretaciones-I en las cuales los cuantificadores de primer orden tienen por rango todos los objetos? Esta es la propuesta que realiza C. Alchourrón (2003) al considerar el sistema NF de Quine como la teoría de conjuntos filosóficamente más adecuada. Pero, aun cuando, prima facie, las teorías que postulan la existencia de un conjunto universal parezcan poder emplearse para capturar las interpretaciones-I que nos ocupan, no son adecuadas para proporcionar todas las interpretaciones-MT requeridas, pues las restricciones que, en general, imponen sobre el axioma de Separación implican que habrá interpretaciones-I que no podrán ser capturadas por medio de las interpretaciones-MT así generadas (cf. A. Rayo y T. Williamson (2003), 333). (Incidentalmente, W. Hart (2003: 100) sostiene que, aun en el caso de recurrir a NF, la Paradoja de Orayen subsistiría.)

mos el proyecto de dar una *semántica generalizada* para el lenguaje de ZF (o para la teoría de las colecciones de la que se trate). Por una semántica generalizada entendemos una definición de *verdad en una asignación posible de significado* para un lenguaje de primer orden. En la terminología adoptada en este capítulo, es una definición de *verdad en una interpretación-I* para L$_{PO}$. Al mostrar una interpretación-I que no puede ser capturada por ninguna interpretación-MT, el resultado de Orayen nos muestra que la TME no puede utilizarse para dar una semántica generalizada para los lenguajes de primer orden.

Ahora, ¿por qué habría de interesarnos ofrecer una tal semántica? Una respuesta puede encontrarse si inspeccionamos una caracterización de tipo tarskiano de las nociones de consecuencia lógica y de verdad lógica. Brevemente, una fórmula A de L$_{PO}$ es consecuencia lógica de un conjunto Γ (posiblemente vacío) de fórmulas de L$_{PO}$ si toda asignación de valores semánticos a las expresiones no lógicas de L$_{PO}$ que hace verdaderos a los elementos de Γ hace verdadera a A. Y una fórmula A de L$_{PO}$ es una verdad lógica si toda asignación de ese tipo la hace verdadera. Si entendemos estas asignaciones como interpretaciones-I, esta manera de entender las nociones de consecuencia y de verdad lógicas nos proporciona *garantías inmediatas*: el que un argumento preserve (de premisas a conclusión) la *verdad en una interpretación-I* da una garantía inmediata de su validez sin más, por cuanto no existirá ninguna interpretación posible de su vocabulario no lógico que haga verdaderas las premisas y falsa la conclusión, y el que una oración resulte verdadera en toda interpretación-I es garantía inmediata de su verdad, pues no habrá ninguna interpretación posible de su vocabulario no lógico que la haga falsa. La importancia del resultado de Orayen radica en que muestra que no es posible emplear la noción de *verdad en una interpretación-MT* para dar caracterizaciones de las nociones de consecuencia y de verdad lógicas que nos proporcionen garantías inmediatas de la validez y de la verdad sin más.[246]

§ 2 El argumento semántico

El razonamiento detrás de la Paradoja de Orayen puede generalizarse un poco más: fundamentalmente por las mismas razones que hemos visto,

---

[246] Contamos con garantías mediatas de la adecuación de las caracterizaciones modeloteóricas de estas nociones, gracias al teorema de compleción de Gödel. Cf. G. Kreisel (1967) para un tratamiento detallado del punto, y M. Gómez Torrente (2003), 87 y A. Rayo (2005), 107, para versiones más condensadas del mismo argumento.

no puede emplearse ZF para capturar la interpretación-I de una teoría cuyos cuantificadores tienen por rango absolutamente todos los objetos, pues la existencia del conjunto requerido para capturar el dominio de dichos cuantificadores no es permitida por ZF. (Lo mismo vale, *mutatis mutandis*, para cualquier teoría de las colecciones que no admita la existencia de una colección de todos los objetos.)

Más radicalmente aún, A. Rayo y T. Williamson (2003) han presentado un nuevo resultado limitativo para la TME, un argumento russelliano conocido como el *Argumento Semántico*, que no depende esencialmente de la elección de ninguna teoría de las colecciones en particular como base de dicha teoría: la imposibilidad de tener una interpretación-MT cuyo dominio sea absolutamente universal se sigue simplemente de suponer que las interpretaciones-MT son *objetos* (prescindiendo así de cualquier tesis acerca de su naturaleza).[247] De esta suposición se sigue que un cuantificador que sea absolutamente general cuantificará también sobre ellas. Sobre esta base, es posible derivar una contradicción:

- Para todo x, I(F) es una interpretación-MT bajo la cual P se aplica a x sii x es F.
- Para todo x, x es R sii x no es una interpretación-MT bajo la cual P se aplica a x.
- Para todo x, I(R) es una interpretación-MT bajo la cual P se aplica a x sii x no es una interpretación-MT bajo la cual P se aplica a x.
- I(R) es una interpretación-MT bajo la cual P se aplica a I(R) sii I(R) no es una interpretación-MT bajo la cual P se aplica a I(R).

En este argumento, 1 rescata la idea de que siempre debe ser posible interpretar un predicado 'P' de acuerdo con cualquier predicado 'F' (del metalenguaje) con contenido. Por su parte, 2 simplemente define un predicado russelliano 'R'. El paso 3 es una consecuencia de 1 (sustituyendo 'R' por 'F') y 2, y el paso 4 es una instanciación de 3 con 'I(R)' reemplazando la variable 'x'. Este último paso, dada la lógica clásica, lleva directo a una contradicción explícita. La consecuencia de este argumento, a decir de Rayo y Williamson, es que "hay asignaciones legítimas de valores semánticos a las variables [incluidas las expresiones no lógicas] que no pueden ser capturadas por ningu-

---

[247] En relación con los argumentos de tipo russelliano, véase la contribución de J. Castro Albano a este mismo libro. Para la idea de que el Argumento Semántico y la Paradoja de Orayen indican, en el fondo, el mismo problema para la teoría de modelos, véase E. Barrio (2007).

na interpretación-MT" (A. Rayo y T. Williamson (2003), 334). Dicho de otra manera, hay interpretaciones-I que no pueden ser capturadas por medio de ninguna interpretación-MT (sin importar qué tipo de objetos sean estas). Lo que es más, este resultado cancela la posibilidad de caracterizar las nociones de consecuencia y de verdad lógicas para los lenguajes de primer orden con cuantificadores absolutamente generales en términos de interpretaciones-MT, por cuanto esta empresa requiere la cuantificación de primer orden sobre la totalidad de dichas interpretaciones, algo que este resultado muestra como ilegítimo. De esta manera, el proyecto de contar con una semántica generalizada para los lenguajes de primer orden encuentra un inconveniente aún más fundamental.

No es sencillo ver cómo evitar este argumento, pues sus supuestos son considerablemente plausibles: (a) la lógica clásica, (b) que las variables de primer orden pueden tener por rango absolutamente todos los objetos, (c) que las interpretaciones son objetos y (d) que es posible interpretar un predicado 'P' de acuerdo con cualquier predicado 'F' (del metalenguaje) con contenido. A la hora de dar una respuesta al argumento semántico, no es prudente abandonar la posibilidad de contar con cuantificadores de primer orden absolutamente generales pues, si se hace esto, no es claro que la posición resultante sea estable. En primer lugar, como argumenta T. Williamson (2003), la negación de la posibilidad de cuantificación absolutamente general no parece ser propiamente expresable (e, incluso, puede no ser plenamente inteligible). En segundo, lugar, la TME *debe ser* una teoría cuyos cuantificadores son absolutamente generales pues, si deja de lado algunos objetos, habrá interpretaciones-I que no podrán ser capturadas por ninguna interpretación-MT, más allá de cualquier otro resultado limitativo que pudiera valer. De esta manera, a menos que uno esté dispuesto a abandonar la lógica clásica, restan dos supuestos en conflicto: que las interpretaciones son objetos y que es posible realizar una asignación de significado como la involucrada en la definición del predicado russelliano en el Argumento Semántico.[248] El primero de ellos es un supuesto usual de la Teoría de Modelos, que se revela en nuestro empleo de frases como "la interpretación I" y en nuestra manera de cuantificar sobre interpretaciones en la metateoría. Y el abandono del segundo podría tener consecuencias indeseables, pues si se abandona la posibilidad de interpretar un predicado 'P' de acuerdo con cualquier predicado 'F' del metalenguaje con contenido, corremos el riesgo de que haya interpretaciones-I que no sean capturables por medio de ninguna interpretación-

---

[248] Para una propuesta que va en la dirección de abandonar la lógica clásica, véase A. Weir (2006).

MT, más allá de cualquier otro resultado limitativo que pudiera valer para la Teoría de Modelos. (En lo que sigue, exploraremos las perspectivas de abandonar estos dos supuestos.)

En este punto, parece que el Argumento Semántico presenta un problema importante para la absoluta generalidad: la posibilidad de tener cuantificadores absolutamente generales parece incompatible con la posibilidad de capturar, utilizando los recursos de la TME, todas las interpretaciones-I que se encuentran disponibles. Así, la posibilidad de contar con cuantificadores absolutamente generales y el proyecto de desarrollar una semántica generalizada para los lenguajes de primer orden parecen ser mutuamente excluyentes.

§ 3 Soluciones de orden superior

Un punto común a la Paradoja Orayen y al Argumento Semántico es que señalan la inexistencia de interpretaciones-MT que puedan rescatar ciertas interpretaciones-I en las cuales los cuantificadores de primer orden cuantifican sobre totalidades que, por sus características, no pueden constituir conjuntos (clases, colecciones, etc.).[249] A esto se suma el hecho de que el carácter objetual de las interpretaciones-MT parece ser en sí mismo problemático, en presencia de la cuantificación absolutamente irrestricta. Frente a esta situación, una idea que puede tener plausibilidad inicial es la de utilizar recursos de orden superior para capturar las interpretaciones-I de los lenguajes de primer orden. En efecto, al hacer de las interpretaciones valores de variables de orden superior, es posible negarles un carácter objetual y, de esa manera, sustraerlas del rango de los cuantificadores de primer orden. Además, se abre la posibilidad de caracterizar el rasgo mismo de estos cuantificadores sin necesidad de proporcionar una entidad colectiva que sea su

---

[249] Esta mención de totalidades demasiado grandes como para constituir conjuntos puede sugerir alguna conexión entre los problemas que presenta la absoluta generalidad y la extensibilidad indefinida de ciertos conceptos o de ciertas totalidades. Para esta última conexión, véase G. Uzquiano (2009). Para los resultados que alientan la idea de que la noción de conjunto es indefinidamente extensible, véanse las contribuciones de T. Schindler y de J. Castro Albano a este libro. El lector puede ver también la contribución de M. Fernández para un resultado que apoya la idea de que los ordinales son indefinidamente extensibles, y la de T. Schindler, para un resultado semejante en relación con los cardinales. Para un tratamiento a fondo de la noción de extensibilidad indefinida, véase S. Shapiro y C. Wright (2006). Ø. Linnebo (2013b) ofrece una elucidación de la extensibilidad indefinida de los conjuntos en términos de un lenguaje plural y una noción matemática de modalidad.

dominio. Hay dos maneras en que es posible desarrollar una solución de orden superior: por medio de la lógica plural y por medio de la lógica de segundo orden. Comenzaremos por la primera de ellas.[250]

Utilizando una lógica plural como lógica subyacente para desarrollar la teoría de modelos, parece posible construir interpretaciones plurales (o interpretaciones-PL) capaces de capturar aquellas interpretaciones-I que no pueden capturarse por medio de las interpretaciones-MT. Como vimos, una de las limitaciones de las interpretaciones-MT es que no pueden tener dominios que contengan todos los conjuntos (clases, etc.) o todos los objetos, pues los conjuntos (clases, etc.). Las interpretaciones-PL, en cambio, no parecen estar sujetas a esta restricción.

Brevemente, una interpretación-PL para un lenguaje de primer orden L_{PO} es una pluralidad mm que satisface la siguiente condición: $\exists x (\langle '\forall', x\rangle \prec mm) \wedge \forall x(VPO(x) \supset \exists!y(\langle x, y\rangle \prec mm))$, donde "$\prec$" es el predicado de la lógica plural "x es uno de los xx" y "VPO(x)" indica que x es una variable de primer orden. Más concretamente, es una pluralidad de pares ordenados de la forma $\langle '\forall', x\rangle$ o de la forma $\langle 'P', \langle x_1...x_n\rangle\rangle$, donde los pares del primer tipo, colectivamente, especifican el rango de los cuantificadores (singulares) de primer orden, y los pares del segundo tipo, colectivamente, especifican las asignaciones de valores semánticos a las expresiones no lógicas de L_{PO}.[251] Es precisamente el hecho de que las interpretaciones-PL están constituidas por los pares ordenados mismos (y no por un conjunto que los tenga por elementos) lo que alienta la esperanza de que, a diferencia de las interpretaciones-MT, las interpretaciones-PL no estén sujetas a una limitación de su dominio a totalidades de objetos que pueden formar un conjunto.[252] Una vez que entendemos las interpretaciones de esta manera, parece posible capturar la interpretación-I de ZF por medio de una interpretación-PL: a saber, aquella interpretación-PL que abarca todos los pares ordenados $\langle '\forall', x\rangle$ donde x es un conjunto y aquellos pares ordenados $\langle '\in', \langle x, y\rangle\rangle$ donde x e y son conjuntos tales que x pertenece a y. Y también parece posible evitar el Argumento Semántico: al ser valores de variables plurales, las interpretaciones-PL ya no pueden considerarse objetos y, de esa manera, no pueden caer bajo el alcance de los cuantificadores de primer orden. Con esto, el predica-

---

[250] Asumiremos familiaridad con la lógica plural. Para una exposición concisa, véase Ø. Linnebo (2013a).
[251] Para una presentación acabada de los modelos plurales, véase A. Rayo y G. Uzquiano (1999), 319ss.
[252] Cf. A. Rayo (2005), 110ss.

do russelliano 'R' ya no puede definirse de la manera requerida por el Argumento Semántico y la contradicción es evitada.

Sin embargo, la posibilidad de utilizar las interpretaciones-PL para capturar aquellas interpretaciones-I que no pueden representarse por medio de las interpretaciones-MT depende, en última instancia, de si se adopta una concepción Singularista o Pluralista de la cuantificación plural.[253] De acuerdo con la concepción singularista en su formulación más cruda, la verdad de una cuantificación existencial plural del tipo "$\exists xxFxx$" depende de la existencia de una *entidad plural*, esto es, una entidad que "englobe" (a la manera de un conjunto) los miembros de la pluralidad. De acuerdo con la interpretación pluralista, en cambio, lo único que hace falta es la existencia de unos objetos que, colectivamente, satisfagan el predicado "Fxx". En una formulación más matizada, la oposición entre Singularismo y Pluralismo puede verse como una toma de posición respecto de si todas las pluralidades tienen el tamaño de un conjunto (clase, colección) o si, por el contrario, hay pluralidades que no den lugar a una entidad de tipo conjuntista correspondiente.

Una tesis que está en el centro del debate entre Singularismo y Pluralismo, interpretado de esta manera, es la tesis de Colapso:

(Colapso) $\forall xx \exists x \forall z (z \in x \leftrightarrow z \prec xx)$

(Colapso) es un principio singularista, por cuanto afirma que, para cada pluralidad, existe un conjunto (clase, etc.) que tiene por elementos exactamente aquellos objetos que conforman la pluralidad. Así, (Colapso) implica que toda pluralidad tiene el tamaño de algún conjunto (clase, etc.). Como señala Ø. Linnebo (2010: 144ss), (Colapso) es una tesis muy plausible acerca de las pluralidades. El problema con esto, para el proyecto pluralista en teoría de modelos, es que adoptar una concepción singularista de las pluralidades en la línea de la tesis de Colapso pone fin a la pretensión de utilizar la Teoría de Modelos Plural para capturar las interpretaciones-I que están más allá del alcance de las interpretaciones-MT, pues (Colapso) implica que a cada interpretación-PL corresponde una interpretación-MT que especifica el mismo dominio de cuantificación y realiza las mismas asignaciones de valores semánticos a las expresiones no lógicas de L_{PO}. Como ninguna interpretación-MT puede capturar las interpretaciones-I halladas problemáticas hasta ahora, se sigue que, en presencia de (Colapso), ninguna interpretación-PL puede hacerlo tampoco. Además de esto, la tesis de Colapso, en conjunción

---

[253] Cf. A. Rayo (2007), 412.

con el principio de comprensión de la lógica plural y con la posibilidad de una cuantificación absolutamente general de primer orden, lleva a una contradicción (Cf. G. Uzquiano (2009: 305ss) y Ø. Linnebo (2010: 146ss)):

- $\exists xx \forall x(x \prec xx \leftrightarrow x \notin x)$ Axioma de Comprensión Plural[254]
- $\forall x(x \prec rr \leftrightarrow x \notin x)$ $\exists$-elim en 1
- $\exists x \forall z(z \in x \leftrightarrow z \prec rr)$ Colapso
- $\forall z(z \in r \leftrightarrow z \notin z)$ de 2., 3. y $\exists$-elim
- $r \in r \leftrightarrow r \notin r$ $\forall$-elim en 5

De esta manera, (Colapso) no solamente es incompatible con la posibilidad de tener una semántica generalizada para los lenguajes de primer orden formulada sobre la base de una lógica plural, sino que, además, es incompatible con la posibilidad de tener cuantificadores de primer orden absolutamente irrestrictos. Por supuesto, como (Colapso) es un principio singularista, tal vez, el defensor de la teoría de modelos plural no tenga razones para aceptarlo. Sin embargo, la situación, en este punto, parece ser un empate dialéctico, pues el pluralista no tiene manera eficaz de argumentar en su contra.[255]

    Frente a esta situación dialéctica, puede encontrarse una salida en una caracterización de las interpretaciones de la teoría de modelos como valores de variables de segundo orden, antes que como valores de variables plurales. Desde el punto de vista notacional, el único cambio requerido a la hora de caracterizar las interpretaciones de segundo orden (o interpretaciones-SO) es sustituir expresiones como "⟨'$\forall$', x⟩ $\prec$ mm" por expresiones como "I(⟨'$\forall$', x⟩)", donde "I" es una variable de segundo orden. Sin embargo, para hacer de las interpretaciones-SO algo distinto de las interpretaciones-MT y de las interpretaciones-PL, es preciso encontrar una manera no conjuntista y no plural de entender la cuantificación de segundo orden. T. Williamson (2003: 452ss) ofrece una *interpretación conceptual* de este tipo de cuantificación, que impide el colapso de las interpretaciones-SO en interpretaciones-MT o en interpretaciones-PL. Con todo, más allá de las ventajas que pueda ofrecer esta manera de entender la cuantificación de segundo orden (y de las dificultades adicionales que pueda acarrear), la propuesta de Williamson genera el mismo problema que la propuesta pluralista: ambas propuestas dan lugar a

---

[254] Junto con la suposición de que hay al menos un objeto que no pertenece a sí mismo (a menos que, por conveniencia matemática, se acepte la existencia de una pluralidad vacía).
[255] Véase A. Rayo (2007: 418ss) para un resumen de esta situación dialéctica.

una jerarquía de lenguajes que parece desembocar en un cierto pesimismo semántico. A este problema nos abocaremos en la sección siguiente.

§ 4 Jerarquías de lenguajes y pesimismo semántico

Como vimos, la estrategia plural para responder a la Paradoja de Orayen y al Argumento Semántico consiste en proporcionar una semántica generalizada para los lenguajes de primer orden desde un metalenguaje que emplea cuantificadores plurales para especificar las interpretaciones-PL requeridas. Esto permite (consideraciones de colapso no obstantes) dar una caracterización adecuada de las nociones de verdad lógica y de consecuencia lógica para los lenguajes de primer orden en términos de la noción de *verdad en toda interpretación-I* a través de la noción de *verdad en toda interpretación-PL*. (Lo mismo puede decirse, *mutatis mutandis*, de la estrategia que apela a interpretaciones-SO.) Sin embargo, ahora podemos preguntar por la posibilidad de dar una semántica generalizada (y, de esa manera, una caracterización adecuada de las nociones de verdad y validez lógicas) para los lenguajes plurales o de segundo orden que empleamos para formular la semántica generalizada de los lenguajes de primer orden. Sin duda, es deseable poder hacer esto, pues tales lenguajes deberían ser susceptibles de un tratamiento formal riguroso. Más aún, esto no es solo deseable, sino también requerido, si no queremos caer en la actitud pesimista de considerar que hay lenguajes cuya semántica no puede hacerse explícita.[256] Este es el impulso detrás de una de las vertientes de la absoluta generalidad: la posibilidad de contar con una semántica generalizada para cada lenguaje legítimo que seamos capaces de utilizar o de construir. Y es importante que, al hacerlo, no se interprete la cuantificación plural (o la de segundo orden) en términos de la cuantificación de primer orden, pues esto llevaría nuevamente a contradicciones.[257] Una breve reflexión revela que, si no queremos que el argumento semántico pueda reproducirse, no solo no debemos apelar a la cuantificación de primer orden para cuantificar sobre las interpretaciones del metalenguaje, sino que no podemos apelar tampoco a la cuantificación plural o de segundo orden. Por el contrario, es necesario apelar a una cuantificación superplural o de tercer orden, según sea el caso. Y la lección es más general: para dar una

---

[256] Cf. Ø. Linnebo (2006), 150.
[257] Cf. T. Williamson (2003), 454s.

semántica adecuada para un lenguaje de orden n, debemos emplear un lenguaje de orden $n + 1$.[258]

Como A. Rayo (2005, 115) mismo reconoce, esto tiene por consecuencia una limitación de la capacidad expresiva de una semántica generalizada: no es posible definir una noción general de *verdad en una asignación posible de significado* que sea aplicable a lenguajes de cualquier orden. Sin embargo, las limitaciones que conllevan estos acercamientos de orden superior no terminan aquí: Ø. Linnebo (2006, 154ss) ha argumentado que llevan a un *pesimismo semántico* aún mayor. Lo característico de estas soluciones es que dan lugar a una jerarquía de lenguajes que es equivalente a una teoría de tipos simple, donde un lenguaje de nivel n tiene los recursos para dar una semántica generalizada de los lenguajes de nivel $n - 1$ únicamente. De esta manera, ningún lenguaje perteneciente a esta jerarquía posee la capacidad de expresar afirmaciones que valgan para todos los tipos. Así, hay principios semánticos importantes, como el Principio de Composicionalidad, que solo pueden recibir una formulación esquemática.

§ 5 Perspectivas

La Paradoja de Orayen y el Argumento Semántico ponen en evidencia limitaciones inherentes a la TME, al señalar la imposibilidad de capturar por medio de ella todas las interpretaciones-I de los lenguajes de primer orden y al mostrar cómo el proyecto de dar una semántica generalizada para dichos lenguajes entra en tensión con la posibilidad de tener cuantificadores de primer orden absolutamente irrestrictos. Las propuestas que hemos visto buscan compatibilizar estos dos componentes de la idea de absoluta generalidad al negar el carácter objetual de las interpretaciones de los lenguajes de primer orden. El precio, sin embargo, parece ser, a decir de A. Rayo (2005, 115), la necesidad de "aprender a vivir con un nuevo tipo de desilusión": la renuncia a contar con conceptos y principios semánticos generales.

Con todo, no es claro que esto deba ser así. Linnebo ha propuesto otra salida al argumento semántico: en lugar de rechazar el supuesto de que las interpretaciones son objetos, propone mantener su carácter objetual y rechazar, en cambio, la idea de que es posible realizar una asignación de significado como la que corresponde al predicado russelliano 'R'. Para ello,

---

[258] Cf. A. Rayo (2006) y T. Williamson (2003), 452ss. Rayo afirma que una versión de este resultado puede probarse para lenguajes de orden transfinito.

desarrolla, como complemento a la teoría de conjuntos, una teoría de las propiedades capaz de proporcionar valores semánticos objetivos apropiados para los predicados de un lenguaje de primer orden. Esto hace posible dar una semántica general para los lenguajes de primer orden con cuantificación irrestricta sin necesidad de apelar a un metalenguaje plural o de orden superior. Más concretamente, a la hora de dar las interpretaciones para los lenguajes de primer orden, la idea es complementar ZFC con una teoría de las propiedades que toma como primitivas las nociones de *propiedad* y de *posesión de una propiedad*, caracterizadas por medio de axiomas propios. Por supuesto, dado que las propiedades son pensadas como conceptos nominalizados y, por ende, como objetos, ya no es posible bloquear el Argumento Semántico negando el supuesto correspondiente. Más aún, dado que las propiedades son introducidas por un principio de comprensión para propiedades análogo al Axioma V de Frege, es necesaria alguna restricción a fin de evitar las contradicciones. Para ello, Linnebo introduce un requisito de buena fundamentación para la individuación de propiedades que tiene por resultado que ninguna propiedad sea adscrita a predicados problemáticos como el predicado 'R' del argumento semántico.

Quizás sea este el camino más promisorio para desarrollar las vertientes de la absoluta generalidad en una concepción estable. Sin embargo, las jerarquías reaparecen también aquí pues, para no caer en el pesimismo semántico, es necesario poder dar una semántica general para el lenguaje en que se formula la teoría de las propiedades para los lenguajes de primer orden. Esto genera una jerarquía infinita (que recorre los ordinales) de este tipo de teorías semánticas, cada una adecuada para interpretar aquella teoría que la precede. Tal vez la lección última sea que, en la ambición de alcanzar la absoluta generalidad, las jerarquías son inescapables.

Referencias Bibliográficas

Alchourrón, C. (2003): "Sobre la adecuación filosófica de las teorías de conjuntos", en A. Moretti y G. Hurtado (2003), pp. 61-69.
Barrio, E. (2007): "Modelos, autoaplicación y máxima generalidad", *Theoria*, 22, 2, pp. 133-152.
García de la Sienra, A. (ed.), (2008): *Reflexiones sobre la paradoja de Orayen*, UNAM, México.
Gómez Torrente, M. (2003): "Notas sobre la paradoja de Orayen", en A. Moretti y G. Hurtado (2003), pp. 83-94.

Hart, W. (2003): "Carta de William Hart", en A. Moretti y G. Hurtado (2003), pp. 99-100.

Kreisel, G. (1967): "Informal rigour and completeness proofs", en Lakatos, I. (ed.), (1967): *Problems in the Philosophy of Mathematics*, North-Holland, Amsterdam, pp. 138-171.

Linnebo, Ø. (2006): "Sets, properties, and unrestricted quantification", en A. Rayo y G. Uzquiano (2006), pp. 149-178.

Linnebo, Ø. (2010): "Pluralities and sets", *The Journal of Philosophy*, 107, 3, pp. 144-164.

Linnebo, Ø. (2013a): "Plural quantification", en Zalta, E. (ed.), (2013): *The Stanford Encyclopedia of Philosophy* (Spring 2013 Edition). URL: http://plato.stanford.edu/archives/spr2013/entries/plural-quant/.

Linnebo, Ø. (2013b): "The potential hierarchy of sets", *The Review of Symbolic Logic*, 6, 2, pp. 205-228.

Moretti, A. & Hurtado, G. (eds.), (2003): *La Paradoja de Orayen*, Eudeba, Buenos Aires.

Orayen, R. (2003): "Una paradoja en la semántica de la teoría de conjuntos", en A. Moretti y G. Hurtado (2003), pp. 35-59.

Rayo, A. (2005): "Nota crítica sobre *La Paradoja de Orayen*", *Crítica*, 37, 109, pp. 99-115.

Rayo, A. (2006): "Beyond plurals", en A. Rayo y G. Uzquiano (2006), pp. 220-254.

Rayo, A. (2007): "Plurals", *Philosophy Compass*, 2, 3, pp. 411-427.

Rayo, A. & Uzquiano, G. (1999): "Toward a theory of second-order consequence", *Notre Dame Journal of Formal Logic*, 40, 3, pp. 315-325.

Rayo, A. & Uzquiano, G. (eds.), (2006): *Absolute Generality*, Clarendon Press, Oxford.

Rayo, A. & Williamson, T. (2003): "A completeness theorem for unrestricted first-order languages", en Beall, J. C. (ed.), (2003): *Liars and Heaps: New Essays on Paradox*, Clarendon Press, Oxford, pp. 331-356.

Shapiro, S. & Wright, C. (2006): "All things indefinitely extensible", en A. Rayo y G. Uzquiano (2006), pp. 255-304.

Uzquiano, G. (2009): "Quantification without a domain", en Bueno O. & Linnebo, Ø. (eds.), (2009): *New Waves in Philosophy of Mathematics*, Palgrave Macmillan, Basingstoke, pp. 300-323.

Weir, A. (2006): "Is it too much to ask, to ask for everything?", en A. Rayo y G. Uzquiano (2006), pp. 333-368.

Williamson, T. (2003): "Everything", en Hawthorne, J. & Zimmerman, D. (eds.), (2003): *Philosophical Perspectives 17: Language and Philosophical Linguistics*, Blackwell, Oxford, pp. 415-465.

Capítulo 19: LA PARADOJA DE LA RESACA

Bruno DaRé [259]

§ 1 Introducción y formulación original de la paradoja

La historia de las paradojas puede rastrearse hasta el origen mismo de la filosofía. En este sentido, en el seno de la filosofía griega presocrática, encontramos las célebres paradojas de Zenón de Elea, entre otras "la paradoja de Aquiles y la tortuga". Dichas paradojas han sido problematizada por grandes lógicos y ha sido tema de debate en numerosas ocasiones, desde su nacimiento hace más de 2500 años. En el presente trabajo nos ocuparemos de una paradoja que tiene inspiración en los argumentos de Zenón. En un breve artículo[260], en el año 2004, Josh Parsons dio publicación a la formulación de la "paradoja de la resaca" [*hangover paradox*]. En su escrito, Parsons propone la posibilidad de "curar" [*cure*] una resaca, producida por la ingesta de una cierta cantidad de alcohol, mediante la ingestión de más cantidad de alcohol. Para poder formular la paradoja, los supuestos que necesitamos son:

> a) existe una relación directa entre la cantidad de alcohol consumida, el tiempo de ebriedad inducido por la cantidad ingerida y el tiempo de resaca producido por dicha cantidad, y
> b) una resaca es curada cuando sus síntomas son enmascarados por el estado de ebriedad.

Para poner un ejemplo sobre cómo operan estos supuestos, supongamos que bebemos una pinta de cerveza. Estipulemos que a la ingesta de esa cantidad le sigue una hora de ebriedad y, luego, una hora de resaca. La idea es que la ebriedad y la resaca configuran compartimentos estancos: es imposible estar en ambos estados al mismo tiempo. Por esta razón, intuitivamente, mientras que el estado de ebriedad esté vigente, no tendremos resaca.

---

[259] UBA - Buenos Aires Logic Group

[260] J. Parsons (2004). El término eleático [eleatic] del título del artículo hace referencia, justamente, a la clase de argumentos inspirados en las paradojas de Zenón, quien pertenecía a la escuela presocrática eleática.

Aceptadas estas condiciones, la paradoja informalmente se puede formular de la siguiente manera:
a) Un agente comienza a beber en un momento inicial en el que no ha tomado nada y no tiene resaca. Bebe media pinta de cerveza y espera media hora.
b) Pasada la media hora, en el momento en que comenzaría a tener resaca, bebe un cuarto de pinta y espera quince minutos.
c) Repite este procedimiento de modo tal que pasada exactamente hora habrá tomado una pinta entera de cerveza y no tendrá resaca (ni estará ebrio).

Esta reconstrucción podría reescribirse en términos técnicos. Para cada número natural, n, tomar $1/2^{n+1}$ de una pinta transcurridas $1 - 1/2^n$ horas del instante inicial[261]. Como ambas series convergen, esta tarea puede realizarse en una cantidad finita de tiempo.

Así puestas las cosas, habría que destacar que existe un supuesto adicional. La actividad que consiste en realizar una cantidad infinita de tareas en un tiempo finito es conocida como "supertarea" [*supertask*]. Parsons se compromete con la posibilidad de llevar a cabo supertareas. Este será uno de los puntos que se discutirá más adelante.

En el texto original de Parsons, encontramos posibles objeciones a su argumento y respuestas a dichas objeciones. En primer lugar, como mencionamos, no es necesario contar con una cantidad infinita de cervezas sino de realizar una cantidad infinita de sorbos sobre una cantidad finita de cerveza. Además, supongamos que se comienza con la tarea a las 11:00 hs. Todos los estados de ebriedad se van a desarrollar dentro de la hora en la que estamos bebiendo debido a que cuando nos acercamos a las 12:00 hs., el tiempo en el que transcurren los estados de ebriedad y de resaca van tendiendo a cero, es decir la velocidad de los sorbos se va incrementando. Una vez finalizada la pinta, a las 12:00 hs., no habremos tenido resaca mientras bebimos y no la tendremos después ya que la habremos ido "curando" con respectivos sorbos.

La clave del aspecto paradójico de la actividad que propone Parsons consiste, no en derivar formalmente una contradicción, sino en derivar un resultado contraintuitivo (poder curar una resaca tomando alcohol) de pre-

---

[261] A lo largo de este artículo tomaremos al número 0 como un número natural.

misas simples e intuitivas. En la siguiente sección veremos una reformulación de esta paradoja.

§ 2 Crítica de Cook y segunda formulación de la paradoja

En un segundo trabajo, Parsons[262] revisa su paradoja en virtud de las críticas de Roy Cook. Veamos dichas objeciones. Tal como ha sido presentada la paradoja anteriormente, hemos visto que los períodos de ebriedad y de resaca son mutuamente incompatibles, esto es en un momento dado o bien estamos en estado de ebriedad, o bien estamos en estado de resaca. Supongamos que comenzamos con la tarea a las 11:00 hs. y terminamos la misma a las 12:00 hs. Llamamos a un proceso (ebriedad o resaca) "abierto al principio" si y sólo si no hay un instante inicial en el que el proceso esté sucediendo. Es decir, si comenzamos a beber a las 11:00 hs., si el estado de ebriedad fuera abierto al principio, en ese momento no tendríamos dicho estado. Un proceso es "cerrado al principio" si y sólo si no es abierto al principio. De manera similar puede definirse "abierto/cerrado al final". Finalmente, decimos que un proceso es abierto/cerrado si y sólo si es abierto/cerrado al principio y al final.

A la luz de estas definiciones, Cook plantea el siguiente dilema. En primer lugar, supongamos que las resacas fueran cerradas al final. Entonces, como en cada instante de tiempo entre las 11:00 hs. y las 12:00 hs. el agente estaba ebrio, en el instante exacto de las 12:00 hs. el agente tendría una resaca debido a que, justamente, asumimos que la resaca era un proceso cerrado al final. Por otro lado, supongamos que los episodios de ebriedad son abiertos. Entonces, existen infinitos instantes entre las 11:00 hs. y las 12:00 hs. en el que no se está ebrio, uno por cada instante en el que debe beber y, por lo tanto, tiene una resaca. Entonces, tanto si la resaca es un proceso abierto como si la ebriedad es un proceso cerrado no se puede evitar tener resaca en algún instante del período. Aquí, Cook agrega un supuesto adicional: debido a que los períodos de resaca y de ebriedad son procesos biológicos, debe haber simetría entre ellos. Así, o ambos son procesos abiertos o ambos son procesos cerrados. Por lo tanto, en cada uno de estos casos, aparece un cuerno del dilema propuesto por Cook. En ninguno de los dos, es posible evitar la resaca.

Este argumento es tenido en cuenta por Parsons, a tal punto que lo lleva a revisar la formulación original de su paradoja y a proponer nuevas

---

[262] J. Parsons (2006).

formulaciones. En este sentido, con esta nueva formulación, explícitamente, Parsons intentará evitar caer en los problemas sugeridos por Cook.

En primer lugar, supongamos que ambos son procesos abiertos. La cura original para la resaca consistía, para cada número natural, n, en tomar $1/2^{n+1}$ de una pinta, transcurridas $1 - 1/2^n$ horas. Sin embargo, el problema radica en que existen vacíos de ebriedad entre tragos (porque son procesos abiertos), entonces en dichos instantes tendremos resacas. La solución propuesta por Parsons para este problema consiste en realizar simultáneamente otra supertarea. Para cada número natural, n, también beber $1/2^{n+2}$ de pinta a las $1 - (1/2^n + 1/2^{n+3})$ horas. Intuitivamente, lo que se logra con este procedimiento es cubrir los vacíos de ebriedad propios del proceso abierto. Así, realizando ambas actividades simultáneamente se logra evitar uno de los cuernos del dilema propuesto por Cook. Para ilustrar esta solución veamos un ejemplo. Si comenzamos bebiendo media pinta a las 11:00 hs., a las 11:30 hs debemos beber un cuarto de pinta, según nuestra presentación original de la paradoja. Sin embargo, a las 11:30 hs. exactamente tendremos resaca debido a que el estado de ebriedad se corresponde con un proceso abierto. La solución radica en que, según la formulación revisada de la paradoja, 11:22:30 hs. beberíamos un cuarto de pinta que cubriría el vacío producido entre el primer período de ebriedad y el segundo sorbo. Así, el período de resaca por esta segunda tarea caería dentro de un período de ebriedad ocasionado por la primera tarea. Gráficamente esto se ve en el siguiente esquema:

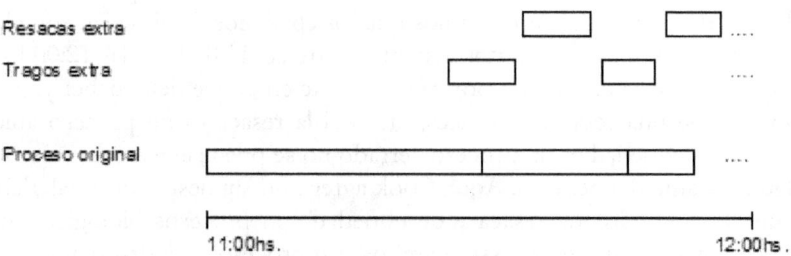

Aquí se ve claramente cómo cada instante en el que tendríamos resaca es "cubierto" por un estado de ebriedad ocasionado por la realización de la segunda tarea.

Pasemos ahora al segundo cuerno del dilema propuesto por Cook. Supongamos, entonces, que ambos son procesos cerrados. En la formulación original de la paradoja lo que ocurría era que los estados de ebriedad se sucedían todos antes de transcurrida la hora. En este caso, tendríamos en exactamente el instante final del período una resaca. A diferencia de la solución que propone cuando los procesos son abiertos, la formulación de la paradoja en este caso no tiene en cuenta la formulación inicial de la paradoja. Veamos, en primer término, formalmente cuál es la cura propuesta por Parsons. Para cada número natural, n, tomar $1/(3 \cdot 2^n)$ de la pinta, a las $1 - 1/2^n$ horas, y también beber $1/(3 \cdot 2^{n+1})$ de la pinta transcurridas $1 + 1/(3 \cdot 2^n) - 1/2^n$ horas. Nuevamente, debemos realizar dos supertareas simultáneamente, de modo tal que podamos evitar tener resaca en el instante final. Informalmente, veamos cómo funciona esta cura. Supongamos, para seguir con el mismo ejemplo que comenzamos a beber a las 11:00 hs. una pinta de cerveza. Ahora, la tarea es ingerir en el instante inicial sólo un tercio de ella. Así, estaremos en estado de ebriedad por 20 minutos, sufriremos una resaca de 10 minutos, hasta que tomemos 11:30 hs. un sexto de pinta. Gráficamente, esta situación puede ilustrarse así:

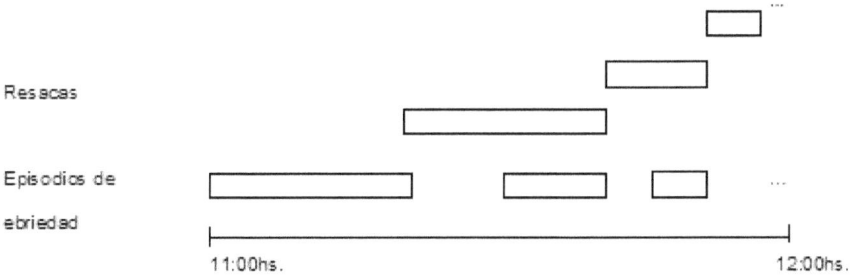

Llamemos a estos episodios de ebriedad y de resaca "episodios pares". Ahora supongamos que bebemos una cantidad de la pinta justo en el momento en el que empezaría cada una de las resacas (entre los episodios de ebriedad). La fórmula matemática expuesta arriba nos provee de lo necesario para que al cabo de una hora logremos tomar exactamente una pinta y la resaca no exista en el punto final (se suceda siempre antes de las 12:00 hs.). Llamemos "impares" a los episodios de ebriedad y de resaca causados por la ingesta de la cantidad determinada de la pinta justo en el instante en el que comenzaría un episodio de resaca. Esto puede ilustrarse en el siguiente, y último, esquema:

En este gráfico puede verse cómo las resacas impares son enmascaradas por las ebriedades pares y las resacas pares son enmascaradas alternativamente por las ebriedades pares e impares, comenzando un episodio justo en el instante en el que termina el anterior. Esta cura funciona, justamente, porque tomamos todos estos procesos como cerrados.

De esta manera, hemos visto cómo Parsons enfrenta las críticas de Cook y revisa la formulación de su paradoja. Así, contemplando las diferentes topologías de los procesos involucrados, logra sortear el dilema presentado. En la siguiente sección veremos dos críticas que no han sido contempladas por Parsons.

§ 3 Dos objeciones a la paradoja de la resaca

En esta sección presentaremos dos objeciones que se le han realizado a las formulaciones de la paradoja de la resaca. La primera, debida a Williams[263], pone el foco sobre la noción de supertarea en el contexto de formulación de la paradoja de Parsons. Esquemáticamente, como se mencionó, un agente que realiza una cantidad infinita de tareas, realiza una supertarea[264]. En el caso de la paradoja de la resaca, la supertarea está vinculada a la

---

[263] J.R.G. Williams (2004).
[264] J. F. Thomson (1954).

ingesta de infinitos sorbos para evitar la resaca. Esto se verá con más detalle en la subsección que sigue.

La segunda crítica, realizada por Baker[265], está vinculada con otro de los presupuestos de la formulación de Parsons, sin introducirse en el debate de la posibilidad de realizar supertareas. Tal vez, esta es la crítica más eficaz al planteo de Parsons ya que ataca la plausibilidad del método propuesto, aún en un contexto finitario.

Cabe aclarar que la crítica de Williams está particularmente dirigida a la formulación original de Parsons, ya que su artículo es anterior a las formulaciones subsecuentes. Baker, por otro lado, realiza su crítica a ambas formulaciones.

§ 3.1 Williams y el principio de razón suficiente

Williams realiza una crítica a la formulación de la paradoja de la resaca vinculada con la problematicidad de los principios de razón suficiente en contextos de supertareas. Veamos la idea de Williams. Un principio que se asume en la paradoja es que todo episodio de resaca es causado por un episodio de bebida. Sin embargo, en el contexto de la realización de la supertarea este principio se vuelve problemático. Para mostrar este inconveniente acude al célebre ejemplo de la lámpara ideado por Thomson. Supongamos que son las 11:00 hs. y hay una lámpara con un interruptor. Además, supongamos que la lámpara, si se encuentra apagada, al apretar el interruptor se enciende y de encontrarse encendida, al apretar el interruptor se apaga. Ahora bien, asumamos que a las 11:00 hs. la lámpara se encuentra apagada y que oprimiremos el interruptor cada $12 - 1/2^n$ hs. Como se nota, claramente, cada vez que n sea par, la lámpara estará apagada y cuando n sea impar la lámpara se encontrará encendida. La pregunta que realiza Thomson es: ¿en qué estado se encuentra la lámpara exactamente a las 12:00 hs.? Cabe destacar que Thomson tenía la intención con este tipo de argumentos de mostrar que es lógicamente imposible realizar una supertarea. Sin entrar en esta discusión, baste decir que Benacerraf[266] ha mostrado que los argumentos que ha dado Thomson son inválidos. Todos ellos, necesitan de una premisa adicional para ser lógicamente válidos. Tal como se ha planteado el ejemplo, el estado de la lámpara a las 12:00 hs. es indeterminado: no podemos afirmar ni que está encendida ni que está apagada.

---

[265] A. Baker (2007).
[266] P. Benacerraf (1962).

En este caso, Williams muestra que agregar principios del estilo: "la lámpara no se encontrará apagada a las 12:00 hs. a menos que este hecho fuera causado por alguien que oprimiera el interruptor o por su manufactura inicial", lleva a dar poder predictivo a la formulación de Thomson. En este caso, asumiendo este principio, la lámpara claramente se encontrará encendida. Sin embargo, este poder predictivo lleva a lidiar con conclusiones indeseadas. Vayamos a la paradoja de la resaca para verlo. En este caso tenemos el principio que afirma que todo episodio de resaca es causado por uno de bebida (no es posible tener resaca sin beber y existe una relación causal entre dichos eventos). Williams va a mostrar que es posible construir un escenario que falsifica el principio de la resaca. Supongamos que podemos realizar supertareas. Llamemos instantes, t, a cada una de las instancias de $11 + 1/2^n$ hs., con n número natural. Ahora, la tarea que debe realizar un agente en cada t es: si en el instante t el agente no está todavía preparado para sufrir una resaca a las 12:00 hs, debe beber lo suficiente como para tener una resaca a las 12:00 hs. Además, el agente actuará sólo de acuerdo a estas circunstancias y comenzará la actividad estando sobrio. Hasta aquí la tarea. De acuerdo a cómo formulamos la tarea el agente sufrirá una resaca a las 12:00 hs. Sin embargo, no será debido a haber bebido, pues supongamos que el agente se encuentra en un instante t. Allí, o bien debe beber para tener una resaca a las 12:00 hs o bien ya ha bebido lo suficiente como para tener una resaca a las 12:00 hs y no debe hacer nada. Sin embargo, si no ha bebido lo suficiente, existe un instante t' anterior a t en el que no ha cumplido su tarea. Por otro lado, si en t no debe beber, entonces existe un instante anterior t' en el que sí ha bebido. Siguiendo el razonamiento, hay un instante t" anterior a t' en el que no ha cumplido su tarea. Por lo tanto, en ningún instante el agente beberá y sin embargo, sufrirá resaca a las 12:00 hs. Así, se ha falsificado el principio de razón suficiente que afirmaba que un episodio de resaca sólo es causado por un episodio de bebida. Como puede notarse, el problema proviene de utilizar principios de razón suficiente en contextos de supertareas.

En este sentido, de la misma manera que sucedía en el ejemplo de la lámpara de Thomson, no se puede determinar el estado en el que se encontrará el agente en el límite de la sucesión de tareas. La adición de principios que permitan cubrir este vacío predictivo, lidian con resultados indeseables como el presentado. Desde esta perspectiva, para reformular la paradoja se debe abandonar uno de los dos supuestos. Sin embargo, ambos son supuestos necesarios para que el argumento de Parsons actúe. Hasta aquí la crítica de Williams a Parsons.

§ 3.2 Baker y beber discretamente

Baker se aleja de las críticas referidas al rol de la noción de supertarea en la formulación de Parsons. Si bien explícitamente reconoce que es un tema de debate importante, presenta una objeción que, podríamos afirmar, se dirige a un fundamento más intuitivo de la formulación de la paradoja de la resaca. Baker reformula los supuestos de la paradoja de la resaca dividiéndolos en tres premisas básicas: a) beber causa un estado de ebriedad que le sigue inmediatamente y que dura una cantidad de tiempo proporcional a la cantidad de alcohol ingerida; b) un episodio de resaca comienza inmediatamente finalizado el período de ebriedad y dura exactamente la misma cantidad de tiempo que éste; y c) en el momento en el que se encuentra en estado de ebriedad no se sufre de la resaca que podría haber tenido lugar (enmascara los síntomas). Estos supuestos han sido presentados en la primera sección y han sido dados por intuitivamente plausibles a lo largo de este artículo (sólo se ha problematizado la interacción entre ellos y la noción de supertarea). El objeto de la crítica de Baker se dirige justamente a estos principios.

Supongamos que bebemos una pinta en un solo trago. En este caso, el resultado será una ebriedad de una hora, seguida de una resaca de una hora. Ahora, si bebiéramos la pinta en dos tragos, separados por una fracción de tiempo mínima, el resultado sería que el estado de embriaguez y de resaca se reduciría a media hora. Esto se debe a que por los supuestos, a cada trago le sigue media hora de ebriedad y media hora de resaca. Pero al estar separado los tragos por una ínfima fracción de tiempo, ambos estados correrán en paralelo, superponiéndose mutuamente. Si seguimos este razonamiento, tomar la pinta en varios tragos reduciría drásticamente el tiempo de ebriedad y resaca. De este resultado contraintuitivo se sigue que los presupuestos no pueden aceptados como describiendo la situación pretendida. Por otro lado, teniendo en cuenta que cada uno de estos supuestos es necesario para que el argumento general de Parsons funcione, si queremos seguir manteniendo la paradoja, tal como fue ideada, debemos modificar alguno de ellos. A su vez, Baker muestra cómo estos resultados contraintuitivos se aplican también a las versiones modificadas de la paradoja de la resaca, expuestas anteriormente.

Finalmente, a diferencia de Williams, Baker ubica el problema de la paradoja de la resaca, siguiendo las soluciones tradicionales a las paradojas de Zenón, en el hecho de que la descripción de la actividad se realiza en términos discretos. La clave consiste, entonces, en modificar esta noción discreta y reemplazarla por alguna suerte de función continua. Por ejemplo, podría describirse dicha actividad en función de tres variables: (x, y, q), donde x denota el instante inicial en el que se comenzó a beber, y denota el instante final, y q representa la cantidad de alcohol ingerida. De esta manera, se lograrían evitar los resultados derivados del análisis de Baker.

§ 4 Conclusiones

En primer lugar, hemos visto que la paradoja de la resaca, en sus dos formulaciones, presenta algunos problemas. Un punto interesante para destacar es que en rigor no nos encontramos con una paradoja formal. Es decir, el uso del término "paradoja" refiere en este caso al hecho contraintuitivo de curar resacas bebiendo más alcohol. En este sentido, podríamos afirmar que las formulaciones de la paradoja para intentar cumplir con su objetivo, deberían estar basadas en supuestos intuitivos, para arribar a conclusiones poco intuitivas. Desde esta perspectiva, no es atinente realizar una crítica externa (ni tampoco es necesario). Por el contrario, las críticas que se han analizado, tanto por parte de Williams, como por parte de Baker, consisten, en su economía argumentativa, en mostrar que los supuestos que se consideraban intuitivos, no lo son. Así, si quisiéramos resumir el estado del debate podríamos ponerlo en los siguientes términos. Parsons intentó brindar una paradoja, basada en la derivación de una conclusión poco intuitiva, esto es la posibilidad de curar una resaca producida por la ingesta de alcohol, utilizando como remedio la ingestión de más alcohol. Para que su argumento tenga la eficacia buscada, es necesario que dicha conclusión sea derivada de premisas fiables y plausibles. Allí residiría el efecto paradojal. Al poner en cuestión dichas premisas se logar atacar la eficacia argumentativa de la paradoja.

No obstante, creemos que el estudio de paradojas formuladas en contextos de supertareas tiene el efecto productivo de problematizar la posibilidad misma de realizar supertareas. En este trabajo, hemos asumido dicha posibilidad a los fines de exponer la argumentación presentada por Parsons[267]. Podríamos decir que una de las razones por las que tomar como premisa la realización de supertareas conlleva a que lidiemos con resultados contraintuitivos radica en que tampoco es intuitivo considerar en sí misma dicha posibilidad. Es decir, Parsons pretende derivar su conclusión basán-

---

[267] Prosser cita los textos de Parsons para mostrar la utilidad de aplicar razonamientos similares en otros contextos. Cf. S. Prosser (2006)

dose en premisas supuestamente fiables e intuitivas. Sin embargo, no es tan claro que la realización de supertareas sea fiable e intuitiva.

Por último, como ha mostrado Baker, aún cuando aceptemos la posibilidad de realizar supertareas, los supuestos de los que parte la paradoja son problemáticos también en contextos de realización de tareas finitas. Por estas razones, considero que el debate continúa abierto, si bien la carga de la prueba se encuentra del lado de Parsons.

Referencias bibliográficas:

Baker, A.,(2007): "Drinking discretely: Parson's Old Peculiar", *Analysis*, Vol. 67, pp. 318-321.
Benacerraf, P. (1962): "Super-Tasks, and the Modern Eleatics", *The Journal of Philosophy*, Vol. 59, pp. 765-784.
Parsons, J. (2004): "The eleatic hangover cure", *Analysis*, Vol. 64, pp. 364-366.
Parsons, J. (2006): "Topological drinking problems", *Analysis*, Vol. 66, pp. 149–154.
Prosser, S. (2006): "The Eleatic non-stick frying pan", *Analysis*, Vol. 66, pp 187–194.j.
Thomson, J.F. (1954) "Tasks and Super-Tasks", *Analysis*, Vol. 15, pp 1-13.
Williams, J.R. (inédito): "Hangover cures and principles of sufficient reason"

Capítulo 20: LA PARADOJA SORITES

Mario Gómez-Torrente [268]

§ 1 La paradoja sorites.

Parece claro que un agregado de diez millones de granos de arena (apropiadamente dispuestos unos sobre otros) es un montón de arena. Parece también claro que un grano de arena no es un montón de arena. Asimismo parece claro que si a un montón de arena le quitamos un solo grano de arena, el resultado sigue siendo un montón de arena. Y también es claro que si al montón de arena de diez millones de granos le vamos quitando granos uno por uno, iremos obteniendo agregados de nueve millones novecientos noventa y nueve mil novecientos noventa y nueve granos, nueve millones novecientos noventa y nueve mil novecientos noventa y ocho granos, y así sucesivamente.

Pero la lógica (o al menos la lógica clásica) nos dice que estas cuatro proposiciones que parecen claras son inconsistentes entre sí, y que por tanto no pueden ser todas verdaderas al mismo tiempo. Esta es la paradoja sorites. En griego antiguo 'soros' significa precisamente montón, y 'sorites' es un adjetivo derivado del verbo 'soreuo' ('amontonar') que podríamos traducir como 'amontonadora'.

Que las cuatro proposiciones en cuestión son inconsistentes quizá se ve de forma especialmente clara observando que se pueden formalizar por medio de correspondientes casos de cuatro esquemas de la lógica de primer orden inconsistentes entre sí:

(Esquema de los Paradigmas Positivos) Fa;
(Esquema de los Paradigmas Negativos) $\sim Fz$;
(Esquema de Tolerancia) $(\forall x)(\forall y)(Fx \& Rxy \supset Fy)$;

---

[268] Instituto de Investigaciones Filosóficas, UNAM

(Esquema de la Cadena Sorites) $(\exists x_1)\ldots(\exists x_n)(Rax_1$ & Rx_1x_2 & $\ldots$ & $Rx_{n-1}x_n$ & $Rx_nz)$.

(cf. Fara 2000, pp. 49f.). En los casos que nos interesan, 'F' se habría de sustituir por (una abreviatura de) el predicado monádico 'es un montón de arena', 'a' por un nombre del montón de diez millones de granos, 'z' por un nombre del agregado constituido por un solo grano, y 'R' por (una abreviatura de) el predicado diádico 'y es un agregado de granos de arena que resulta del agregado de granos de arena x al quitar sólo un cierto grano de arena a x'.[269] La razón de los nombres de estos esquemas es clara: los casos particulares de los esquemas de los Paradigmas Positivos y de los Paradigmas Negativos enuncian que ciertos objetos son ejemplos paradigmáticos de aplicación o de aplicación negativa del predicado en cuestión, y los casos particulares del Esquema de Tolerancia enuncian que una cierta diferencia entre objetos es tolerable a la hora de aplicarles conjuntamente el predicado en cuestión; un caso particular del Esquema de la Cadena Sorites enuncia la existencia de una serie de objetos como la de los agregados de granos de arena en la paradoja del montón, o sea una serie en la que cada uno de los objetos excepto el último tiene otro inmediatamente "adyacente" desde el punto de vista de la relación con la que se ha de interpretar 'R'.

'Montón' es un sustantivo de los que podríamos llamar "escalares", aquellos que tienen analíticamente asociada una dimensión de variación, usualmente asociada también a un adjetivo para una cualidad graduable. Un *montón* es un agregado *grande* de cosas, v.g. de granos de arena; la dimensión asociada es por tanto (aproximadamente) la de tamaño. De hecho, los adjetivos graduables como 'grande' son los ejemplos paradigmáticos de expresiones para las que se presenta la paradoja sorites—o expresiones "soríticas", para abreviar. Consideremos las siguientes oraciones semiformalizadas, que pueden verse como formalizables por medio de casos de los esquemas anteriores:

Un millón de dólares es una cantidad grande (de dólares);

---

[269] Hay otras formulaciones de la paradoja. Por ejemplo, en lugar del Esquema de la Cadena Sorites podríamos tener el esquema 'Rab_1 & Rb_1b_2 & $\ldots$ & $Rb_{n-1}b_n$ & Rb_nz', donde 'b_1', 'b_2', etc. son esquemáticas para nombres; y en lugar del Esquema de Tolerancia podríamos tener una serie de esquemas de oraciones condicionales 'Fa & $Rab_1 \supset Fb_1$', 'Fb_1 & $Rb_1b_2 \supset Fb_2$',$\ldots$, 'Fb_{n-1} & $Rb_{n-1}b_n \supset Fb_n$', 'Fb_n & $Rb_nz \supset Fz$'.

~ Diez dólares es una cantidad grande;

($\forall$x)($\forall$y)(x es una cantidad grande & y es una cantidad de diez dólares menos que x $\supset$ y es una cantidad grande);

($\exists$x$_1$)...($\exists$x$_{99,998}$)(x$_1$ es una cantidad de diez dólares menos que un millón de dólares & x$_2$ es una cantidad de diez dólares menos que x$_1$ & ... & x$_{99,998}$ es una cantidad de diez dólares menos que x$_{99,997}$ & diez dólares es una cantidad de diez dólares menos que x$_{99,998}$).

Esta última oración difícilmente podría negarse, y en ocasiones de uso habituales, las otras tres también parecerán claramente verdaderas. Sin embargo, es importante observar que esto no será así en todas las ocasiones. Seguramente, en un contexto en el que se está hablando de precios de adquisición de compañías multinacionales un millón de dólares no cuenta como una cantidad grande. Seguramente, en un contexto en el que los que hablan son personas extremadamente pobres, diez dólares es una cantidad grande. Seguramente, en ese mismo contexto no parecerá claro que diez dólares no puedan hacer una diferencia en cuanto a si una cantidad cuenta como grande o no. Estas observaciones parecen mostrar que el que un grupo de oraciones dé lugar a una paradoja sorites no depende exclusivamente de su forma gramatical, sino también de factores contextuales. Específicamente, depende de qué valores en la dimensión de variación pertinente se tomen como característicos de los paradigmas positivos y negativos del predicado en cuestión, así como de los niveles de tolerancia que se tomen como aceptables. Pero no por ello la paradoja deja de ser una paradoja en la multitud de contextos en los que un grupo apropiado de casos particulares del Esquema de los Paradigmas Positivos, el Esquema de los Paradigmas Negativos, el Esquema de Tolerancia y el Esquema de la Cadena Sorites parecen conjuntamente claramente verdaderos.

Aunque la paradoja se presenta con especial claridad con adjetivos graduables y sustantivos escalares, es frecuente sostener que todas las expresiones del lenguaje natural, salvo quizá un grupo relativamente reducido de expresiones lógicas y matemáticas, son soríticas. Considérese por ejemplo el siguiente grupo de oraciones semiformalizadas, que de nuevo pueden verse como formalizables por medio de casos de los esquemas anteriores. Supóngase que Micifuz es un cierto agregado de moléculas que es un gato, que Molona es una cierta molécula de ese agregado, y que p es un número apropiado.

Micifuz es un gato;
~ Molona es un gato;

($\forall$x)($\forall$y)(x es un agregado de moléculas que es un gato & y es un agregado de moléculas que resulta del agregado x al quitar sólo una cierta molécula a x $\supset$ y es un agregado de moléculas que es un gato);

($\exists$x$_1$)…($\exists$x$_p$)(x$_1$ es un agregado de moléculas que resulta del agregado Micifuz al quitar sólo una cierta molécula a Micifuz & x$_2$ es un agregado de moléculas que resulta del agregado x$_1$ al quitar sólo una cierta molécula a x$_1$ & … & x$_p$ es un agregado de moléculas que resulta del agregado x$_{p-1}$ al quitar sólo una cierta molécula a x$_{p-1}$ & Molona es un agregado de moléculas que resulta del agregado x$_p$ al quitar sólo una cierta molécula a x$_p$).

De nuevo esta última oración será difícilmente discutible, y para muchos las otras tres oraciones resultan claramente verdaderas también. Si es así, el predicado 'es un gato' es sorítico.

Una solución de la paradoja debería convencernos de que, en general, cuandoquiera que tenemos a la vista cuatro casos particulares del Esquema de los Paradigmas Positivos, del Esquema de los Paradigmas Negativos, del Esquema de Tolerancia y del Esquema de la Cadena Sorites que parecen conjuntamente claramente verdaderos, ocurre sin embargo que una o más de las cuatro oraciones relevantes no es verdadera, o bien que lógica o la semántica clásicas para las expresiones lógicas no se aplican. En la siguiente sección describiremos sucintamente algunas de las soluciones de más abolengo propuestas en la bibliografía filosófica, así como algunos de las principales objeciones que se les han hecho.

§ 2 Teorías clásicas sobre la paradoja.

Un número no despreciable de teorías de la paradoja sorites son lo que podríamos llamar *optimistas*: proponen que la solución consiste simplemente en que todos los casos particulares del Esquema de Tolerancia son falsos en cualquier contexto, en el sentido clásico de 'falso' y sin apelar a ninguna semántica o lógica no clásicas para las expresiones lógicas que aparecen en esos casos. Así, según este tipo de teorías, la oración *($\forall$x)($\forall$y)(x es una cantidad grande & y es una cantidad de diez dólares menos que x $\supset$ y es una cantidad grande)* es falsa en cualquier contexto. Dado que no se apela a ninguna semántica o lógica no clásicas, en cualquier contexto es verdadero entonces que hay dos cantidades de dólares, c y c-10, tales que c es grande y c-10 no es grande, incluido el contexto en que hablamos de precios de adquisición de compañías multinacionales. Frecuentemente los optimistas son también *epistemicistas*: proponen que el pertinente "punto de corte" (o sea el par de objetos o y o' adyacentes en la cadena sorites tales que el predicado en cuestión se aplica a o pero no a o') no es cognoscible. Ejemplos de epistemicistas son Sorensen (1988) y Williamson (1994).

El tipo de postura normalmente conocido como *contextualismo* es compatible tanto con el epistemicismo como con el anti-epistemicismo, aunque a menudo sus proponentes se abstienen de pronunciarse al respecto. Pero suelen ser optimistas o proponer la existencia de algún tipo de puntos de corte no sustancialmente diferentes de los clásicos. Así por ejemplo, Fara (2000) propone que los casos particulares del Esquema de Tolerancia nos parecen verdaderos (cuando nos lo parecen) porque algún mecanismo hace que cuando nos concentramos en un par de objetos adyacentes en la cadena sorites, se genera un contexto en el que el punto de corte para el predicado en cuestión no se halla en ese par de objetos; pero de todas maneras (según Fara) hay un punto de corte clásico en algún otro par de objetos que no estamos considerando. Ideas similares sobre cómo explicar la fuerza de los casos particulares del Esquema de Tolerancia aparecen por primera vez en Kamp (1981), y luego en Raffman (1994) y Soames (1999), entre otros (aunque no siempre acompañadas por el optimismo o por posturas esencialmente similares).

Un aspecto positivo del optimismo, al menos para los simpatizantes de la semántica y la lógica clásicas, es que, a diferencia de muchas de las teorías que vamos a reseñar a continuación, no se apoya en una semántica o lógica no clásicas para las expresiones lógicas. Pero una objeción de peso a las posturas optimistas y epistemicistas es que no han propuesto hasta el momento un modelo plausible de cómo podría ser que algún aspecto del uso de expresiones como 'grande' determine los puntos de corte pertinentes. Aunque sin duda no es analíticamente falso que tales puntos de corte deban existir, es claro que a un sujeto normal le parece claramente anti-intuitivo que puedan existir (tanto si están siendo considerados por él de forma activa como si no). Esto genera una fuerte presunción en contra del optimismo, que parece que sólo se podría contrarrestar con una explicación positiva de la determinación de los puntos de corte precisos que postula. Pero tal explicación no existe.

El *supervaluacionismo* (defendido por ejemplo por Fine 1975 y Keefe 2000) también propone que la oración *($\forall x$)($\forall y$)(x es una cantidad grande & y es una cantidad de diez dólares menos que x $\supset$ y es una cantidad grande)* es falsa en cualquier contexto. Sin embargo, la razón para ello no es la conjetura de que haya un punto de corte incognoscible para 'grande' en cada contexto, sino la postulación de una semántica no clásica para las expresiones lógicas cuando interactúan con predicados soríticos. Los supervaluacionistas proponen que no hay una interpretación clásica particular que sirva para dar las condiciones de verdad de las oraciones en las que aparece un predicado sorítico. Por el contrario, un predicado sorítico tiene muchas interpretaciones admisibles,[270] todas las cuales son interpretaciones clásicas que proporcionan puntos de corte para el predicado en la cadena sorites pertinente, pero ninguno de los cuales es más "correcto" que los demás. Con base en este conjunto de interpretaciones, el supervaluacionista caracteriza de forma no clásica las condiciones de verdad de las oraciones que contienen predicados soríticos: una oración es verdadera en el sentido supervaluacionista cuando es verdadera en el sentido clásico en todas sus interpretaciones admisibles, y falsa cuando es falsa en el sentido clásico en todas sus interpretaciones admisibles. $(\forall x)(\forall y)$(*x es una cantidad grande & y es una cantidad de diez dólares menos que* $x \supset y$ *es una cantidad grande*) es falsa en el sentido supervaluacionista dado que es falsa en todas las interpretaciones clásicas admisibles de 'grande': en toda interpretación clásica admisible de un predicado habrá un punto de corte para el predicado, puesto que una interpretación clásica divide el universo de discurso en una extensión y una anti-extensión que son mutuamente excluyentes y conjuntamente exhaustivas con respecto a ese universo.

Una crítica estándar al supervaluacionismo es que implica su propia falsedad. El supervaluacionista propone que hay oraciones que no son ni verdaderas ni falsas (en su sentido), a saber las oraciones que son verdaderas en algunas interpretaciones clásicas y falsas en otras. En particular, si 'c' es el nombre de una cantidad que aparece en la extensión de 'es grande' en algunas interpretaciones admisibles y en su anti-extensión en otras, entonces la oración *c es una cantidad grande* no es ni verdadera ni falsa, y la cantidad c es un *caso fronterizo* de aplicación de 'grande'. Y aunque los supervaluacionistas postulan entonces que los predicados soríticos tienen casos fronterizos, la oración *'Grande' tiene casos fronterizos* es falsa según la propia semántica supervaluacionista. Pero la objeción más fuerte al supervaluacionista es que, aun-

---

[270] Una interpretación admisible debe cumplir una serie de propiedades, entre ellas la de que los paradigmas positivos del predicado estén en su extensión, la de que los paradigmas negativos estén en su anti-extensión, la de que las cosas que preceden en la cadena sorítica a un objeto al que se aplica el predicado también son objetos a los que se aplica el predicado, y la de que las cosas que suceden en la cadena sorítica a un objeto al que se aplica negativamente el predicado también son objetos a los que se aplica negativamente el predicado.

que acepta que *(∃x)(∃y)(x es una cantidad grande & y es una cantidad de diez dólares menos que x & ~y es una cantidad grande)* es verdadera en el sentido supervaluacionista, al mismo tiempo debe rechazar que existan dos cantidades específicas c y c-10 tales que c es grande y c-10 no es grande. Esto les ha parecido absurdo a la mayoría de críticos del supervaluacionismo. Si una cuantificación existencial parece tener como condición de verdad la existencia de objetos específicos que cumplan con la propiedad cuantificada, suponer que tiene otra condición de verdad meramente en virtud de que así se evita una paradoja parece inadecuadamente *ad hoc*.

Las teorías de los *grados de la verdad* (como las de Machina 1976 y Smith 2008) proponen que oraciones como *(∃x)(∃y)(x es una cantidad grande & y es una cantidad de diez dólares menos que x & ~y es una cantidad grande)* no son ni verdaderas ni falsas en sentido clásico, pero no porque carezcan de valor de verdad, sino porque tienen "grados de verdad", valores de verdad alternativos a los tradicionales de verdad y falsedad. En general, una oración tiene un grado de verdad entre 0 y 1 que refleja algo así como la probabilidad que un hablante típico asigna a la verdad (clásica) de la oración. Si c y c-10 son casos no claros de aplicación o aplicación negativa de 'grande', entonces la oración *c es una cantidad grande* tiene un grado de verdad ligeramente superior al grado de verdad de *c-10 es una cantidad grande*, si bien ambos grados de verdad rondan el valor 0.5. Al mismo tiempo, normalmente se supone que la negación de una oración O tiene como grado de verdad 1 menos el grado de O, que una conjunción *O & P* tiene como grado de verdad el menor de los grados de verdad de O y P, y que una cuantificación existencial tiene como grado de verdad la cota superior mínima de los grados de sus casos particulares. Con esta semántica, el grado de verdad de *(∃x)(∃y)(x es una cantidad grande & y es una cantidad de diez dólares menos que x & ~y es una cantidad grande)* estará normalmente también en torno a 0.5. El teórico de los grados de verdad sugiere entonces que este hecho proporciona la base para una solución de la paradoja. Pero aunque se supone que los grados de verdad miden algo así como la probabilidad que un hablante típico asigna a la verdad (clásica) de una oración, nadie asigna una probabilidad de aproximadamente el 50% a la verdad de *(∃x)(∃y)(x es una cantidad grande & y es una cantidad de diez dólares menos que x & ~y es una cantidad grande)*, sino más bien una probabilidad cercana al 0%. Sin embargo, la objeción principal es que el teórico de los grados de verdad, como el supervaluacionista, postula una semántica *ad hoc*, diferente de la intuitiva, para las expresiones lógicas cuando interactúan con los predicados soríticos.

Las teorías que hemos reseñado hasta ahora rechazan de una forma u otra la verdad de los casos particulares del Esquema de Tolerancia. Un tipo muy diferente de teorías aceptan la verdad de estos casos, pero niegan la verdad ya sea de los casos particulares del Esquema de los Paradigmas Positivos o de los casos particulares del Esquema de los Paradigmas Negativos. A veces se llama a estas teorías *nihilistas*. (Unger 1979 y Kennedy 2007 adoptan este punto de vista para algunos predicados soríticos.) Esta teoría quizá no sea tan disparatada como podría parecer a primera vista. Si el universo de discurso es irrestricto—y algunos filósofos del lenguaje sostienen que "semánticamente" el universo de discurso es siempre la totalidad de las cosas —entonces se podría argumentar del siguiente modo. Una cantidad es grande cuando no está cerca de las cantidades que podemos considerar como pequeñas; si nuestro universo de discurso es irrestricto, contiene cantidades arbitrariamente grandes, por ejemplo cantidades que sólo tienen un uso económico en otros mundos posibles; pero entonces ninguna cantidad de nuestro universo de discurso es grande, porque todas están relativamente cerca de las cantidades pequeñas (todas tienen sólo un número finito de cantidades "por debajo", y un número infinito de cantidades "por encima"); por tanto, todas las cantidades de dólares son no grandes, y de hecho pequeñas. De formas similares se podría argumentar que ningún agregado de granos de arena es un montón de arena, que todos los hombres son no peludos, y de hecho calvos, y que todas las mujeres son no gordas, y de hecho delgadas. Pero aunque este tipo de teorías no sean completamente disparatadas, la objeción de peso a la que están sujetas es que es difícil creer que con un predicado sorítico sea imposible establecer distinciones semánticamente correctas entre objetos. Si en un contexto natural suena verdadero decir *Un millón de dólares es una cantidad grande*, es deseable que una teoría de la paradoja sorites y de la semántica de los predicados soríticos respete este dato lingüístico.

Un último tipo de teorías de la paradoja, las teorías *incoherentistas*, sostienen que los predicados soríticos son semánticamente defectuosos, y por tanto que las oraciones en las que aparecen carecen de condiciones de verdad y valor de verdad. (Ludwig y Ray 2002 y Braun y Sider 2007 son ejemplos recientes.) La razón para adoptar este tipo de teoría tan radical suele ser la tesis de que los casos particulares de los esquemas de los Paradigmas Positivos, de los Paradigmas Negativos y de Tolerancia constituyen reglas semánticas que deben aceptarse por parte de un usuario competente del predicado en cuestión. Sin embargo, la inconsistencia de esas oraciones entre sí revela que el predicado o su concepto es incoherente, y por tanto semánticamente defectuoso. El argumento puede cuestionarse, pues parece dudoso que, al rechazar los casos particulares de los esquemas de los Paradigmas Positivos, de los Paradigmas Negativos o de Tolerancia, los nihilistas o los optimistas estén negando algo que debería aceptarse sobre bases puramente semánticas; ese tipo de teorías parecen constituir especulaciones válidas acerca de la semántica de los predicados soríticos, no excluidas de raíz por su significado. De todos modos, la objeción de más peso al incoherentismo es que, como el nihilismo, excluye de forma inverosímil que con un predicado sorítico sea posible establecer distinciones semánticamente correctas entre objetos.

§ 3 Teorías "duales" recientes.

El recuento de teorías de la sección anterior no agota la lista de teorías, o siquiera de tipos de teorías, en la bibliografía sobre la paradoja sorites. Sería imposible reseñar todos los tipos de teorías propuestos en la bibliografía reciente, pero en el espacio que nos queda consideraremos brevemente un tipo de teorías relativamente nuevas, todas las cuales explotan de alguna forma distinciones entre contextos "mal portados" en los que el universo de discurso pertinente contiene una cadena sorites y contextos en los que el universo de discurso "se porta mejor". Entre estas teorías "duales" están las de Manor (2006), Rayo (2008, 2013), Gaifman (2010), Gómez-Torrente (2010, de próxima aparición), Pagin (2010, 2011), y van Rooij (2011). Sería difícil dar una exposición unificada en un espacio breve, pues estas teorías difieren entre sí en aspectos sustantivos (sobre los cuales véase Gómez-Torrente, de próxima aparición). Por ello, nos concentraremos en exponer de forma resumida la teoría de Gómez-Torrente, para la que este autor ha introducido específicamente el apelativo de 'teoría dual'.

Según la teoría dual de Gómez-Torrente, un adjetivo graduable típico, como 'grande', lleva asociada a él una "instrucción" muy abstracta que es parte del significado del adjetivo. Esta instrucción es análoga a un caracter kaplaniano, en cuanto que, al ser suplementada con ciertos aspectos del contexto de uso, arroja una instrucción más concreta que puede verse como la contribución al contenido proposicional del predicado pertinente en el contexto en cuestión. Estos aspectos incluyen las "preconcepciones" que operan en el contexto, a saber los casos particulares contextualmente aceptables del Esquema de los Paradigmas Positivos, del Esquema de los Paradigmas Negativos, y del Esquema de Tolerancia; su papel no es el de constituir siquiera parcialmente el significado del adjetivo, sino el de funcionar como auxiliares del mecanismo de fijación del contenido. A su vez, la mencionada instrucción concreta determina (cuando la determina), de una forma en principio totalmente accessible a la reflexión lingüística, la referencia del predicado pertinente en el contexto. Cuando existe, esta referencia, tal como se acepta clásicamente, es una extensión. Esta extension queda determinada de una forma coordinada junto a la anti-extensión del predicado, o sea el complemento de la extensión sobre el universo de discurso. Veamos un ejemplo de esto.

La instrucción abstracta, constitutiva del significado de 'grande', análoga a un carácter kaplaniano, tendría un aspecto parecido a este:

En un contexto C,
- donde el universo de discurso es U;
- donde algunos miembros r_1, r_2, etc. de U se toman como casos de cosas grandes y/o algunos miembros s_1, s_2, etc. de U se toman como casos negativos de cosas grandes (de tal manera que los tamaños pertinentes de r_1, r_2, etc. son mayores que los de s_1, s_2, etc.);
- donde se aceptan algunos principios de la foma '$(\forall x)(\forall y)(x$ es grande & x tiene un tamaño superior en 1 u_i a y $\supset$ y es grande)' (de manera que la diferencia entre el r_j con el menor tamaño y el s_k con el mayor tamaño es siempre mayor a 1 u_i):

si hay un único par $<E, A>$ de subconjuntos de U que son mutuamente excluyentes y conjuntamente exhaustivos sobre U, y tales que
- todo objeto de U con los tamaños de r_1, r_2, etc. está en E,
- todo objeto de U con un tamaño superior al de algo en E está en E,
- todo objeto de U con un tamaño inferior en 1 u_i a algo en E está en E,
- todo objeto de U con los tamaños de s_1, s_2, etc. está en A,
- todo objeto de U con un tamaño inferior al de algo en A está en A,
- todo objeto de U con un tamaño superior en 1 u_i a algo en A está en A,

entonces <E, A> es el par extension/anti-extensión de 'es grande' en C.

En esencia, la instrucción abstracta para 'grande' dice que, en un contexto en el que las cosas que se toman como paradigmas positivos más las cosas tolerablemente cercanas a ellas en tamaño forman un cierto conjunto y las cosas que se toman como paradigmas negativos más las cosas tolerablemente cercanas a ellas en tamaño forman el complemento de aquel conjunto sobre el universo del discurso, aquel conjunto es la referencia de 'es grande'.

Supongamos que en un contexto D estamos hablando de cantidades de dólares, que forman nuestro universo de discurso U_D. Un millón de dólares se toma como una cantidad grande y diez dólares se toma como una cantidad no grande, y se acepta que diez dólares no hacen la diferencia entre una cantidad grande y una no grande. Aquí la instrucción concreta que puede verse como la contribución al contenido proposicional de 'es grande' en D sería:

Si hay un único par <E, A> de subconjuntos de U_D que son mutuamente excluyentes y conjuntamente exhaustivos sobre U_D, y tales que
- todo objeto en U_D con el tamaño 1,000,000 está en E,
- todo objeto en U_D con un tamaño superior al de algo en E está en E,
- todo objeto en U_D con un tamaño inferior en 10 o menos a algo en E está en E,
- todo objeto en U_D con el tamaño 10 está en A,
- todo objeto en U_D con un tamaño inferior a algo en A está en A,
- todo objeto en U_D con un tamaño superior en 10 o menos a algo en A está en A,

entonces <E, A> es el par extension/anti-extensión de 'es grande' en D.

Dado que ningún par de conjuntos satisface su antecedente sobre U_D, esta instrucción concreta no determina a ningún par de conjuntos como el par extension/anti-extensión de 'es grande' en D. Si suponemos que la instrucción abstracta para 'grande' y sus aplicaciones concretas agotan el mecanismo de fijación de referencia para 'es grande', se sigue que en D no queda fijada ninguna referencia para 'es grande', y por tanto, siempre bajo supuestos clásicos, que no quedan determinadas condiciones de verdad para oraciones que contengan 'es grande' en D. D es lo que la teoría dual considera un contexto *irregular* de uso de 'grande'. En un contexto irregular, los casos particulares pertinentes del Esquema de los Paradigmas Positivos, del Esquema de los Paradigmas Negativos, y del Esquema de Tolerancia carecen de valor de verdad.

Sin embargo, si el universo de discurso está claramente dividido entre cosas que se arraciman en torno a los paradigmas positivos y cosas que se arraciman en torno a los paradigmas negativos, la instrucción concreta determinará un par extensión/anti-extensión para 'es grande'. Supongamos por ejemplo que estamos en un contexto D' en el que hablamos de las cantidades poseídas por un grupo de cinco personas, que poseen respectivamente 10, 20, 30, 999,990, y 1,000,000 de dólares, de tal manera que $U_{D'} = \{10, 20, 30, 999{,}990, 1{,}000{,}000\}$, y supongamos que de nuevo un millón de dólares se toma como una cantidad grande y diez dólares se toma como una cantidad no grande, y se acepta que diez dólares no hacen la diferencia entre una cantidad grande y una no grande. Aquí la instrucción concreta sería simplemente el resultado de sustituir 'D' por 'D'' en la instrucción concreta para D. Y dado que su antecedente es satisfecho por <{999,990, 1,000,000}, {10, 20, 30}>, esta instrucción determina a ese par como el par extensión/anti-extensión de 'es grande' en D'. Así {999,990, 1,000,000} es la referencia de 'es grande' en D'. D' es lo que la teoría dual considera un contexto *regular* de uso de 'grande'. En un contexto regular, los casos particulares pertinentes del Esquema de los Paradigmas Positivos, del Esquema de los Paradigmas Negativos, y del Esquema de Tolerancia son todos verdaderos. En Gómez-Torrente (2010, de próxima aparición) se argumenta que los contextos regulares de uso de los predicados soríticos son muy abundantes, y probablemente mucho más numerosos que los irregulares.

La teoría dual tiene objeciones potenciales y virtudes claras. Algunas de esas virtudes, contrapuestas a los defectos de las teorías reseñadas en la sección 2, son las siguientes. En primer lugar, la teoría dual no postula una semántica o lógica *ad hoc* para las expresiones lógicas, sino que se adhiere completamente a la lógica clásica. En segundo lugar, no postula la existencia de puntos de corte precisos para los predicados soríticos. En tercer lugar, la teoría es compatible con el desiderátum de que con los predicados soríticos se puedan establecer de forma semánticamente correcta distinciones entre objetos; ello es posible en los contextos regulares. Por último, la teoría no asigna a los casos particulares pertinentes del Esquema de los Paradigmas Positivos, del Esquema de los Paradigmas Negativos, o del Esquema de Tolerancia el papel de reglas semánticas constitutivas del significado del predicado en cuestión.

Consideremos para terminar dos objeciones potenciales a la teoría dual. La primera objeción es que, aunque la teoría niega que los casos particulares pertinentes del Esquema de los Paradigmas Positivos y del Esquema de los Paradigmas Negativos tengan valor de verdad en los contextos irregulares, hay una fuerte intuición de que esos casos particulares son verdaderos incluso en esos contextos. Además, un hablante puede apoyarse en que sus oyentes tendrán esa intuición para conseguir de ellos respuestas apropiadas; si en el contexto *D* un hablante dice *Dame un ejemplo de una cantidad grande*, su oyente podrá responder sin muchos reparos (por ejemplo) *1,000,000 de dólares*. La respuesta de la teoría dual a esta objeción es, naturalmente, que las intuiciones mencionadas son incorrectas. Pero la teoría tiene una explicación natural de que existan y de que puedan utilizarse exitosamente en la comunicación dentro de contextos irregulares. La explicación es que hablantes y oyentes saben cómo se fija la referencia de 'es grande' *en caso de tenerla*, y saben que en caso de tenerla esa referencia incluirá los paradigmas positivos y excluirá los paradigmas negativos. En general, es posible utilizar para propósitos comunicativos expresiones sin referencia, meramente en virtud del conocimiento de los hablantes acerca de cómo se fija esa referencia en caso de existir: si alguien me dice *Ese va a por ti*, me pondré en alerta, aunque luego se descubra que mi interlocutor sólo bromeaba y no tenía a nadie en mente.

La segunda objeción es que la teoría dual, al usar en su formulación predicados que presumiblemente han de ser soríticos, carece de valor de verdad, y por tanto no es verdadera. Pero esta objeción sólo será correcta si el contexto en el que se enuncia la teoría dual es un contexto donde el universo de discurso contiene una cadena sorítica para alguno de los predicados que usa la teoría para su formulación. ¿Es así? La respuesta no es transparente, pero Gómez-Torrente (de próxima aparición) argumenta que la teoría dual puede enunciarse, sin poner en peligro su capacidad explicativa, cuantificando únicamente sobre un universo de discurso que los predicados de la teoría dividen claramente entre casos positivos y casos negativos. Si es así, la teoría dual no carecerá de valor de verdad en los contextos en los que se enuncia, aunque naturalmente una resolución de la cuestión de si es verdadera seguirá requiriendo la consideración de otras objeciones y dificultades. *

---

* Este trabajo se llevó a cabo con el apoyo del CONACyT de México (proyecto CCB 2011 166502) y de los MICINN y MINECO de España (proyectos de investigación FFI2008-04263 y FFI2011-25626).

Referencias bibliográficas:

Braun, D. & Sider, T., (2007): "Vague, so Untrue", *Noûs*, vol. 41, pp 133-156.
Fara, D. (2000): "Shifting Sands: An Interest-Relative Theory of Vagueness", *Philosophical Topics*, vol. 28, pp. 45-81.
Fine, K. (1975): "Vagueness, Truth and Logic", *Synthèse*, vol. 30, pp. 265-300.
Gaifman, H. (2010): "Vagueness, Tolerance and Contextual Logic", *Synthèse*, vol. 174, pp. 5-46.
Gómez-Torrente, M., (2010): "The Sorites, Linguistic Preconceptions, and the Dual Picture of Vagueness", en Dietz, R. & Moruzzi, S. (comps.), (2010): *Cuts and Clouds. Vagueness, its Nature and its Logic*, Oxford University Press, Oxford, pp. 228-253.
------------------ "The Sorites, Content Fixing, and the Roots of Paradox", en Bueno, O. & Abasnezhad, A. (comps.), *On the Sorites Paradox*, Springer, Dordrecht, de próxima aparición.
Kamp, H. (1981): "The Paradox of the Heap", en Mönnich, U. (comp.), (1981): *Aspects of Philosophical Logic. Some Logical Forays into Central Notions of Linguistics and Philosophy*, Reidel, Dordrecht, pp. 225-277.
Keefe, K., (2000): *Theories of Vagueness*, Cambridge University Press, Cambridge.
Kennedy, C. (2007): "Vagueness and Grammar: The Semantics of Relative and Absolute Gradable Predicates", *Linguistics and Philosophy*, vol. 30, pp. 1-45.
Ludwig, K. & Ray, G. (2002): "Vagueness and the Sorites Paradox", *Philosophical Perspectives*, vol. 16, pp. 419-461.
Machina, K. (1976): "Truth, Belief and Vagueness", *Journal of Philosophical Logic*, vol. 5, pp. 47-78.
Manor, R. (2006): "Solving the Heap", *Synthèse*, vol. 153, pp. 171-186.
Pagin, P. (2010): "Vagueness and Central Gaps", en Dietz, R & Moruzzi, S., (comps.), (2010): *Cuts and Clouds. Vagueness, its Nature and its Logic*, Oxford University Press, Oxford, pp. 254-272.
Pagin, P. (2011): "Vagueness and Domain Restriction", en Égré, P. & Klinedinst, N. (comps.), (2011): *Vagueness and Language Use*, Palgrave Macmillan, Nueva York, pp. 283-307.
Raffman, D., (1994): "Vagueness without Paradox", *Philosophical Review*, vol. 103, pp. 41-74.
Rayo, A, (2008): "Vague Representation", *Mind*, vol. 117, pp. 329-373.
---------------- (2013) "A Plea for Semantic Localism", *Noûs*, vol. 47, pp. 647-679.
Smith, N. (2008): *Vagueness and Degrees of Truth*, Oxford University Press, Oxford.
Soames, S. (1999): *Understanding Truth*, Oxford University Press, Nueva York.

Sorensen, R. (1988): *Blindspots*, Oxford University Press, Oxford.
Unger, P. (1979): "There Are No Ordinary Things", *Synthèse*, vol. 41, pp. 117-54.
van Rooij, R. (2011): "Implicit versus Explicit Comparatives", en Égré, P. & Klinedinst, N. (comps.), (2011): *Vagueness and Language Use*, Palgrave Macmillan, Nueva York, pp. 51-72.
Williamson, T., (1994): *Vagueness*, Routledge, Londres.

www.ingramcontent.com/pod-product-compliance
Lightning Source LLC
Chambersburg PA
CBHW070051200426
43193CB00054B/992